仁兄槻長執事　自臘月初一鈞英後皆為清

備供詞並繕澤公文怡遍亡極此索令空

月十七當訊正示知仁白以沪舟有此番前

末一行費皆德璀琳等墊清河面許月裏千

元前有問岩文业竟不能付甚為詫異後詢旁

人乃知渠自彦晙以來千瘡百孔負債極重而

臘月初九

蓋浮此東麟特方有生禄不稅弘堪沒然觀不基
悔嶼行之冒昧弘險然中國名礦經加車者之
糊塗洋人之局騙居弘可慎為浮游勋及正隆牽
苦没行言郎但所店皆欲出名都查之需費依
使弘一錢出之辱國非爻夢加利二千鎊一票述經
收到念銘價降而僉高

马勇　徐超　编

严复

书信集

海峡出版发行集团　福建教育出版社

图书在版编目（CIP）数据

严复书信集/马勇，徐超编. —福州：福建教育
出版社，2022.4
ISBN 978-7-5334-8384-5

Ⅰ. ①严… Ⅱ. ①马… ②徐… Ⅲ. ①严复（1853-
1921）—书信集 Ⅳ. ①K825.1

中国版本图书馆 CIP 数据核字（2019）第 035843 号

Yan Fu Shuxin Ji
严复书信集

马勇　徐超　编

出版发行	福建教育出版社	
	（福州市梦山路 27 号　邮编：350025　网址：www. fep. com. cn	
	编辑部电话：0591-83716932	
	发行部电话：0591-83721876　87115073　010-62024258）	
出 版 人	江金辉	
印　　刷	福建省金盾彩色印刷有限公司	
	（福州市仓山区红江路 8 号浦上工业园 D 区 24 号楼　邮编：350008）	
开　　本	710 毫米×1000 毫米　1/16	
印　　张	35.75	
字　　数	461 千字	
插　　页	2	
版　　次	2022 年 4 月第 1 版　　2022 年 4 月第 1 次印刷	
书　　号	ISBN 978-7-5334-8384-5	
定　　价	98.00 元	

如发现本书印装质量问题，请向本社出版科（电话：0591-83726019）调换。

序　言

　　福建教育出版社在完成了《严复全集》编辑出版后，又投入巨大精力编辑出版《严复书信集》，并计划将各地公私珍藏的严复手迹汇集成册。这是一个巨大的文化工程，值得期待。

　　从现在开始，待这部大书面世时，可能正值严复去世一百周年纪念（2021）。这是告慰严复的最好礼物。《严复书信集》必将与已经出版的《严复全集》一起，成为此后严复研究者、中国近代史研究者无法绕开的两部重要著作。

　　在近代中国历史上，严复的地位最为特殊。他是近代中国睁眼看世界的先驱者之一，最卖力气鼓吹中国应该向西方学习，寻求富强，走向世界，参与国际竞争，物竞天择，适者生存，遵守丛林法则，转型为受尊敬的近代国家。但是，严复又是最早对西方近代文明表示失望的中国人之一。欧战爆发，他最先看到问题的症结所在，痛惜西方资本主义三百年发展只做到"利己杀人，寡廉鲜耻"八个字，"欧洲三百年科学，尽作驱禽食肉看"，最先认识到中国文明的固有价值不会随着经济发展而丧失，也最先意识到中国文明有可能为资本主义文明提供某些有益补充。假如我们从全球史视角去观察，可以很清晰地看到，西方近代文明在二战之后有一个巨大的转变，贪婪的、腐朽的、非人道的资本主义价

1

值观得到极大修正，马克思、列宁所厌恶、所批判的资本主义渐渐变得温情脉脉，充满人道。这当然是资产阶级政治家、思想家接受马克思主义批判而做出的修正，更是经济、科学技术获得巨大发展的产物。事实上，在19世纪晚期，人们在工业革命发生不久，就清醒意识到工业革命不只是解放了生产力，而且是创造了生产力，工业革命极大拓展了人类创造财富的能力。随着工业革命的深入，人类最大的问题不是发展，而是产能高度过剩之后怎么办。资本主义经济危机其实就是工业革命早期阶段的必然产物，人们没有寻找到一种新的财富调节办法时，一定会对财富进行争夺，贪婪地占有。严复等20世纪中国思想家的思考，以及对资本主义的批判，如果从更长的历史时期来看，最富创见。

严复对西方文化的批判意识，对资本主义精神弊端的警觉，对中国文明的再发现再解释，在过去的讨论中被视为退步，是落后、守旧的象征，是保守主义的标配。其实，如果从全球现代化进程的视角进行观察，欧战引发了困扰，中国文明在这个时候被重新评估，并非毫无道理，它是历史的发展，是全球化对各个已经加盟或即将加盟全球化进程的文明体价值的重估。中国文明在经历了西方近代文明洗礼后，在西方遭遇自工业革命以来最大的挫折之后，渐渐显现出中国文明本身的价值。从这个意义上说，严复等人不是向后走，而是为人们提供一种前瞻性的思考，是20世纪思想的引领者。

系统探讨严复思想的意义已有很多极有价值的研究，此处不再多议。我之所以在这篇短文中强调严复从青年时代至晚年一直引领时代，主要是想强调严复非凡的思考能力及吸引力，尤其是他多元丰富的朋友圈。中国先哲一直告诫人们要"近君子而远小人"，其实就是强调与君子交，与高人交，一定会从朋友处获益无穷。朋友圈决定了一个人的思想高度，所谓"谈笑有鸿儒，往来无白丁"，说的就是一种生命境界。阅读严复和那些友人的通信，更可深切意识到朋友之间互相影响的力量。限于篇幅，我随便举几个例子。

从严复生命全程看，其青少年时代就是一个奋发向上的人。他之所以如此，可以归纳出很多理由，但一个重要的理由不可忽视，是他的朋友圈，是那些亦师亦友的人不断地、细雨如丝润无声地潜移默化。想想看，一个十五岁的少年，凭着一篇《大孝终身慕父母》的文章获得船政大臣沈葆桢的赞扬，"置冠其曹"，这对严复是多么大的激励。沈葆桢在光绪五年（1879）不幸病逝于任上，现在不太清楚严复那时究竟与沈葆桢有过多少交往，——历史总是充满遗忘，不论是史料，还是记忆。——但是我们知道，严复与沈葆桢的孙女婿林旭是很好的朋友，林旭不幸被杀，严复充满真情与愤怒地写过几首悼念诗。林旭是沈葆桢的儿子沈瑜庆的女婿，其妻沈鹊应是沈葆桢的孙女。如果明白这层关系，再去理解严复的那些悼念诗及其背后的政治情怀，就不难看到沈葆桢对他青少年时代产生的可能影响。

对青年时代的严复影响最大的可能还不是沈葆桢，因为那时严复年龄太小，而沈葆桢职位太高。真正对严复青年时代产生重大影响，在思想、性格、为人处世上多方面塑造了严复的，一定是近代中国最著名的外交家郭嵩焘。严、郭之间的通信随着时间流逝，至今不曾见到，但在郭嵩焘的日记里保留了他们两人在海外那段时间的交往，特别是郭嵩焘对严复的评价，格外值得注意。这是一位长者对年轻人的观察与指导。郭嵩焘对中西文化的看法与严复极为接近，这究竟是郭影响了严，还是严影响了郭，还可以继续研究，但毫无疑问，严复的思想进路在很大程度上受到了郭嵩焘的启发与指点。这样的长者朋友圈一定让严复受益不少，不论是思想，还是事业、职业，比如严复提前结束留学回国，并被指定从事海军教育，其实就是郭嵩焘根据个人观察提出的指导意见。这方面的研究已经不少，可参见。

北洋水师学堂二十年，是严复一生最主要的事业，他为中国的海军教育做出了极大贡献。这个时期，严复的朋友圈交游也肯定有不少，只是随着时间的流逝，有形的文献已很难寻觅。再加上北洋水师学堂和它的档案又差不多毁在1900年的战火中，因而重建那个时期严复的朋友圈还比较困难，但是可以注意严复与福州船政学堂同学尤其是留英同学之间的互动。他们作为那个时代一个最特殊的群体，相互之间的关照、提携、帮助，是人之常情。严复的两个妹妹，一个嫁给了他在福州船政学堂及留英时的同学何心川，一个嫁给了北洋水师学堂毕业生陈弗。这足以表明严复与他的船政学堂及留英同学关系之密切。而他倾注二十年心血的北洋水师学堂就更不必说了。

良好的人际关系、高端的朋友圈是事业成功的基础。这方面严复一直有得天独厚的优势，比如他在甲午战争爆发后奋起著述，开启民智，除了他个人的天资、学识、认知，也不能不承认他的朋友同样是重要因素。现存严复与陈宝琛的通信，有相当一部分都是讨论甲午战争及其相关问题。我们现在没有看到陈宝琛写给严复的信或回信，但从严复的信中，就可以分明感觉到他们之间互通消息、相互启发的事实。

研究维新运动的人，一般都喜欢说"南梁北严"。就是指梁启超在南方创办并主持《时务报》，严复在天津参与创办并主笔《国闻报》及《国闻汇编》。其实他们并不是孤立地各自进行的，而是相互呼应，各有侧重，又有合作。这在严复、梁启超、汪康年、张元济等人保存的往来书信中多有反映。

翻译介绍西方学术名著是严复在中国历史上的最大贡献，从长时段来看，可以媲美于唐代的玄奘，明代的利玛窦、徐光启。我们知道，严复少年时代就接受了西洋近代文化教育，对于传统文化，特别是儒学，他和后来的梁漱溟一样，都是在成人之后重新恶补的。严复在译介西方名著时，使用了典雅的六朝文字，有研究者说正是因为这个才让他迅速征服了中国的知识人，使他的翻译作品特别是《天演论》不胫而走，家喻户晓。严复典雅的文字训练究竟是如何完成的，如果我们仔细梳理、考订严复与吴汝纶之间的交往，或许恍然有悟。吴汝纶是那时第一流的文学大家，他帮助严复审读并修改文字，在某种意义上说不仅是锦上添花，而且实在是点石成金。

至于严复与清末民初政界、教育界、实业界的交往，也是严复朋友圈的一个重要组成部分，肃亲王、载泽、载洵、毓朗、那桐、张百熙、端方、盛宣怀、冯国璋，尤其是荣禄、袁世凯等，都是严复交往的对象，只是因历史的残忍，留下的记录太少，人们只能通过那些只言片语去想象他们的相互启发、相互影响。

历史是丰富的，但历史的记录却往往显得很不够。我粗略估计，现存的严复书信不足其实际可能写过的百分之一，一个明显的例证就是严复与其私淑弟子熊育钖的通信，在不太长的时间里，竟然有一百多封。那个时代的文人就像今天的文人热衷于微信一样，书信往来是他们的一种生活方式。可惜的是，过往的一百多年，战乱、易代、动荡，很少有稳定的、不迁移的文化世家，因而大量的文献特别是书信随之丢失。这是非常可惜的，也是没有办法弥补的。

历史研究，资料的整理编辑是一种学术接力工作，是一代人在上一代人工作基础上的再出发。这部《严复书信集》是将福建教育出版社出版的《严复全集》书信部分单独刊行且又有所增补；而《严复全集》中的书信又是在台北出版的《严复合集》书信部分基础上的再补充。作为这两部文集书信部分的编者，我既为在中国历史博物馆（现中国国家博物馆）、辽宁省博物馆等处得见严复书信原件而感到振奋，也由衷感激前辈如王栻先生和他的弟子编辑的《严复集》。《严复全集》原收书信496 封，此次刊行单行本，在原本基础之上，又增补了各处散佚失收及近年流出的信函 45 封。其中来自《严复家书》的家书 17 封，致鹿苹的信 8 封；来自 2018 年西泠秋季拍卖会致孙壮的信 3 封，2019 年嘉德春季拍卖会致张元济的信 1 封，2021 年嘉德秋季拍卖会致理查逊女士、伍光建、严伯鋆（严家驹）的英文信 11 封（据称来自严群先生旧藏）；福州严复翰墨馆提供的致严瑸、严琥等与致严培南的信 2 封；江西师范大学图书馆藏致慕蘧的信 1 封，温州博物馆藏致孙宣的信 1 封，学者肖伊绯提供的致全秉薰的信 1 封等。在此要特别对提供资料信息的相关单位及个人致以谢忱。历史资料的收集是一项近乎无穷尽的事业，相信在这部书信集出版后还会不断发现新的资料。感恩前人，期待后人，是学术发展的正途，希望这部《严复书信集》能为未来的严复研究提供些微帮助。是为序。

马　勇

6

编校说明

严复是一位有着广泛交往的政学两栖人物，应该有很多的往来书信。然而由于各种原因，留存的严复书信远低于人们的估计。本书在前辈时贤辛勤劳作基础上继续工作，最大限度搜集整理到目前为止所知、所能找到的严复发出或未发出的书信。他人寄给严复的书信，碍于体例，没有收入。

本书编辑以受信人为单元，所收书信包括师友书信和家书两部分，分为上下两卷，师友书信列前，家书在后。同一受信人书信，以时间先后为序。日期无考者，系于当月之末；月份无考者，系于当年之末；年份无考者，系于相对接近的年份。各函由编者参照前人时贤的考订，或者依据编者的判断，对写作时间略作考订，系于各函之末；落款已署完整公历时间或写作时间无考者，则缺省。

严复书信在过去几十年已有多次汇集、整理，这是好事，但也引发一些版本上、文字上的差异，有的差异甚至严重影响了判断。本次整理，在力所能及的条件下，尽量找到各函作者手稿，或最先刊发的报刊，或其他版本进行比对、校勘，但凡有意义的差异，均以注释的方式标出。各版本来源也在适当位置说明。对具体的考订过程，不再细列。编辑时，全书使用简化字，文字基本遵照作者手稿或底本原文。原文明显误字，则在误字后写出正字，并以〔　〕标明；明显脱漏字，则注于〈　〉内；明显衍字，注于［　］内；原文缺字或字迹不清无法辨认者，用□标出；而对无法确定缺字数量或有大段缺文者，则以"……"标示。原书信中的夹注，排以小字，并加括号，以区别于正文。

如同近代中国许多重要人物一样，严复遗留的作品也间杂有伪作，尤其是书信部分。现在看到的严复书信，确实存在这样的情形。不过，书信整理不是为了辨伪，只是最大限度地将已知严复书信，包括那些伪托严复名义的书信，在没有确凿证据证伪的时候，依然尽量予以保留，供学者参考。

本书原版的资料收集、校对、重新标点，基本由徐超完成，我只是尽到指导、提示的责任。此次重刊、编订、整理，编辑祝玲凤做了大量增补核校工作。谨此说明。

马　勇

目　录

上　卷

下 卷

上 卷

与嘉乐尔 （James Carroll）^①

James Carroll 夫子教席：

推同治五年，闽浙总督大人左奏请设船政局，以为强国之一法。皇上命令前江西巡抚沈在福州府的 Chung-Tzé 兴建所需的宿舍，派日意格（Giguel）先生等尽力协助此事业。

沈大人建立一所海军学堂，招收一批学生，聘请英国绅士 James Carroll 先生为教师，授航海原理。迄今五载，生等已修完了功课，即将航海，一试本领。为着这个航行，我们已做了广泛的准备。在离去之先，我们——你的忠实的学生——对于你的照顾及不倦的训诲，表示感激之忱。我们和你的心仿佛已缝缀在一起，我们觉得不能离开你，如果不表示些心意的话。所以给你这封信。

西方国家教育原理，源自希腊，希腊人的这些原理是从中国输入的。古时中国对于礼、智的原则会适中运用，但几不注意西方国家所高度推崇的实用原则。

唐时，在此方面曾粗粗地作些尝试，但没有大的成功。至明末万历时，有名叫利玛窦（Matteo Ricci）的人初次把天文和算学介绍给中国。南怀仁（Verbiest）、艾雅各也是欧洲人，明白地讲解这些科目，所以

---

① 此函录自中国科学院近代史研究所史料编辑室等编《中国近代史资料丛刊·洋务运动（八）》（上海人民出版社，1961年）之《田凫号旅行记》（寿尔撰，张雁深摘译）中第四部分《海军学堂》。函前有一段话："这是一封纪念信的抄稿，信是 Carroll 先生的学生们在离校到教练船去时写给他的。里头有些历史的叙述是我们英国的教育课程中所无的，对各读者是新鲜的。原本是学生们自己做的，是在一组丝帖上用彩饰文书美丽地写成的。上船政局学堂总教习书。一八七一年七月福州船政局。书上。"录于此，或可予读者一点参考。此函《〈严复集〉补编》（孙应祥、皮后锋编，福建人民出版社，2004年）亦收。

3

没有人不知道西方的国家拥有这些原理。但是没有人让把这些东西传给后世。

我们的老师 Carroll 先生掌握了这些基础原理，来自远方，宏宣教化，讲授天文、地理、算学等科，胜任愉快，未曾使任何东西落后，而经常奋力工作。所以凡受教者，濡染其精神，乐与之接近，未有不尽所能从老师学习然后离去。

从今而后，我们要去对付飓风，控制狂浪，窥测日星的行动，了解暴风的规律，勘察海岛，调查岩石的性质。

我们从老师所学习到的一切，在日后生活的经验中，将被证实为真确。这样地，最可怕的困难成为平易，最险恶的情况成为静谧。我帝国政府将以此制度为例范，推广至于无穷，因此各地，将因我师之力而接受文化与恩泽。生等愿尽所能为国效劳。倘今后我们的愿望得以实现，想老师亦将感到愉快。我们和你分别，虽觉难过，但我们为政府服务之心甚切，是以不能不把个人的意愿放于次要地位。我们的爱国心将不减少，我们的离去，老师，将为你所喜悦与赞许。生等对于前头的话，将永远牢记①，作为我们感恩的表示。

你忠实的学生上（二十三名签字）

（1871 年 7 月）

---

① 这句原英文或者有错误。——译者

与陈宝琛（18 封）①

一

读手示竦然，阅吴屿图哑然。如果所争坟地实如其图所列②，则复与舍弟等□□，先生瞒耸官宰，罪均无所逃。无如吴屿之图纯属臆造③，与实在山形杳不相涉。姑指其中大谬为先生一二言之：

一、此山前经控官，故有錾石分界之事，则碑石固二陈铁界，东西各主。今渠乃遁，而云所分者乃上下下而□□右，且碑上一片土山，无有砭下石路，如吴屿陈所□□。此其谬，一也。

一、陈朝珍祖坟系在碑上，以后子孙族葬□山直下者三四坟。而复所买之地，即在朝珍祖坟顶上，相去不外数尺。今其图将朝珍祖坟族葬一律绘在碑下，而复新造之墓乃在登俊□坟之上。此其谬，二也。

一、复所造新墓，即在朝珍远祖名敬所者之上。□吴屿之意，必谓朝珍冒认陈贵践契载留为子孙祭扫之坟作为远祖。但此坟明系天启年间

① 原件除函七藏福建省图书馆外，其余均藏福建博物院。函一、五、六、八、九、十、十一、十二、十四、十五、十六据《严复翰墨》（卢美松主编，福建美术出版社，2005 年）刊出的手迹重新核校，其中函一、五、十五有部分缺文，据《〈严复集〉补编》补。函二、三、四、七、十三据《严复集》（王栻主编，中华书局，1986 年）。函十七、十八此前各书均未收，此次据《严复翰墨》刊出的手迹补入。陈宝琛（1848－1935），字伯潜，号弢庵、橘隐，福建闽县（今属福州）人。清同治戊辰（1868）科进士。中法战争前曾任内阁学士兼礼部侍郎。辛亥革命前夕，任山西巡抚，旋调京。宣统元年（1909），为宣统帝溥仪的师傅。

② 坟：《严复翰墨》漫灭不清，从《〈严复集〉补编》补。

③ 吴：《严复翰墨》漫灭不清，从《〈严复集〉补编》补。

□葬，墓碣与族谱相符。而陈贵践卖山原契，系万历年间所立。今试问何以万历时造契之人，乃认天启时始葬之坟作为祖坟，留给子孙祭扫地乎？则敬所一坟，的系朝珍祖坟□□，况有旧藏族谱、契券斑斑可考，此即令吴屿陈平心自思，有必不能自圆其说者矣。此其谬，三也。

以上三条，系荦荦大者。其余与山形不合之处，如棋杆碎之类，殆难规缕。统而言之，此案当堂讯时，官阅双方之图谱及听两□□词讼，严家则节节相符，吴屿则层层矛盾，固已八九分明白。然在复之意，则官之明白与否，尚属细事，而复之于先生则岂可妄语者？无如两家各进一说，说之但凭空论断，殆难指实。特在煦爱有素，者翻务望于十二日亲举玉趾，一临敝乡。复当亲奉杖履，临勘其地，但破半晌工夫，一切皆可□□冰释也。无任千祈万祷之至，如能代走，急足一邀陈臞翁，前来同往对勘，乃为尤妙耳。区区一地，即据形家而言，亦非上吉之穴，得否真何足论！但事既如此，深于复生平□行本末大有所系。若得先生亲履其地，按图索骥，晓然□□，朝珍之绝非盗卖，寒门之决不盗买，健讼则虽讼局全输，固亦怡然受之而已。凤昔于风俗所重视者，置之不啻土苴。今乃以一尺草莱，效乡里小儿与人争此闲气，惠子知我，有以深识其不然者矣。仙舟重过，不尽钦迟。肃此，手颂
著祉，不宣。

严复再拜　初十夕

再启者，陈臞翁最好邀与同来，趁复未行之前，一同平心履勘。先生可作数行招之，载明地址，即饬来人送去为祷。□者原图二张奉缴，来时望仍饬带，以凭对勘。再颂
大安。

复拜顿首

（1893 年 10 月 19 日）

6

二

羝庵先生阁下：

　　前托孙香海代呈一椷，知经伟览。近者时局滋不可问，平壤卫汝贵所带淮军十余营，自本月十三四后为倭所围，城外筑台十四□□□夹击，糜烂溃涣。统领朱保贵〔左宝贵〕死之，余兵退走鸭绿东北，义州之九连城，尚不足以扼贼之北突也。自战后，东边告急之电，日数十至，合肥知事棘，乃饬刘盛休带铭军八营赴援，军从鸭绿之大东沟登岸，丁禹廷督海军十一船护送之。十七日倭亦以十一艘与我遇，自午至西，恶战三时，倭沉三艘快船，力尽而退，我亦失致、经二远，并超、扬两艘；定远受千二百余弹，几沉不沉，铁甲之为利器如此。同学诸友，除方益堂一人外，无不见危授命，其尤异者，则镇远大副杨君雨臣，开□□战旗既升，乃身自猱登，以钉钉之，盖深知此仗之□□□竖降幡者，为此，所以令诸将之有死无降也。此□□□□□风，稔其平日在军，勤奋有为，条理详密，林开士倚之如右手，此人日后必为海军名将也。将弁死事甚众，刻所可知君、邓世昌、林永升、林履中、黄鞠人建勋而已。闻方益堂闻炮即遁，仓卒将黄建勋之超勇冲倒，方太无赖矣！子香、凯士居圜坛中，故得不死。丁禹廷□□□伤，闻昨已乞假，让刘子香为海军提督矣。是役德酋汉纳根在军助战，故归述甚悉，据言军□□张道士珩不肯照发药弹，致临阵不应手，不然，倭之七艘快船可尽沉也。小人之贻误军国大局，岂浅也哉！此时海军见存诸船受伤甚重，非月余日大修不能复出，而所供尽有道府秘不敢穷也。故我之一切虚实举动，倭无不知，知无不确。合肥词气氓氓，期以一死谢国。以今日之事势为论，虽西晋、北宋之事复见，今日无□□□耳。合肥用人实致偾事，韩理事信任一武断独行之袁世凯，则起衅之由也；信其埧

〔婿〕张黄斋□浸润招权，此淮军所以有易将之失；欲同邑之专功，所以有卫汝贵之覆众；任其甥张士珩，所以致军火短给，而炮台皆不足以毙敌。以己一生勋业，徇此四五公者，而使国家亦从以殆，呜乎，岂不过哉！今然后知不学无术私心未净之人，虽勋业烂然之不足恃也。今者数月内时事殆不可知，公何不作一书与楚督张香帅，劝其作速筹款，设法购办军火为先，即使不及眼前之书，然□□永，国祸益深，苟其不为，将终无及事之一日矣。张香帅能用先机大度之言，日后撑拄光复，期之一二人而已，他督抚持禄保位，公意中尚有何人耶？

闽民贫地散，虽在海疆，敌所弗顾。今日倭事，校〔较〕甲申法事固大相径庭，不能一概论也。乡里可无恐矣。可太息者，自甲申□□□□载，大可未雨绸缪，乃相率泄沓，内则峻宇雕墙，□山海子之费至于数千万缗，而今兹安危利菑□□，不赀所费，千古荒亡，如一丘之貉；外则政以贿成，各立门户，羌无一人为四千年中国之所以为中国道地者。仆燕巢幕上，正不知何以自谋，沧海横流一萍梗，只能听其漂荡而已。小儿子年少不更事，见时望时有以戒教之。敬托敬托。心惊手颤，书不成字，恕罪恕罪。此讯著安，并颂

上待〔侍〕万福。

名心照不具　八月二十四日渤
（1894 年 9 月 23 日）

三

弢庵先生侍右：

前后两书枨缕东事，想经亮察。事势至此，本为发难时所不料及，所最可痛者，尤在当路诸公束手无策，坐待强寇之所欲为。平壤告溃之后，东三省已成无险可扼之区，祖宗以此蕞尔取胜代成帝业有余，而子

孙不能以天下之大庇之，如何如何！倭扬言冻河以前必犯京室，门户荡然，一无可恃，新集之卒，与御营之兵，真儿戏耳！刻人有戒心，士无固志，绝不知舟流之所届也。初二日翁常熟携一仆坐篾舆入节署，所与北洋深计熟虑者，一则议款，二则迁都而已。朝廷始持战议，故责备北洋甚深。今者势处于不得不和，故又处处恐失其意。臣主平时于洋务外交绝不留意，致临事之顷，如瞀人坠智井，茫无头路如此。今日之事，夫岂倭之狡逞？实中国人谋之不臧，其事前泄沓虚矫，□□怠傲，不必论矣。即事起之后，复所用必非人，所为必非事。而内里建言诸公，所议论最可笑者，其弹劾北洋，类毛举风听，无一语中其要害。于是其心益蔑视天下之无人，推委挟制，莫可谁何，谓战固我战，和亦我和，苟朝廷一旦摔而去之，则天下亦从以丧。故今日东事愈不可收拾，北洋之意气愈益发舒。於戏，可胜痛哉！本午罗弢庵来谈时事，问走所以处今日者，走言急则治标。使走为一省督抚，稍可藉手，则借洋债，募洋将，购洋械以与倭争□□之命而已。弢印斯说，但曰此又非李中堂不□□□，诸公素于洋务若风马牛，又不求洋务真才，言借债则洋人不信，募将则任否不知，购械则□□已被侵渔外，又必遭阻夺，又乌足以及事耶？□□之论固矣，但不知有人焉，虽才足办此，其所为只以自固位，于国之休戚，秦越肥瘠，则又何裨耶？方益堂竟以不免，悲叹悲叹！然卫汝贵、叶志超辈□事，百倍益堂，乃荷宽免，则有人庇之耳。故虽杀百方伯谦，于军实又何所补耶？近者之事，有谓营伍既如是之不足恃，海军扶伤救弊，恐亦无济，不如早和，宁忍眼下之亏，事后认真振作，则东隅之失，或收桑榆。此论固矣，然自走观之，不外偷活草间苟延残喘而已，事后振作，恐必难期。何则？中国吃亏，固不自今日而始有也，事后振作，皆安在耶？沈隐侯有言：后病深于前病，后着不及前着，正中国今日之事势也。而且舐糠及米，国本愈伤，上下之礼学俱亡，渊丛之鱼爵益□增，（此番汉奸官民中不知凡几。）知者不为，为者不知，几何不沦胥及此耶！史传所载易代更革之事，要不过一朝□愤。闻倭于十七大仗之后，尚有余船七八艘在各海面游绎。畿辅门户洞开，门焉宫焉皆无人，且枪弹告乏，军储四万杆，有事以来已亡其半。曩合肥请以宋祝山赴奉，宋非三十营不可，廷旨已指的饷矣，然以无枪，尚不知何日成军。天津、保定见兵不及五千，再募不独乌合，且徒手□□□何。倭有枪廿六万，子药称是，奸民遍地皆是。闻倭于去年散五十万员以购间谍，一昔敬如所捕倭谍一朝兴，而中国之为中国固自若也。至于今日□□诚恐四千余年之文物声明行将扫地而尽，此惊心动魄之事，不料及吾身亲见之也。

闽中现□□谣。湖广张帅有何措施，走于此老慺慺之诚，□□无已，故于其行事，尤欲闻之。从者如有赐覆，径寄津水师学堂或津卫大狮胡同大甡字号后严公馆，当不失也。此颂

侍安。

名恕具　九月初五日

（1894 年 10 月 3 日）

四

戗庵先生阁下：

得舍间书，知左右新抱人琴之戚，至以为念。前两缄当达伟览。时局愈益坠坏，九连、凤凰二城联翩皆告陷落，倭寇在旦暮间□□，金、复二州境内者不下三百人，北趣则与东股合袭奉天，南首则旅口必危。其地兵皆被遣，粮复未屯，龚照玙一市井小人，岂能坚守？旅口不守，则北洋海军不败自废，而且门户既失，堂奥自惊，倭来畿辅间恐不在冻河后也，如何如何？溯自五月东事军兴□□□练各军几若□蒙□□，大东沟一战，特差强人意耳，尚未尽海军能事也。推求厥咎，太半皆坐失

先着，绸缪之不讲，调度之乖方，合肥真不得辞其责也。本日于友人处得见九月初七日科道诸公弹参合肥一折，闻系张季直、文芸阁二人笔墨，其欲得合肥甘心，可谓不遗余力。大致谓倭寇不足为中国患，事势危殆，皆合肥昏庸骄蹇，丧心误国，若□□而用湘楚诸人，则倭患计日可弭。呜乎，谈何容易耶？十月以来，淮人用事者渐渐剪落，闻俟刘岘庄到直，则合肥以原品休致去矣。若凭事实而言，则朝廷如此处置合肥，理不为过，但言者所论，则不足以服其心。且刘岘庄何如人，岂足以夷大难，徒增一曹人献丑而已！

国家□□绝不留神济事之才，徒以高爵重柄，分付庸奴。及事起，则环顾中外官，二十二行省无一可用者，以此亡国，谁曰不宜？迩来大有幸秦之意，其派恭邸督办军务，乃为留守地道也。京师士大夫于时务懵然，绝不知病根所在，徒自头痛说头，脚痛说脚，而上则纷滑颠倒，愈觉莫□□□，事急则驱徒手祖裼以斗于每分钟发四百弹之机器炮下，呜乎，尚有幸耶？刻我已极欲和，而敌则曰，其时未至。束手待死，一筹莫施，噫，其酷矣！张孝帅有总督两江之命，力完气新，极足有为，果其措理得宜，则后来藉用恢复，但此时真须一着不错，又当如居火屋，如坐漏舟，一□□□□拼命踏踏实实做去，或有望头，不然将随风而靡耳。孝帅素为公忠体国之人，想必有一番经纬也。复爱莫能助，执事胡勿为之介耶？此请

道安，不宣。

十月十日　复顿首

（1894 年 11 月 7 日）

11

五

弢庵先生执事：

奉别忽十余年，不知杖屦何若①？前者笺候殊疏，徒以溷迹京畿，无一善状足以奉慰，伏想左右定能察之。

近得王又点缄，知以儿子延师一事，仰烦清神代为选荐陈君桂庭，私心感慰，何可言喻！但又点云：陈君月束非番币三十②饼不能轻去其乡。复居平常，谓中国教育所以日益苟偷者，正坐束修过菲之故。夫一人成学，至中年而出所有以教授后生，尽其日力，不得旁鹜，则月索数十金束脩原不为多，使复而有力，断不靳此，当亦先生之所知。惜近者生事式微，月无一钱之入，珠米桂薪，家累甚重，不得不乞先生更商陈君，若稍贬损至月廿饼者，即当□命。但敝处尚有合同一纸，须□陈君画诺，俟各节蒙允，祈左右电沪，（电云：上海沈家湾严复，念元照允。）后即当奉寄。其电费当与船票等同时缴还也。烦上渎神，深藉□爱，伏惟昭察。即颂

道安，不庄。

严复上状 七月初五
（1904 年 8 月 15 日）

六③

快雪时晴，惟道体安善。今日近局盼早降。

---

① 杖：《〈严复集〉补编》作"仗"，据《严复翰墨》改。
② 自此以下至函尾，《严复翰墨》缺，据《〈严复集〉补编》补。
③ 《〈严复集〉补编》亦收此函。

宋拓十七帖，能见借数日不？如可，望带来。手上

弢庵师傅台座。

复再拜

赞老闻尚在陵，今日回京未？

（1911 年冬）

七

弢公执事：

别后于十九早动身，车到新郑，适有碰坏车头卧道，以六时工力始得移开通轨，廿一早始得抵汉入寓。此间气象自是萧索，舆论于北军之焚烧汉口，尚有余痛，民心大抵皆向革军。

复于廿二下午过江，以师弟情分往见黎元洪，渠备极欢迎，感动之深，至于流涕。黎诚笃人，初无意于叛，事起为党人所胁持，不能摆脱。而既以为之，又不愿学黄兴、汤化龙辈之临难苟逃，此其确实心事也。私觏处所不在武昌，而在青山之毡呢厂，党人有名望者约有二三十在彼。谈次极论彼此主旨，语长不及备述。约而言之，可以划一如左：

一、党人亦知至今势穷力屈，非早了结，中华必以不国，故谈论虽有辩争，却无骄嚣之气，而有忧深远虑之机。

一、党人虽未明认君主立宪，然察其语气，固亦可商，惟用君主立宪而辅以项城为内阁，则极端反对。

一、党人以共和民主为主旨，告以国民程度不合，则极口不承；问其总统何人为各省党人所同意者，则以项城对，盖彼宁以共和而立项城为伯理玺得，以民主宪纲钳制之，不愿以君主而用项城为内阁，后将坐大，而至于必不可制。此中之秘，极耐思索也。

一、无论如何下台，党人有两要点所必争者：一是事平日久，复成

专制，此时虽有信条誓庙，彼皆不信，须有实地钳制；二是党人有的确可以保全性命之方法，以谓朝廷累次失大信于民，此次非有实权自保，不能轻易息事。

一、若用君主，则冲人教育必从新法，海陆兵权必在汉人之手，满人须规定一改籍之制。

以上皆复以二时许之谈所得诸革党者。至明晨坐洞庭船赴沪，到沪如何，尚未可知。然以意测之，大抵相合，以党人代表始皆已至武昌，至十八日因龟山开炮击破武昌，咨议局各有戒心，乃群赴沪，彼等在此之议已有眉目也。人多不便多写，知关忠系，先此草报，书不能悉。敬颂
道安。

弟复再拜　廿三晚
（1911 年 12 月 13 日）

八

伻来取书，今将至父《文集》四册呈上，中无《李文忠墓志》，意是他人执笔。但第四册最后有事略九首，□□观也。此上
橘叟师傅台座。

复顿首　正月初六
（1912 年 2 月 23 日）

九

橘叟侍席：

一昨美人义理寿缄言，此番回华拟为久驻寓公①。顾累月寻求，难得一相宜可居之屋。其所谓相宜者，其地段处崇文门大街之西、皇城之东，有园亭花石之所。求复面商左右，意满人旧家中或有此项屋宇，欲以典押数年者用以相告等语。此缄来此将近一月，经复嘱一旗人代为领觅，然尚未得当②。

昨有缄来③，又询曾否奉告左右④。窃意其中或别有用意也。迩来雪后奇寒⑤，复患喘咳颇剧，不能出门奉访。今特强起以此书达候教，专覆前途，望察照施行，千万！此请

冬安。

小弟复顿首再拜　大寒

（1914 年 1 月 21 日）

十

复启

叕兄师傅台座：

兰吟接到，闻发唱日期处所尚未定。鄙意欲作一东道，以拾伍元交尊庖治具，即在尊斋发唱。至于日期，应请公与□斋、墨园等商择，因

---

① 驻：《〈严复集〉补编》作"住"，据《严复翰墨》改。
② 然：《〈严复集〉补编》作"虽然"，据《严复翰墨》改。
③ 缄：《〈严复集〉补编》作"函"，据《严复翰墨》改。
④ 询：《〈严复集〉补编》作"讯"，据《严复翰墨》改。
⑤ 迩：《〈严复集〉补编》作"尔"，据《严复翰墨》改。

有在津者，不审彼何日可到也。渐热，伏惟珍卫，不宣。

弟复顿首

可行与否，望赐答。

六月初三日

（1914 年 7 月 25 日）

十一

经宿伏惟

体中安善。呈上席资拾五饼①，祈付尊庖代办。上弢公师傅台座。

复再拜　六月七日

（1914 年 7 月 29 日）

十二

经宿伏维

太保安稳。奉时表（璩儿赴英所购，示时刻甚准）一事，系旧用者，以将卅年兄事袁丝之意，祈哂纳。上
橘叟大兄太保台座。

复再拜

（1916 年 10 月）

---

① 拾：《严复翰墨》漶灭不清，据《〈严复集〉补编》补。

十三①

橘叟阁老钧座：

　　昨承教诲，快慰无极。比者□□重光，薄海称庆，复辟上谕，辞旨悱恻，定武通电，历指共和□痛，可以悬诸国门。诚使从此国家永息胶扰，则吾侪小人须臾无死，以观德化之□，宁非至幸！惟鄙陋之愚所不能已于长虑却顾者，则以为立国之道与用兵异，迅霆不及掩聪，于以取一时之胜利则有余，而以奠磐石之安则不足。是以目前大局虽若底定，而献酬群情，弥纶万方，安反侧而固根本，为事无穷。且非急起直追，恐无及耳。辛壬以来，变亦亟矣，顾扼要而谈，则新故□□之争已耳。此五洲历史公例，民物进化情状，莫不皆然。近今百年，发动尤烈。方其兴也，号为向明矣，而暴民恣睢，人欲横肆，随以用事。譬如水然，每流汇趋，演进荡决，蛟鳄百怪，翔舞并下，漂淋破坏，刿目惊魂，而逾时之后，畅流千里。故革命之事，方于其时，突起并兴，诚无人理也。迨从既往而观之，则人心不死，往往自为反补偏以循轨道。及是之时，故者虽亦□□精，而新者常胜，此进化必经之阶级也。是故治水之功，当利于疏凿，而堤壅□挽，欲使荆扬之水返于梁益者，势所不能，为之且败。今议政诸公，诚欲为救国振民之业，□以期所戴之安者，于前言不可不三复也。故今日□争，既复辟矣，而继今所刻不容缓者，扎实立宪而已。朝廷明降德音，首议宪法，次集国会，务使南北之民，知此事名复旧制，实则不过使元首之位定于一尊，而无继续选举总统之烦

---

　　① 此函为《严复集》所收，录自福建博物院所藏严复手迹。此次整理，在江西师大图书馆所藏严复致熊纯如书信中，亦发现与此函极相似之一函。而该函与《严复集》所收函异文极多，且函末有批红："此系原稿，本拟另抄呈览，继思不若用此以存其真，且不用药方亦无取如许费事也。又，初五日有敕各省各举代表之旨，或即因此。"据此可知，《严复集》所收当为后来重抄定稿。现将该原稿本加以整理并收附在此函后，以备查考。

扰，于以休养生息，遏乱萌，至于其余，则与共和国体等耳。

夫国会非不知其为聚讼捣乱之媒，然必不可畏而堙之远之，且宜进而成之，使为完全真实民意机关，于□宣郁滞，视进退，此在选举法之议造与奉行耳。再者既曰责任内阁矣，则首揆握兵，乃至不得已一时之权计，而万万不可□□。然窃计今日之局，必宪法、国会、阁制三者以次完全产出，而后可以言安。不然，无论形势□何赫耀，皆厝火积薪而卧其上也，其□□破坏，特早晚耳。吁，其危哉！感左右知爱，而复辟立宪，又居恒所大顾，用是偻偻之诚，不敢缄默，余俟面乃尽。此颂

侍福。

弟复叩头　五月十四日

本日阅英文报，其攻击定武不遗余力，且言大局之必无究竟，为不怿者久之。定武□□外交一面，似稍大意，此亦今日要害，不可不□□疏通之。国中反对，似所不免，然其组合实力，至少亦须月余，最好有法先有以消弭之，乃胜算也。匆匆又及。

张勋五月十三日复辟次日作书

（1917 年 7 月 2 日）

附原稿

橘叟阁老钧座：

昨承枉诲，快慰无穷。比者日月重光，薄海称庆，复辟上谕，辞旨悱恻，定武通电，历指共和病痛，可以悬诸国门。诚使从此国家永息胶扰，则吾侪小人须臾无死，以观德化之成，岂非吾侪小民极为可愿之事。惟鄙陋之愚所不能已于长虑却顾者，则以为立国之道异于用兵，迅霆不及掩聪，于以取一时之胜利则有余，而以维磐石之安则不足。是以目前大局虽若底定，而献酬群情，弥纶万方，安反侧而固根本，为事无穷。且非急起直追，恐无及也。辛壬以来，变亦亟矣，顾扼要而谈，则新故两潮之争已耳。此五洲历史公例，民物进化情状，莫不皆然。而近

18

今百年，发动尤烈。方其兴也，常号为向明，而人欲之肆，随以用事。譬之于水，每流汇趋，演进荡激，蛟鳄百怪，翔舞并下，漂流破坏，伤心惊魂，而逾时之后，畅流千里。故革变之事，方于其时，若无人理也。迨从既往而观之，而人类往往自为反正补偏以循轨道。及是时，故者虽亦存其精，而新者常居优胜，此进化必经之阶级也。故治水之功，常利于疏凿，而堤壅逆挽，欲荆扬之水返于梁益，势所不能，为之且败。议政诸公，诚欲为救国拯民之业，且以图所戴之安者，于前言不可不三复也。是故今日之事，既复辟矣，而所刻不容缓者，扎实立宪而已。朝廷立宣德音，首议宪法，次集国会，务使南北之民，知复辟之事，不过使天下定于一尊，而无选举总统之烦扰，于以休养生息，遏乱萌，至于其余，则与共和国体等耳。

夫国会非不知其为捣乱之媒，然必不可畏而埋之，宁进而成之，使渐趋于正轨，此在选举法而已。再者既曰责任内阁，则首揆握兵，乃不得已一时之权计，而万万不可以常。窃计今日之事，必宪法、国会、阁制三者完全产出，而后可以言安。不然，皆厝火积薪而卧其上也。感公知爱惓惓之诚，不敢缄默。余非面不尽。此颂
揆福。

（1917 年 7 月）

十四

南昌熊冰，字艾畦，托为转求太保法书①。渠尚有诗数首（在纸卷中）呈政也。此上
橘叟太保台座。

复再拜　七月初五
（1918 年 8 月 11 日）

---

①　法书：《〈严复集〉补编》作"书法"，据《严复翰墨》改。

19

十五

橘叟大兄太保执事：

客冬于十月拜别，到津抵沪，皆有滞留。而肺疾虽沿途觅医，不徒无效，乃以加剧。嗣于十一月初七至闽，苦被族□迎归阳崎居住，所居者即损轩前营之玉屏山庄也。十一月梢，儿子取妇，十二月初又以贱诞，累经俗嬲，而精气乃愈不支。十九日用新妇言，移居郎官巷，至廿一日喘咳大作，神识瞀乱，昏不知人，昼夜危坐床褥……

……之庆，惟公执柯，吾不知何用为谢！然亦有所不足，以儿子身居婿乡，渥蒙令婿夫人之爱，则未免夸饰过差，损志业而长骄稚。惟公寓书乡关，或以婉词微讽，谓其于女及婿皆当节爱抑慈，庶他日分手洒然，不至牵肠疾首耳。

西湖宛在堂诗龛所列，当①涛园祭诗时②，尚不过三十二人，乃今则四十四人矣，而己与东床皆与其列，见之黯然。闽中风气全非，士类殆尽，何必云天下，只此一隅，已足伤神欲绝尔。此请
道安。

弟复顿首　己未端午前二
（1919 年 5 月 31 日）

十六

数日不面，伏惟兴居万福。

---

① 函首至此，《严复翰墨》缺，据《〈严复集〉补编》补。
② 涛园：当指沈瑜庆（1858—1918），福建侯官人，沈葆桢四子。

顷作《刘耕云六十寿诗》一律，颇惬意。敬以呈示法家，以为何如①？看毕可交刘家人，属其寄闽也。并颂

弢公太保台安。

弟复顿首
（1920 年 2 月）

十七

复出无车，今晚赴贞贤席，欲高轩过我，以便附骥，何如？此上
橘叟左右。

复叩头　十□

十八

分惠乡产，至感垂爱，敬拜登受，愧不能□杨风《韭花帖》也。
敬候
橘叟太保起居。

复再拜

---

① 何如：《〈严复集〉补编》作"如何"，据《严复翰墨》改。

21

与汪康年（13 封）①

一

穰卿进士、卓如孝廉均〔钧〕鉴：

启者，前寄一函，想经伟照。昨公度观察抵津，稔大报一时风行。于此见神州以内人心所同，各怀总干蹈厉之意。此中消息甚大，不仅振聩发聋、新人耳目已也。不佞曩在欧洲，见往有一二人，每著书立论于幽仄无人之隅，迨一出问世，则一时学术政教为之斐变。此非取天下之耳目知识而劫持之也，道在有以摧陷廓清、力破余地已耳。使中国而终无维新之机，则亦已矣；苟二千年来申商斯高之法熄于此时，则《时务报》其嚆矢也。甚盛甚盛！

寄上汇票百元，到时乞与察入，付据。区区不足道，聊表不佞乐于观成此事之心云尔。手此。敬颂

撰安。

候〔侯〕官严复顿首　八月十八日

（1896 年 9 月 24 日）

---

① 原件藏上海图书馆，《严复集》均收。此次整理，据《严复翰墨》刊出的手迹重新核校。汪康年（1860—1911），字穰卿，浙江钱塘（今杭州）人。1895 年（光绪二十一年）参加上海强学会。次年创办《时务报》，自任经理。后又创办《中外日报》《刍言报》等报。

二

孺博、卓如、穰卿三先生阁下：

每怀风采，延企为劳。伏惟台候万福，为时自重。

上月托公度观察袖呈《国闻报启》一通，求登贵报，俾我下乘附骥而行，谅荷垂察。拜读三十五大报，尚未附录，殊为悬盼。陈锦涛至津备述尊意，爱我之情，至为周密，感荷感荷！弟等本议旬报之外兼出日报，日报则仅详北数省之事，旬报则博采中西之闻，与尊属一节正相符合。现在资本已集，印机已购，开办之期即在来月，伏乞将前寄启文赶为登录。将来出报之后，南中各省埠，尚拟依附贵馆派报处代为分送。素纫公谊，当亦乐观其成也。启中文字有未审处，尚求雅削。专泐公叩台安。

弟夏曾佑、严复、王修植同再拜　八月廿五日

（1897 年 9 月 21 日）

三

穰卿仁兄大人阁下：

钦仰风徽，积日已久。常欲奉书左右，又以冗废。比者同学萨君鼎铭奉檄来津，备述贤者任事朴忠，救世之心甚热，敬佩奚如！

兹承五月廿六日华缄，以拙译斯宾氏《劝学篇》中废可惜，属将原书寄沪，当今名手赓续成之，以公海内，具征悲闵宏度。第此书弟处仅有一分，难以借人；既承台命，当急代觅寄上，不误。至《天人会通论》卷帙綦繁，移译之功更巨。公等既发此宏愿，弟谨开书名一单，到上海黄浦滩别发洋书坊随时可购也。抑窃有进者，《劝学篇》不比寻常

记论之书，颇为难译；大抵欲达所见，则其人于算学、格致、天文、地理、动植、官骸诸学，非常所从事者不可。今其书求得时姑寄去，如一时难得译手，则鄙人愿终其业。《时务报》能月筹鹰洋五十元见寄者，则当按期寄呈，至少一千五百字也。商之。此覆，并请

勋安。

严复（又陵）顿首　五月初三

又启者，菀生病已早愈，穗卿已过虎班，一时似难得缺。国闻馆被劾事已解矣。近闻御史宋伯鲁奏请以《时务报》改为官报事，已交孙五先生议矣。据有人言，此举乃报复，意欲使公不得主其局。不知曾闻否？谨奉达。

六月十二到

（1898 年 6 月 21 日）

四①

穰卿有道：

启者，前得惠缄，敬已裁答，想蒙鉴矣。

所谓斯宾塞《劝学篇》顷已检得另本，特邮几下。（到日祈以数行见示，以释浮湛之系。）所惜旁行之文，非公所素习，不然，手舞足蹈之赏，讵有量哉！曩英人理雅各言辛苦学华文十余年，得读马贵与《通考》一书，便为无负，仆于是书亦云。俗冗稍暇，尚拟移翻。"五十饼"前言直与足下戏耳，使公竟诺之，则仆食言矣。方今谈洋务者如林，而译手真者最不易觏。支那境内，以仆所知者言之，屈指不能尽手。此以见士趋时逐利者多，而仆学求自得之懿者鲜也。

梁卓如大学堂章程颇为知言之累，岂有意求容悦于寿州南皮辈流

---

① 此函未署日期，但信前有小字注"七月初四到"。

耶？英华发露太早，正坐苏子瞻《稼说》所指病痛；过斯以往，斯亦不足畏也已。公度欲富贵，遂富贵矣，于国种亦无望也。幸秘之。不宣。

复顿首

（1898 年）

五

穰老足下：

　　昨蒙惠临，聆教为慰。今有极琐一事奉渎。缘束装北上，玻瓶杂物须用旧纸裹塞者甚多，庶不破碎。报馆中废纸必多，望以一筐见惠，并即付来人带下，顷待用也。手此。即颂

仁安。

愚弟复顿首　廿三夕子

（1900 年）

六

穰卿老兄惠鉴：

　　启者，午后走访不遇，为歉。兹有极恳者：冬令将至，需款孔殷。而蒯礼翁译费尚未寄下，不知是否事在必行。吾兄必当悉其底里，望即见告。若事无反复，弟拟向尊处先手规元五百两，一俟前途汇款到时，即当划还不误。可否之处，诸希卓裁，但求明示而已。手此。

敬颂

勋安，不宣。

愚小弟严复顿首　九月廿九日

（1900 年 11 月 20 日）

七

六句钟四马路万年春之约敬悉，必到，或稍迟一刻半点，望勿讶也。此复

穰卿先生足下。

弟严复顿首　初三日

汪老爷

（1900 年）

八

穰卿老兄足下：

奉别忽匝两月，盛暑，伏惟起居安吉为颂。

兹有告启千余言，可否求于《中外日报》中留数方寸之纸为之地乎？此亦与外国力争利权之一大事也。弟自到津以来，凡百叱咜，惟山河举目，满市夷骑，令人邑邑耳。京津两处，皆有人拟鸠股本，开设绝大报馆，挽弟为之著述家。独是朝廷虽累有新政之诏，然观其行政用人，似与所言尚非相应者。既开报馆，原与庶人不议之例不符，与其不议，不如勿开；开而议之，窃恐方今之日尚不能言者无罪也。足下以为何如？

小儿伯玉业于本晨晋都，不知能得一二等翻译否？此行附骥者极多，然此行是何等事，窃望随从之人稍为持重暗默，若趾高气扬，则真不知人间有羞耻事，其不为外国所鄙笑者寡矣。弟颇欲回申一行，不独察视彼所谋局，兼有私事期了。一是俟面乃罄。先此奉托，并颂

近祉，不露所怀。

弟严复顿首　五月九日①
（1901 年 6 月 24 日）

---

① 所署日期后有小注"十四到"。

九

厊广先生有道①：

　　每《刍言报》出，读其议论，如渴得水，如痒得搔，果社会尚有一隙之明，得贤者苦口药言，略以挽颓波、制狂吷，则真四万万皇人之福耳！复从昔年以反对抵制美货之议，大为群矢之的，自兹厥后，知悠悠者不可以口舌争，无所发言，为日盖久。不幸去秋又为资政院议员，以三四事被政府党之目，汹汹者殆欲得而甘心焉。一哄之谈，其不容立异同，为言论自繇如此，此邦之人尚可与为正论笃言也耶？今岁秋间，必将辞职，盖年老气衰，不能复入是非之场。逮睹足下言论，则朝阳鸣凤，出诸羸病之夫，毅然与怒潮恶风相抵拒，又心平气闲，犁然意尽，故不觉面发作而首俯至地耳。

　　十一日猥蒙嘉招，必当趋领。先此布达，余俟面言。不宣。

严复顿首　初九晚

（1911 年）

十

厊广先生有道：

　　昨日奉扰郇厨，渥聆教言，兼饱眼福，至用为快。

　　兹有求者，曹君《淳化帖》《郭家庙碑》，又费氏《仕女》四幅，是

　厊广：此二字《严复集》作"厊广"，且受信人为此称呼的函九、十、十一、十三均置于汪康年名下，无相关注解说明。而《严复翰墨》所刊手迹写作"厊广"，但未置于汪康年名下，而另作"致厊庵"，不知何据。查《汪康年师友书札》（上海古籍出版社，1986 年）亦作"厊广"，无说明。"厊广"即汪康年尚未找到其他资料确证，因此，今编次仍从《严复集》，但将"厊广"改作与手迹写法更相近之"厊广"，以便学界再考。

27

否求售？能借观数日否？曹帖即不求售，亦乞代为转借；缘敝处亦有此帖，欲校对也。又昨见有日本所影右军墨迹，私心以为神妙；此物须向何处购买，望以见示。尊处此帧能先借观，亦尤感也。此恳。即讯

道履，不宣。

弟复顿首　十二

昨有叔韫《国学丛钞》一本，阁置尊斋，忘带归；送前件时，祈一并付纪，千万！

（1911 年）

十一

无广先生赐鉴：

启者，卧病涉旬，承惠枉前绥，不克迎迓，至用为怅。曹家《淳化阁帖》的是佳拓，但索赖至五百金，此非有骨董癖而雄于赀者，畴能脱手以收此物耶！徒呼负负而已。

中央教育会与贱恙相始，故至今未莅议场，放弃责任，与左右同出，无可奈何。明日又是会期，当一与会，然亦仅能为旁听耳。近时人于此种会事，言论渐近翔实，靠事势发挥，此是好消息；而急进者犹或非之，甚矣，俗之难与周旋也！前期《刍言报》除记载教育会日表外，无他议论，想天气炎燠，贤者稍为精力消停；顾外议必以此为弩末，或竟废不购阅。北方诸报章，惟此稍有救正之能，故私心常以失坠为虞，顾有以勉就盛业也。送上折扇一方，润资四饼，求鸥容介弟为作山水图，署贱款。专此奉托，余容晤谈。手颂

痊祉，不宣。

小弟复顿首　初五夕

（1911 年）

十二

诗笺涂讫，老眼昏眵，不能作细书，致欹斜不成字，蹧跶旧纸，可惜可惜！令弟画山水殊超胜，有人欲其画。昨所带润格，不省置何处，有便乞更赐数纸，当为延誉也。

穗卿近尚在沪否？如知其行止，亦祈相示也。此颂

穰卿有道暑安。

弟复顿首　初九

（1911 年）

十三

旡广先生执事：

承假珂罗版《王右军帖》，把玩累日，所得不少。兹谨奉还，谢谢。

迭读大著《彐言报》，不惜以一身当群流之冲。古人有言，如尊乃勇耳，倾佩无量。第四十八号诘问条第二则言：近各报查得孙仲英盗卖盐坨，似微有误。盐坨公物，契券又不在孙处，即乘纷乱，孙又乌从卖之？即卖，外人亦不受也。以仆所闻①，则庚子天津失守时，法军借口拳匪以盐坨为根据地，伏而开炮攻击，领廨因而没其积聚之盐，嗣于天津未收之时招商包卖，仲英出面承之，乃大得利，然以此几不免矣。若盗卖盐坨，则决知其无此事也。和议既定，卫城租界所增拓者何限，而中国局厂廨署，如东制造局、海军公所等，皆一去不还，彼皆非买而得之也。

执事主持言论风纪，于人未尝为己甚之辞。今兹所言，似未得实，

---

① 闻：《严复集》作"知"。

故不自外，有以为献。出入所关于人名节甚大，望有以救正之也。再者，孙，江宁人，尝为天津水师学生，故复知其梗概云。手此奉布。即颂

篆祺。

弟复顿首　廿九

（1911 年）

与梁启超（6 封）[①]

一

卓如先生足下：

前得覆缄于无似，私心若桴鼓之相应，喜慰过望，殆难以言语形容也。近复得九月二日书，其用意恳到，盎溢行墨间，自维何物，乃膺斯宠。

《时务报》已出七帙，中间述作率皆采富响闳，譬如扶桑朝旭，气象万千，人间阴暗，不得不散，遒人木铎之义，正如此耳。风行海内，良非偶然。

甲午春半，正当东事臬兀之际，觉一时胸中有物，格格欲吐，于是有《原强》《救亡决论》诸作，登布《直报》，才窘气苶不副本心，而《原强》诸篇尤属不为完作。盖当日无似不揣浅狭，意欲本之格致新理，溯源竟委，发明富强之事，造端于民，以智、德、力三者为之根本，三者诚盛，则富强之效不为而成；三者诚衰，则虽以命世之才，刻意治标，终亦隳废。故其为论，首明强弱兼并乃天行之必至，而无可逃，次

---

① 函一据《严复集》，录自《严几道先生遗著》（南洋学会，1959 年）；函二、三分别据《新民丛报》1902 年第 7 期、第 12 期，《严复集》均收，《严几道诗文钞》（蒋贞金辑、贡少芹编，1922 年国华书局印行，见沈云龙编《近代中国史料丛刊》，台湾文海出版社影印本）亦收函二，原标题为"与梁任公论所译《原富》书"；函四至六据马勇整理《严复未刊书信选》（载《近代史资料》第 104 号，中国社会科学出版社，2002 年），有学者认为是伪作，今且录入，备考。梁启超（1873－1929），字卓如，号任公，别号沧江，又号饮冰室主人，广东新会人。前三函的时间在 1896－1902 年，时梁启超先后主编《时务报》《新民丛报》等。

指中国之民智、德、力三者已窳之实迹，夫如是，而使窳与窳遇，则雌雄胜负效不可知。及乎衰与盛邻，则其终必折以入。然则中国由今之道，无变今之俗，存亡之数，不待再计而可知矣。是以今日之政，于除旧，宜去其害民之智、德、力者；于布新，宜立其益民之智、德、力者。以此为经，而以格致所得之实理真知为纬。本既如是，标亦从之。本所以期百年之盛大，标所以救今日之阽危，虽文、周、管、葛生今，欲舍是以为术，皆无当也。仆之命意如此，故篇以《原强》名也。能事既不足心副，而人事牵率，遂以中绝。今者取观旧篇，真觉不成一物，而足下见其爪咀，过矜羽毛，善善从长，使我颜汗也。

载诵来书，拚抑之语，皆由至诚，尤征学养。如谓学不知本，则隔靴搔痒，不通文语，则凡所诵习，皆彼中粗迹吐弃之谭云云，此自盛德若虚，不自满假语耳。自仆观之，则足下虽未通其文，要已一往破的。无似因缘际会，得治彼学二十余年，顾自揣所有，其差有一日之长者，不过名物象数之末而已。至其宏纲大旨，则与足下争一旦之命，胜负之数，真未可知。况足下年力盛壮如此，聪明精锐如此，文章器识又如此，从此真积力久，以至不惑知命之年，则其视无似辈岂止吹剑首者一映已哉！梁君梁君无怠，嗟呼，士顾愿力何如耳！

复自入学官以来，所谓同学者，以十数；所谓后进者，以百数；又其中以他途进者，不识几何人。此皆通其文语，亲见国俗，习其艺数者也。而试求所谓殚众生之便蕃，察教派之流变者几人哉！有几人哉！承示，从马兄眉叔习拉丁诸文，（往者圣祖仁皇帝曾从西士学之，其名如此作。）甚感甚感！此文及希腊文，乃西洋文学根本，犹之中国雅学，学西文而不与此，犹导河未至星宿，难语登峰造极之事。独恐颇〔足〕下事烦，能日抽一二时为之，期勿作辍，一年之后，自有妙验。近来士大夫欲问津西洋文字者，颇不乏人，浅尝之后，多以俗累致废；又怀望过奢，求效太亟，见初学謇浅之事，意弗屑也，因以怠废。故以中年而从事西学者，非绝有忍力人，必不能也。在他人，仆固未尝怂恿之，至于足下，则深愿此业之就。使足下业此而就，则岂徒吾辈之幸而已，黄种之民之大幸也。

拙译《天演论》，仅将原稿寄去。登报诸稿，挑寄数篇，金玉当前，自惭形秽，非敢靳也。《原强》如前所陈，拟更删益成篇，容十许日后续呈法鉴，何如？余惟爱护波潮，敬勖光采，以副慕仰之私而已。

严复顿首

（1896 年 10 月）

二

新民执事①：

承赠寄所刊《丛报》三期，首尾循诵，风生潮长，为亚洲二十世纪文明运会之先声。而辞意恳恻，于祖国若孝子事亲，不忘几谏，尤征游学以来进德之猛，曙曦东望，延跂何穷！三编所载，皆极有关系文字，而鄙诚所尤爱者，则第一期之《新史学》，第二期之《论保教》，第三期之《论中国学术变迁》。凡此皆非囿习拘虚者所能道其单词片义者也。大报尝谓学理邃赜，宜以流畅锐达之笔行之，诚哉其为流畅锐达也。编中屡举畴昔鄙言，又绍介新著，于拙译《原富》之前二编，许其精善。凡此已悉出于非望矣。至乃谓于中学西学，皆第一流人物，则不徒增受者之惭颜，亦将羞神州当世贤豪，而大为执事知言之诟。仆于西学，特为于众人不为之时，而以是窃一日之长耳。属者圣上广厉学官②，欲采中西之学术，于一炉而冶之。则十年以往，才贤辈出，而置不佞于前鱼之列可知也。抑且无俟远跂，即执事同社诸贤，亲朋挥手以来，其艺能

---

① 民：《严几道诗文钞》作"明"。

② 属者圣上：《严复集》《严几道诗文钞》均作"今者我圣上"。

之愈富者何限。据现在以逆将来，是諓諓者之不足以云，又可决也。若夫仆中学之浅深，尤为朋友所共见，非为谦也。道不两隆，有所弃者而后有取。加以晚学无师，于圣经贤传，所谓宫室之富、百官之美，皆未得其门而入之。其所劳苦而仅得者徒文辞耳，而又不知所以变化。此所以闻执事结习之讥评①，不徒不以为忤，而转以之欣欣也。

窃以谓文辞者，载理想之羽翼，而以达情感之音声也。是故理之精者不能载以粗犷之词，而情之正者不可达以鄙倍之气。中国文之美者，莫若司马迁、韩愈。而迁之言曰："其志洁者，其称物芳。"愈之言曰："文无难易，惟其是。"仆之于文，非务渊雅也，务其是耳。且执事既知文体变化与时代之文明程度为比例矣，而其论中国学术也，又谓战国隋唐为达于全盛，而放大光明之世矣，则宜用之文体，舍二代其又谁属焉？且文界复何革命之与有？持欧洲挽近世之文章，以与其古者较，其所进者在理想耳，在学术耳，其情感之高妙，且不能比肩乎古人。至于律令体制，直谓之无几微之异可也。若夫翻译之文体②，其在中国，则诚有异于古所云者矣，佛氏之书是已。然必先为之律令名义，而后可以喻人。设今之译人，未为律令名义，闯然循西文之法而为之，读其书者乃悉解乎？殆不然矣。若徒为近俗之辞，以取便市井乡僻之不学，此于文界，乃所谓陵迟，非革命也。且不佞之所从事者，学理邃赜之书也，非以饷学僮而望其受益也，吾译正以待多读中国古书之人，使其目未睹中国之古书，而欲稗贩吾译者，此其过在读者，而译者不任受责也。夫著译之业，何一非以播文明思想于国民？第其为之也，功候有深浅③，境地有等差，不可混而一之也。慕藏山不朽之名誉，所不必也。苟然为

---

① 讥：《严复集》《严几道诗文钞》均作"议"。
② 译：《严几道诗文钞》作"绎"。
③ 候：《严复集》作"侯"。

之，言厖意纤①，使其文之行于时，若蜉蝣旦暮之已化。此报馆之文章，亦大雅之所讳也。故曰：声之眇者不可同于众人之耳，形之美者不可混于世俗之目，辞之衍者不可同于庸夫之听②。非不欲其喻诸人人也，势不可耳。

台教所见要之两事：其本书对照表，友人嘉兴张氏既任其劳；若叙述派别源流，此在本学又为专科，功巨绪纷，非别为一书不能晰也。今之所为，仅及斯密氏之本传，又为译例言数十条，发其旨趣。是编卒业，及一岁矣。所以迟迟未出者，缘译稿散在友人。遭乱舣滞，而既集校勘，又需时日。幸今以次就绪，四五月间，当以问世。其自任更译最后一书，此诚钦钦刻未去抱③，第先为友人约译《穆勒名学》，势当先了此书，乃克徐及。不佞生于震旦，当十九、二十世纪之交会，目击同种阽危，剥新换故，若巨蛇之蜕蚹（生物家言蛇蜕最苦），而末由一藉手④。其所以报答四恩，对扬三世，以自了国民之天责者。区区在此，密勿勤劬，死而后已，惟爱我者静以俟之可耳。旅居珍重，惟照察不宣。

严复顿首

再者，计学之名，乃从 Economics 字祖义着想，犹名学之名，从 Logos 字祖义着想。此科最新之作，多称 Economics 而删 Political 字面。又见中国古有计相计偕，以及通行之国计、家计、生计诸名词，窃以谓欲立一名，其深阔与原名相副者，舍计莫从。正名定义之事⑤，非亲治其学通澈首尾者，其甘苦必末由共知⑥，乍见其名，未有不指为不

---

① 厖：《严复集》《严几道诗文钞》均作"庞"。
② 同：《严复集》《严几道诗文钞》均作"回"。
③ 钦钦：《严复集》《严几道诗文钞》均作"下走"。
④ 末：《严复集》作"未"。
⑤ 义：《严复集》作"议"。
⑥ 末：《严复集》作"未"。

通者也。计学之理，如日用饮食，不可暂离，而其成专科之学，则当二百年而已。故其理虽中国所旧有，而其学则中国所本无，无庸讳也。若谓中国开化数千年，于人生必需之学，古籍当有专名，则吾恐无专名者不止计学。名理最重最常用之字，若因果、若体用、若能所权实，皆自佛教东渐而后拈出，而至今政治家最要之字，如 Rights，如 Obligation，问古籍中何字足与吻合乎？学者试执笔译数十卷书，而后识正名定义惬心贵当之不易也，即如执事今易平准之名，然平准决不足以当此学。盖平准者，乃西京一令，因以名官职，敛贱粜贵，犹均输常平诸政制。计学之书，所论者果在此乎？殆不然矣。故吾重思之，以为此学名义，苟欲适俗，则莫若径用理财，若患义界不清，必求雅驯，而用之处处无扞格者，则仆计学之名，似尚有一日之长，要之后来人当自知所去取耳。

（1902 年 3 月）

三

（前略）来教谓佛经名义多用二文[①]，甚有理解。以鄙意言之，则单字双字，各有所宜。譬如 Economics 一宗，其见于行文者，或为名物，或为区别，自当随地斟酌，不必株守"计学"二字也。此如化学有时可谓物质，几何有时可翻形学，则计学有时自可称财政，可言食货，可言国计，但求名之可言，而人有以喻足矣。中国九流，有以一字称家，有以二字称家，未闻行文者遂以此窘也。Economic Laws 何不可称计学公例？Economic Problems 何不可云食货问题？即若 Economic Revolution 亦何不可言货殖变革乎？故窃以谓非所患，在临译之剪裁已耳。至于群学，固可间用民群。大抵取译西学名义，最患其理想本为中

---

① 文：《严复集》作"字"。

国所无，或有之而为译者所未经见。若既已得之，则自有法想。在己能达，在人能喻，足矣，不能避不通之讥也。惟独 Rights 一字，仆前三十年[1]，始读西国政理诸书时，即苦此字无译，强译"权利"二字，是以霸译王，于理想为害不细。后因偶披《汉书》，遇"朱虚侯忿刘氏不得职"一语，恍惚知此职字，即 Rights 的译。然苦其名义与 Duty 相混，难以通用，即亦置之。后又读高邮《经义述闻》，见其解《毛诗》"爰得我直"一语，谓"直"当读为"职"。如上章"爰得我所"，其义正同，迭引《管子》"孤寡老弱，不失其职"，《汉书》"有冤失职，使者以闻"[2]，又《管子》"法天地以覆载万民，故莫不得其职"等语。乃信前译之不误，而以直字翻 Rights 尤为铁案不可动也。盖翻艰大名义，常须沿流讨源，取西字最古太初之义而思之，又当广搜一切引伸之意，而后回观中文，考其相类，则往往有得，且一合而不易离。譬如此 Rights 字，西文亦有直义，故几何直线谓之 Right Line，直角谓 Right Angle，可知中西申义正同。此以直而通职，彼以物象之正者，通民生之所应享，可谓天经地义，至正大中，岂若权利之近于力征经营，而本非其所固有者乎？且西文有 Born Right 及 God and My Right 诸名词，谓与生俱来应得之民直可，谓与生俱来应享之权利不可。何则？生人之初，固有直而无权无利故也，但其义湮晦日久，今吾兼欲表而用之，自然如久废之器，在在扞格。顾其理既实，则以术用之，使人意与之日习，固吾辈责也。至 Obligation 之为义务（仆旧译作"民义"，与前"民直"相配），Duty 之为责任，吾无间然也。（后略）

（1902 年 4 月）

---

① 三十年：《严复集》作"三年"。
② 《严复集》无"《汉书》有冤失职"诸字。

四

任公吾弟伟鉴:

返都后得手教,为之叹息者再。兄与尊况大同小异,有何□遵之者?时势如期,吾辈书生有何能为?忆昔居英伦时,与日人伊藤博文氏同窗数载,各与国事皆有同感。然伊公回国后,所学竟成大用。而吾兄返国后,与香涛督都首次晤面即遭冷遇,此后始终寄人篱下,不获一展所长。相形之下,彼此何悬殊之甚耶?吾弟负经国之才,抱救国之志,初遭时忌而流亡海外,经〔今〕虽登论坛高座,然曲高而和寡,执事诸公反以眼中钉刺目之。是二人之际遇,正复相同也。兄老矣,而弟正当年力壮之时,私必其扬眉吐气者有得。固不可以目前悲欢,介介于怀,幸勉其前路耳。专布不忧,惟万千句卫。此颂

台安。

兄复再拜

(约 1910—1911 年)

五

日前匆匆奉报一笺,殊不详尽,连展手翰如晤话。言兄此次来京与各方首要密谭数次,皆不值项城所为。松坡现仍处笼中,虽朝夕过从,极尽奉承之能事,然英雄之身可系而志不可夺。项城其意,愚之甚矣。此时南北通信,各方劝阻者多滞于跋涉,计弟之所能为者,亦文字诛罚而已。沪上报章所论最为有力,时时为之,足成大用,幸勿自馁也。兄老且病,无能为矣。此上任公老弟足下。

兄复顿　十日

(1915 年)

六

任公贤契足下：

连日晤谭甚欢，引为生平快事。近年来国家多故，朝野不宁，然治之之道，确如老弟所言，必先安内固本，而后方克对外，此不易之理，而执事者且兢兢然以攘外为首，本末倒置，不知其是何居心也。物必先腐，而后虫生；人必自侮，而后人侮；今日吾等所能为者，除以文字报国外，他何敢言？十年前兄曾以万言书上景帝，至今思之，颇有可操用者。今民国告成亦已数载，而情况反更甚于前，可叹也。兄近将以事有湘中之行，返沪当在下月。季直尚在京，月内定可归来。乞晤时以兄意告之为幸。专布区区。即颂

道绥。

兄严复上　八月十四

（1917 年）

与吴汝纶（3 封）①

一

挚甫先生执事：

复一病匝月，今虽邀福粗愈，然脑气浮纵，追念前事，都如隔生。本日逼于公事，来堂晤子翔玉润，询悉起居，知送眷属回南，旅居得无寥落，至念至念！

承手教，大慰所怀，能使疲神顿爽。然颇怪先生以不自满假之故，谓复于论说大著左碑之辞有非实者，一曰虚奖，二曰妄叹，三曰过言。谓之过言可也，谓之虚与妄则大不可；过言或出于愚，虚妄则涉于欺，此所以断断乎不敢闻命也。平生甚耻为欺，于言行践履则力求其实，于学问则力讨其真。倘论古人，虽孔孟程朱，苟有未慊，不能强尊信之，而谓复独缘世故而贡谀左右也哉，必不然矣。

贤者文词，当其下笔，自有义法，妄庸子点窜涂改而末系先生之名，传诸来叶，一言不智，谁实当之？怪近世小儿为祖父作传志，如绘先容，辄喜作美伟丈夫，如坊中所卖天官赐福者，其仪貌固利俗目而称美矣，而如非吾祖父之真面目何哉？求改者固可哂，而为之改者尤可怪也。此文既署先生之名，有更动一字而非先生所许者，急取回为是，不可徇也。

---

① 据《严复集》，其载函一系吴汝纶侄孙女吴琚秀先生所藏，函二系吴汝纶孙吴防先生抄寄，函三系祁龙威先生抄寄。吴汝纶（1840－1903），字挚甫，安徽桐城人。同治四年（1865）进士，授内阁中书。曾为曾国藩、李鸿章幕僚。

拙译《天演论》近已删改就绪，其参引已说多者，皆削归后案而张皇之，虽未能悉用晋唐名流翻译义例，而似较前为优，凡此皆受先生之赐矣。

来教又谓复略具知识，可以整齐教俗，一洗陈宿，辟新机，振衰势，此无论投间〔闲〕置散，万不能为。即令复当路得柄，庸弱如此，求收尺寸之效且不可得，矧如前所云者耶？此固复自知甚明者也。中国人心坐二千年尊主卑民之治，号为整齐，实则使之噎冒不能出气，其有爱人周急为无告所仰，而为黔首所爱慕者，则怒其行权为侠，背公死党，痛锄治之，令根苗尽绝乃止，故任恤与保爱同种之风扫地无余。其悬爵禄，废廉节，又使之耻尚失所。是以今日之中国譬之如肉，当其生时，全块中亿万质点皆有吸力，能相资以生；至于今则腐肉耳，所有莫破微尘有抵力而无吸者，与各国遇，如以利剑齿之，几何其不土崩瓦解也！先生以复言为妄乎？则试观前史，汉唐最强，其时之民气如何，可以见矣。每读郭解传，未尝不流涕，史述其少年无状事，未必不诬。盖不如是，不足以见天子族之之是。嗟乎！使有以公孙弘之说行于泰西各国之间者，其民无不群起而叛之矣。

大抵东方变局，不出数年之中。俄于东省、朝鲜如封豕长蛇，处心荐食；而日本举国妇孺同愤，甲午以来，其磨厉淬炼，百倍过前。先生试思此而可以不战息耶？战则中国必属弭囊鞿以从俄人之后（此盖吾久失自主之权之故），资粮与兵，而彼族为之将帅。孰为雄雌，今不可知，而吾之长城东北必非吾有。金瓯既缺，则陈孺子宰肉之局成，而中国之民长与身毒之民等耳。且今日之变，固与前者五胡、五代，后之元与国朝大异，何则？此之文物逊我，而今彼之治学胜我故耳，然则三百年以往，中国之所固有而所望以徐而修明者子遗耗矣，岂不痛哉！岂不痛哉！（此抑为复所过虑，或经物竞天择之后吾之善与真者自存，且有以大神西治，未可知也。）复每念此言，尝中夜起而大哭，嗟乎，谁其知之！姑为先生发此愤悱而已。治国固以人心风俗为本，如今日中国之人心，虽与之德之陆旅，英之水师，亡愈速也，呜乎，衮衮练兵购船何为者！

许序《天演论》，感极。改本已抄得两份，当托子翔寄一份去，恳先生再为斟酌。如可灾祸梨枣，公诸海内，则将备二三百金为之。郑侨有言："吾以救世也。"新病初瘥，筋跳脉动，执笔几不知所作何字，脑气陡发，词意跅弛；虽然，却露本真，伏惟惠子知我。

复顿首　十月十五日

（1897 年 11 月 9 日）

二

莲池先生左右：

得廿四日手教，知合肥之南，猥蒙论荐，再番皆不得复，荐士行于不相习者可耳；若合肥之于贱子，相从将及廿年，而当用人之际，尚待旁人之推毂，虽成，亦何足道乎！惟先生相为之深，则真可感也。

沪上之行，以孱躯不耐犯寒，秦望权船，上下不易，所以中辍，无他故也。

《原富》拙稿，新者近又成四五册，惟文字则愈益芜蔓，殆有欲罢不能之意，以□□之雅，乃累先生念之，岂胜惶悚。

和度无计留之，实为可惜。其书当今无与比肩者，但少疲缓，则其短也。常俗计册论资，见复出百余金，所得者不二三写本，则共讥其费。近者，复为荐之南中，彼以排印相距者，正坐此耳。然鄙意明春稍可设法，尚欲留勿使去也。中国虽尚文教，顾诗、文、字三者，几人人为之，而求其可称为能，往往绝无而仅有。幸而相遇，可不宝贵也耶？

复于文章一道，心知好之，虽甘食耆色之殷，殆无以过。不幸晚学无师，致过壮无成。虽蒙先生奖诱拂拭，而如精力既衰何？假令早遭十

42

年，岂止如此？以前而论，则有似夙因；由后而云，则又有若定命者，先生以为何如？

文正公《古文四象》已为里耳之大声，集资印之，自为寡和之曲。然子云虽明知之覆瓿，尚终为之。先生勉为其难，未必无同志也。文正集见者惟黎刻及鸣原堂。前种以桐城之严洁，运□出文选之详瞻〔赡〕高华，于宋以来之文章，益叹观止。独其议论，则每有不能仰止者。如《书扁鹊仓公传后》，辄谓无关史氏宏旨，致讥子长。此独不知医药之有关治道，（此理得令，西国群学而益明。）且忘太史氏所职者之为何事矣。且不讥其日者龟策，独讥扁鹊仓公，又何说耶？书来尚望有以开之。

《原富》未译者尚余五分之一，不以作辍间之，夏间当可藏事。而成书后一序，又非大笔莫谁属矣。先生其勿辞。

日来朝论益棼，不涉世途，安知非福？所愿者，多成几册译书，使同种者知彼族所为何事，有所鉴观焉耳。《天演论》索者日多，顾其文字尚须商量也。

手此奉复，并颂
著安。

复顿首　除夕前一日
（1900 年 1 月 29 日）

三

挚甫先生惠鉴：

数日前曾邮一书，并拙作《斯密亚丹学案》，想经霁照。昨有友赴保，托其带呈甲部两册，兹复呈上译例言十五条，敬求削政。此二件并序，皆南洋译局所待汇刻成书者，即望加墨赐寄，勿责促逼也。此序非先生莫能为者。惑者以拙著而有所触发，得蒙速藻，则尤幸矣！

开平矿务，自夏间合办议定，其中用人理财一切皆在西人掌握，鄙人名为总办，实无所办。即至簿书期会，亦是寥寥，故得暇暑以从译事。《名学》卷帙稍比《原富》为多，然亦了其四分之一矣。知念，并布。独是行年四十有九，虽选耎无似，深不愿以素食为西人之所轻，决意弃此改图。所迟迟者，以燕谋学士于役未归而已，言之令先生知吾心也。秋深，惟起居保练，不宣。

严复顿首

（1901 年 9—12 月）

与张元济（21封）^①

一

菊老吾兄大人有道：

近者迭接十三、十八两日尊缄。承起居安隐，潭祉吉祥，无任慰系。国论变更以还，士之有心救时者，大都蔽以党字束置高阁。上之用人既已如是，则下之求友亦将以是为决择。故其甚者，至欲寻一啖饭之馆而犹难之。岁月悠悠，真不知何以自了也。十八书谓：南洋公学将有译书之局，俾公得安研其间，不觉为之狂喜。大者则谓译书为当今第一急务，喜提倡之有人，小者则为吾兄庆一枝之借，取过目前，且不至销耗精神于无用之地也。

承示欲印宓克《教案论》，甚善甚善！此书前经合肥饬译，鄙处之稿，不记何人借去。书衡比部既有抄本，正好付印。但此书尚是一人一时见解，不比他种正经西学，其体例不尊，只宜印作小书，取便流传足矣。尊旨谓书式欲与鄂刻《天演论》一律，此自无可无不可。盖后书亦不过赫胥黎氏绪论之一编，并非天演正学；且所刻入卢氏《慎始基斋丛书》，作为一种，我们固不必墨守其式也。

---

① 此21函，《严复集》共收20函，且对编次和写信日期做了考订，此次整理，据《严复翰墨》刊出手迹重新核校函二、六、七、八、十五、十六、十七、十八、十九，余函仍据《严复集》。另函二十来自嘉德2019年春季拍卖会，函二十一藏中国国家博物馆，其余19函均藏上海图书馆。张元济（1867—1959），字筱斋，号菊生，浙江海盐人。清末中进士，入翰林院任庶吉士，后在总理事务衙门任章京。1902年进入商务印书馆，历任编译所所长、经理、监理、董事长等职。1949年以后，担任上海文史馆馆长，继任商务印书馆董事长。

复自客秋以来，仰观天时，俯察人事，但觉一无可为。然终谓民智不开，则守旧维新两无一可。即使朝廷今日不行一事，抑所为皆非，但令在野之人与夫后生英俊洞识中西实情者日多一日，则炎黄种类未必遂至沦胥；即不幸暂被羁縻，亦将有复苏之一日也。所以屏弃万缘，惟以译书自课。自奉别以后，新稿渐复盈指，此则仰足告慰者耳。月之望夜，东邻不戒于火，弟适在局，举家雌弱，几被六丁取去；幸亲友扑救者多，昨于乱书检出，差喜瓦全。不然，数载苦心，一炬尽矣！居室半毁，不堪更住，刻已移住海大道德源里新居。点检书丛，遗失损坏者不少。弟运气衰败，可想见矣。

　　来教命作序文，以心绪恶劣，不堪着笔，乞少辽缓之。如急切要用，请以此书呈盛廷尉，请其赐我一篇，有光拙作定当不少。不揣雅意以为何如？别纸所询数事，亦容迟十余日奉上。但弟有所密商者，则弟近灰心仕进，颇有南飞之思；欲一志译书，又以听鼓应官期会簿书累我。是以居平自忖，谓南中倘得知我之人月以一洋人之薪待我，则此后正可不问他事，专心译书以饷一世人。弟于此事，实有可以自信之处。且彼中尽有数部要书，非仆为之，可决三十年中无人为此者；纵令勉强而为，亦未必能得其精义也。今南学中既已有意欲开此局，此诚莫大盛举。兄何不为我一探盛廷尉口风？如能月以四百金见饷，则仆可扫弃一切，专以译事为生事矣。四百金看似骇人，然银价日微，不过往者之三百。而中国延请外人，动费千金月俸，其能事岂遂在复上耶？此非贪得，盖不如是，不能捐置一切也。盛廷尉有心人，似尚可撼，兄试为我谋之。此事果成，不但廷尉之费不至虚掷，即复亦不至虚生也。成人之美，非兄而谁？

　　手此。草颂

撰祺。

弟复顿首

46

仲宣诸见，同此致候。

（1899年3月29日至4月5日）

二

二月十八日手示中所询各条，谨依次详答如左，以备采择。

一云：拟延上等英文译员一人，专译书，不理他事，每日六钟能译几何，月修须若干两。

答：目下学习洋文人几于车载斗量，然其发愿皆以便于谋生起见，其为考察学问政治，而后肆力于此者，殆不经见。粤中便家及新加坡、檀香山等处富人，多送子弟往英美各大学堂肄业者①，顾其人于中国文学往往仅识之无，招充译手，纵学问致高，亦与用一西人等耳。所以洋务风气宏开，而译才则至为寥落。公办此事，久将自知而信复言之不妄也。复所知者，亦不能尽一手之指，而皆有差事，月入或二百余金，或百余金不等，使之为译，自不能下于此数矣。且此事须得深湛恬憺，无外慕人为之。彼以此事为乐，为安心立命不朽之业，其所译自然不苟，而可以垂久行远，读者易知，学者不误；若徒取塞责了帐，则每日所译虽多，于事依然无益也。大抵所译之多寡，亦看原书之深浅，与理解之与中国远近②，易者六钟千余言不为多，难者数百言不为少；而其中商量斟酌，前后关照，以求其理之易通、人人之共喻，则又不在此论矣。总之，欲得善译，可以岁月课功，断难以时日勒限。复近者以译自课，岂不欲旦暮奏功，而无如步步如上水船，用尽气力，不离旧处，遇理解奥衍之处，非三易稿，殆不可读。而书出以示同辈，尚以艰深为言，设其轻心掉之，真无一字懂得矣。呜呼！此真可与知者道，难与不知者言

---

① 大：《严复集》作"国"。

② 与（前一个）：《严复集》作"其"。

也。复今者勤苦译书，羌无所为，不过闵同国之人，于新理过于蒙昧，发愿立誓，勉而为之。见所译者，乃亚丹斯密理财书，为之一年有余，中间多以他事间之，故尚未尽其半，若不如此，则一年可以蒇事，近立限年内必要完工，不知能天从人愿否？此书卒后，当取篇幅稍短而有大关系，如柏捷《格致治平相关论》、斯宾塞《劝学篇》等为之，然后再取大书，如《穆勒名学》、斯宾塞《天演第一义海》诸书为译。极知力微道远，生事夺其时日，然使前数书得转汉文，仆死不朽矣。此事非扫弃一切，真做不成也。

一问：门类以政治、法律、理财、商务为断，选书最难，有何善策？

答：古人开局译经，所从事者不过一二部，故义法谨严，足垂远久。今察我公之意，似未免看得此事太易，然亦问所译何等。若仅取小书，如复前译《天演论》之类，固亦无难，但名作如林①，稍难决择。今欲选译，只得取最为出名众著之编，为益亦不少矣②。若译大部政法要书，则一部须十余年者有之。斯宾塞《群学》乃毕生精力之所聚，设欲取译，至少亦须十年，且非名手不办。公法书作者如林，非移译四五种，则一先生之说，不足以持其平。理财一学，近今学者以微积曲线，阐发其理，故极奥妙难译。至于商务，大者固即在理财之中，未尝另起炉鞴也。总之，前数项固属专家之学，然译手非于西国普通诸学经历一番，往往不知书中语为何，己先昏昏，安能使人昭昭？无是理也。又或强作解事，如前者次亮诸公之译《富国策》，则非徒无益，且有害矣。选书固无难事，公如访我，尚能开列一单也。

一问：拟先译专门字典。

答：此事甚难，事烦而益寡。盖字典义取赅备，故其中多冷字，译

① 作：《严复集》作"著"。
② 为益：《严复集》作"盖"。

48

之何益？鄙见不如随译随定，定后另列一编①，以后通用，以期一律。近闻横滨设一译会，有人牵复入社，谓此后正名定义，皆当大众熟商，定后公用，不得错杂歧异，此亦一良法也。

一问：选定书籍，发人包译，以复为总校。

答：包译事诚简捷，总校复亦愿当。但译事艰深，至于政法理财，尤为难得好手。遇其善，则斠者逸；遇其不善，则斠者劳。此事前因《国闻报》馆曾将原文西报分与此地学生教习等翻译，而其中须重行删改者，十人而七八，诚如是，则总校难矣。此局既立之后，书有定价，非优则好手不来（以其皆有事干而不耐烦之故），优则鱼目混珠，或始佳终劣。其志既在得财，其书自难精审，此最为可虑者也。

一问：包译如何办法，如何给费？命复举所知译人。

答：如包译，自将应译之书开列一单，注明各部价目，分给能译之人，令其自行认译；所成之稿，随时送阅，俟书成后给价。但前海军章程有此一条，且许从优照异常劳绩保举。然乃从无应者，盖东耕勤而西收远，人情所不歆。又一时译才希少，舌人声价甚高，略学三五年小儿，到处皆可得数十金之馆，一也。所学皆酬应言语文字，一遇高文，满纸皆不识之字，虽遍翻字典，注明字义，而词意不能贯属，二也。且译书至难，而门外汉多易视之，无赫赫之名，而所偿终不足以酬其勤，三也。此所以三十年来译书至少，即有一二，皆不足存，而与原书往往缪戾。前者上海京师所译，除算学外，其余多用西人口传而中士手受，虽慰情胜无，而皆难语上乘矣。至于鄙人所知译手，则有罗稷臣（英）、伍昭扆（英）、陈敬如（法文）、魏季渚（法文）②。前罗、伍两公，凡书皆可译，而汉文亦通达；陈文字稍拖沓，魏稍拙滞。至于次等译手，北地可觅四五人，不能多也。复闻见孤陋，南中海上人才渊薮，或有复所不

---

① 另：《严复集》作"为"。编：《严复集》作"表"。
② 英：《严复集》均作"英文"。法：《严复集》均作"德"。

识者，公自物色之。然自前岁报馆宏开以来，其中多登译稿，所言不外时事，乃最易译者，然就仆所见，则佳者寥寥①，以此为书，不足垂久矣。

以上就公所垂询者作扃，恐不能悉当尊旨，然以复所见，实是如此，无如何也。设使复专办此局，则作法固将与公不同，大抵仿照晋唐人译佛经办法。兼通中西文字者，必将精选，固不在多，即使但得一二人，亦可兴办。外则润文通品，如郑苏龛、吴挚甫者，须倍前者之数；而以精通西学之人副之，聚于一堂，不得散处，以资讨论。通西学者或口译，或笔译，能佳固妙。即不然，能达原书深意，不悖本文②，是为至要；然后徐加讨润，而以兼通者达两家之邮，设有违误，自然可以批驳。当其译也，不过两种，一短一长，而义取相近，可以互见；而勤以将事，自然不日成书矣。夫译书并非易事，果能年出大书一部，以饷士林，俾学者得所浏览思议，（果其用功如是，已足。）其有益亦非少矣。复之意在于求精求快，且一书发刻，必不谬而可传，一行贪多，便无可录者矣。不审公意以为何如？果其如是，则经费亦不在多，年有万余金，即资兴办。但求才既精，则薪赡不得不优，务使精神志虑专用于斯，而无他事之或间；且书成列名简编，其人不朽之业亦即在此，后日大名亦即在此。必不苟如斯，夫而后有其可传，而无误人之作也。

复前书有与公密商之事，旨即同此。通盘筹划，必如是而后有功③，非敢贪也。总之，译才难得，公所深知；南洋公学有心为此，如必得佳书，非用复之言，殆不能至。若徒骛〔骛〕其名，以多为贵，则前者制造局自有章程可以仿照，不必他求也。觊缕布答，无当高明，伏惟亮察。此颂

---

① 则：《严复集》作"惟"。
② 悖：《严复集》作"译"。
③ 《严复集》无"必"字。

鞠生老兄大人时安。

弟严复顿首　二月廿五日
（1899 年 4 月 5 日）

三

鞠公有道：

前月杪坚仲道津见访，承南中起居万福，欣慰欣慰。九日杨渭春来，带到手教及枇杷四筐，琐屑小事，前恃爱末辄以奉浼，而公为费清神如此，罪过。译事自寓居失火，时时作辍，力微道远，未知何日脱稿也。坚仲、中宣二君皆锐意于西学，天不假缘，致使耽误时日，鄙所深惜者。渠昨过津，弟因为言此间颇欲添附译馆，设译员及润文、誊写、总校、总纂约十数人。此事若成，则夏、赵二子皆可分占一席，借此兼习西学，法至善也。昨晤寿帅，先陈明大旨，而帅则谓月费七八百金，恐经费之难出，云俟汪君牧出京后细商筹法，为此迟迟。数日前，坚仲亦有信询及此节，弟尚无以应之也。总之，坚、宣二公无论何时来津，若专为西学起见，则随时皆可位置，不过于学堂中腾出两间房子，饬君潜、昭宸二弟照料讲解足矣。若兼谋馆地，则须看译局之成否。此实情也。汪穰老所送斯宾塞……兄办此年余之后，必当深信吾言，瀹发民智，其事之难如此。近厦门英领事名嘉托玛者，新著一理财书，名《富国真理》，已译出，然欠佳，姑寄一部去。其原书名 *Simple Truth*，发在黄浦滩别发书坊售卖，可购观之。

穗卿选得祁门，尚不窘。昨地山有信来，索所寄藏洋书《天地球》等。此件阁寓中已久，经火散失，书仅余四十五本，《天地球》幸无恙。银子除付黑白报价外，尚余十零两，已尽交来弁带去矣。知念附布。

时事靡靡无足谈者，瓜分之局已成，鱼烂之灾终至，我等俯首听天而已。新政以大学堂为鲁灵光，然观其所为，不亡亦仅耳。杨崇伊因去年前往芦台看操，不知会荣相，荣嗛之，以是不得升转，闻近杨有楼合群不得志者乘间隙与荣为难。风传杨倡连日之议，（由庆邸以达东朝廷。）太后已与日人定有密约，以必得对山为质，已署诺矣，而荣不与知。此事果实，则都下不久将又有一番耸动也。枇杷价几何？度不在十元以下。津门如有所需，望以见告，使得为木桃之报。千万勿客气为恳。草草连纸，意致不佳，惟亮察。此颂

著安。

弟严复顿首　五月十一

仲、宣统此致念。

（1899 年 6 月 18 日）

四①

鞠公足下：

迩来连接二书，承兴居安燕，至慰至慰。地山于初二日至自京师，明日当赴唐沽絜〔挈〕眷东渡。采老始以候菀生勾留，今为菀约赴沪，亦拟明后日发轫。风流星散，相见之日，动须五六年。而此别之后，世界不知作何变态，江文通以为黯然销魂，岂虚语哉！中宣明晨晋都，月半后乃偕坚仲来津附学，此大佳事，但不识能持久否。鸾飘凤泊，即暂得相聚，亦各惘惘也。弟暇时独以译书遣日，斯密《原富》已及半部，然已八九册，殆不下二十万余言也。刻已雇胥缮本，拟脱稿时令人重钞寄几下，但书多非可猝办耳。译局一节，上游尚所肯为，但要论部包译。包译有二弊：一潦草塞责，一名手价高，恐不乐出价。如《原富》一书，拟贰千四百金，得无吓倒，故至今尚未成议也。余京津无甚新

---

① 此函手迹图样，《严复集》载于书前，此据图样重做核校。

事，本日闻有人劾菀老，想定谣诼也。前密约一节，内里欲以此饴东人，冀得逋者继知不能，亦罢论矣。《国闻报》有死灰复然之说，必不可信，大家作事尚须格外谨慎回避也。余事当面罄，不复赘矣。不宣。

复顿首　七月三日

（1899 年 8 月 8 日）

五

鞠老无恙：

启者，前于穗卿处得读尊函，中言敝处译稿事，极感执事用情深挚。当时即托穗卿于覆书中径达鄙怀，刻穗已南下，想晤时当已提及也。愚意译书以上紧成书为第一义。果书已成，或鸠资自刻，或经售译局代印，均属易事。复匏系一官，家无儋石，果费二三年精力，勉成一书之后，能以坐得数千金，于家事岂曰小补？则台端之意，复无不乐从者，固可决也。

目下亚丹斯密《原富》一书，脱稿者固已过半。盖其书共分五卷，前三卷说体，卷帙较短；后二卷说用，卷帙略长。弟今翻者，已到第四卷矣。拙稿潦草胡涂，现已倩人缮清。此人颇有字名，能作六朝北魏书，其功程稍罢缓，可恼，迟日拟与包写，当较快速。俟清出几卷后，再商南寄、先行分刻与否可耳。此书的系要书，留心时务、讲求经济者所不可读。盖其中不仅于理财法例及财富情状开山立学，且于银号圜法及农工商诸政、西国成案多所征引。且欧亚互通以来一切商务情形皆多考列，后事之师，端在于此。又因其书所驳斥者多中吾国自古以来言利理财之家病痛，故复当日选译特取是书，非不知后来作者之愈精深完密也。近复于北洋亦有请开译局之事，经上游属令选书包译。弟为选书十数种，分理财、武备、公法、制造四门。

53

《原富》一书，估价三千两，限三年蒇事也。此事裕帅颇以为然，并蒙赞许所拟章程妥善，选书合宜。但不知主议之支应局于此事如何措意置辞耳。总之，复译课总不放松，局成亦译，不成亦译；有钱译，无钱亦译。想足下鉴此意也。

菀生北来，知谭〔潭〕第均佳，至为慰怀；渠下月当进都办到省也。复近来亦有不能郁郁久居此之意，颇拟季秋入京，于当道有所钻仰。时事之不可为，夫岂不知，止求聊适己事而已。京津稍复静谧，无新闻可道者。每次见《清议报》，令人意恶。梁卓如于已破之甑，尚复晓晓，真成无益。平心而论，中国时局果使不可挽回，未必非对山等之罪过也。轻举妄动，虑事不周，上负其君，下累其友，康、梁辈虽喙三尺，未由解此十六字考注语；况杂以营私揽权之意，则其罪愈上通于天矣。闻近在东洋又与王小航辈不睦；前者穰卿，后者小航，如此人尚可与共事耶？穗卿极诅对山，弟则自知有此人以来，未尝心是其所举动。自戊戌八月政变以后，所不欲多论者，以近于打落水鸡耳。

本日《国闻报》论说刊者乃杭州驻防瓜尔佳氏上太后书，注云七月廿二日呈刚钦差代奏，其中词语最足惊人，兄如未见，亟取观之。"中外时事，非杀贼某不可"，此所谓某者，不知所指何人，然观后文所列十款，似是当今首相；盖非首相，他人无节制南北水陆各军事也。书言其人强悍无识，敢无〔为〕不道，包藏祸心，乘间思逞，维新不可不杀，守旧更不可不杀。言语激烈，可谓至矣、尽矣。然试平心覆观，其所指之人是否如此，则真未敢轻下断语也。以弟所闻，则不过此人与对山同日召见，在上前说过对山之不可用。人心不同，各如其面，此亦何足深恨。至后来八月十二日入枢府以后之事，则祸机已熟，所有杀逐之事，岂可遂谓皆此人所为乎？王小航尝谓太后本顾惜名义，弟于此人亦云责人既过其实，则不但不足以服其心，且恐激成祸变。千古清流之祸，皆此持论不衷者成之，可浩叹也。《国闻报》将此种文字刊列，实属造孽，可怕可怕！弟年来绝口不谈国事，至于书札，尤所谨慎。今与吾兄遂有忍俊不禁之意，望阅毕即以付丙，不必更示他人，使祸根永绝为祷。此颂

秋安。

弟名心叩　八月二十日

（1899 年 9 月 24 日）

六

鞠生老兄有道：

启者，九月八、九两日迭接惠械，备聆壹是。《原富》拙稿，刻接译十数册，而于原书仅乃过半工程，罢缓如此。鄙人于翻书尚为敏捷者，此稿开译已近三年，而所得不过如是，则甚矣此道之难为也。承许以两千金购稿，感谢至不可言。伏惟译书原非计利，即使计利而每册八十余金，亦为可沽之善价，岂有不欢喜承命之理耶？但刻下北洋亦有开设译局之事，制军责令各人包译，此部开列在前，估价乃三千二百两；其余尚有十余种，大抵分理财、公法、武备、制造四门，皆有价目年限。事已禀院月余，而交支应局妥议，尚未回复。拙稿在制军处翻阅，后来局议如何，制军批定何若，皆须十余日乃可揭晓，故于惠缄一时不能定议作答也。著作一道，珍之则海内之宝书，易之则一家之敝帚。虽高文典册，如扬云未遇知音，且覆酱瓿；不能如东坡所言，良玉精金市有定价也。支应局乃司出纳之有司，自然难免于吝，后来于鄙人所拟章程作何议法，正自难言。使其无意助我，只须"经费支绌"四字败之有余，而制军亦未见为我左袒也。

昨晤汪、杨二君，皆极口赞许笔墨之佳，然于书中妙义实未领略，而皆有怪我示人以难之意。天乎冤哉！仆下笔时，求浅、求显、求明、

求顺之不暇，何敢一豪好作高古之意耶？又可怪者，于拙作既病其难矣，与言同事诸人后日有作，当不外文从字顺，彼则又病其笔墨其不文。有求于世，则啼笑皆非。此吴挚甫所以劝复不宜于并世中求知己，而复前于译局请款一事，所以迟迟不发直至于今者，亦正畏此耳。感兄知我，聊发愤一道，不足为他人言也。

穗卿想已返沪。一行作吏，将无往而非荆棘，然当劝其自下耐烦。弦歌本为三径之资，此行本为钱，稍露圭角，则于本旨荒矣。菀生本日晋都办引。此老人世狡狯神通，不必我曹代为煎虑也。顷又闻孙慕韩将有高丽之行，夔老之力致此有余，似不虚也。至于鄙事，尚是漠然无向，姑徐徐耳。

来书爱我之深，令人增缡纻之重也。前缄缮毕，久阁案头未寄，致时日不符，非邮者过也。坚仲、仲宣进境均好。仲宣口齿差些，而尤攻苦，似此年余，可望观书写信矣。知念附布。觇缕奉复，乞宥冗长。并颂
勋安。

小弟严复顿首　九日
（约 1899 年 11 月 11 日）

七

菊生吾兄左右：

前寄一械，想蒙照察，比维兴居佳胜，上侍康娱，至为颂祷。

复于本十九日为见爱者敦促晋都，七日而返，所图颇有头绪。第念生平进取之机，往往将成辄毁；今者此事，外无督抚之一保，内则译署之无人，虽前途力大，许以提挈，然而口惠之与实至，固断断乎不可同

也。况声利之场，在在皆有捷足尖头之辈①，复驽骀〔钝〕后时，庸讵必得，则亦听之天命而已，无容患得患失于其间也。

《原富》一书译者太半，北洋译局一事，交主出纳者议，悠缓延宕，殆无成期，故前者曾托仲宣先为函达一切，想已登览。今拟分卷随钞随斠随寄。至于陆续上石刷印②，抑俟书成之日全部影点，听凭尊裁。敝处写手李生和度（嘉璧③）受书法于武昌张廉卿，号一时名手。今观所钞，固亦简靖朴穆，异于世俗，书折卷者，即此上石，固甚不恶。鄙意上石时可将字格缩小，约得三分之二，而书之额脚，均使绰有余地，则尤合格好看也。公意以为何如？此书开卷当有序述、缘起、部篇、目录、凡例、本传诸作，复意俟成书时终为之。此时倘先将随出者刷印分布④，如西人之书之刻法，亦甚便阅观之人；但拟印若干部，须先前定耳。复自诡全书明年春前可藏，即便一时人事间之，亦当抽空勉卒此业；或者钞者略迟，则不敢必者矣。

夏穗老此时必已过申，何时赴所治，深为念念；如未离沪，属其勿忘慰我，多作函也。菀生慕韩于前两日召见，想不日当出京。盛大理思为国家整饬财政，（菀为其捉刀人。）在京日闻其建白甚多；合肥商务一席，闻乃渠所面奏者。（尚有估税诸事。）前往通商各埠，想是明春之事；此事题目甚大，小做则无补，大做则不能策其成效，结果不过同于昔岁河工已耳，未必有所补也。广州湾挟二岛偕去，法人如是，恐将有接踵而来者。天下事如下水船，置之无足道也。

复年杪拟往海上，有续弦之事，封河前南，开河后北，果不中改，则腊鼓声中，当有一番聚晤，复与足下共盼之矣。手此。敬颂

---

① 《严复集》无"在在"二字。

② 石：《严复集》作"右"。

③ 璧：《严复集》作"壁"。

④ 分：《严复集》作"公"。

著安。寅候

回玉。

弟严复顿首　十月廿八日

（1899 年 11 月 30 日）

八

鞠生老兄有道：

昨得正月十六日手教，敬稔兴居康娱，上侍万福，至慰至慰。

李君一琴已道津晋都，未获晤面。《原富》稿经仲宣倩人分抄，葳事者已尽前六卷，不日当由仆校勘一过奉上。其续抄之六七册，正在重加删润，日内当可发抄矣。刻已译者已尽甲乙丙丁四部，其从事者乃在部戊《论国用赋税》一书之约；若不以俗冗间之，则四月间当可卒业。但全文尽译之后，尚有序文、目录、例言及作者本传；（拟加年表，不知来得及否。）又全书翻音不译义之字，须依来教作一备检，方便来学。又因文字芜秽，每初脱稿时，常寄保阳，乞吴先生挚甫一为扬搉，往往往返需时。如此则译业虽毕，亦须两月许方能斟酌尽善。甚矣，一书之成之不易也。鄙人于译书一道，虽自负于并世诸公未遑多让，然每逢义理精深、文句奥衍，辄裹裹踯躅，有急与之搏力不敢暇之概。自笑身游宦海，不能与人竞进热场，乃为此冷淡生活[①]；不独为时贤所窃笑、家人所怨咨，而掷笔四顾，亦自觉其无谓。虽前者郑太夷言，此书竟成，百家当废；近者吴丈挚甫亦谓海外计学无逾本书，以拙译为用笔精悍，独能发明奥赜之趣，光怪奇伟之气，决当逾久而不沉没，虽今人不知此书，而南方公学肯为印行，则将来盛行之嚆矢云；然而亦太自苦矣。已抄之稿，当交李君带南，抑仆于月底赴沪自携呈政，此番决不次且矣。

---

① 《严复集》无"此"字。

商印是书，鄙意似不以即图久远为得，盖恐其中尚当修改，一成不变改则所费不訾①；果使他日盛行，则雕之以图久远可矣。公意以为何如？仆尚有鄙情奉商左右者，则以谓此稿既经公学贰千金购印，则成书后自为公学之产，销售利益应悉公学得之；但念译者颇费苦心，不知他日出售，能否于书价之中坐抽几分，以为著书者永远之利益。此于鄙人所关尚浅，而于后此译人所劝者大，亦郭隗千金市骨之意也。可则行之，否则置之，不必拘拘矣。

昨者仲宣来云，都下风谣，颇有萦维白驹之说，《国闻报》纸亦载此番经姓电请之事，聩聩者颇疑文、张、宋三君所主使，故有此说，想仲宣当早有信达左右。弟初闻时极为忐忑，后见菀生，据云的系子虚，不觉额手也。但外间既有此讹，则一时风色甚厉可想，所望加意韬晦，上为老母，下为家室友朋，千万千万。菀生近亦有交北洋查办之事，乃一篇老文字，幸裕制军极力肯为洒刷，当可无虞。早知如此，当时真不合做此等事也。又闻有人见新出《清议报》册后，刻有穗兄吊六君子诸诗，居然将其大名明白著布，此事仆实疑而不信。窃谓穗兄晓人，决不当所为矛盾如是，身为州县，名在禁书中，有是理耶？不然，则出报者有意嫁祸穗兄而后出此；又不似，则斯言奚宜至哉？望台从就近一查，若果有此事，即宜驰书切戒穗卿，并属其设法速止；徒祸身家，于时无毫末之益，即以正道言之，亦为违反也。切托切托！琐琐写寄，不觉累幅；余相见不远，俟晤面罄。此颂
侍安。

复顿首　二月二日夜四鼓
校讹单奉缴。新抄之第一卷，当细勘过。原抄第一卷，既有新抄，似可掷还，顷卢木斋甚欲得此册也。又及。

（1900 年 3 月 2 日）

---

① 訾：《严复集》作"赀"。

九

菊公撰席：

　　前后诸缄，想经伟照。闻与同事洋友殊难得调，已向丞堂请退。贤者去就固宜如此，但吾为东南六七行省有志新学者惜耳。今日时事无往而不与公学相同。无所立事，则亦已矣；苟有所立，必有异类横亘其间，久久遂成不返之势。民智不开，不变亡，即变亦亡——即谓此耳。今夫矿、路、船、电诸公司，借助洋财者，犹可言也；至于学堂，又何取乎？瞆瞆者以为必洋人乃知办此，不知教中国少年以西学，其门径与西人从事西学者霄壤迥殊。故近日所成之材，其病有二：为西人培其羽翼，一也；否则，所学非所用，知者屠龙之技，而当务之急则反茫然。至于学本易而故难之，事在近而故远之，尤其常遇不一遇者矣。号曰培才，徒虚语耳。中国之旧，岂宜一概抹杀？而西人则漫不经意，执果断因，官则无一非贪，政则无往非弊，而所以贪、所由弊之故，又非异类之所识也。自去年大受惩创之后，行省官吏前之痛绝深恶教士者，今皆奉之为神师，倚之为护符，一切兴作更张，惟教士之言是听。此其流弊殆过于前，无怪宓克恒言，亡中国而至斩绝根株者，必此教也。呜呼，岂不痛哉！南之福开森与北之丁家立，遥遥同调。自北方倡乱，联军入境之后，丁居都统衙门，其权绝重，所暴富于产业地亩者，盖以兆数；福见如此，当伤实命不犹，思欲久踞公学，特其分所应得者耳。

　　《北乱原因》钞本，承已寄到，当拨冗尽译寄与宓君。此老年七十余，于中国绝爱护之。近著《中英交涉录》（西名 *English Men in China*，别发有卖，烦属小儿买一部，交周传谦寄来，或自带来。）大噪一时，诋諆列强，其言极刻酷。近者和议稍易就绪，此书与有力焉。过香港时，徇英督贝来克之请，演说教案近事讲义，听者二三百人，其中刺破公、修二教党之幽隐，不遗余力；读其文，始悟西人不以人理待中国也。（此讲义复暇时已译得少半，俟完，拟寄与足下也。）近者赫德于《英苏半月报》亦有所列，大旨在劝各国稍留余地，免五十年后报复之惨。英美然之，而德俄不悦。韩佗胄之死，金人谥以忠缪，吾于刚、李诸罪魁亦然，（忠见所忠，而缪则古今之至缪，即此见学问之不可一日缓也。）宁为李秉衡流涕，不为许景澄道屈也。足下以为何如？大抵今人以中无所主之故，正如程正叔所谓"贤如醉汉，扶了一边，倒了一边"，新党诸人，其能免此者寡矣。

《原富》拙稿，未经交文报局寄南。顷得吕君止先生来书，始言经交敝同乡邓太守带去。盖君止入都时，木斋将此稿五册付之挚甫，而是时适邓入都，闻旁人言其人不久即将南归，君止遂属挚甫将稿检交此人，不图遂尔浮湛至今也。细忆同乡邓姓府班，独有前当海运局总办邓心茂太守，号松生者，汀州人，似以运事春间曾北来一行，欲访此君行止，舍亲伊俊斋及王旭庄、孙述庭两太守，均能得其详也。一稿之烦如此，真令人生厌也。刻吴、卢两处均有信去，即今果尔浮沉，当另钞寄，不至中断矣。

此时外间欲办报馆译局者甚多，而皆嘤复为之提倡。京师则有廉部郎惠卿愿出束修三百金；津门则有陈序东（以培）太守许束二百金，兼办译报时，则三百。而昨得公来书，亦云拟于海上集巨股为此。又王筱航近已回国，急切愿设译书局，聘挚老与复为之总裁。此皆佳事，但人才极难得，今始恨前开学堂诸公办理非法，果如复言，此时译手当不至如是之寥寥也。前事以交情言，则公与复为最相爱；以地言，则京师诚不可无好报。但复既就开平之席，诚恐难以分身。然近者颇厌北方，乐南中风土。开平一局，与华洋同事能否终处，尚须数时乃决，此来徒为五百番月入耳，其事非所乐也。他日能与足下共事，亦未可知。津门之译局报馆，以陈太守之久于官，遂有处处官做之意，如集官股奏设分派州县阅看诸节，皆复中心所未安者也，惟足下窥此意耳。外致沪局董事周敞徒（忘其号矣）信一，宜递与否，尚斟酌之。急于报命，乃出此耳。此颂

台安。

复顿首　四月二十五日
（1901 年 6 月 11 日）

十

菊老惠鉴：

敬启者，月之二日往唐矿查事后，于初六旋津，则《原富》原稿五册由吴挚甫处已寄到。其稿所以迟迟者，缘始杨濂甫接盛丞电索，适挚父在幕，知其事，又适卢木斋在都，因嘱木斋迅往唐山取书到京，卢即照办；及书到京，由挚交濂甫嘱速寄沪，濂甫忘之，久阁，寻挚又得书，乃往濂处取回，而于晦若又取去，读久不还；四月初弟又以书向挚问浮沉，挚始于前月之望，向于斋头取出寄津，此展转迟阁之实在情形也。顾浦珠赵璧究竟复还，安知非鬼物守护，转以迟寄而得无恙耶？走自怜心血，不禁对之喜极欲涕也。今保险寄去，兄知此意，书到勿忘早覆也。

醇邸定五月二十七日出京，六月初五搭德公司邮船赴欧，小儿今日尚未抵津，临行承……者所讥评诟谇矣。顾华人之权未尽失也，勉为更张，犹可振起。及乎一旦权失，或为外人所乘，彼则假剔弊之名，以一网取华人而尽之。继则以洋人或附于洋者代其位，从此遂为绝大漏卮，利虽至厚，于地主人无与焉。与此言开平，岂止言一开平已哉！此主权既失之后，万事所以不可一为也，又何怪往者刚赵之徒之痛恶此等事乎？彼欲绝之而不知所以绝之者，此所以降而加厉耳。呜呼，亦足悲

尔！挚甫书又极为廉惠卿报馆说合，又托秋樵劝驾，知两贤皆复至交，意在必欲得当。复言报论取直，动触忌讳，恐阻挠不终。渠则云，此后报馆不致仍前阻挠，亦嫌南中诸报客气嚣嚣，于宫廷枢府肆口谩骂，此非本朝臣民之所宜出。果见地不谬，立言不妨和婉，在笔端深浅耳；若无微妙之笔，则不涉议论，但采外报译传，似亦其次。廉意欲复于主笔之外，更为要删英美宝书译之，用以维持报馆；挚觳人材所萃，且出政之地，劝复勿以财利计较出入，而有以领袖提挈云云。又寄来章程一册，用意极为周到，似是挚老己所擘画，他人不能到也。（可知此老必在事。）

得挚缄后，胸中至为踟蹰。语曰士为知己用，此言诚然。且都门士大夫之渊，约纳自牖，乘大创之余，导其将反之机而启之，于世局至为有益，一也。人各致力于己之所长，言论思理，仆之所长，奔走会计，仆之所短，二也。开平有五百饼之月束，又有房屋住家，虽较三百金诚所优厚，独事权尽失，恐难有为，而在局同事旧人所以责望复者甚重，久之无效，必致唾骂，三也。合是三者，将辞多就寡无疑。然有难者，开平之就在先，而京报之招在后；况此时督办将有远行，同事之梁已与偕去，复如舍而之他，另觅必难其人，一也。新故交接之间，复来此间，坐席未暖，闻闻而来，见见而去，不知者将谓此局必有所以使仆弃如敝屣者，望风揣测，将大不利于此局与其督办之人，是彼以厚我而反得害，此诚义不愿出，二也。京席主笔之外，且有译书，顾一心不能同时而异用，两手不能右圆而左方；复已许金粟斋译《名学》矣，然诺必不可侵，礼卿之谊必不可负，终当先了此书，而后乃可他及，三也。况又有宓克诸公相托之事，即有余晷，岂逞旁骛〔鹜〕，四也。是以左右寻思，幸其馆尚未开，只宜许以他日开时，日寄一篇论说；至于编辑译印等事，另委能者。商之足下，以为何如？公虑事最为精细，举措动合义理，走所心服，必当有以教我也。望后尚想回沪一行，果尔，面罄当有期也。手此布臆。即颂著安。

弟严复顿首

书系五册，然当时记是六册，不识如何脱落，果有接不上处，乞细检，急示洋文由某处至某处讫。此债总须还也。又及。

（1901年六七月间）

十一

鞠生老兄大人执事：

前上一笺，想经惠鉴。所言嗣后售卖《原富》一书，作定值百抽几，给予凭据，以为译人永远利益一节，未得还云，不知能否办到，殊深悬系。鄙知老兄相为之诚无微弗至，亦知此事定费大神代为道地，但以权有所属，或不得竟如台旨，此仆所以深为悬悬者也。夫平情而论，拙稿既售之后，于以后销售之利，原不应更有余思，而仆于此所不能忘情者：

一、此书全稿数十万言，经五年之久而后告成。使泰西理财首出之书为东方人士所得讨论，而当时给价不过规元二千两，为优为绌，自有定论。

二、旧总办何梅翁在日，于书价分沾利益，本有成言。

三、于现刷二千部，业蒙台端雅意，以售值十成之二见分，是其事固已可行；而仆所请者，不过有一字据，以免以后人事变迁时多出一番唇舌，而非强其所必不可。

四、科举改弦，译纂方始，南北各局执笔之士甚多。分以销售利益，庶有以泯其作嫁为他之塞责，而动以洛阳纸贵之可欣求，达难显之情，期读者之皆喻；则此举不独使译家风气日上，而求所译之有用与治彼学者之日多，皆可于此寓其微权。

且诚〔承〕蒙俯纳所言，而译局准予售书分利凭据，则一切细目尚有可商，以期平允，如：

一、可限以年数。外国著书，专利版权本有年限，或五十年，或三十年；今此书译者分利，得二十年足矣。

二、二成分利，如嫌过多，十年之后尚可递减；如前十年二成，后十年一成，亦无不可。

以上种切，统祈卓夺。好是盛督办、劳总办诸公皆于无似不浅，当不至靳此区区而不予畀也。即使事属难行，亦祈明示。

自沪上揖别以来，到津者又匝旬月。日间到局办事，晚归，灯下惟以移译自娱，日尽大板洋书两开，刻《名学》部甲已讫。若循此以往，明年此时，其书当了。庚子一变，万事皆非，仰观天时，俯察时变，觉维新自强为必无之事。凡一局一地，洋办则日有起色，华办则百弊自丛，竟若天生黄种以俟白人驱策，且若非白人为主，则一切皆无可望也者。所闻所见，惟此最为可哀。支那气象如此，谓将能免于印度、波兰之续，吾不信也。顽固欲为螳螂，吾辈欲为精卫，要皆不自量力者也。手此奉渎，即叩

纂安，不具。

弟复顿首　八月六日
（1901 年 9 月 18 日）

别纸烦致仲宣。

十二

菊生仁兄大人阁下：

得八月四日函，未即还答，多罪多罪！商务英华字典序，近已草成，（其书取名《音韵字典》，"音韵"二字似不可通，当改"审音"二字，或有当

也。）兹呈乞斧政寄与。《原富》之本传、译例，均已脱稿，寄往保定多日，交挚甫斟酌，并乞其一序，至今未得回音，正在悬盼，顷拟信催，俟寄来即当奉上。渠前书颇言欲见全书，始肯下笔；如五部均已刷印，即寄一二分见赐，以便转寄与此老，何如？校时如有疑义，昭扆如肯过目最好，不必远寄前来，致多周折也。一昨见津报，言南洋公学译书局，丞堂以沈、费两公董其事，不知是否讹传。沈、费所为，岂能出阁下右耶？吾不知丞堂之旨也。《原富》分利一节，有兄在彼，固当照分，所以欲得一据者，觊永远之利耳。然使其人不相见爱，则后来所卖，用以多报少诸伎俩，正可使所望皆虚，吾又乌从而禁之乎？不过念平生于牟利一途百无一当，此是劳心呕血之事，倘可受之无愧，且所求盖微，于施者又为惠而不费之事；若闻者犹以为过，则亦置之不足复道也。

近来有一种人，开口动言民智，于是学堂、报馆、译书三者日闻于耳。如译书一事，则专为读书者设想，而不为著书者道地。然不知非于译才有所优待，则谁复为之？今且无论他人，即无似自揣，《名学》脱稿之后，亦未见肯为他人再译也。夫设译局何难？但译者于执笔之顷而有计利省力之情，则其书已可见矣，姑无论其不能而强为也。所以外国最恶龙〔垄〕断，而独于著书之版权、成器之专利，持之甚谨；非不知其私也，不如是，则无以奖劝能者，而其国之所失必滋多。子路救人，受牛而孔子与之，则亦此意耳。然此是我们背地议论，至老兄与公学总理如有十分为难之处，不必勉强也。

八月二十日又有上谕一道，看似十分诚恳，然总是隔膜，须光复之后，看行为如何，方有定准。如以无所知之人办不可知之事，此是第一病痛；且朝廷欲天下信其真诚，必先从不护前短始。老兄相劝，于新闻社事须回銮之后再定从违，真祖腹中所欲言也。颇闻都下议论，朝廷有起用戊戌人才之意，设一旦鹤书下逮，兄其塞裳就道乎？抑俟时也？复在此间，名为总办，其实一无所办，一切理财用人之权都在洋人手里；

且有合同所明约者，押墨未干，而所为尽反。经此一番阅历以后，与洋人做事，知所留心矣。令兄穗生先生，傥可为力，断无靳者，其寂寂无以报命，正缘此上苦情耳。

《名学》年内可尽其半，中间道理真如牛毛茧丝。此书一出，其力能使中国旧理什九尽废，而人心得所用力之端；故虽劳苦，而愈译愈形得意。得蒙天助，明岁了此大业，真快事也。细思欧洲应译之书何限，而环顾所知，除一二人外，实无能胜其任者。来者难知，亦必二十年以往，顾可使心灰意懒，置其所至亟而从事其可缓也哉？嗟呼！惟菊生知吾心耳。

复顿首　九月初二夕

（1901 年 10 月 13 日）

十三

菊兄如见：

奉到初三日手教，悉慰悉慰。《外交报》义例译笔均佳，必能行远；此其有益当轴诸公，实非浅鲜。复自九月，凡三度入都，每次皆作十余日勾留，回思戊戌之事，真同隔世。人来访我，言次必索《原富》。月初已将吴序寄将，想已接到；颇望此书早日出版，于开河时以二三十部寄复，将以为禽犊之献也。《群学肄蒙》，刻方赶译，然常有俗尘败我译兴，窃恐开冻未必能卒业也。前奉之缄，去后都忘何语，岂果如来教所云卓识，抑恒泛之谈，而兄与我世故也？《外交报》已接到第二册，其再寄十分则尚未领，不知何处浮湛矣。

小儿近在都，住福州新馆（虎坊桥），然无所事。君潜则经五城学堂请作分教，束五十金。其洋总教系敝徒天津人王君少泉（劭廉），其汉总教则林孝廉琴南（纾），在杭东林讲舍作山长者。二君学皆有根底。少泉肫挚沉实，琴南豪爽恺悌，皆真君子人也。林君最佩足下，虽相与未必甚稔，然察其用情，骨肉不啻，足下何以得此于林君哉？此学堂可谓得人。独惜主者满汉十御史，益以顺天京尹，共十一人，皆蠢蠢如鹿豕。京兆似较胜，然好自作聪明，自经嘉奖，益谓天下人莫己若，此人小器易盈，不久将仆，可惧可惧。如办黄慎之工艺局一事，则为伎之见端；其附片语皆陈久之义，而自谓悬诸日月不刊之论。黄固假新政以济其私，然果办之得术，于穷困小民，不为无益；陈乃以孑孑之义责之，无怪众口之汹汹也。黄又令人上《益闻洋报》，痛斥极论。谓沮工艺局，停《京话报》，与杀袁、许诸人无异，似为少过。其实京兆仅夺其义仓而已，厂之不开，报之遂停，黄力自不足，未可遂入陈罪也。陈方修名，亦颇以此事为悔，云行当谋所以复之者，未知其何如也。想兄欲闻之，故为论及如此，不必示外人也。

自复振大学命下，冶秋尚书之意，甚欲得吴挚甫，而以复辅之。顾挚甫乡思甚浓，固辞不就，尚书至踵门长跽以请，吴不为动也。嗣复抵京，叩吴所以，则云家事放纷，非归不了；又经丧乱，精力短耗，若张必强我，恐不得生归乡园，复上邱墓；且归家非无所事，当为李文忠收拾遗文，以答厚我之意。吴言如此，然测其隐，则亦虑京中人众，新少旧多，而决大学成效之不可券，不欲以是累其盛名，为晚节诟病耳。复近有书与其女夫王子翔，劝以舍己为群之义，不识可撼与否。此老无他长，但能通新旧两家之邮而已，张尚书必言得之，固无讶也。昨又闻冶老拟请朝命以三品京朝官待之，吴未必为此动，然亦未必终不就耳。

复抵京之次日，即往谒张，首以必去丁韪良为献，张有难色。继问办法，则请设四斋：一正斋，从西文入手，驯致头等学业，以待少年之俊与各省学堂所送之高才生；二附斋，以中语演译西文，专讲西史、理财、立法、交涉诸科，以待年稍长之京朝官；三外斋，募自备资斧游学外洋已得学凭子弟，课以中学，如掌故、词章之类；四改同文馆为外交学堂，以言语、公牍、国际课之，以备外部出使之取材。张与沈、胡诸公皆韪吾说；沈小沂、胡梅仙二者，张尚书之良、平也。外间诸人皆以洋文总教荐复，然尚书尚未面及，颇觉潜者必多，未必果尔。使复而不为总教者，其不幸自在大学，于复无所失也；不独无所失，且甚得也。刻旧之提调、总办诸人，则以谓大学复兴，此为彼辈应得权利；不敢公然自言，则数数嗾丁韪良日用总教习钤记，促张开学。地方、办法、师徒，一切必仍旧贯，且出要挟之言，张为大窘。复曰，此无虑也。天下无以延师课徒，而启国衅者。尚书复何虑乎？去则去，留则留。惟切戒此后以延募教习托各国公使，为此者是自寻胶葛，且万万不得良师也。刻闻已拟将七教习辞去，独留丁。补给前此停薪，须银四万余两，此事由小沂办理矣。

其英皇加冕致贺一事，始之群望皆属肃邸，即肃邸亦自谓必行；及揭晓，乃有所谓振大爷者，可笑也。其故：盖自去岁乱后，肃邸颇得洋人欢，于是媚夷谤起；而庆邸尤深忌之，恐其归来将夺外部之席，则百计为其子谋此使差。到河南行在，尝面恳二圣，又时时以和议之成，为己旋乾转坤之力，而后二圣乃得天旋地转如此也。使英命下之日，不独肃邸失望，即近支王公，愿行者尤众，咸鞅鞅也。振大爷何等人物，足下将自知之，无待仆论。而庆、肃二邸之优劣，以我观之，则肃当胜。肃接见新进甚勤，故或嫌其太邱道广；然复尝与深谈，其胸中固未尝无白黑者，未若庆邸，真是行尸走肉，其所甄识，皆极天下之鄙秽。前番醇邸使德，若麦佐之，若刘祖桂，若治格，若象贤，若杨书雯，皆庆邸夹袋中物，余可知矣。以此人而据外交之要席，中国前路不问可知，而朝廷方且以有再造之功重之，不可去也。

至于肃邸为人，于满人之中，真不得不指为豪杰之士。一日复至其门，倒屣而出，入座诸客，则皆吴挚甫之保定诸徒。诸客去后，出一纸示我，中开二三十事，大抵皆新政之所宜亟成者，如请归政、破党祸、捐畛域之类，盖以呈荣相者。荣则择其要者，加以四圈、三圈，其次要者则一二圈而已。其所云破党祸，盖即起废之说，所列四五人，则黄公度、陈伯年、足下与李孟符等也。（陶公子亦在内。）凡此种种，虽未知事效何如，然亦不可谓之无意想耳。兄且以为何如？今天下所嗫嗫待命者，大抵皆求变法，然军机、外部、政务处三者鼎峙，大率随众昌言，而实阴用其阻力。（仁和尤甚。）某日袁督钻得参预政务之命，即到其处大言，曰诸公在此，此局之设，原为变法，而公等所变果何法耶？众相视无有对者，独于式枚出，曰：大家正是商量此事。袁叹曰：变法商量五年于此，今直行耳！若再商量，即是亡国。石季龙真磊落人，可儿可儿！荣仲华前用骑墙政策，卒以此保其首领。然平心而论，瑕者自瑕，瑜者自瑜。其前者之调停骨肉，使不为已甚，固无论已；即如老西，既到长安，即欲以待张南海者待翁常熟，荣垂涕而言不可。既至今年正月初六，老西之念又动，荣又力求，西云：直便宜却此獠。此虽出于为己，然朝廷实受大益，可谓忠于所事矣。尝谓荣、王二相之不同，一则非之可非，刺之可刺，故尚有一二节可以称道；而仁和则纯乎痛痒不关，以瓦全为政策。幸今天下之开报馆、操报政者多浙人耳；不然，仁和之毁固当在刚、赵诸人上也。且近来学宦皆以此老为师资，故天下靡靡，愈入于不救。外示和平，而中则深忌；李希圣因刻一政务处条议明辨，比已不安于京师，而求改外矣。总之，回銮将一月，而新机厌然；来岁新春，即有一二更动，亦将为其所可缓，缓其所必急，以涂塞天下耳目而已。思与足下谈宴而不可得，遂复琐叙，以供一览，想同此浩叹也。

昭宸想已回申，闻子培已去差，而仲宣继之，确否？《外交报》祈送一份来，报资由尊处代垫后缴。续有所闻，当更告也。此颂

岁安。

弟复顿首

70

本日小儿家信又言，陈玉苍京兆要保人材，以此问之林琴南，而琴南以仲宣、昭扆、一琴、穗卿与高子益对，约年内即当出折。果尔，则所保五人，四是盛宫保属员，大足为宫保生色也。碎佛近状何如？尚复窘否？复近晤曾重伯，其议论大抵学穗卿，而傅会过之。渠有《重电合理》一作，类谭复生之《仁学》，四五读不得头脑。渠欲复评点，复据实批驳，不留余地。中国学者，于科学绝未问津，而开口辄曰吾旧有之，一味傅会；此为一时风气，然其语近诬，诬则讨厌，我曹当引以为戒也。

除夕前二
（1902 年 2 月 5 日）

十四

菊生老兄史席：

别后忽已隔岁，辰惟兴居百福，潭祉吉羊为颂。年内寄书，想达几下。廿五日筱〔小〕沂、仲宣联袂贲舍，面述长沙之意，欲以复主持译局，意在先行编辑普通读本，以备颁行海内小学堂。颇闻兄在沪滨已办此事，第不知近所已成者几种，种系何科，便中望以见示。复膺此席，断不能以一手足之烈了此巨工，又不知沪港及各省中有何人材可以相助为理。足下与守六、允中诸子办译有年，夹袋中定多物色，能各举所知以副所望否耶？再者，应译之书至多，而能手类多见用。所以近筹两种办法：一是住局译书，月领薪俸；一是随带自译，按书估价，以酬其劳。但见近日海内并日本东京、横滨诸学堂、报馆，所翻者率多政治、名理诸书，此种以供私家览阅之本，尚非官译局之所急耳。都门人士，每相见时，辄索《原富》，不知此书近已毕校刷行否？信来见告，以慰悬悬。最好有便人北上时，托其携带一二十部见与，其价值自当照算也。昭宸、一琴、穗卿诸子皆为玉苍京兆所保奏，冶秋冢宰贺其得士，可知浑金美玉市有定价也。但诸子当于何日北上，有所闻否？

复近业《群学肄蒙》一书，若不以事夺其日力，月余日可以藏事。第一行入都，憧扰不免；即书成后，尚须斟酌，殆非半岁难以成书。撰著之不易如此。其《名学》一种，拟此书粗毕，即当续功。复手中有此两书，已足两年之事，再益以官书，真不知何以应也。

近见卓如《新民丛报》第一册甚有意思；其论史学尤为石破天惊之作，为近世治此学者所不可不知。颇闻京学编史一事，以付于君晦若，甚欲见其成书也。《丛报》于拙作《原富》颇有微词，然甚佩其语；又于计学、名学诸名义皆不阿附，顾言者日久当自知吾说之无以易耳。其谓仆于文字刻意求古，亦未尽当；文无难易，惟其是，此语所当共知也。《外交旬报》销路何如，甚欲闻之。此问居起，不宣。

弟复顿首　正月卅

（1902 年 3 月 9 日）

十五

菊生仁兄榭长执事：

自腊月初一到英后，皆为清河写备供词，并翻译公文，忙逼已极。此案今定西正月十七堂讯，正不知红白如何。再者，此番前来，一切行费皆德璀琳筹垫。清河面许月束千元，前者问其支发，竟不能付，甚为诧异。后询旁人，乃知渠自落职以来，千疮百孔，负债极重；所冀此案翻转，方有生机，不然，不堪设想。弟甚悔此行之冒昧也。虽然，中国名矿经办事者之胡涂、洋人之局骗，良亦可愤；若得略助反正，虽辛苦复何言耶？但所居皆欧土名都，在在需费；假使不名一钱，亦足辱国。昨交麦加利二千镑一票，想经收到。念银价降而愈高，左右未必即转为现银；如果如是，祈将此据再交该号，嘱其即电英支，俾复得以支用，至为感祷。复虽甚不欲轻动此款，然远涉异国，事未可知，小儿所得薪水仅足自给，此间筹措无从，不可不早为道地也。复身边现银不过十镑而已，外则水陆公司尚有十数金存款，此款一尽，若薪水再不能支，即属妙手空空儿矣。

到欧以来，气体尚健，无劳远念。在英中国学生数十有余，（有南洋人在内。）其中甚有佳者，恨中文则大抵不通耳。此事留为后图可也。手此。敬颂

勋安。

弟复顿首　腊月初九

回信面寄 His Honour Yan Fuh，C/O Chinese Legation，London，Registered。

现住 Horrex's Hotel，Norfolk Street，Strand，England。然两月之间，恐有变动。

（1905 年 1 月 14 日）

十六

菊生仁兄㮔长大人阁下：

到英邮上一椷，想经伟览。所托将镑票再交麦加利，嘱其电英俾弟得以前往支用，不识已未办到，至为惦系。如兄未收此票，用 Non-receipt 一字，或已转为银，只须 Transformed 一字，亦乞电示。如未收此票，即属存在舍间，盖濒行匆促，封信置车中藤篮，未及面交，弟到吴淞即已信达舍间，属其急行检呈尊处，想不至误。弟此行惟重游英、法两都，得见儿、媳，差为可乐。至于馆事，颇令人悔。张某前与德某于卖矿事实系有连，即今上堂全行卸过于德，而德执有信据，将行

73

揭之；如此则鹬蚌蚌生，而被告必享渔人之利。又此番出行，张实不带一钱，（一切皆资于德，盖亏空至数十万金，无款可筹故也。）同事薪水但资张罗略给，有似骗局，令人愈不满意。张本市侩起家，当一帆风顺时，尚有表面可观，至今日暮途远，丑状毕露。（北京人最好饶舌，又处处自以为能，顾所言则无一非唾余废话，令人真生厌也。）即使讼事得手，弟亦去之。但既与为缘，自当俟其事毕。他日当往巴黎，与小儿同住，志在练习法语；假炳〔秉〕烛余光，尚堪致力，当入法之律学，破三年之功，罄其底里，他日为国有足用也。至于学费，以节啬行之，当可为力。

通州之事，胶葛甚多。考其受病本源，皆在不识西文而与西人画诺；当时译者又含混颠倒，无可酌裁，但向华文咬嚼，尽属无补。（况私利之意杂行其中，外间人言不尽冤诬之也。最可笑者，渠此番上堂，禁弟在旁观听，故开堂三日，同行三人，皆不得观；此其意可怜可鄙，然不知其语一一皆当刊列、布诸通衢耳。总之，此案墨林固属骗诈，而张则不无利心，如九龙马头所卖十余万尽行干没；又以公司之财盖造屋宇、购买地皮，至于出卖，其款尽行入己，又何说耶？）此不独开平一事为然，自有译署以来，所坐皆为如此。乃至今媢嫉之夫尚云办洋务与识洋文是两事，则宜乎其国权之日削也。

近来英法所最可喜者，东来学子日多，拔十得五，不乏有志之士，游欧所以胜于游日也。学子皆知学问无穷，尚肯沉潜致力，无东洋留学生叫嚣躁进之风耳。闻小儿言，坚仲天资稍差，然极沉挚向学。其中佳者，如李一琴之阮、李文正之儿，皆渠侬所最佩服者。后起有人，可为中国贺，所惜朝廷所用尚皆秦誓弟二段人，后日回国，不知何以位置此等耳。兄在柯大夫处学习英文，（柯处祈代致意，千万！另日当有信去。）甚望认真，此事勿视为泛泛也。穗老无恙。

十二月十九日在伦敦泐

Yan Fuh 一字，外信封二个乞交舍间。来信由伯玉转交或 C/O Chinese Legation，London 可到。

（1905 年 1 月 24 日）

十七

菊生榭长足下：

弟已辞席，拟在英暂住十余日后即行赴法。其在巴黎久暂，专看气体何如；年过知命，一是健忘，诚恐前志有所不逮，惟有浩叹而已。夫巴氏来英，不携一钱，欲取偿于所讼，顾案情缪辖，而延误至今五年，赃款已散，复向何人收合余烬？察其来意，专取责认副约，然即此尚未可知，盖该矿所卖是实，（昨有比人来此争论，乃知永平金矿亦经卖去。）虽卸过德氏，而德氏有便宜的据；况此事议已经年，实不在拳匪偿事之后，联军至津而后偪而出此。前后函电、往返契约文书，今经公堂纤悉呈露。以复观之，此后虽欲粉饰事实、涂障国人，必不能矣。此人必败，故借神劣不能脱身求去。呜呼！不幸为贫牵累，致与作缘，至今虽离，亦云晚矣。伦、巴盛地，所费不訾，乃于今日到麦加利处，议举款二三百镑，以利行旅。本日该号当有电至沪，属公将二千镑收据交与为质，而后乃可取金；然此信到时，其事已阅月矣。至英已来，未得公信，不知前据已交收否，私心颇极悬系。复在欧迁徙无常，如沪上诸友有函见及，当寄小儿璩处，乃不至浮沉也。

复气体尚自支撑得住，无劳介意。手此奉布，即颂

台祺，不一。

严复顿首　腊廿五

小儿居址附呈。晤柯医，深代致意，道复尚未能一至爱尔兰也。

（1905 年 1 月 30 日）

十八

菊生榭长执事：

复此行毫无所得，惟浪费三千余金而已。自与通州分手以后，乃决

知此身乃天生贫骨，万分不能事人。世界物竞炽然，不独不能有益同种，甚且不克自了生事。一家十余口，寄食他乡，儿女五六，一一皆须教养，此皆非巨款不办，真不知如何挪展耳。若自为所能为作想，只有开报、译书、学堂三事尚可奋其弩末，此事俟抵家时须与榭长从长计议也。

满洲战局，俄国断难持久，譬如赌博人，风头既坏，自以早了为佳，徼倖稍胜而后收场，徒使所负益深而已。俄国所望专属波罗狄海军，然船数虽多，其坚者不外数艘而已。远道趋敌，无所停泊，战后又无处可修，所挟之煤船医船，在在皆为弱点。又此来于旅顺既覆之后，小胜亦不为功，必全胜而操海权而后有济，据往策令，能乎否耶？况内乱蜂起，国中报纸皆力主罢战；尼古拉第二忧愤欲狂，不得已乃议大集国民代表，以决战媾；顾所难者，媾将如何出之耳。俄为天下强国，而内政腐败，遂无幸若此。回观我国，又当何如？泄泄之肉，岂足食乎？一昨中国议聚当道数人，号为议政基础，各国大相揶揄；又山东巡抚一事，听命德使，群谓自弃主权。呜呼！人言非过论也。

此行差强人意者，见英法两国留学各数十人，此真吾国进步。但恨来者根柢皆极浅薄，不徒洋文，即汉文通者已为至少，年齿或至三四十，真不知当涂何取乎尔也。大抵今日官场，上者亦只为名，其次则并名不顾，然慰情胜无，亦不暇刻论之矣。

复在此候舟东归，三月之初，当与小儿及慕韩家眷东渡。但小儿乃奉差越南，查检商务及人头税等事。慕韩苦心孤诣，凡力所能至，尚肯为之，于群使自不能不首屈一指。杨子通辈，死不蔽辜也。

执事得此信时，亦毋庸覆，以届时弟已到家矣。一是心照，容晤谈。

严复顿首　正月廿六在巴黎泐

（1905 年 3 月 1 日）

十九

菊生仁兄大人阁下：

夏间揖别，彼此黯然，不图祸发之近如此。吾国于今已陷危地，所见种种怪象，殆为古今中外历史所皆无，此中是非曲直，非卅年后无从分晓耳。东南诸公欲吾国一变而为民主治制，此诚鄙陋所期期以为不可者，不识阁下以为何如？昨见许九香与程雪楼、伍秩庸诸君书，以为先获我心，使复言之，不过如是。又不知阁下曾见之否，见后以为何如？此书殆得北京士大夫大多数之同意矣。复愚以为事至今日，当舆论燎原滔天之际，凡诸理势诚不可以口舌争；（庚子与丙丁间排外及抵制美货等事皆然。）然各人举动，请不必为满人道地，而但为所欲与复之汉族道地，足矣。充汹汹者之所为，不沦吾国于九幽泥犁不止耳。合众民主定局之后，不知何以处辽沈，何以处蒙古、准噶尔、新疆、卫藏。不知我所斥以为异种犬羊而不屑与伍者，在他人方引而亲之，视为同种，故果遂前画，长城玉关以外断断非吾有明矣。他日者，彼且取其地而启辟之，取其民而训练之，以为南抗之颜行。且种族之恨相为报复，吾恐四万万同胞，卅年以往，食且不能下咽耳。而其时今日首事诸公大都黄土，取快一时之意，而贻祸被之子孙①，此虽桀纣豺虺之不仁不至此耳，悲夫悲夫！且为今日之中国人，又为中国人中之汉族，而敢曰吾人之程度不合于民主，而敢曰中国之至于贫弱腐败如今日者，此其过不尽在满清，而吾汉族亦不得为无罪；则其言一出口，必将蒙首恶之诛、公敌之指，而躬为革命之少年与为其机关之报馆方且取其人而镮裂之矣。然而仆亦爱国之一男子，有问于我，必将曰中国汉人程度真不足，而中国之贫弱腐败，汉人与有罪焉。何则？事已至此，诚不敢爱死而更欺吾同胞故也。

---

① 被：《严复集》作"彼"。

阁下又以为何如耶？

自风云变色以来，海上市情危岌，殆与京师相若。不识商务馆受何影响，复尚有五千余元存款在彼，可能安稳无恙，颇欲提出交麦加利存贮，庶几他日尚存送老之资。伏望……

（1911 年十一二月间）

二十

菊公赐鉴：

上午蒙枉顾，极感。拜托汇款一节，刻查若由中国银行作兑，可以无须汇水。敝处新置房子，本日该旧主来，订于阴历九月廿九日交割。彼方既已交房，此方自应同日交款。不审我公何日可以抵沪，如九月廿五内可以到头，则照寻常信兑，敝处自可届期得银；若屈计时间，偪促汇到，未必如期，即请嘱其电兑。再者早起所言之款，系云一万一千元，但恐尚有别项用度，应请改为一万贰千元作兑前来，至感至感！其划款之法，自应先尽活期，不足再划定期。划后所余多少，请属出纳科见示可也。其敝处活定各折，当汇齐交京馆孙伯恒兄寄上。不惧手此奉浼。即颂

行安，无任心感。

弟复顿首　十一月十四日（即九月廿二日）亥刻泐①
（1919 年 11 月 14 日）

---

① 旁有一行小字"子/11/19 到即复"。

二十一

菊公赐鉴：

敬启者，弟原拟秋凉赴京，但日来喘咳又剧，不得不暂作罢论。恐过此凉气益深，北行愈加无由。老病残年，行动之难如此，可浩叹也！

兹有恳者，四小儿璿肄业交通大学，乞公就近凡事推爱照拂。见此信时，烦由敝处馆中活期划付伍拾元与之，费神，极感！迁沪之议，恐须复活〔谈〕。闻长浜路有新造房子，颇相宜，公能为一查不？并托。即颂

仁安。

弟复白　九月廿八日

（1921 年 9 月 28 日）

与章太炎[①]

枚叔先生：

　　前后承赐读《訄书》及《儒术真论》，尚未卒业。昨复得古诗五章，陈义奥美，以激昂壮烈之均，掩之使幽，扬之使悠。此诣不独非一辈时贤所及，即求之古人，晋宋以下，可多得耶？

　　仆此次来海上，得士为不鲜。苟自所可见者言之，则好学笃义，用情恳侧〔恻〕，吾敬张鞠生；知类通达，闻善必迁，吾敬汪穰卿；湛厚质重，可与立权，吾推张伯纯；黾勉事功，蔚为时栋，吾爱唐后丞；左矩右规，好善惇固，吾服丁叔雅；深躬尔雅，自振风规，吾见吴彦复；渊种埋照，种德俟时，吾敬沈小宜〔沂〕；慕道乐善，能自得师，吾推胡仲巽；天资开明，乐游胜己，吾望狄楚青；至于寒寒孜孜，自辟天蹊，不可以俗之轻重为取舍，则舍先生，吾谁与归乎？有是老仆之首俯至地也。

　　大作五章，结均推奖逾量，岂所敢当！以上品藻，容有未尽，它日晤面，尚冀有以化我也。手此述诚，脱有清兴，尚当有以和佳章耳。即讯

居起，不宣。

严复拜　三月十八
（1900 年 4 月 17 日）

---

　　① 据朱维铮、姜义华编《章太炎选集》（上海人民出版社，1981 年）中章太炎致夏曾佑书的附录。据说明，严复此函在章太炎家藏旧稿内。《〈严复集〉补编》亦收。章太炎（1869－1936），原名学乘，字枚叔，后改名炳麟，浙江余杭（今属杭州）人。清末民初思想家、著名学者。

与熊元锷（39 封）^①

一^②

贵上老耶。敬使两元。蒙赐多宝，一一登嘉，余定面谢。季廉老棣
夕祺。

严复顿首

（1900 年秋）

二

季廉仁仲足下：

昨承惠临，恨未握发，惘怅！今日拟过高斋，又复阻雨，《天演论》
已校改数番，鲁鱼当少，（外签已乞苏龛书得，夹在内叶者可用也。）谨以奉

---

① 据辽宁省博物馆藏严复手迹。据悉，严复致熊季廉与严复致熊季贞等函合
为一册，题为"严复书牍真迹"，为原收藏者徐维勤购于书店，并重装成册，原件
现藏辽宁省博物馆。马勇整理《严复未刊书信选》（载《近代史资料》第 104 号）
和《〈严复集〉补编》均有收。熊元锷（1879—1906），谱名育锷，号惠元，字季廉，
易字师复，江西南昌人。自幼偏爱新学，十分敬重严复，终在 1900 年拜其为师，
二人从此结下深厚情谊。

② 此函各书未收，今据辽宁省博物馆藏严复手迹整理。原件为名刺，但与一
般名刺不同的是，其上除大字书"严复"外，另有称呼、问候语、正文、署名、日
期等信笺内容，因此整理补入信札。下函十亦为名刺，不再另注。《收藏·拍卖》
2011 年第 3 期载胡泊、戴立强撰《〈严复致熊季廉等手札〉及考略（一）》亦收有此
函。该文撰者并认为此函为严复与熊季廉的初次通信。

呈几次。但此书发影系何章程，暇时乞示。鄙人囊少一钱，恐不能先垫此款以俟售书时收回。如大家醵资作此，似宜另加一跋，识其缘起。此事即求彦复，何如？大著《标本两论》，忠爱溢于言表。此事固不可以文字计较短长，但无似既承厚爱，许在他山之列，自当以直谅自处。窃谓以贤者之年力才气，事事宜力争上游，则文字一道，言为心声，不可不加之意也。况以言感人，其本已浅，言而不工，感于何有？必求大作之疵，则下笔太易，语多陈俗，一也。过为激发之音，闻者生倦，二也。义俭辞奢，以己之一幅当能者之一行，三也。今欲谋所以救之之术，宜熟读古书，求其声与神会，而下笔力求戛戛其难之一境；而又讲求事理，以为积厚流光之基。走所以附益执事者，如是而已。意拙言直，想爱我者能鉴之也。眉评总评，僭妄之极，诸惟亮恕。余俟面谈。手讯

旅安。

严复顿首

外附大文二篇，拙稿一卷。

（1901 年 4 月①）

三

季廉老棣：

拙稿收到，别纸示悉。容即覆校，迟日奉呈。惟其款系几人鸠集，须求并示为祷。兹有琐屑奉浼者，平生用长沙笔匠花文奎所制大小楷羊

---

① 关于此函写作日期，有几种不同说法：马勇《严复未刊书信选》作 1898 年，王庆成主编《严复合集》（五）作 1900 年 9 月以后，《〈严复集〉补编》认为是"光绪二十七年正月至三月十五日间，更似 1901 年初春"，而据《收藏·拍卖》2011 年第 3 期载胡泊、戴立强撰《〈严复致熊季廉等手札〉及考略（一）》所考，为 1901 年 4 月。此处姑录最后一说。

毫，甚为应手。今自天津南来，乏笔可用，欲得花文奎制小楷羊毫三十枝，中书羊毫十枝，屏笔、对笔各二枝，不知于湘友中能为致之否？该价若干，示悉即奉。此托。即颂
春安。

小兄复顿首
（1901 年春）

四

顷《天演论》点句既毕，谨以奉呈。前恳代买长沙花文奎羊毫，不识须何时可到，甚盼甚盼。因案头中书君个个发秃也。此颂
季廉学兄安。

严复顿首
（1901 年春）

五

季廉仁弟：

昨谈甚快，归来已过子矣，得无惓乎①！《天演论》取影上石后，其钞本倘犹无恙，望以见还，交来价携去可也。所云要信，续有所闻不？幸告。惟兴居百益，不宣。

复叩头
（1901 年春）

---

① 惓：《〈严复集〉补编》作"倦"。

六

季廉吾棣足下：

彼此音问，闲歇半岁有奇，不知台候何如，至以为系！前在京多遇江右人，则询贤者兴居，略得梗概。南昌学堂想仍开办，同志当亦日多。但硕师难得，不然有志如诸子，匝岁向学，所得当不少也。义宁公子近况何如？想游踪仍在秣陵。有书问往还，祈代道念。仆与此老虽未经一谋面，然甚相思也。顷阅邸抄，知陶方帅已乞骸骨，两粤之事从此可知。仆近者为张长沙所鞭，延主译局。学堂公事不敢赞一辞，京师谋夫孔多。况自蔡使致书外部后，新学全界受其影响，笃旧诸公近亦稍知西学，无往不论自由，无书不主民权。故于兴学，虽阳称之而实阴沮，往往荐请旧学宿儒为之总教，令其规画章程。如此则其中所张皇者什八九犹是旧学；所余一二分于西学皮毛尚未窥见，何暇言精要乎？所幸海内志士日多一日，力不足以谋西，则就近乞诸东邻。顾东邻亦皮傅，不可谓入穴得子，特慰情胜无，为之犹愈于己耳。余时事，想各报多能言之，吾不必赘尔。

严复顿首

（1902 年夏）

七

季廉贤弟执事：

昨由方九送到六月廿二日书，雒诵回环，几不忍释。甚矣，执事之移我情也。复迩者身兼三差，然于公事无丝毫裨益，鸡肋之恋，正在月薪。此可为见爱者道，难与不我知者言也。大学堂之设，虽诏书所称，

84

至为隆重，然察其办法，成效正自难言。曩者尝感长沙之知，为之稍参末议，近觉同事宗旨与我绝殊，且不无媢嫉之意，则亦缄口不言，自了译书一事而已。吴挚甫尝对人曰："大学堂求我，是要三字招牌，非叫我穿八卦衣也。"复之意绪正复同此，则余事可不烦言解矣。矿路局虽经诏设，而外务部则以侵其权利而齮龁之，故自四月至今，乃至无事可办。自陵谷变迁以后，有一种滑头新党，口谈新理，手持新书，日冀新政之行，而己得虱其间，以邀其利，或沾明保为新贵。故复自入都以来，几于闭门谢客，于是傲慢之谤益复蜂起。吾弟见爱之诚，不知何以发药也。顾译书一业，则顷刻不懈。近又了得《群学肄言》一书，乃斯宾塞原著，而于近世新旧党人为对证之药。此书正在誊钞，八九月间当由菊生刷印行世，当以一部奉呈左右，不可不潜玩也。

又，来教纸尾问及西文动作字律令，足征别后实力用功，乃能见所难如此。今特为吾弟一二道之，不能细也。大抵西文法动作字之用最为难通，于此了然，余无难处矣。动作字先分及物、不及物二类。如睡、卧、行、立，不及物者也，intransitive；击、听、饮、食，及物者也，transtive。及物者，其用法又分施、受二式。人击狗，施也，action；狗为人击，受也，passive。又动作之体，随句主而殊，有之多、众、独，以数言也，number；有我、尔、他，以人别也，person。而动作之自为别者，又有去、来、今之不同，所以指其行事之时，tense；有权、实之异，conditional、indicative，所以明判其措词之情意，moods。（此外尚有属令、无实诸义，然非要者。）此其大凡也。独时之为分最繁。譬如，分过去矣，然有正去，past；有其事已始而尚存，perfect，如 I have read；有事去而其功亦竟者，present perfect，如 I had written。分今矣，然有正今，present；有今而其事方始，progression，如 I am coming。分未来矣，有正未来，future，如 I shall，有未来而悬拟者。此其为分固微，无怪老弟之苦其难也。兹适忙冗，不然当为详列一表，并用译文举似，以助攻苦。今则请试，他日与所云照片当同寄也。昨任公谓处今世而不通西文者，谓之不及人格，复绝叹以为知言，此其学问真实有得处也。故左右为学，决不可因难而萌废志。即如前件，文法无论，终当明白；就令不明，然于西学进程无所窒碍。人不必知手足如何生长而后能行动也。故文法虽要，不可谓通此便当能文，亦不可谓不通此，于西文遂无用力处也。努力努力，使老弟如此妙龄英姿，而于西学不入穴得子者，吾死不瞑目也。

本日得有青年会《来复报论》一纸，因其中言于少年人用功立业绝有关系，故附寄前去，可阅看。其第一段言，凡人将有事业，必有阻力，沮力与进率相消长。其第二段有十二格言，教少年进取者如何建功立业。所愿吾弟与同志绅绎其说，身体而力行之耳。夜阑目眵，欲言不尽，惟进德修业，昭祝无穷。

　　　　　　　　　　　　　　　　严复顿首　八夕

义宁公子，复心仪其人六年，于此有书去，深为道念，千万千万！

　　　　　　　　　　　　　　　　　　（1902年9月9日）

八①

季廉吾弟执事：

前覆一缄，想经伟照。复入都就译局之聘者六阅月矣，见见闻闻，使人意恶。京师大学堂其初颇欲大举筑室道谋，卒无成算。乃今出其一相情愿之章程，使天下奉为矩矱。至一切新学，则不求诸西而求于东。

---

① 此函马勇《严复未刊书信选》和《〈严复集〉补编》均收，但中有多处缺文，如"又当庚子年……各报布散风谣。又陈覆奏工艺局……用义仓旧地，黄慎之父子……黄御史曾源弹恽毓鼎……营私"（按："……"为缺文），现据《收藏·拍卖》2011年第9期载胡泊、戴立强撰《〈严复致熊季廉等手札〉及考略（三）》补全。

东人之子，来者如鲫，而大抵皆滥竽齐门，志在求食者也。吾不知张南皮辈率天下以从事于东文，究竟舍吴敬恒、孙揆均等之骄嚣有何所得也？自日本学生之与公使违言，政府愈于新学有谈虎色变之意。而方守六之《大公报》以京中访事，意有所左袒，其訾议旧党，多不以实。当道者因噎废食，又渐渐与报馆为仇怨，而不以其说为中理矣。即如陈京兆一节，只以去岁恽、黄诸子托新政以图己私，陈覆奏时，不为道地。又，当庚子年杪，有翻译胡莹昌者，于十点以前捉人，以为犯夜，意主敛贿，唐御史椿森释容系者。胡愬于德兵官，兵官牵唐走泥涂中十数里，且击且詈。唐求救于中城御史陈璧，陈挽荫昌同往德兵官为开譬，德兵官始知已误，而怒胡之诳己也，欲杀之。经美弁戴丽生缓颊，宥其一死，交陈惩办。陈笞臀四十释之。于是胡乃恨陈次骨，在津沪各报布散风谣。又，陈覆奏工艺局有旨，不准用义仓旧地，黄慎之父子意亦大恨。适黄御史曾源弹恽毓鼎藉端营私，而黄、恽二人亦指为陈所指使。事会交迕，遂成不解之仇。连结私党如徐德沅、王乃徵等，期必倾陈而后已。呜呼，过矣！复与陈同里，于陈用心行事颇得其实，尝以友谊函劝《大公报》诸友，于京中访事之言稍察虚实。顾英、方诸公意不为动，而且加厉。平生言论不见信于朋友，当以此为最也，故于时事，辄绝口不道。以来教劝复于该报稍有附益，故发忿为言如此，使季廉知吾心也。

夏剑丞太守往复相左，遂不得一面，岂缘悭耶？时事录录，无足道者，惟攻苦为学，洞见症结，以俟一日之用为实得耳。手此。奉颂秋祺，不宣。

严复顿首　八月十二夕

（1902 年 9 月 13 日）

九

季廉足下：

得所惠腊月五日书，开读喜笑。翰札明秀，即书法亦进乎前。知足下之不虚度日也①。前者于英文动作字稍加疏剔，案头适无文法书，不能细也。欲与更写详者一通，荏苒遂忘，多负多负！诵读固未为无益，然须为师者多方发譬，庶一篇获一篇之益。其要义尤在教学生之乃能用西文大字典，如 *Websters* 之类。学生能用西字典，后此当闭户自精，用古人不放一字过之法，便当日有进境。但用华字训译者，毕世无所长进也。上海别发有一种名 *Standard Dictionary*，系美国之作，甚佳，须价十余元也。李幼堂英文功候甚浅，然使教数学、几何，尚能发端耳。公卿争荐特科人才，曾慕陶举《繁华报》之李伯元，几被吏议。然他所荐，皆循常啖名客，强半东学党人，吾决其无出足下右也。须知今日天下汹汹，皆持东学，日本人相助，以扇其焰。顷赵仲宣为京师大学总办，以主西学宗旨与人异同，几为人人所欲杀，顷已自劾去矣。罗、吴倡之于南，张、李持之于北，而长沙、南皮为之护法，年少子弟名入学堂，四五载枵然无所得，又不肯以无所知自居，则鹜然立名，号召徒众，以与腐败之官人旅距。（此番南洋公学之事，即其类也。）往者高丽之事起于东学，中国为之续矣。可悲也夫！复愿季廉必无以东学自误也。拙译《群学肄言》尚在商量，约计首夏当可问世。其《原富》全书闻已于岁杪售千余部，入市辄罄。购者未必能读其书，然必置案头，聊以立懂而已。上海所卖新翻东文书，猥聚如粪壤，但立新名于报端，作数行告白，在可解不可解间，便得利市三倍，此支那学界近状也。

维新督抚如袁、岑辈，自任旋乾转坤，视李文忠、刘忠诚如无物，

---

① 《〈严复集〉补编》无"之"字，据手迹补。

筹饷练兵尤用压力。其所行自谓西法，虽然，非西国西法也，乃支那租界之西法。租界西人相聚为法，以束缚华人；袁、岑辈则为内地西人，而以西人之待华人者待其民，峻法严罚，全有必行，而民生之疾苦，物力之凋残，非所恤矣。广宗所杀皆无辜之妇孺。莅天津整顿钱法，农工失业，商旅不行，间阎愁叹，诇挥四出，百物腾踊，户口流亡。其行西法之效如此，此可为采西法皮毛者殷鉴也。

来教所云宫庭非常之事，复亦闻之，然无事实。皇上每日除四时安睡外，常在太后前，谗无自入。又闻近虽荣相亦感圣恩，盖在慈前，上有时颇为荣道地，而荣受上庇甚深也。初闻此语亦东学党人造布，不识何所为也。噫，亦险矣！义宁公子，复夙所钦迟，而缘悭一面，其节操真足令人敬叹。曩小儿璩过秣陵，极蒙青睐，家书一再道之。愧负深知，无以仰答也。

《史记》载吴公一生无他事业，但以举贾而传，今江右学使无乃似之。不知特科何时开考。但闻台从来此，喜迟不可言耳。前惠湘笔数十支，至以为纫。惟此次所选毫足而硬，头次所购毫熟而单。复月须秃管两三支，欲祈足下代我再购廿支小楷纯羊①，须毫熟而足者（贵些不妨）。为赐甚大，必有以报也。夜已四鼓，不尽欲言。此颂

新祉，不宣。

严复顿首　正月三夕

（1903 年 1 月 31 日）

十

季廉仁仲如见：

族子培南顷由海琛到步，南昌一局，经与面商，据言家计日重，五

---

① 《〈严复集〉补编》无"小楷"两字，据手迹补。

十饼洋蚨亦不敷用。即使仰徇雅意，而后来之不安于位可决，则不如勿就之为愈。必令既来而安，立一年之合同，此非五十金不办也。与其委曲，不如直道①。惟贤弟实利图之。手此。敬颂
著安。

兄复顿首　三月廿一日
（1903 年 4 月 18 日）

十一

王慈劢本日入京，寓译书局。急告吾弟知之，今夕能来一谈乎？明夕当入城，恐不得候也。此颂
季连〔廉〕老棣夕安。

严复顿首　十六
（1903 年 7 月 10 日）

十二

季廉吾弟：
　　廷试后事如何，得无恙乎？兄日内将回津，颇愿相见一谈也。能来乎，抑复往乎？希告。盛暑客中，千万自爱。

复顿首言　十九日
（1903 年 8 月 11 日）

---

①　直：《〈严复集〉补编》作"真"。

十三

季廉足下:

闻足音至,甚慰钦迟。昨、今失迎,至以为恨。今夕如不能来,务望于明日四五句钟贲寓,勿再相失也。手此。奉讯

旅祺。

复顿首　十九日夕

（1903 年 8 月 11 日）

十四

呈上蒯礼卿观察信一,烦附荣箧带南。余晤近不赘。

季廉老弟夕安。

兄复顿首

（1903 年 8 月）

十五

季连〔廉〕仁棣:

读惠书忾然。以足下来此仅三阅月,见见闻闻,固已若此;复乱后北居,行三年矣,则其胸次之恶,怅触之多,固待言哉！尝以傲懒得罪世俗,然一腔磊块,真不知向何处发泄。所以默默闭门,任人唾骂。比者以文从北来,暂若拨云见日,尔乃骊驹又在乡矣。此番出津,本拟往北戴河一行,旋复以懒未决。乃有人以公事相敦促,催吾晋都。想初十前后,又当在骡通马勃间与……

（1903 年秋）

十六

季廉吾弟：

　　奉别几日，自夏徂秋，不谓英贤褒为举首①，此非所谓一鸣惊人者耶！李柳溪固自有具眼哉！五管未平，而辽沈又见告矣。战固不能，则上下委诸气数而已。复本拟封河前南迁，嗣后不果，似在此尚有半年延宕。镇日无事，则惟磨折毛锥子。旧赐行皆成冢，不得已缄催接济。得信烦急邮羊颖二拾支，须熟豪〔毫〕精选者乃可用也。余不多谈，此贺大喜。

兄复谨状

　　令兄简叔亦中副车，同此致意。

十月初五在津寓泐
（1903 年 11 月 23 日）

十七

季廉吾弟足下：

　　得九月廿日书，眼明。自奉别后，恙无好怀。仅仅江西放榜②，知贤者举首褒然为开口笑〔莞〕尔耳。昨者忽动归思，一再向长沙管学辞译局席。必不肯放，不得已乃苟安至明年冰泮。吾其南矣，间以移译自娱。近所从事者名《社会通诠》，约六月可脱稿，脱稿乃践《英文汉读》之约。足下欲观此书，成当在明岁，吾行抵歇浦时也。昨曾邮一缄，托南昌百花洲广智书庄转呈，计当卒达。此书无要语，乃索左右巫为我接

---

① 褒：《〈严复集〉补编》作"裒"。
② 仅仅：《〈严复集〉补编》作"仅"。

济毛锥也。如承购寄，不必定花文奎，闻湖南尚有佳匠，在花氏之上甚远也。《自由释义》易名《权界论》，已由商务印书馆排印出版。昨得吾弟书，已属就近邮寄一部奉呈，并以一分〔份〕呈义宁矣，想早晚皆必到，勿虑。《中外日报》近得巨手主笔，是以议论大抵皆谛当。弟欲知其人乎？则钱唐夏穗卿是已。时事纷纷，无可言者。不过吾辈所预策〔测〕于十年前之局，今日一一见诸实象而已。虽然俄人此举，不过是高一层着笔法，然太强鞭，露出戈萨克野蛮面孔，未必尽上算耳。复开平一席，亦已兴辞，虽未为主者所诺，然去志已定，绝非外物所能留也。外商部立，不名一钱，因矿路总局有张振勋二十万之报效，遂有归并之事。矿路学堂已罢议矣。京中大学章程，经南皮更张，闻已以孔门四科为骨干，后此教育之政效可睹矣。手阑意怠，率颂

元安。

严复顿首　十月十一
（1903 年 11 月 29 日）

十八

季廉吾弟：

迍得十月晦日书，循环雒诵，知奉别以来所进不少，深慰深慰。江右乡榜能得佳卷如公，以冠多士；此不独征鉴衡者之识力，实以见吾国学界行已振聩发蒙，有拨云见天之望。复所私衷窃喜者正如是耳。试卷接到，十三艺皆文成法立，无可訾议；特评家于不佞推扬过当，令人腼然而惭。斯宾塞尔于十月廿日化去，吊者凭棺之词，谓其学声光被天下，与前之培根代兴有以也。别后成得《社会通诠》一书，以著人群天演之实。菊生谓，读此乃知中国现象种种皆公例之行，而时贤攘臂言救国者，其主义大抵无当。此书趋于年底出版，当属印者奉寄一部，宜有

以裨益高深也。（前寄《权界论》已接到否①？念念。）刻正为吾弟了《英文汉解》一书，明春当可出版。知念附布。

《老子》一册，当时随所见妄有涂疥，不谓义宁目为独到，刘邕之癖正如此耳。中国哲学有者必在《周易》《老》《庄》三书，晋人酷嗜，决非妄发。世界上智人少，下驷材多。以不相喻，乃有清谈误国之说。此如后儒辟佛诸语，皆搔不着痒处者也。吾辈读书，取适己事而已。天下可哀之徒，古今不可一一数也。湘笔已属购制，多谢多谢。复近于开平、译局两席，皆已兴辞。译局、长沙云，尽年底再说；而开平，则近者项城以必倾通州为的。即能收回，亦归北洋官办。复以心灰意懒之夫，诚不欲返伯鸾之灶也。明年冰泮，决计挈眷回南，闭门读书、授徒，似所得尚可自活。若更有盈余，则拟往外洋游历，大略告假作闲人而已，不复受人羁束矣。项城始颇有意于复，嗣以不佞萧然自远，又以左右市虎之言，今乃大憾。此儿外沽有为之名，内怀顽锢之实，死权躁进，茫不自知，不出三年必败。彼与庆邸虽有因循卤莽、麻木狂躁之殊，其实皆满清送葬人才也。来书论《老》极是，何不本己意聊为一书面问世，固不必亟亟然。古人著书，使皆必俟学问自揣成熟，则无此事矣。手此奉报。即颂

岁祺。

严复顿首　十一月廿四夕

（1904 年 1 月 11 日）

十九

季廉足下：

前得书并寄试卷等，敝处随即作答，想登伟照。前诺《英文汉解》

---

①　接：《〈严复集〉补编》作"收"。

一书，刻已成帙，工程已过半矣。知念奉布。窃意此书出后，不独学英文者门径厘然，即中国之文字语言，亦当得其回照之益也。俄日之事日棘，闻诸西人，谓终当一出于战，大抵不出阳三月耳。两宫开仗之后，是否西行，说者纷纷不一。或谓已备五百两〔辆〕车，且夕候发；或云不然，慈佛已告军机，言当死守勿去。顾以愚观之，即有战端，北京可以无事，西行，死守，均无用也。学界教育，自香涛宫保定章之后，大抵在禁学者勿治西文，即使治之，主试之人决不重也。此法一行，不识贤者所立培根学堂为所摇动否也。兄明春决拟南下，然颇虑届时又有纠缠之事，使不得径行其意。人生入世后，行止不由自主，往往如是，奈何奈何！虽然，即少留终当去也，江湖之乐，不远矣。手此当谈。即颂岁安。

复顿首　祀灶前二夕

许惠羊毫尚未奉到，并布。

（1904 年 2 月 6 日或 7 日）

二十

季廉仁仲执事：

祀灶日得腊月四日赐书，缄高半寸，一望而知蚌腹中定含无数珠宝矣。义宁诗波澜老成，毫发无憾，而派、械、戒、败四韵尤警。不图此书所以入义宁者如是之深也。《老子》须见得窾郤方能着墨。既承来教谆谆，当为老弟常翻此书，有所振触、批导，便当注之眉端，不令错过而已。在乡提倡教育，极是佳事，但恐难得师资，效验有限。鄙见十三四以下少儿，虽专攻中文中学，不为大害，转胜浮慕西学而无其实者也。王壬秋无论何如，终是读书种子。乃使老而穷困如此，此正吾国社会之无良。其遇可悲，其所为不必泯之也。开平局事为不知者所诟厉。

本初伺隙抵巇，内与善化相怨，以倾通州。幸今事稍明白，无所谓不测者。报纸所登，大率皆党袁者扇其焰耳，非事实也。复之本计，冰泮南旋省墓后，拟家于沪。顾一身行止，每苦为事势所牵，颇难断决。俄日之事，昨信已道及之，兹不赘。清爱堂笔极欲得之，谢谢。寄件常较信后到也。《权界论》长序一篇，文体散漫；又以身居京师，不欲过触时讳，故特删却。吾弟必欲得之，当检寄也。手此奉答。即颂

岁履，不宣。

复顿首　廿三夕

（1904年2月8日）

二十一

季廉吾棣：

所赐清爱堂笔绝佳，平生所见，当以此为第一。但不知欲续购者当于何处求之，务望访明以报，勿秘之以为私享也。俄日已于腊底廿二夜开战，日大创俄。俄之军令散泛，大类吾军中。如是夜大船皆出口矣，而水师员弁强半皆登岸，故败绩如此。或谓此举乃日人操俄口号，俄误以为己船者，乃俄人自掩守备不严，语非其实也。刻宣战未十日，而俄所丧诸海者殆逾几廿艘。此后胜负之数，可察而知之矣。夫俄平日以强大称天下，鞭笞、恫猲，以为可无战而可以得人土地。不谓自甲午以还，日本处心积虑，早已深窥其微，此举殆不易脱。俄此时私计，唯挑英美出与争锋而后已，亦有辞以搂法德，（使欧乱，则俄可伺隙要利于其间。）故日来遇英美商舰，辄以无道行之，而置公法于不顾。虽然，法则已携于英（又其国中岌岌，恐革命之事复见今日），它日法不出者，德固不出也。顷者，欧洲有完全支那境土之约。闻法已签押①，俄亦将继法之

---

① 押：《〈严复集〉补编》作“约”。

后而签之。特往者德有满洲不算支那之语，其影响能及东省否，未可知耳。复本拟开河买舟南下，顷者海氛甚恶，不欲以稚羽尝之，当少观望，亦未可知。总之，可以去者，无不去耳。京、津都平静。闻两宫尚备车五百辆，以为西行之地。不识日未弃此图否也。肃邸颇负时誉，老庆忌之，顷夺其差，以畀那桐，独留御前大臣，盖西行时将挟之俱奔。谓若留京，则西人事急，恐立之以为新政府。满人相忌如此，吾深为老肃危也。吾在此无事，亦唯以译事自娱。新见一专制纸老虎被人戳破，亦一乐也。草草书不成字，所为潦倒如是者，亦欲此书能读之者少耳。新安百益。

知名不具　初三

（1904 年 2 月 18 日）

二十二

季廉吾弟几次：

顷得长沙徐十宾侍清书并所代制湘笔廿枝，如荷百朋之赐，欣喜拜嘉，无异方战之家初得万杆曼理枪也。俄日开战，在辽、渤咫尺间，顾京、津尚静谧。鄙人久客思归，本计北河解冻，即行买舟南去，独恨为人事牵率，恐将不得径行其意。虽然，二月不行则三月，三月不行则四月必行。稍可自脱，决不顾恋栈豆逝将去汝，不问有田无田也。台从春明之役，屈计何时北首去燕来鸿惧将相左耳。近译《英文汉解》，工程固已过半，然非更得两三月之暇，恐不易出书。此书出后，继此学英文人，第令通晓中国文理者，即可触类旁通，不致为俗师所苦矣。此贤者赞成之功也。设非左右相督，复不必遂取此书为移译甚明。都下无甚新政。前者颇怀西迁之思，近稍知其不行。非洋人称兵犯阙，殆未必走。学务自南皮制礼作乐之后，议者如云而起，恐后亦来〔将〕成虚设耳。

总之，以今日之政府，揆文教，奋武卫，乃至商务、工务，无一可者。此吾国之所以不救也。手此鸣谢。即颂

新喜。

严复顿首　正月十一
（1904 年 2 月 26 日）

二十三

季廉贤弟有道：

前邮两通，想均登览。所托制笔廿支，于初十边奉到。第发试之后，觉工料皆殊劣劣，诚不副所望也。此家出货，盖尚不及前云花文奎。为此敬告执事：鄙见欲求笔佳，须不惜费。拟由邮兑款五番，托交执事，径付该铺（花家或他名匠均可），稍需时日，为成中、大纯羊，多则十支，少则五支。第须极该匠之能事，贵贱所不论也。东方兵事日来稍息，然闻不出十日，陆路必有大战。哈萨克以悍闻天下，庚子之役，以五百人驻天津老龙头，当陈家沟几万之练勇。虽中国武德不足道，然而此可以见俄兵之凶锋矣。倭人此役，人人有死国之志，其军甚怒；使将得其人，殆非哈萨克所能敌。或谓将为史界未有之恶战，怨或然耳。复时时有南去之思，但常以事牵，不克自主。然不出四月，当在海上。《英文汉解》已及造句，更俟月余，当脱稿。知念附闻。此讯

起居。

复顿首
（1904 年 3 月）

二十四

季廉老兄：

昨得赐书，知方俶装赴汴。执事客岁既一鸣而冠一乡，今者再接再厉，骅骝开道，瞬息万里，真意中事耳。科举已成弩末，而国之得人不在此论。诚得英贤为之冠冕，他日言掌故者必云，科举于就废之日，犹得熊南昌，然则制科果何负于天下耶？一笑。复于月杪，便拟乞假南归，贱眷则寓上海图南里。足下有赐缄，但交商务印书馆，当可到也。然四五月间，当更回京师，届时正在足下胪唱传名之后。是下举首褎然①，走则开口莞尔，亦人生一乐也。《社会通诠》惜校勘未精，讹字颇夥。《英文汉解》近已脱稿。然其书非自至沪上监印，无能任其役者。知念率达。此颂
元安。

严复顿首　二月十八夕

（1904 年 4 月 3 日）

二十五

季廉足下：

本日在津寓接读二月廿八日在汴赐书，极以为慰。复定十三四坐安车与眷赴沪。译局、煤矿席虽均已辞却，然恐端节前后，尚须牵率北来。足下文极利市。此番所派同考诸公，闻颇有明眼者。而总裁如张、陆二公，皆具识别，固知必隽无疑义也。复沪寓经菊生代觅，乃在北河南路图南里，或居沈家湾青苍京兆旧宅。如尊处有赐缄，即交张菊生转

---

① 褎：《〈严复集〉补编》作"襃"。

致（新垃圾桥北长康里一百九十四号），当不浮沉也。令弟贵恙，奈何使延至两年之久，如属虚损，法宜置一切不事，专谋养生，方为中理。臧与谷同亡其羊，可深戒也。云以读英文致病，此自是教者不得其术，果得其术，则理顺神愉，何由致病乎？为令弟计，当急至沪，向高明西医细审病情，而后乃有方针治法。且更易水土天气，于病人亦不为无益也。士有志向如此，此虽在途人犹当救之，矧其与足下离里属毛，如此则无怪足下拳拳也。倭俄之战，断非一时所能速了。月杪，一头等铁甲并其提督又为日本伏雷所轰，俄之海军殆难复振。此信之达，当在场事既毕之日，想见三条烛尽、笔花怒开时也。豫贺豫贺。即请

元祺，不宣。

严复顿首　三月初八日

前寄汴一信，想当早达。

（1904 年 4 月 23 日）

二十六

季廉吾弟足下：

启者，复于上巳日出都，十三日离津，十七日抵申。南来者盖将一月矣，刻寓北河南路图南里之五百五十一号。灶砲甫安，恐又须北行；因京中译局尚有未完事件，须交代也。俟七八月更南，于都门乃为大去耳。抵申以还，无甚人事。《英文汉诂》业已排印，自读样张，校勘工程颇缓，须一月余乃克藏事。此书出后，凡读英文二三年，于国文有根柢者，当可无师自通。自谓于学界不无功德，而为老棣昆季助成学业，则尤所耿耿者也。复在北，岁入殆近万金，一旦不居舍去，今所以自活与所以俯畜者，方仗毛锥。觊幸戈戈之译利，固已菲矣。乃遇公德劣窳之民，不识板〔版〕权为何等物事，每一书出，翻印者猬聚蜂起，必使

100

无所得利而后已，何命之衰耶！则无怪仆之举动为黠者所窃笑而以为颠也。其《原富》《群学》两书，湘、粤、沪、浙之间，翻板石木几七八副，固无论矣；乃《权界》与《社会通诠》两书，问世不逾数月，颇闻贵省有人，欲萃群力，翻印二书。不知老棣有见闻否？如有之，不识能为我略施运动，力沮其成否？此其为赐乃不浅也。台从拟于何时离汉，离汉后马首何瞻，极愿闻之。所虑燕西劳东，此后欢聚稍不易也。教育感情至今未冷，然须行踪稍定后乃可计划。此事非面不尽。是书达日，计揭晓已久。再接再厉，定当辟易千人。本朝自陈继昌后，三元嗣音阒然。得贤者以三捷为科举之殿，亦后世学界一故实也。手此敬覆。即颂隽安。

严复顿首　四月十二
（1904 年 5 月 26 日）

二十七

季廉吾弟足下：

《英文汉诂》出书，兹特属商务印馆以两册奉寄，一以献左右，一以呈介弟也。此书因作价过廉，致刷印尚未十分精致，且其中讹字虽经亲校，尚不能无，惟左右察之。前闻之汪允中云，从者有来沪之意，云何至今未果？复原议五月到京，嗣因梅炎甚酷，家多病人；而北京译局又有五月底停办之说，旧巢既扫，再出何为？是以北行之言至今未果。然七八月之交，终须牵率一行也。昨京中信来，有云新进士拟合词公禀学部，以复为该馆总教习。然京中忌复者最多，恐其事未必遂济。复之私心，则欲于东南择地，自立私学，与百十同志为入穴得子之计。昨者，菊生、穗卿、香海诸公，皆极欲赞成此事也。此事欲成，须先立团体，次议办法。办法既定，然后分头募化，择地起堂。头绪极繁，未识

果有成否？此事非面殆难罄也。手此。奉颂

时安。

严复顿首　六月廿二

（1904 年 8 月 3 日）

二十八

季廉吾弟解元史席：

　　不通芳讯者数阅月，甚深怀想。前者贤兄简叔东游道此，再按謦
欬，所谓逃空虚者之足音也。就询返况，皆言文斾行且来沪，而赵小琴
相见亦云尔，何举今未果此言？将介弟清恙未瘳，抑以他事为沮？殊悬
悬也。

　　前者在都，蒙以《道德经》示读，客中披览，辄妄加眉评。我辈结
习，初何足道？乃执事持示义宁，以为得未曾有。遂复邮寄，属便卒
业。春夏之交，南奔猝猝，无须臾之闲。近者乃践此诺，碌碌无异人
者，然以公等嗜痂，兹特寄赵。义宁如有所教，乞告我也。《英文汉诂》
专为老棣而作，不知有以相益高明否？是亦不宜默默也。走北游已作罢
论。巢痕新扫，无因至前。然使体力稍健，颇思载游白下，一访伯严，
（否则冬腊一归故乡省墓，并访伯潜阁部。闲云野鹤，来去尽可自由，亦不必指为
定议耳。）此今日元龟山不可不晤也。鄙处近译，即是《万法精理》，其
书致佳，惜原译无条不误。今特更译，定名《法意》，他日书出，当牵
呈耳。手此当面。秋深，伏惟

保练，不宣。

复顿首　九月十七

（1904 年 10 月 25 日）

二十九

季连〔廉〕吾弟：

累日不面，幸无恙耶？顷得徐侍清兄弟书并惠湘管十支。顷作答，顾不知其居址及其号，知左右能告我也。此问暑安。能来谈乎？

复顿首 十一夕

（1905年夏）

三十

季廉老棣足下：

本早一缄，想邀明察。天气酷热，惮于出户；不然，当赴谈一伸积愫也。兹有商恳者，本日得马二兄一书（书并呈），欲复于本初六日午后，前往西门务本女学堂，演说抵制美国工约之事。此节于本日《中外日报》业已登列，谓复与张季老届期将有对众演论之举。实则复都茫然，颇为诧怪。及得马书，方知事出有因也。惟是此中下情可私为吾棣宣露者，复于抵制工约，始终不敢与闻。于海上诸公所提倡，既不能以为否，亦不敢以为然。至此事愈久将愈蓼辖，则固了然于胸。此其说甚多，非当面深谈，殆未易馨。故当事议初起之日，复辄避之。今半涂改辙，实所不能。且告众之事，须本人深信笃知，方可言之有物，足以动人。今复之意已疑，胆又不壮，其必无好议论无疑。故虽重以曾、马两公之命，实实不能曲从。夫言论行己，均属自繇之事。想两公晓人，定能曲谅。而复又不欲自为忤众之事，故特密布左右，祈为相机进言，谓复于初六下午四钟不能到会，切切。虽夜深而汗流浃背，蚊蚋坌集，不能宣意。伏惟一是，心照不宣。

复顿首 六月初四日亥刻

（1905年7月6日）

三十一

　　萨函当为转致。本午梅撷云昆仲惠招一枝香。天气奇炎，体素劣劣，医者戒勿应酬，晤时代为请假。

　　季廉仁弟

　　　　　　　　　　　　　　　　　　　　　兄复言

　　　　　　　　　　　　　　　　　　　　（1905 年 7 月）

三十二

季廉老弟：

　　（暇乞一来，尚有话谈也。）兹得萨统函致马相老者①，谨以转呈。再，复旦公学办法、课程，谨已拟就。此系就经费充足处落墨。恐所拟未必切于事情，姑备发起诸公采择损益而已。然须做到如此，方为正办也。盛暑自爱。

　　　　　　　　　　　　　　　　　　　　　复白

　　　　　　　　　　　　　　　　　　　　（1905 年 7 月）

三十三

季连〔廉〕老弟：

　　望日如议，具酌请诸友聚谈。届时六句钟，务望早降。如逢守六，祈代邀，不另柬矣。此颂

秋安。

　　　　　　　　　　　　　　　　　　　复顿首　十三

　　　　　　　　　　　　　　　　　　　（1905 年秋）

————————

　　①　《〈严复集〉补编》无"致"字。

104

三十四

季廉吾弟：

十七夕八点钟，在三马路一树梅花馆饯弢庵〔庵〕、苏龛行。如能一来，极喜迟也。

几道奉约

（1905 年十一二月间）

三十五

季廉吾弟无恙：

昨者到门，乃知从者病尚未愈，至深悬系。近服何人之药？觉渐瘥否？如须西医，复当陪柯师太福同往，只要足下一言耳。此布。即祝勿药早瘳。

兄复言　二月三日七点泐

（1906 年 2 月 25 日）

三十六

顷（七点）得柯医来函，言症经两月未愈，临诊非细细调查察视不可。故拟明早十一点半，与复同往不误。届时（若天冷）房内勿忘置一炭盆，以祛寒气，切切。又若……

三十七

柯大夫顷来，言明日十一点半，当同一西医合诊。吾弟须预令纪纲

105

将炉火生足，以凭略脱衣衫，细验病状。复届时亦当至也。此布

季廉仁弟。

复顿首　初四

（1906年3月28日）

三十八

　　手示读悉。昨柯医来舍，即谈及吾弟病情。据言虽服金鸡纳，热退，然尚不可信。此症恐系肠腑中何处作脓，但一时认不出，须再加细审方得。又言："吾甚重熊此证，吾总须设法救之。"度其意甚厚，有可以益执事者无不乐为也。德医克利克尔一节，渠明晨或今晚归，当即与细商，谅无难处。余祈静养，饮食调摄。下午有空，当趋候。此问

痊安。

季廉吾弟执事

复顿首　初八

　　兄虽赴皖，然有柯医在，弟可放心。此人君子也，必不负所托，但最好电令弟季贞来侍疾耳。又及。

（1906年4月1日）

三十九

季廉、贞两棣均〔钧〕鉴：

　　十五抵此，即见抚台、藩、臬，下至绅士学生，其欢迎见于辞色。虽然，非为复也，特以学务之重，乃今有人为仔肩耳。高等学堂起，盖费银六万余两，云系新任上海县某大令所定之图。虽未遂臻合法，然规模尚宏敞，讲堂、学舍、宿所、餐间亦颇完备其物，则吾始料所不及者

也。管理皆由绅士，全省学务处即在其旁，大家尚谨慎将事。或云腐败之尤，其言过矣。独至内容功课，实无可言。学生西学程度极浅，此则由无教员之故，经史、国文、舆地种种，虽有人课，但用中文，学生受益，究为至微。故这两日稍为甄别之后，即拟将全堂学子二百四十余人分为两科：一为预备，一为师范。预备由英文、算学入手。师范则以中文课授诸新学浅者，但教员至为艰得。颇想自课人，患体力不胜，正不知如何了此债负耳。近今学子，实极可悯，使吾略有精力，真不惜加此援手也。学费每年亦有六万余金（新添一万），若吾开口向抚、藩多要，尚可请益，所难特师资耳。安庆地方极陋，房屋如鸡栖，几椅粗糙，久坐令人股痹，故到此之后，羌无好怀。又不知季廉病势何若，已差减否？顷得季贞书云颇反复，溺之澄底，恐系肝藏〔脏〕有病；不热自汗，当系病久虚弱。柯医近时来否？病症可能详令知之？至念至念。复恨不能插翅回沪。但以既受付托，又事关学界，不得不俟端绪粗成，而后可以抽身耳。惟属季廉安心调摄，至迟出月望前当可相见也。叔节方相地为吾营屋，其意可谓至厚。虽然，如吾不安何！手此。敬讯

痊安，潭寓万福。

复顿首　三月廿日

（1906 年 4 月 13 日）

与孝明（2 封）①

一②

孝明老棣：

自甲午以降，天下凡三大变，而后繁于前，末大于本，此亦吾天演之理之见于事实者也。闰月之杪，买舟赴津，至则举目有山河之异。其时德之新兵方来，亲见前军之兵，率皆垂橐而来，捆载以往，以不及其尽为恨，则亦大肆掳掠，侵轹小民，甚至斫棺椎埋，索诸死者，哀哀北黎，盖生死均被其酷也。陈尸满野，救济会累桿所封，不知凡几。颇闻京门士夫遭虐尤甚，大抵前有土匪，后有官军，而洋兵为之结束。经此三波，虽巨富之家，寡有全者。刻密云一带，龙种所聚，大都面有饥色，身无完肤。呜呼，亦可闵已！

前者令弟托家孝淑之银信，已转交至友刘铁云持去，必到无疑。（收条今附呈上，若他日不到，可持此索还旧款也。）惟京津今皆用番，其贵至两余兑换者有之。当日令弟忠谅特以番换银，谓辇毂用，则昔之情形非今日时局矣。

兄此行原为私图，以前者六月间仓猝出津，衣裳书籍至一切生事所需，不过十一挟者。濒行，法领事许为保护加封。乃今复过旧居，始知

---

① 据《严复翰墨》刊出的手迹整理，《〈严复集〉补编》亦收函二，且云原件藏北京大学图书馆。受信人孝明，生平不详，待考。《严复翰墨》作"王孝明"，不知何据。
② 此函《严复与天津》（贾长华主编，百花文艺出版社，2008 年）亦收，且考写作时间为1900 年，但内文与此处整理有些许异文，在此不一一注明。

早已为奸民囮诱洋兵，一哄散去，虽领事至无如何也。生平颇有述作、稿本，不知何所。心力所存，尤足痛惜。即至衣皿群碎，亦皆廿年积累，今乃一无所有。北风多厉，不知与家人妇子何以相将卒岁。老棣闻此，当亦为不侫暗然耳。

方今世风劣薄，将伯乃废，雪中赠炭，殆无其人。闽某观察□囊甚充，与仆素稔。始谓仆誓同甘苦，后与其商，则掷下百员，掉头不顾，窘急待命之顷，安用此口惠实不至者耶？且仆若但短此百金，则亦无所谓窘矣。

老棣处近况，复所深知，不必为我自苦。多寡不论，有则来，无则寡之可耳。并颂

旅安。诸惟自爱，余俟晤时罄谈。

小兄复顿首　九月廿二

（1900 年 11 月 13 日）

二

孝明吾弟足下：

腊念六日，新丰抵步，承惠书并寄到木器大小一百三十二件。当饬璜儿带取提单，前往海关，报明免税情节，蒙其即日放行。经于廿八日，全数雇车般〔搬〕致到寓。除失去骨牌椅两张、杨妃榻、藤枕一个外，余均完好。间有花文剥落，数百里海程，舟车上落，小小损伤所不免耳。谛观家具，以红木镶杨公座一堂为最佳，是实可宝，而镜厨、书厨次之；红木水磨方台二张，亦佳物，但年久，稍有损者。余如洋椅公座、八仙签桌，均物坚价平，在沪所办不到者，欣喜过望，不能不向老弟一家膜手道谢也。

世风日薄，如执事无所为，独以交情为人谋之忠如此者，不少概见

矣，能无感乎！侑函承赐年糕二种，膏而能馥，腴而不腻，的系乡味佳品，老饕受贶多矣。别纸所云红木花厅家具一堂，价尚公道，但不知的系水磨与否？若系细工真木，请来沪时与定造洗脸桌二张，一并带出。

再，龙家书目，极欲一观，吾弟能设法先寄否？平生以图史栖神，以文章寄志。昔岁遭乱，羌无一存，遂有邈然索居、神荒气薾也。别后无善足述，惟孳夜孜孜，办得《原富》一部脱稿，近已付梓，大约二三月当可出书。国子产有言，"吾以救世也"。挽近谈时务者大都无本之学，向壁虚造，一相情愿，便云此是西政西理。妄庸巨子无过南皮，如开口便说有不易常经，无不变治法云云。去年痛深创巨，顽固之谈，庶几其衰，恐此后祸国便是此辈。硬道中西一理，遵往圣遗言，即富强之本者矣。《原富》一书，其大头脑是明两利始利，独利无利，此真宇内和一，有开必先之基。中国学究家动说尊攘，经济家好言抵制，即至最上一乘，亦不过如孟子主仁义、黜言利，如董生正谊明道诸话头已耳，于民生真理何尝梦见乎！至言相生相养之事，皆从最初一境说起，不似中国动由三代发端，每况愈下也。故其书极足发人深省，使其思机一新，且其理有论有案，毫无空谭。又欧亚二洲交通之渐，皆原原本本，殚见洽闻，又可馈贫箴陋。吾使是书风行一二年之后[1]，士夫议论必大变也。独惜老兄学殖荒废，精力智枯，致文不逮意，颇负此书。吾弟他日见之，当有以助我也。

自十二款和约交付之后，朝廷颇有意于更始，故有腊初靡靡之诰书。闻其稿出于樊渔〔云〕门（增祥）之手。樊为两火幕宾客，腊捉康梁，立溥儁二谕，皆出其手。其文另有一种音节气味，闻之令人作恶，真亡国之音也。又闻日内有旨，饬督抚等切实保举时务人才，于是遂有一班浅人意欣欣然，谓从此西学有向用之机，走而相庆，其冒失如此！兄尝谓凡是真样，皆有朕兆。国家果有意于新治，则亦必有为之乘者。

---

[1] 《〈严复集〉补编》无"行"字。

戊戌之岁，杨、林六君子之戮，为古今有数冤狱。夫政刑为国之大器，失中僭差，国未有不随之者。庚子之变，即戊戌刑政失中之应也。今六君子之湛冤未白，而谓以今日区区诏旨，令天下寻前人之覆辙，谁敢为之？故后此拨乱反正之机，必以伸杨、林诸人之冤狱为朕兆，自非然者，皆儿戏耳！

老弟以兄言为何如？康、梁诚不能无罪，然责之罚之，当适如其实而止，而后有以服天下之心，平党人之气，世事庶几可为；否则，归于亡耳！虽处以管、葛，岂能救也？和议定后，中国兵事虽了，主权已亏。自守旧之昧者言之，彼且谓吾出死力以为国家而事偾，则归狱下流不能吾庇；自维新之明者言之，彼方曰吾沥热血求为国家自强，而朝廷视我如草芥。如此，是新旧之徒皆寒心，皆畔援也。然则，朝廷孤立于上，将与谁共多难乎？此今日时局所以必不可为也。至吾党今日自以谋自存为第一要义，自逃难南来以后，极知此事为难，颇欲藉笔耕自活。顾所入有限，且轻薄者据其利资，乃欲奴使豪桀，令人噎不出气。虽云士为不知者屈，然亦难忍也。近合肥蒯光典雇兄译穆勒氏《名学》，其合同有令人日不暇给之势，且以知者受不知者之指挥，故已不就辞却，前途尚未回信也。昨盛宗丞下一札，饬上说帖，指明以后商约所以抵制因应之术。此文亦颇难缴卷。吾弟何以起予，愿布示之。

台从何日来申？望早见告，甚有节目思与明眼人细论也。草草累幅，即颂

上侍万福，并问新禧。

小兄复顿首　元旦

（1901 年 2 月 19 日）

与阈生、守六、允中①

《日本宪法义解》序，辞不获命，则谨试为一首如别纸，诸兄为我商之。如不可用，则宁乞他手更作，勿使一国大典有佛头着粪之讥也。礼翁先生为近世一大作手，于此等事，诚宜当仁不让。今乃作旁观巧匠，徒令他人为伤指之斫，不其慎欤！

手此，敬问阈生、守六、允中三兄
篆祉。

复顿首　三月二日
（1901 年 4 月 20 日）

---

① 据辽宁省博物馆藏严复手迹。《〈严复集〉补编》亦收，且云：阈生姓名不详，待考；守六即方守六；允中即汪允中。时三人均在沪，方、汪供职于上海南洋公学译书院。

与曹典球（12封）^①

一

猛庵学兄足下：

承寄书，情肫而语挚。走事学三十年，尝精心于天人相推之际。凡今日之世局，皆畴曩所动魄惊心、叫号狂呼以为不渝之验，不可逭之灾者也。不幸思术不同，听者藐藐，及期履之而后知其艰，夫已成局而无救。家无雄赀，又不克高举远引，为避人避地、危邦不居之图，则与聩聩泯泯者同及于难而已。逮事后而思之，觉前识之与颛顽为敌亦等耳，而徒多先事之恑恑，将压之兢兢，而众人转娱忧乐亡，此心泰然，旷若无事，则真不知学问智识之于吾人其有益，而可贵者果安在也。越人之术，足以洞垣一方策，桓侯之将化，而己亦无逃于妒者之刺。用是，尝自诧而不知己与悠悠者之孰为失得也。虽之为然，使既已通其故矣，而耳振目触，皆世人相将疾趋死亡之事，寸心未死，又安能忍而与之终古？此所以往者有《国闻》之作、《天演》之谈，亦所谓屈平系心怀王，庶几一悟而已。顾信谗斋怒，欲置之死地，岂无人哉？此仆戊戌以还，所以常嘿嘿廉贞，舍闭户译书而外，不敢有妄发者，坐此故也。

庚子之役，身困租界之中者匝月。颠沛南下，栖栖沪滨，而金粟斋译局诸贤谓当有以激发。一时学者以名学为格致管钥，而仆又适业是

① 据《严复集》，录自《湖南历史资料》1980年第2期，原件藏湖南省社会科学院。曹典球，字籽谷，号猛庵，湖南长沙人。清末担任湖南高等学堂监督，后任湖南省教育厅厅长、湖南大学校长。中华人民共和国成立后，历任湖南省军政委员会顾问、省政协常委、省文史馆副馆长等职。

书，则取之以开讲社。二三月间，仆又以事北去，不能有所发明也。不图贤者气类之感，在远不遗，赐书程督，谓当以会报相邮，借资丽泽。此诚勇猛求道之盛心。窃读来书，不自知其汗浃项背。仆于上海一隅之同志，且不能有所附益，又何能有以饷从者乎？虽然，译书者，仆所立命安心之事，非甚不得已，未感自休。他日稿出，同社刻之，即有以报。可与言者固未尝知，而学问之中，固无所谓势位者存也。仆顷在天津为友人所鬻，强以矿政。脱有惠音，寄开平总局可矣。远感盛心，挑灯奉答，惟鉴此意，不宣。

严复再拜　五月八夕
（1901 年 6 月 23 日）

二

猛庵执事：

四月廿五日由京译书局转到三月十一日尊缄，并续寄四月廿日电示，盖执事不悉仆于三月三日已离京师也。

所委推荐教习一事，殆难为力。迩来少年，有三四年英文工夫，其资格能事，万万不足拥坐皋比，亦不足以充当助教者；然在铁路、电报、邮政以至洋行大、贰写，月尽可望数十百金，其黠者且有他项进晌〔饷〕。然则千元岁束，其足以招致，执事所欲得者否，可以推矣。

仆以精神劣短，甚愿违此名场，托居吴会。而人事牵率，五月后恐尚须到京一行，甚以为苦。以执事于仆不浅，聊布腹心。何日合并，无任延伫。此颂

午安。

严复顿首　四月廿六
（1904 年 6 月 9 日）

三

猛庵足下：

顷读十一月廿二日赐书，所以奖借之者，甚至无似。生于神州之中，处危岌之会，文质无底，不能为嘉富洱、西乡隆盛出万死不顾一生之计，使波靡社会，因以有立，乃仅仅取其旧业，自附鞮寄、象胥之伦，转而译之，以自献于吾国之学界，此其为效，亦至微谫。顾乃远辱惠书，津津称道，甚矣足下之心热也。

足下慨近世学者轻佻浮伪，无缜密诚实之根，思欲补其缺愚，使引入条顿之风俗，此诚挚论。顾欲仆多择德人名著译之，以饷国民。第仆于法文已浅，于德语尤非所谙。间读汗德、黑格尔辈哲学及葛特论著、伯伦知理政治诸书，类皆英、美译本。颇闻硕学者言，谓其书不逮原文甚远。大抵翻译之事，从其原文本书下手者，已隔一尘；若数转为译，则源远益分，未必不害，故不敢也。颇怪近世人争趋东学，往往入者主之，则以谓实胜西学。通商大埠广告所列，大抵皆从东文来。夫以华人而从东求西学，谓之慰情胜无，犹有说也；至谓胜其原本之睹，此何异睹西子于图画，而以为美于真形者乎？俗说之悖常如此矣！

拙译诸书，幸蒙阅览。近者又有《社会通诠》一书，经商务印书馆版行，足下取而读之，则吾国所以不进，如视诸掌矣。

浏阳小学得贤者主持，成绩殆可操券。刻意自治，而用世之先，知重问学，彼所以成就文明国民者，正如此耳。

复浪迹京华，行将三载，益觉中国上流社会一无可为，行且拂衣而去。行止若能自主，明年二三月，定在江湖吴楚间也。

手此奉答厚意，惟深根宁极，昭祝无穷。

严复顿首　嘉平十九在京寓泐

（1906 年 1 月 13 日）

四

猛庵仁兄撰席：

得上月廿九日赐书，盥手开缄，循颂至再，不觉首之低而意之远也。复以寡谐不见用于当世，耻其生而无补于社会，乃以移译自将，东抹西涂，妄窃名誉。此宜为海内志士之所讥诃，顾独执事亲之三四损书，情益重而辞益恭，不察其腐朽，若有所深冀于仆者。此于左右怀人周行之雅，固如是矣，而如复之断断不足任，何哉？

客冬随人薄游欧洲，道经英、法、瑞、义，如温州书。逮今夏四月而后返沪，适值抵制美约事起，群情汹汹。仆以为抵制是也，顾中国民情暗野，若鼓之过厉，将抉藩破防，徒授人以柄，而所其不成，则语以少安无躁。当此之时，逆折其锋，若将弃疾于复者。乃逾秋涉冬，其祸果发于罢市之一事。于是官绅群然悔之，知前所主之非计。今夫处孱国而倡言排外，使人得先我而防之者，天下之至危也。彼议不旋踵而取快于一击者，初何尝恤国事哉？海上学界商界，人杂语庞，其高自期许者，大抵云中国迩年程度已进，所持议论，半皆三四年来《新民》诸报之积毒。适夏间有以讲说政治为请者，不自知其寡弱，乃取病夫症结，审其部位，一一为之浣涤，反复剖解，期与共明，并言后此立宪为何等事。讲后刊列报端，颇闻都下士夫有以仆言为无以易者，此亦差足奉慰者也。

比者皖中官绅敦以高等学堂箠逡，知交见其颓堕，相劝勿行。顾念吾国讲教育者将及十年，而起视所为，皆如盲者论锦，聩者说钟。使皖中人果相信从，则为定章规、聚师资，使数年之中，费不虚掷，士可期成，此于社会亦非无补。于是慨然诺之，大约明岁正二月之交，当抵淮水。至于事之成否，固不敢预言也。

116

湘省人士，实较他处有为。意向而进步之缓，恐缘方针未定之故。复窃谓居今少年，欲治新学，非急习西文不为功，欲恃时下编译教科诸书以求深造，无此事也。执事以为然乎？

相趋稍近，果得文旆一游皖中，以征我辈贤者之虽远而终合，亦他日学界中一故实也。草草奉布，不半所怀，唯一是保练，为道自爱。

严复顿首　嘉平廿一夜

（1906 年 1 月 15 日）

五

猛庵仁兄执事：

数月奔走，音尘阙如，尝于高贤，极深怀想。复于左右未得一瞻眉宇，顾其相感，虽白头之交不啻，岂香火因缘，真有是说，未可知也。

比者林赞虞侍郎被诏入都，道出襄汉，特遣乃郎林子有世兄下询针向，并问湖湘间有可与共功名者不，鄙人谨举贤者以对，世兄问居址甚悉。当彼时，复意文从尚在郴州，不悟即在省城实业学堂。敝门人熊君季廉天年遽夭，是凉德生平第一种憾事。中年以降，感逝伤亡多矣，独季廉与第二小儿名文殊者，最为悼痛，至今脑影间犹时时发现，自愧不能太上忘情。然埋玉土中，所悲切者，皇人种族之不幸，岂徒门户渊源而已。苗而不秀，秀而不实，孙公之叹，岂徒然哉！

湖南今日学风，毁言日至。顾鄙则谓进步之境，以翻变为先驱，而变矣，又安得以无过如钟摆然，其一动而即协于中点者，宇内绝无之事。今日欲求其进，固当耐得过中。人心有灵，倦且思返，数番之后，自尔改观。彼以无动为大者，又安得有过中之悔乎？今日口语藉藉，固也；然他日湖南将终为海内先进者，必由此。想三世善知识，当于鄙言有深契耳。

117

所委觅聘法文、算学教员，相识之中，高者过格，下者不胜，故一时尚无以应命。然当徐访之，有无日内必相告也。

再有浼者，敝处每年用羊毫计在六十支上下，往者季廉未去，皆承其为我购办于湘，而于笔工名俞步云者所制乳毫，大、中、小三楷，用之最合。自季廉归道山后，复于湘中乏故旧，无从托办。今者匣中所藏，殆将罄矣。京中所买，虚弱多散毫；其沪上所购，尤狞劣扭手，不可以用。兹者不敢自外，拟恳左右辍半日之暇，为我访诸长沙之市，得小楷三十枝，中、大楷各十支足矣。须修剔极精者，价稍逾常不惜。但执事送单前来，即由邮局汇去。千万勿学世俗即以惠送，果然，是不许我他日再托矣。手此奉浼，即颂

讲安，不宣。

严复顿首　嘉平十九

（1907 年 2 月 1 日）

六

猛庵有道：

启者，前承损书，即行奉覆，想蒙台览。敬惟新岁台祉万福，无任颂仰。

前承諈诿延觅法文、算学教习一节，去后即行细心延访，近已得之。其父名陈长龄，字永年，闽县人，陈伯潜学士之宗也。旧在马江制造学堂肄业，中经挑选出洋，游学法国三年，得制造师头等凭照，与敝友高子益而谦太守为同学，据云学诣踏实可靠，且法文、算术（系商等者）而外，尚通物理、化学、机器制作诸科，于贵堂号为实业者尤为合式。惟二百元月薪以待此才，似为太少，因其人刻在粤东，本有馆席，但与办事者颇不得调，思离其处。贵堂果欲得之，易二百元为二百两足

矣。良师难得，执事不当惜此区区也。如合意，望即电覆"诺"字。敝处地址为"新垃圾桥严几道"也。匆匆率覆，即颂

新祺，怀照不宣。

严复顿首　初七

（1907年2月19日）

七

猛庵仁兄执事：

敬启者，前得赐书并陈教员关约及邮汇五十元，当即交与敝友高君啸农，嘱其寄粤。嗣复于二月望到皖，于廿一日接到高缄并陈教员覆电，知前途已不得离粤，极为抱慊。本午已由此电达左右，想已入览。兹更将高缄、陈电奉呈，庶尊处得知始末。至于关约两纸、邮汇一单，俟复三月中旬到沪后再行统寄奉缴不误，想不急急也。目下海内学堂林立，而合式及格教员最为难得。陈君于法文及实业学问，确有根柢，自周帅到，彼已决计舍其所事而事教育矣；乃又为所强留，殊可惜也。为贵堂计，只得再行从容徐觅。敝处如有所知，尚可相告，但眼下难逆睹耳。手此奉布，即颂

讲安，不宣。

愚弟严复顿首　二月廿一

（1907年4月3日）

八

猛庵足下：

敬启者，复于三月初十至自秣陵，始于沪寓奉到二月初三所损锦缄并湘笔五十枝，感谢感谢！湘毫原系奉托之件，而左右必为此拘拘，又不敢过却盛意，只合再拜登嘉而已。

119

鄙人此次以二月十二到皖，在彼勾当一是，直是三月上浣始归，以徇陶斋尚书之命，为之整顿吴淞复旦公学。乃事尚未办，自十三起，忽患肺炎，几成危候。幸叩远芷，于十七日热退，痰喘稍苏，故今日尚能料理书札。此迟迟未获通报之实在情形也。

陈永年中为粤帅所尼，不获赴湘，前经电达左右矣。兹谨将关约两纸暨邮汇五十元，敬谨奉缴，伏唯照察者。悉湖南实业学堂聘请法文普通教员，复始意必求有以报命，顾辗转无成若比，惭负惭负！欲再展限细觅，又恐必误尊处功课，只合敬谢不敏，求止修学，使就近更聘而已。

新愈，脑力致弱，恕不多谈。手此敬达谢忱，并请
讲安。褚〔诸〕祈爱照，不尽。

严复顿首　三月廿四夕亥
（1907 年 5 月 6 日）

九

猛庵足下：

读七月九日书，诲谕谆谆，感何可喻！鄙人去皖，适在变故之先，致议者妄有推测，顾其实则杳不相涉耳。海内纷纷，四邻眈眈，而朝廷之上，徒各恤其私，终未尝有人为数十年百年计者，此局何可长耶？

贤者优游珂乡，忽尔欲弃而北，岂有所不得已欤？少陵有云："带甲满天地，胡为君远行。"今兹之行，得无类此？豫抚与别久矣，姑以一书为公绍介，寸莛击钟，不足为贤者重也。手此奉覆，即颂
暑祺。

严复顿首　七月廿
（1907 年 8 月 28 日）

十

猛庵先生执事：

昨者回寓，见大刺，知高轩过存，为心仪者累日。然卒未报拜，垂老颓惰，礼容尽废，往往心所严事，亦加简略，固不仅于台从为然也。

承示谭作刘传，读竟为嗟叹者久之。惟是年来心如智井，大有殷深源咄咄书空之意。向以文字为性命，近则置中西书不观，动辄累月，所谓禽视兽啄，趣过目前而已。

执事宗旨诚无异于昔年，而复则今我非故我矣。嗟乎！事未易一二为世俗人言也。

顾题咏之事，既承猛庵与刘君雅命，决不敢委诸学莽，但祈少宽假之，当收召魂魄，勉一为之。其以莛击钟，称题与否，不敢云矣。明日星期一太逼，请于星期二日巳午之交一来见访，复当在家鹄候也。手覆。即问

少恼。

复谨状　十四

（1913 年 4 月 20 日）

十一

猛庵先生执事：

承札诵悉。讲稿昨被《平报》社取去，无以报命，歉仄歉仄。令弟惠论喜迟，已嘱门者为通，每日午时乃最便也。此答。颂

文祉。

严复顿首　九月四日

（1913 年）

十二

猛庵先生执事：

昨承损书，谕以宪法研究会同人拟辑杂志，不以复为固陋，令其有所纂述，为涓尘之助，其所以宠复者良厚。惟是年来，心如眢井寒笋。曩为《平报》社所嬲，略有著笔，竟不知更成何语。至于《庸言报》，则于任公虽有诺责，终无所就，恐足下虽载酒相过，亦不能使槁木死灰复行牙枿。奈何奈何！顾兹事体大，在鄙亦甚愿有以应嘤求之雅，则意者春日载阳，有所触发，乐虚蒸菌，自鸣不平，以为呈豜，特不可自必耳。孟子有云："是不能也，非不为也。"余心奉答，即颂

仁祺，无任悚仄。

弟复上状　廿四

（1917 年春）

代张翼致德璀琳（2 封）①

一

德税司阁下：

敬启者，前礼拜闻阁下有来京之意，甚为欣盼。嗣阁下未践此约，想因地面祸行，交还关税诸公事纷繁之故，而弟亦适遇内人弃世，一时自难赴津。但开平煤局自与英比各股友立约合办以来，至今瞬将二载，若照原议，正是更约整顿之期。又去今两年，伦敦部所为种种背约，此事所关极巨，京外啧有烦言，即现在外务部遇承领矿务之人，凡称华洋合股合办者，无不批驳。揆其所由，未必非以开平洋股东之诪张，而引为前车之鉴也。弟忝为督办，责任匪轻，而此事于阁下声名亦所关非浅，即今试办期满，乃是忍无可忍之时，所以极盼阁下一来面罄种切。

又闻英比股东所派新总办已到，谅阁下当与晤言。但不知此君具有何等权力，能否尽革杜庚等诸人所为，恪守己诺成约，即我们与之议办，一切能否作准，望即查明示知，至为紧要。假若新总办无甚权力，而其宗旨主义又与前人相同，则弟自无须与彼相见矣。英七月间所发之信，屈指此时，当有回音，如前途竟付不答，弟惟有声明背约，一面奏明办理而已。手此布达，即盼回音。顺颂

---

① 据《严复书法》（郑志宇主编，福建美术出版社，2013 年）刊出的手迹整理。德璀琳（1842—1913），英籍德国人，同治三年（1864）进中国海关为四等帮办，1876 年任烟台关税务司，1877 为天津海关税务司，自此在任天津海关达 22 年之久。德璀琳与英国墨林公司代理人胡佛签订《出卖开平矿务局合同》，使对方凭一纸空文攫取了开平矿权。后在清政府的严饬下，于光绪三十年（1904）与张翼同赴伦敦，为开平煤矿利权同墨林公司诉讼，并胜诉。为此，德璀琳每月从开平矿务有限公司秘密领取几百两"车马费"，后为海关总税务司赫德发现，遂辞去海关职务。

勋安，不宣。

愚弟○○顿首

（1901 年）

二

　　再密启者，前承示由，台端所与古柏律师缄稿诘问墨林措借五十万镑一节，至为钦佩，未稔古柏如何回答。目下伦敦部所为背约是实，画押之十万镑并未支付，一也；毁华部之权，二也；所招股分若干，并未呈验，三也；自为办事章程，亦未知照，四也；私行借款，五也；所许股利、花红、厘金、报效，皆未照付，六也；华洋总办，未与平权，七也；两年出入账目，均未呈核，八也。据此八端，刻当试办，期满更议章程之时，自应向伦敦部澈底理论。弟身在京师，为职守所限，不能奔走津沪之间。查章程有督办自举代表一条，鄙意拟派矿路局提调沈道台敦和作为代表，以与阁下及严又翁共事。再此外须由阁下处雇请高明律师一人，以便商榷，是为至要。如果伦敦诸人无理相欺，不图改辙，则涉诸公庭，势恐不免。弟意一面将前途背约情节登报，一面除由我们认明英国挂号及所有新添成股外，招集在华之港沪津京中外各股东定议，另派洋总办、总账、矿师诸种脚色另章办理，不知卓见以为何如？

　　总之，伦敦部既已背约，渠依所为，我们自可不认，况有在华诸股东之权力，揆之事势，当属可行。即使当日所画诸约中间我们有些小漏洞之处，然兵乱之顷，约成仓猝，闻公法例许更张，大意不差，当不至遂以败事也。总之，事体重大，时日已逼，不可更与委蛇。即新来之人，若宗旨与吾约不合，阁下与之谈言，亦祈谨慎。弟处所欲面商事多，如公事稍可拨冗，尚祈命驾一来，是为至盼。

弟张○再顿首

（1901 年）

与英华①

　　《大公报》馆开，谨草《主客评议》四千余言，于此冀以通新旧两家之邮，亦以改旧日之党祸。此固日下最切之问题也。

（1902 年 6 月）

---

① 据孙应祥著《严复年谱》（福建人民出版社，2003 年），录自方豪先生所藏抄件。英华（1867—1926），字敛之，号安蹇，又号万松野人，满洲正红旗人。清末民初教育家、记者。1902 年在天津创办《大公报》，为中国历史最久的报纸之一。

与《外交报》主人 [①]

《外交报》主人阁下：

自大报风行，其裨益于讲外交者甚巨。曩所惠寄初二三编，体例修絜，裁审群言，多有合于原叙"文明排外"之旨，钦企钦企！

顾走所愿效忠告于左右者，窃谓处今日之中国，以势力论，排外无可言者矣，必欲行之，在慎毋自侮自伐而已。夫自道咸以降，所使国威陵迟，驯致今日之世局者，何一非自侮自伐之所为乎？是故当此之时，徒倡排外之言，求免物竞之烈，无益也。与其言排外，诚莫若相勖于文明。果文明乎，虽不言排外，必有以自全于物竞之际；而意主排外，求文明之术，傅以行之，将排外不能，而终为文明之大梗。二者终始先后之间，其为分甚微，而效验相绝，不可不衡量审处以出之也。不敢以空虚无据之辞进，请即大报所论列者，相与扬榷辨晰之可乎？

即如第三期译报第一类，于英国《天朝报》所论中国语言变易之究竟，大报译而著之，且缀案语于其末。意谓此后推广学堂，宜用汉文以课西学，不宜更用西文，以自蔑其国语，末引日本、埃及兴学异效之事，以为重外国语者之前车。此其用意，悉本爱国之诚，殆无疑义。顾走独窃窃以为未安者，则谓事当别白言之。若世俗不察，徒守大报一偏之意，逮此风既行，则十年以遥，学堂之无成效可决。

夫中国之议学堂久矣，虽所论人殊，而总其大经，则不外中学为体，西学为用也；西政为本，而西艺为末也。主于中学，以西学辅所不足也，最后而有大报学在普通，不在语言之说。之数说者，其持之皆有

---

① 据蒋贞金辑、贡少芹编《严几道诗文钞》，原载《外交报》1902年第9、10期。原稿藏中国国家博物馆。《严复集》亦收。

故，而其言之也，则不必皆成理。际此新机方倪，人心昧昧，彼闻一二巨子之论，以为当然，循而用之，其害于吾国长进之机，少者十年，多者数纪。天下方如火屋漏舟，一再误之，殆无幸已。此走所以不避婴逆而有言也。

善夫金匮裘可桴孝廉之言，曰：体用者，即一物而言之也。有牛之体，则有负重之用；有马之体，则有致远之用；未闻以牛为体，以马为用者也。中西学之为异也，如其种人之面目然，不可强谓似也。故中学有中学之体用，西学有西学之体用，分之则两立，合之则两亡。议者必欲合之而以为一物，且一体而一用之，斯其文义违舛，固已名之不可言矣，乌望言之而可行乎？

其曰政本而艺末也，滋所谓颠倒错乱者矣。且其所谓艺者，非指科学乎？名数质力，四者皆科学也。其公例通理经纬万端，而西政之善者，本斯而起。故赫胥黎氏有言："西国之政，尚未能悉准科学而出之也。使其能之，其致治且不止此。"中国之政，所以日形其绌，不足争存者，亦坐不本科学，而与公例通理违行故耳。是故以科学为艺，则西艺实西政之本。设谓艺非科学，则政艺二者，乃并出于科学，若左右手然，未闻左右之相为本末也。且西艺又何可末乎？无谕天文地质之奥殚，略举偏端，则医药通乎治功，农草所以相养，下洎舟车兵冶，一一皆富强之实资。迩者中国亦尝仪袭而取之矣，而其所以无效者，正坐为之政者，于其艺学一无所通，不通而欲执其本，比国财之所以靡，而民生之所以病也。

若夫言主中学而以西学辅所不足者，骤而聆之，亦若大中至正之说矣。揣之于事，又不然也。往者中国有武备而无火器，尝取火器以辅所不足者矣。有城市而无警察，亦将取警察以辅所不足者矣。顾使由今之道，无变今之俗，是辅所不足者，果得之而遂足乎？有火器者遂能战乎？有警察者遂能理乎？此其效验，当人人所能逆推，而无假深论者矣。

尝谓吾国今日之大患，其存于人意之所谓非者浅，而存于人意之所谓是者深；图其所谓不足者易，而救其所自以为足者难。一国之政教学术，其如具官之物体软？有其元首脊腹，而后有其公府四支；有其质干根荄，而后有其支叶华实。使所取以辅者与所主者绝不同物，将无异取骥之四蹄，以附牛之项领，从而责千里焉，固不可得，而田陇之功，又以废也。挽近世言变法者，大抵不揣其本，而欲支节为之，及其无功，辄自诧怪。不知方其造谋，其无成之理，固已具矣，尚何待及之而后知乎？是教育中西主辅之说，特其一端已耳。然则今之教育，将尽去吾国之旧，以谋西人之新软？曰：是又不然。英人摩利之言曰："变法之难，在去其旧染矣，而能别择其故所善者，葆而存之。"方其汹汹，往往俱去。不知是乃经百王所创垂，累叶所淘汰，设其去之，则其民之特色亡，而所谓新者从以不固。独别择之功，非暖姝囿习者之所能任耳。必将阔视远想，统新故而视其通，苞中外而计其全，而后得之。其为事之难如此。虽然，有要道焉，可一言而蔽也。今吾国之所最患者，非愚乎？非贫乎？非弱乎？则径而言之，凡事之可以愈此愚、疗此贫、起此弱者皆可为。而三者之中，尤以愈愚为最急。何则？所以使吾日由贫弱之道而不自知者，徒以愚耳。继自今，凡可以愈愚者，将竭力尽气蹶手茧足以求之。惟求其为得，不暇问其中若西也，不必计其新若故也。有一道于此，致吾于愚矣，且由愚而得贫弱，虽出于父祖之亲，君师之严，犹将弃之，等而下焉者无论已。有一道于此，足以愈愚矣，且由是而疗贫起弱焉，虽出于夷狄禽兽，犹将师之，等而上焉者无论已。何则？神州之陆沉诚可哀，而四万万之沦胥甚可痛也。

嗟夫！员舆之士，数十百国之所为，其废兴存亡之故，可覆观已。最近莫若日本，稍远则有普鲁士之弗烈大力、俄罗斯之大彼得。方其发愤图自强，其弃数百千年之旧制国俗，若土苴然。他若法之所为于十八

128

稑，英之所为于十六稑，实皆犯天下之所不韪。顾至今论世，莫不谅其民之所为者，保国存种其义最高，而文明富强之幸福，至为难得故也。若夫徒轩轾于人己之间，尊其旧闻，若不可犯者，则亦有之矣，突厥、埃及、波斯、印度是已。之数国者，夫岂不主排外？其所以排外之道，夫岂不自谓文明？其于教育也，夫岂不自张其军，而以他人为莫我若？然而其效，则公等所共见而共闻者矣。吾故曰：期于文明可，期于排外不可。期于文明，则不排外而自排；期于排外，将外不可排，而反自塞文明之路。且今世之士大夫，其所以顽锢者，由于识量之庳狭。庳狭之至，则成于孔子之鄙夫。经甲庚中间之世变，惴惴然虑其学之无所可用，而其身之濒于贫贱也，则倡为一切之说，以争天下教育之权。不能得，则言宜以汉文课西学矣；又不能，则谓东文功倍而事半矣。何则？即用东文，彼犹可攘臂鼓唇于其间；独至西文，用则此曹皆反舌也。

吾闻学术之事，必求之初地而后得其真，自奋耳目心思之力，以得之于两间之见象者，上之上者也。其次则乞灵于简策之所流传，师友之所授业。然是二者，必资之其本用之文字无疑也。最下乃求之翻译，其隔尘弥多，其去真滋远。今夫科学术艺，吾国之所尝译者，至寥寥已。即日本之所勤苦而仅得者，亦非其故所有，此不必为吾邻讳也。彼之去故就新，为时仅三十年耳。今求泰西二三千年孳乳演迤之学术，于三十年勤苦仅得之日本，虽其盛有译著，其名义可决其未安也，其考测可卜其未密也。乃徒以近我之故，沛然率天下之学者而趋之，世有无志而不好学如此者乎？侏儒问径天高于修人，以其愈己而遂信之。维今所为，何以异此？

至欲以汉语教西学者，意乃谓其学虽出于西，然必以吾语课之，而后有以成吾学。此其说美矣，独惜不察当前之事情，而发之过蚤。滨海互市之区，传教讲业之地，其间操西语能西文者，非不数数觏也，顾求其可为科学师资者，几于无有，是师难求也。欲治其业，非夙习者不能翻其书；纵得其书，非心通者不能授其业，是教之术穷也。然则大报所讯中国数十年来每设学堂，咸课洋文；今奉明诏书推广，犹以聘请洋文教习为先务者，夫固有所不得已，非必自蔑国语，而不知教育之要不在语学也。夫欧洲之编籍众矣，虽译之者多，为之者疾，其所得以灌输中土者，直不啻九牛之一毛。况彼中凭藉先业，岁有异而月更新。学者蕲免瞠后之忧，必倾耳张目，旷览博闻，以与时偕极。今既不为言语文字矣，则废耳目之用，所知者至于所译而止，吾未见民智之能大开也。又况译才日寡，是区区者将降而愈微耶？若谓习外国语者，将党于外人，而爱国之意衰欤！此其见真与儿童无以异。爱国之情，根于种性，其浅深别有所系，言语文字，非其因也。且列邦为学，必用国语，亦近世既文明而富于学术乃如是耳。方培根、奈端、斯比讷查诸公著书时，所用者皆拉体诸文字，其不用国语者，以为俚浅不足载道故也。然则观此可悟国之所患，在于无学，而不患国语之尊；使其无学而愚，因愚而得贫弱，虽甚尊其国语，直虚憍耳，又何补乎？第使其民不愚，而国以有立，则种界之性，人所同有，吾未见文明富强之国，其国语之不尊也。威尔士，英之一省也；巴斯克、不列颠，法之二部也，议院禁其语者，以杜言庞，如中国京师之用京语，从政之操官音，与所论大旨无涉。至谓夷灭人国，辄易语言，执事将谓国灭而后语易乎？抑谓徒尊国语，其国遂可以不灭也？国语者，精神之所寄也；智慧者，国民之所以为精神也。颇怪执事不务尊其精神，而徒尊其精神之所寄也。

　　总而论之，今日国家诏设之学堂，乃以求其所本无，非以急其所旧有。中国所本无者，西学也；则西学为当务之急，明矣！且既治西学，自必用西文西语，而后得其真，若夫吾旧有之经籍典章未尝废也。学者自入中学堂，以至升高等，攻专门，中间约十余年耳。是十余年之前后，理其旧业，为时方长；矧在学堂，其所谓中学者又未尽废。特力有专注，于法宜差轻耳。此诚今日之所宜用也。迨夫廿年以往，所学稍富，译才渐多，而后可议以中文授诸科学，而分置各国之言语为专科，致其事诚至难，非宽为程期，不能致也。诚知学问之事，非亲历涂境者，虽喻之而不知。独有一言，敢为诸公豫告事功成否，恒视其所由之术，而不从人意为转移。若必拂理逆节以为之，则他日学堂，自无成效。

吾闻京师洎二十余行省，一学堂之成，费需万金者，动以十数。是累累者，偿敌之余，夫岂易集？乃至十年，总于海内。将所费者无虑几何，庸可使时可数过。问以人才，对曰无有。虽其时当事者，亦将勉强涂饰，奏报揄扬，而无如其虎皮羊质，于国事无补毫末，何也？此吾所以重思之而为高睨大谈、自许热心者股栗也。谨不避烦渎，为大报贡其一得之愚，亮执事能优容之，而转教其所不逮焉。

谨将所拟此时教育办法划一条例如左：

一、此时官局所译西学，宜从最浅最实之普通学入手，以为各处小学蒙学之用。其书期使中年士子汉文清通者，一览了然，以与旧学相副为教。

一、学生未进中学之先，旧学功课，十当处九，即都不事，亦无不可。第须略变从前教育之法，减其记诵之功，益以讲解之业，期使年十六七以后，能搦管为条达妥适之文，而于经义史事亦粗通晓。议者或谓宜编经史旧文，颁行天下，顾此功匪易。此时不若听天下能者各出己意为之，俟十年以往，阅历稍深，定论渐出，厘而定之，当未为晚。

一、取进中学堂，年格当以十六至二十为率。务取文理既通，中学有根柢者，方为有造，而西文能否，可以不论。此后便当课以西学，且一切皆用洋文授课。课中洋文功课，居十之七，中文功课居十之三。

一、如此四五年，便可升入高等学堂，为豫备科，三四年后，即可分治专门之业。凡高等学堂中，中文有考校，无功课；有书籍，无讲席，听学者以余力自治之。

一、中学堂课西文西学，宜用中国人。（洋人课初学西文，多不得法。）高等洎专门诸学，宜用洋教习。若人众班大，则用华人为助教。

一、小学堂，有中学教习，无西学教习；中学堂，中西学教习并有之；高等学堂，有西学教习，无中学教习。至于专门，则经史文词诸学，列于专科，此其大经也。

一、各省如遍设中学堂，则无教习。近有议以速成之法求师范者，此其为术，诚吾之所不知。踏实办法，似宜于各省会先设师范学堂（即为后日高等学堂之所），令学政于每县学中咨高才生（小县二员，大县四员）若干员，皆取年格弱冠者，聚而以中学之法教之。如此则五年以往，不患无师资矣。（师范生宜有廪膳膏火。）

一、近今海内，年在三十上下，于旧学根柢磐深，文才茂美，而有愤悱之意，欲考西国新学者，其人甚多。上自词林部曹，下逮举贡，往往而遇。此亦国家所亟宜设流裁成，收为时用者也。第时过而学，自仅能求之转译，而以华人之通西学与夫西人、东人之通晓华文华语者，为之向导。此诚不为无益，然终慰情胜无而已，不足以待有志之士。必欲使之大成，则亦有法，道在置之庄岳之间也。第于被选出洋之先，至少须治西文三年，英、法、德、俄，随其所取。初二年专治言语，第三年则事科学。此等多聪明强识、知类通达之材，第使国家所以养之者，略有以安其身心，使不为外物所累，而得肆力于此，其成殆可操券。所谓年齿既长，则口齿不灵，无此说也。然不通语言，则出洋无益；不了科学，其观物必肤。故欲裁成此等之才，其术与通行者异。其选之也，不可以不严；其养之也，不可以不足；其鼓舞之也，不可以不宏。三者果行，吾未见其不为晚成之大器也。夫士通籍之后，浮沉郎署，动十余年，乃今用之求学，而云老之将至也耶！

一、今世学者，为西人之政论易，为西人之科学难；政论有骄嚣之风（如自由、平等、民权、压力、革命皆是），科学多朴茂之意。且其人既不

132

通科学，则其政论必多不根，而于天演消息之微，不能喻也。此未必不为吾国前途之害。故中国此后教育，在在宜着意科学，使学者之心虑沉潜，浸渍于因果实证之间。庶他日学成，有疗病起弱之实力，能破旧学之拘挛，而其于图新也审，则真中国之幸福矣。

（1902 年）

与夏曾佑（4 封）^①

一

穗公少恼：

得二十八早赐书，知公既来津门，旋复入都。复以俗冗纠缠，殊不自由，加以懒惰，遂使公此番北来，未获促膝深谈。公既南行，不知何时得复晤对。溯自津门分手后，南北会合各一，然皆匆匆散去，含意未伸。乃知人生朋友相聚，亦是时一过往，不可攀缘之事，思之黯然。初一日出都赴海口，当是那一次汽车？当计公与沅帆到埠时，走为一别，亦强于去后书也。

待庵身后索然。岁月悠悠，不知种嗣何以为活？思纠众力之援，无如官场人情如纸，况待生前是高逸人，与此辈本不亲厚。西人俗，此等事乃尽人职，初未尝计较报施。而支那以周孔之教，必云以德报德。必云以德报德，此等事便无得处。复尝谓：四百兆黄种所以同海滩石子，毫无聚力，二先生为之恶首罪魁。如今日之事，又其一谵也。聊谓吾师发愤一道。

---

① 函一、三据宋斌整理《章炳麟、严复致夏曾佑函札》，见《中国哲学》第 6 辑（生活·读书·新知三联书店，1981 年）。整理者说明，他获见《钱塘夏氏杂稿》中夹有章太炎、严复给夏曾佑的信，据以发表。函二、四据《严复翰墨》刊出的手迹整理。《〈严复集〉补编》亦收函一、三、四。函二为此前书所未收。夏曾佑（1863－1924），字遂卿，作穗卿，号别士、碎佛，笔名别士，浙江杭县（今属杭州）人。光绪十六年（1890）进士，曾官礼部主事、泗州知州，充两江总督文案。1897 年曾与严复、王修植等同在天津创办《国闻报》。民国元年（1912），任教育部社会教育司司长，后调任京师图书馆馆长。

又《群学》将次校完。前与菊生有定约，言代刻分利。顷来书问疏阔，不知尚有意否。又代刻售卖后，如何分利，如何保护版权，均须菊明以示我。复自揣不能更为人役，若于此可资生计，即弃万事从之，姑以此刻为试探而已。

意长纸短，不尽欲言。路寒，惟千万珍重。

复合十言　二十八夜拨冗书此

（1902 年 12 月 27 日）

二

穗公上座：

自海上挥手，一帆无恙。于十一月尽到英，风景不殊。回首前游，二十五年于此矣！

开平一案，于腊月十二日开讯，两造所顾法家通十余人，皆王室参议，号皆名手。通州供状经问三日未了，中间少息，本日续讯。其前此所供，意在掩饰卸过，然往往为被告律师执据，指其不实。如十四日问，当庚子以前张是否有意与洋本合办，张矢口不承，后经律师取出渠亲押用印之两信与墨林者，满堂瞠眙，目为诳子。呜呼！中国大官以欺饰为能事，积习不知几千百年，一旦欲其由衷，殆与性忤。仆一路谆诚，谓上堂万万不可撒谎，即使此矿于庚子年真由卿卖，亦只可据实言之，而责伦〈敦〉部有限公司之背约，则卖约即可作废。乃渠另有用意，言仍不实，十四日所被人揭破者，尚是题前文字。本日所讯乃入正文，若再犯欺诳，被其指出，直可束装归耳。此子固市侩，在在以欺为术，遭逢因缘，遂得富贵。乃今以中国大员负西人所最不当者，与之同行，亦至辱也。

自本十六日起，俄国革命风潮大起，伦敦时报言之尤详，始于罢工，国民携挈妇稚，言欲亲见皇帝陈说疾苦，并谓如不出见，但用谕旨敷衍，如前所为，即成君臣义绝。乃十七日聚万五千人，欲往冬宫，而途间马步森列，轰死前后几数千人，皆不执一兵之老弱妇孺，流血满街。于是国民愈愤，而皇帝则避往南俄。夫法之路易十六，当巴士狄牢破之次日，尚能亲至巴黎慰安其众，而尼古拉第二乃愞弱如此，各国报纸詈为杀民魁首。驻奥法使言自东方开战以来，日本未尝得有如此胜仗，真笃论也。总之，俄专用虎狼兵力，弹压无罪冤愤之民，此时沦否，殆未可言，而专制之朝从此必坠，则断然可知者耳。俄乱之余，德国恐将继之，而支那四百兆将于何日得拨云雾而见青天？思之令人欲死。

仆此书所言二事，虽大小迥殊，而前者将以言不信败，后者将以行不果后。而中国成训尚谓言不必信，行不必果，而以守此者为硁硁小人，谁为此言？真万世毒憎斯民之魁首也！

日报于前事亦可不论，但于通州一节，尚望为我推审秘之，即杀一敌夫，而国事亦无补耳。仆本可上堂听讯，而通州不欲有我在前，是其用意，殆可想见。终日为翻译供状外，闷坐一室，虽来名都，实无所睹。刻已属菊生电款，款来吾将去之，安能郁郁久居此耶！

肃此，敬问

起居，不尽。

严复顿首　嘉平十九

（1905 年 1 月 24 日）

三

穗公执事：

尊著《历史教科书》，当是一代绝作。能赐一册拜读否？极盼极盼。

136

此颂

撰安。

严复 六月初四

（1906 年 7 月 24 日）

四

穗公足下：

自得大著《历史教科书》两编，反复观览，将及半月，辄叹此为旷世之作，为吾国群籍之所无踵。然世间浅人于史学、政学蒙蒙然，犹未视之鼠狗，必不知重也。独走于此事，颇经留心。读足下之书，见提挈立例处，往往见极因怪（如云中国之教得孔子而立，政得秦皇而行，境得汉武而定；又云使匈奴盛于周时，中国必亡诸语），此法惟近世西人以天演眼藏探内籀之术以治前史者而后能之，乃大著不期而与之合，此滋足贵者也。

今欲与左右痛论此事，使鄙见而无当，愿有以教我；使万一有合，将粪壤涓流有以为岱岳江河之助。

窃冀足下踵成全史。不朽盛业，不徒有裨读史之后学，使据往事以推来者，即于政界方今烧点问题，所谓变法立宪者亦有无穷之补助。兹事体大，非足下盖莫去归也。所居共巷，不面谈而以书者，口语过而不留，不如托之楮墨，可为他日覆证也。

窃惟古人之史，将以究天人之际，故取一切，稍有关系，莫不著录。至于近世不然，盖诸学皆有专门，其间各有历史。天官、河渠，固无论已；乃至食货，则统于计学，刑法则系于律学，二者造国大经，而后此之史，犹且略之。然则史之所守，固何事乎？曰：惟有关于为政治人之事实。是故历史、政制，相为根实；史学者，所以为立宪张本者也。

国群者，有机之生物也，其天演之所历，与动植同。使其天演之程度稍高，则有不可离之现象，政府是已。政府之成，有成于内因者，有范于外缘者。内因，宗教为之纲；外缘，邻敌为之器。今观大著，于宗教、外族特详，得其理矣。

或曰政制者，人功也，非天设也，故不可纯以天演论。是不然。盖世事往往虽为人功，而不得不归诸天运者。民智之开，必有所触，而一王之法度，出于因应者为多。饮食男女、万事根源，方皆以此为田所设施者，出于不自知久矣，此其所以必为天演之一物也。

夫使汽理犹阒，而舟车之制，一如元明以前，则中国外交必不如是之亟，而变法立宪之议更千百年不起于人心可耳。

顾复窃有疑者，西国政学家之言曰：国民所享自繇之多寡，政府之干涉与放任，亦非其民之所能为也，视其国所邻为何等，与其形势阻易之何如。故英以海岛易守，美以阻隔新洲，其治独多放任；而法、德、俄、意诸朝，所以至今犹多干涉其民不任自繇者，即以难守多敌国之故。此其言似真。乃观吾国，自乾、嘉以还，四外征服略尽，东南襟海封疆无警者数百千年，顾其治尚为专制，何也？而日本岛国如英，三十年前治号惨酷，岂所谓自繇者别有所在，不在政府之专制与共和耶？不知高明将何说以处此！

爱国者，民族主义之名辞也。泰西哲家谓非道德理想之至者，故世间国土并立，必其有侵小攻弱之家，夫而后其主义有所用也。真民主出现，必在民质相若之时；若此不能，则必以贤治不肖为目的。中国前此政法，亦有跂及此境者乎？

又尚武之政，与民权反对者也。中国方求尚武，而又讲民权，是无乃并行而冲突者乎？方今人才消萎，实比古日为深，求如王临川、洪南安诸人已高邈不可得，而所遭世变之亟，又百倍于古，甚为可危！中间所谓时贤者，徒为急功近名，于中外异同又不深悉，一切破坏悍然，惟求其穷乱，必不远矣。窃意此局非四五十年不定。

执事此书，但取中国，故所得者为推其所以然；又据当前之内因外缘为逆指其谋极，此其造福，诚为无量。愿执事勉成之而已。

此事问题本大，故使大处不差，即小小不合，无妨古来大著作大理想。人莫不如此，不必以之趑趄矣。此叩

撰祉。

严复顿首

（1906 年 8 月 10 日前后）

与王光鸾①

子翔吾弟执事：

前得惠书，言令弟欲得铁路一席。此事姑勿论难易，但复与杨杏城观察素非熟人，未同而言，古人所讳；用此筹思，不知所答，非敢慢也。

挚甫先生东渡后，鄙处未蒙一书，言动起居，只从报纸得其梗概，然未敢遂以为实。近者因同行伴侣稍稍先归，于是辇下哗然，谣诼蜂起。其所指为先生罪者，不肯具仪以谒孔像，一也；谓四子六经可以竟废，二也；耸诱留学生以与蔡公使冲突，三也。夫谒像废经二事，藉令有之，或先生不为非礼之礼，或为有为之言，特自拘挛者观之，皆足诧怪，而言各有当，先生不任咎也；乃至耸诱学生抵谋使者，则不待辞毕，吾能决知其必无。贤者处世，与其文章正同，大惭则大好；倘不为流俗之所怪，亦不足以为先生矣。正作书间，绍越、千英见过，荣竹、农勋则前数日来，谈间聆其语气，皆有所不足于先生。张冶秋尚书告我，言庆邸、荣相亦于先生深相督过。然复之闻此也，不独不为先生忧，且为先生喜。夫大学总教一席，本甚非先生所乐就者，顾张尚书以其名重而要之，造膝长跽，促促卑谨。虽先生始终未尝一诺，然以牵率之殷，事诚有欲辞而不得者，乃今都下要津，皆谓先生不可为师矣。不可为师而去，正其宜耳，是先生终幸脱此桎梏，此吾所以为先生喜也。嗟乎！臧纥祀爰居以鼓钟，叶公见真龙而惊走，吾早知其势之不得长，蚍蜉撼树，乌足为先生病乎？复之初来也，人人自以为得大将，乃今亦少味矣。然窃以是自庆，盖不为时俗所崇拜者，亦不为群小所抵巇也。

---

① 据《严复集》，系严群先生抄本。王光鸾，字子翔，吴汝纶女婿。

欲寄书日本，不知先生之趾何向。吾弟脱有潭报时，望为深致此意，为言首善，不足再入也。手此。敬颂

时祺，不宣。

某顿首

（约 1902 年）

与肃亲王①

王爷执事：

三月下浣，冶秋尚书与燕谋侍郎有奉旨察勘议修京城沟渠之事。复愚以为不治道涂，则沟渠为无可修；就令可修，亦徒劳费而无益于事实。不自知其谬妄，乃上书二公，言京师道路若略仿关税办法，畀以忠实可靠、久食华禄之西人，令集公司筹款，而我与之订合同，立年限，给予水火捐税之权，则国家度支可无出角尖之费，而岁月之后，京城道里不期自治，此最为简当办法也。书上之后，未知二公意见如何。

兹晨敬读邸钞，知王爷有督修街道工程、管理巡捕事务之命，且上知事权之不可以不一也，则先有步军统领之补授。遂听风声，不觉以手加额。窃伏惟京师道路宜修久矣，其窅眹不平，实人人之所共苦，外人观笑，流谤五洲。然所以至今未为者，亦自有故；守旧之说，犹其后耳。盖京邑广大，闾阎且千，一言修治，烦费不赀，一也；蚀功中饱，习为故常，所费虽多，实用于工，百不及一，二也；路政繁难，水火、沟隍、警务、工局，事须并举，三也；道成之后，宜以时修，否则月日之后，复即败圮，无常经费，四也；制有阔狭，准有高下，稍不如法，弊病丛生，未得其人，不如勿治，五也；陋习相沿，人觊其利，上自京僚，下至水夫，闻将改贯，群起为难，六也。总此六事，所以路政终成道谋，独至于今。诚为得其术，则此六者，皆可无虑。失今不图，将吾国第一败象，不识祛于何日。此复所以忘其微贱，而深望此业得王爷而

① 据《严复集》，原件藏中国国家博物馆，系残稿，原标题为"上肃亲王言道路书"。肃亲王，指善耆（1866－1922），字艾堂，光绪二十四年（1898）袭爵。曾任奕劻内阁民政大臣、理藩大臣。

有成也。

今夫中国言变革者，岁有余矣。顾外人倾耳注目以察朝廷之所措施，除一二事，如禁裹足、许通婚而外，皆未甚悦服者。彼谓京师道徒劣恶如此，图之，则其功非难；成之，则其利甚溥。且事在迹象之间，而为人人耳目之所接，乃尚因循，不克振作如此，其他远大之业，庸可冀乎？是故朝廷与今当轴诸老，诚欲树之风声，则修治道涂，乃为当务之急。且使其事为之，而于国家有邱山之费，则度支空乏，犹可诿也；乃由今之术，于水衡、大农一无所仰，即其日后所取于赋税者，又不至有谤讟之兴，其事诚百利而无一害，则又何惮而不为乎？夫天下事之宜率作者多矣，顾使朝廷容忍而不为，抑为矣；而所任者非其人，则草野之民，徒俯仰而增叹。乃今者诏书既言此事之亟宜整顿，而所委任者又属之王爷，此诚事机之嘉会，而可决其底于善成者也，以复……

（1902 年或 1903 年）

与张百熙（2 封）[①]

一

冢宰执事：

　　复前在燕谋侍郎客席，见军机大臣传旨，谓京城沟渠失修日久，其应如何通筹缮葺之处，宜令执事与张侍郎察勘具奏者。当是时，侍郎语复，谓京师沟渠，瀹自明代，历年修治，虽例发内帑数千金，然款绌无以及事，徒为吏胥分蚀而已。春夏之交，修沟之匠，各有分段，不合不通，发其中之积秽，罗委道左，郁伊薰蒸。外以待乡农之买以粪田，内以要铺户之贿使早撤，以是为求利之道。至于沟之通塞，非所关矣。又京师官道，经人盗买盗占，岁寸月分，久之益狭；昔为九轨官路，今乃毂击肩摩，道中沟渠，多在庐舍之下，隐状截断，迹察尤难。是故京师沟渠，若道路不修，无可缮葺，强而为之，徒滋烦费，于实事大局，无毫末利益也。

　　窃谓京师道路之宜修久矣，其窀眃不平，实人人之所共苦，外人观笑，流谤五洲。然其所以至今未图者，亦自有故；守旧之说，犹其后也。盖京邑广大，间阎且千，一言修道，所费不赀，一也；蚀功中饱，习为故常，所费虽多，实用于工，百不及一，二也；道政繁重，而事须

　　① 函一据《严复集》，原件藏中国国家博物馆，原标题为"上张冶秋大冢宰论京师道涂修治书"。函二据《严几道诗文钞》，原标题为"与管学大臣论版权书"，《国闻报汇编》（爱颖编，西江欧化社出版，1903 年）附录有收。张百熙（1847—1907），字冶秋，湖南长沙人。同治十三年（1874）进士。1901—1905 年任吏部尚书，即所谓冢宰；1901—1903 年又以吏部尚书兼管学大臣。

并举者，若水火、沟隍、警务、工局，不一而足，三也；道成之后，宜以时修，设其不然，则月日之间，复即败圮，无常经费，四也；道路制有广狭，准有高下，稍不如法，弊端丛生，非得其人，不如勿治，五也；陋制相沿，人觑其利，上自京僚，下至水夫，闻将改贯，群起为难，六也。总此六事，所以京师修路，终成道谋，独至于今。使为得其术，则此六者，皆可无虑。失今不图，将中国第一败象，不识祛于何日。此复所以忘其微贱，敢为执事一借前著以筹之也。

今夫吾国言变法更始者，年有余矣。顾外人睹听朝廷所为，除一二事外（如前者禁裹足及许满汉通婚之令），皆不悦服者。彼以谓京师道涂，劣败如此，图之其功甚易，成则其利甚溥。且事在迹象之间，为耳目之所日接，乃尚因循，不克振作如此，而其远且大者，庸可冀乎？故朝廷与当轴诸老，欲于此际树之风声，则庶政诚无有大且急于修道者。况使修之治之，而于国家有邱山之费，犹可诿之于度支之艰难，虽勿修勿治可也。乃今之术，可使农部、水衡不出角尖之费；其所仰于民者，又万万无谤讟之兴。且事成之后，商旅棳通，货币云集，关征旧设者，将有无穷之增。此其事诚有百利而无一害，则又何疑何惮而不为乎？今者朝廷既以此访之执事与侍郎，则亦不为无意于道里之平治，迎其机而善导之，此百世之盛业也。惟两公勉之而已！

复承两公恩遇之厚，见久大之业，于此时实有可成之机，不忍默默，谨列措办大端，另列别幅呈鉴。至其细目，则成议之时，受其事者，自能详悉。伏祈荩虑宿留，以开物成务自任，天下幸甚！

候选道严复谨上

（1902 年或 1903 年）

二

管学尚书大人阁下：

　　窃闻大学堂前有饬令各省官书局自行刷印教科书目之事，语经误会，以为饬令翻印教科各书，而南洋上海各商埠书坊，遂指此为撤毁版权之据，议将私家译著各书，互相翻印出售。此事于中国学界，所关非鲜。因仰托岼嵘，奋虑偪亿，窃于版权一事，为执事披沥陈之。

　　今夫学界之有版权，而东西各国，莫不重其法者，宁无故乎？亦至不得已耳。非不知一书之出，人人得以刻售，于普及之教育，为有益而势甚便也。顾著述译纂之业最难，敝精劳神矣，而又非学足以窥其奥者不辨。乃至名大家为书，大抵废黜人事，竭二三十年之思索探讨，而后成之。夫人类之精气，不能常耗而无所复也。使耗矣，而夺其所以复之涂，则其势必立竭。版权者，所以复著书者之所前耗也。其优绌丰啬，视其书之功力美恶多少为差，何则？夫有自然之淘汰故也。是故国无版权之法者，其出书必希，往往而绝。希且绝之害于教育，不待智者而可知矣。又况居今之时，而求开中国之民智，则外国之典册高文所待翻译以入者何限！藉非区区版权为之摩砺，尚庶几怀铅握椠，争自濯磨，风气得趋以日上。乃夺其版权，徒为书贾之利，则辛苦之事，谁复为之？彼外省官商书坊，狃于目前之利便，争翻刻以毁版权，版权则固毁矣，然恐不出旬月，必至无书之可翻也。议者或谓文字雅道，著译之士，宜以广饷学界为心，而于利无所取，以尽舍己为群之义。此其言甚高，所以责备著译之家，可谓至矣。独惜一偏之义，忘受著译之益者之所以谓报也。夫其国既借新著新译之书，而享先觉先知与夫轮入文明之公利矣，则亦何忍没其劳苦，而夺版权之微酬乎？盖天下报施之不平，无逾此者。湘潭王壬父曰："贤者有益天下，天下实损贤者。"呜呼，何其言

146

之沉痛也!

　　总之，使中国今日官长郑重版权，责以实力，则风潮方兴，人争自厉。以黄种之聪明才力，复决十年以往，中国学界，必有可观；期以二十年，虽汉文佳著，与西国比肩，非意外也。乃若版权尽毁，或虽未毁，而官为行法，若存若亡，力从此轮入无由①，民智之开，希望都绝。就令间见小书，而微至完全之作，断其无有。今夫国之强弱贫富，纯视其民之文野愚智为转移，则甚矣，版权废兴，非细故也。

　　伏惟尚书以至诚恻怛之心，疏通知远之议②，掌天下之教育，则凡吾民之去昏就明，而中国之脱故为新者，胥执事之措施是赖。窃意版权一事，无损于朝廷之爵位利禄，士所诚求者，不过官为责约而已，则亦何忍而不畀之？其为机甚微，而所收效影响于社会者则甚巨。是用怀不能已，为略陈利害如此。不胜大愿，愿执事有以转移救正之也。自书潦草，无任主臣。

严复顿首上状　四月二十三日
（约 1902 年 5 月 30 日或 1903 年 5 月 19 日）

---

① 力：《国闻报汇编》作"将"。
② 议：《国闻报汇编》作"识"。

与张美诩（4 封）[①]

一

让三先生执事：

径启者，一昨得菊生缄，知《原富》夏季分利，业蒙于节前□□开平沪局北寄，感纫□□□名言。□□长盼至今，此款尚未寄到。为特□□□诚恐浮沉，□□□□驰函奉恳□□□□调查，□□□□□□沪，便乞索回，代交菊生收下，□已寄□□，乞查何日由何船寄发，□□□□□□□□□。此区区□节，非敢过费清神，因弟月内拟乞假南归，迟交恐相左耳，高明定能曲谅也。

再者，定海菀嫂海侄常有信来，但道度日不易。昨复有缄，属为蒋姓向杨杏城缓颊船上帐房之席云，成则月有分润。杨至津，弟□往不遇。虽然，弟□杨并非□交平生，即先客恐亦无济，且至此时，当已有捷足者矣，故亦置之。弟念菀老平生交游至众，彦升孤嗣，葛帔练裙，令人叹交道之薄。窃念定海家计，月得二十番，便可供饘粥[②]。此事独任固难，若众擎之，未必不举。海上定海同乡多公，能为之一呼否？孙魏若星使至今乃□回缄[③]，然此事已过，特少味矣。直隶□□费绌，虽

---

① 据《严复翰墨》刊出的手迹重新整理。《〈严复集〉补编》亦收，且云原件藏西安交通大学档案馆。张美诩（1857－1924），字让三，浙江鄞县（今属宁波）人。1890 年初随薛福成出使英、法、意、比四国，历时五载。归国后由江苏候补县丞累保直隶候补直隶州知州，历充南洋大臣顾问官。时主持南洋公学。

② 饘：《〈严复集〉补编》缺，据《严复翰墨》补。

③ 魏：《〈严复集〉补编》缺，据《严复翰墨》补。

有缄来，不必济也。何时过海上，当悉访一了此事。先布。即颂

仁安。诸希

爱照不儇。

愚弟严复顿首　九月初七

（1903 年 10 月 26 日）

二

让三吾兄大人执事：

本月初间曾上一椷，想经伟览。至今未奉还云，殊深盼切。其夏季译利虽闻寄津，亦未接到，想不至浮湛也。

兹有所深恳于左右者，《原富》分利一节，发端于何楳翁，踵成于张菊老，荷蒙执事推爱，定为每部半元之额。此弟所铭感勿谖者也。伏念此事虽有成言，然使主者以多报少，以万部为千部，弟逢逢在北，又复何从而知？曩承一言，所以深信不疑者，恃执事在彼而已。来君叔天下信士，岂此区区至于欺我？虽然，人生踪迹正未可知，而居今之世为尤甚。假使执事高迁，不复莅此公学，则鄙人正不知何以善其后也。所以乘□贤犹主其事之此时，欲求尽情为我筹一善法，最好许复随时可以查帐，万一身不能至，可以派人代查。如此后日□无流弊，而公学译局既分译利，亦可自明以昭核实。不知执事许之否也？千万见覆为恳。

颇闻今夏《原富》以公调度得法，销场盛旺，乃至数千万部之多。（此乃售书人相告之数，不知确否？）回思当日辛苦操觚，非无谓其然，而非公之力不及此也[1]。

再有恳者，惠覆时乞将以下数条查明见示为祷。

一、今年此书印过几次？

---

[1]　公：《〈严复集〉补编》作“花”。

二、每次印者若干部？

三、目今此书存者尚有若干？

伏想见爱，当不吝此一举手缓颊之劳也。

北事益不可问。昨袁、张召见，袁主用兵，并保举三人，皆旗员也（那琴轩、荣华卿、溥玉农），故有一时调动。弟大学堂、开平二差均已自行辞退，今尚羁留于此者，□经手有未完事件耳。知念并布，即颂

著安。

弟复顿首　九月□九日

（1903 年 11 月）

三

让三仁兄大人阁下：

十月初五日始得台端七月廿六日赐书，并夏季《原富》译利四百五十三元二角五分（除帐，实收到二百三十二元六角五分）[①]，至感至感！每部分利半元之约，来教谓七月分起算（当时蒙允正五月起算），即亦遵□，但前缄奉询三事，□□□，今年二月朔后，此书印过几次？每次几部？已售出者几部？现存者尚有几部？瑶答实深悬悬。

再者，此书分利之事，虽蒙加派至于半元，而杭人翻刻一事，台端所以保护板权者尤力[②]，俱深佩纫。然使未得查帐之权，则所谓实惠者安知非虚受乎？我公总理公学，译局售书固所兼辖，然于此事非能亲预之也！故必磊磊落落，与复以查察真帐之权，庶几在复有以□拳拳于执事；执事于复亦有以坦然自襮其不侵，此天下至公之理也。

顷者，敝徒伍君昭扆南归，经托商之左右，并于便中白之毗陵宫

---

① 《〈严复集〉补编》无此夹注。

② 者：《〈严复集〉补编》无此字。

保，念必有以相报。嗟乎喔咿！突梯既所不能，上之不能以蒲桃一斛博孟佗之凉州，下之又不能为范大夫出其余绪，以三致三散，乃于叔季之世，托计毛锥、象鞬之间，以求自食其力。此情亦君子之所哀矜，其忍夺之①，而以复之断断为过当耶？日月跳丸，即今已交冬令，□月秋季，译利应恳饬算，交由敝友张菊生比部代收，以免邮寄浮沉，历三月始到。手此敬托，无任惶悚。并颂

台安。

愚弟严复顿首　十月初五夕

别纸言欲为复代印他书，甚荷雅意。复处藏稿尚多，而为友人作，经删润者亦两三种，但难得诚信不欺者托板权耳！既蒙不弃，容徐议之②。又及。

十月廿日到
（1903 年 11 月 23 日）

四③

让三仁兄大人阁下：

顷接手示，里半所属公学译书院存款一节④，道与源吉去说可以代劳，惟利息一层，须随市高下，难以预计。譬如今年七月间，息至一分以外，寻常总不过几厘，但有两家比较，自不至于吃亏，银洋进出亦然。既承谅嘱，容转源吉格外克己，请译书院帐房前往交接可也。

所托印张弼士京卿条陈新分与弟处一万本，已拿齐否？该价若干？

---

① 夺：《〈严复集〉补编》作"奋"。

② 徐：《〈严复集〉补编》作"须"。

③ 此函右侧书有"存卷"二字。

④ 存：《〈严复集〉补编》作"借"。

151

候示知即缴，其书亦望送下为荷。手此，布请

台安。

愚弟率答。

复顿首　八月十一日

（约 1904 年 9 月 20 日）

与《中外日报》主人①

《中外日报》主人阁下：

　　顷蒙示某报所登示瘉壄堂书。览悉一切，该报既云默喻朝廷苦衷，暂敛言论，又云倘强来相聒，则於菟之气行且食牛。其横厉如此，议虽未中节，其求必胜明矣，鄙人似无庸再答。所有宗旨，业已畅发，是非然否，岂能强人？即该报再有齿及，亦不必取以相示，所谓眼不见为净也。

　　此颂

纂祺。

瘉壄顿首

（1905 年 9 月 10 日）

---

① 据 1905 年 9 月 10 日《中外日报》。《〈严复集〉补编》亦收，但书中"瘉壄堂"作"愈壄"，"悉"作"习"。

与张翼 (3封)①

一

大人阁下：

兹译庆世理原函并复拟覆函意，一并呈上。鄙见此番覆信，应照庆世理来函法，将前后收发历次电稿，抄录一分与他，以凭核对，是否有当？伏候卓裁，并颂

崇安。

复谨状　十八

信封：

藉呈张大人钧启

内稿二件　八月初二日到

复手肃

(1905年)

---

① 据《严复书法》刊出的手迹整理。张翼（1846－1913），字燕谋，直隶通州（今属北京）人。原为醇亲王奕譞侍从，后历任清江苏候补道、直隶矿务督办、热河矿务督办、工部侍郎、开平矿务局总办、路矿大臣等职。光绪二十六年（1900），英商墨林公司借八国联军侵华的武力威慑诱骗张翼，攫取开平矿务局，改名开平矿务有限公司。名为中外合办，实为英方资本控制，侵占了开平煤矿及矿局的权益。为了恢复中国对开平煤矿的权利，清政府命张翼尽快向英国讨回开平煤矿的主权。张翼延请严复襄理。光绪二十七年（1901），严复"应潞河张学士翼之招，赴津主开平矿务局事"。光绪三十年（1904）底，张翼偕严复一起赴伦敦，通过法律手段解决开平煤矿的权利纠纷问题。这起国际诉讼案历经数月审理，开庭十余次，以中国胜诉而告终。这几函及严复代张翼致德璀琳信，内容都涉及解决开平煤矿中英权利纠纷这一史实。

二

大人阁下：

　　敬肃者，承示洋缄，系庆世理所寄中并封呈四件：一系我们律师将墨林覆词各条略加批语；二系来往电报抄底奉呈；三系律师代请派员前来录集供证；四系庆世理与德璀琳函稿。查庆世理来函中，不过云墨林覆词经我们律师批驳后，渠亦有呈语，并论派员来华之事应否准行，大概此事在有限公司自施沮力，然律师谓碍于事势，法官似示能不准等语。至庆世理与德之函中，言墨林覆词称：德璀琳所以能立卖约，而卖约必不可翻者，因其得有代理权凭之故。代理权凭西名"包尔阿埵尼"，此件果有最关紧要，而庆与郝律师等从前全不知之。今问德呈出此凭为要，其与复之信，不过属常通械，并云"公司之事，愈出愈奇，前若深知底里，必不干此无谓官司，但事已至此，又不能不观其后效"等语。复明午拟即回津，到津时拟即向有限公司辞去此席薪水也。手此布达，余容到津再谈。此颂

夕安。

复顿首　十六

（1905 年）

三

燕老督办赐鉴：

　　别来倏忽数月，数次前往尊寓拜访，皆值大驾前往津门，废然而返。伏想兴居安平，诸如鄙颂。昨睹报章，知开滦合办业已成议，前此赔偿问题，当亦解决。沧桑易代，朝野人事，举目都非。丈于开平矿

事，竭数十年之精力，罄一家之所有，窃计此时结束，必不能如分偿补，惟是慰情胜无，得早一日清了，为门户计，亦未始非善荣耳。兹有恳者：自政体改革之后，复之境遇，大有江河日下之势，政界既不堪涉足，即学界亦是跼踏不安。十口之家，浮寄都邑，米珠薪桂，典贷俱穷，若长此终古，恐必有不可收拾之一日。再四筹思，以为仕宦既无可为，或且实业商界可以谋一枝栖之地。刻下开滦既已合办，窃计用人必多，不识旧人如复，能托鼎力于其中求一位置否？切盼便中与那森、德璀琳辈商之，千万！

再者，昨于报端知局友花红壹节，亦已解决，但此系庚子已前之事。而复自庚子以后，自谓于公司不无微劳。当项城绝对龃龉之时，复以稍悉局中真情，据实持论，登刊报章，与之相忤，由是大为所衔。而京津官场，无复之迹，十年来仕官不进，未必非此之由。凡此皆公所亲见，有以知不佞之非妄发耳。今者局事既行改组，旧人劳勚，当有报酬。复之所恃，惟公望于订议之顷，为留余地，不敢奢求，但得五百元月薪，自壬寅以来，照旧支发，则其受赐亦既多耳。手此极恳。即颂

台安。伏祈

霁鉴。

严复顿首　七月廿八日
（1912 年 9 月 9 日）

156

与高凤谦（4封）^①

一

梦旦吾兄有道：

《论教科书》，倚装草草勉成，不甚惬意。复近来精力极短，文字颇难得佳。此事正须年力，执事富于春秋，当以我为鉴，勿空过也。外上谕抄稿并昨所掷数种书，谨以奉还，祈察入。并有恳者：复于初九日到商务发行所交□方兄印花五千枚，并译利月结手折一只。兄晤□方时，祈属其写一收印花若干枚收条一纸。译利除正二月已缴外，其三月以后译利若干，请暂统存□方处，俟复回沪时交割。又复与商务定有编译合同，业经画押，此后复到皖（十二日晚上船），局面长短，正未可知，但一切照合同原议办理，请渠放心。

菊生到京后有回信否？如欲寄书，住址何处？祈示。手此。敬颂

篆安。

弟复顿首　初十夕泐

（1906年4月3日）

---

① 据《严复集》，系上海图书馆顾廷龙先生请高氏家人抄寄。高凤谦（1870－1936），字梦旦，福建长乐人。曾任商务印书馆编译所国文部主任、编译所所长、出版部主任及复旦公学监督。

二

梦旦吾兄榭长执事：

匆匆归家，尚未造候，辰维起居万福。

兹有极恳者：皖中友人姚叔节先生，先德石甫先生后人也。近者为乡里所众推，将于安庆有开办师范学堂之事。遣来沪上，意主调查各处成法，以为前事之师。颇闻商务印书馆所设师范传习所办法极为扎实，教法亦称中程，甚欲一观，以资甄采。公所居去传习所咫尺，其中管理员、教习等亦稔于复，用不揣冒昧，以此绍介姚先生于公。伏乞破费数小时之功，一邀前往详细察看。是为祷，无限主臣。手此。即颂

纂祺。

弟复顿首　二十八晨浏

（1907 年 7 月 8 日）

三

梦旦道兄惠鉴：

伏读二十六日赐书，藉悉一一。庐山胜地，而避暑疗病，二者自不得兼。桉树叶到，当试焚之，若能止贱喘，则要药也。近经英使馆格医用微菌针作治，云可根本解决，刻已受四针矣。知念并布。即颂

仁祺。

弟复白　二十九

（1920 年）

四

梦旦吾兄撰席：

　　日昨临谭，大快积想。《度量衡新议序》已勉成，特送上，烦转交显廷兄收入。弟年来大有退化之势，执笔伸纸，每形竭蹶。少壮真当努力，年一过往，无可攀援，子桓岂欺我哉！此颂

篆喜。

严复顿首　九月四日

（1920 年）

与熊元锽、熊元鏊（13 封）^①

一

文叔仁兄执事：

启者，仆于下午晤柯医，因代细询一切医药之费。承其当用德律风询取各医开单前来如左：柏医生前后诊疗之资，共规元贰拾伍两；伏医生医资柒拾五两；宝医生医资并院租等共柒拾两。三项通共规元壹佰柒拾两。至柯医自己诊费，则谓与季廉系属交游素好，未肯更索分豪〔毫〕。经复再三请其开列，渠执意不回，只得作为罢论。今特据此布达，敬祈察照，并请

贤昆仲节哀。

　　　　　　　　　　　　　　　　　　　　　复顿首

季廉泰水到未？七嫂想尚在张女士处。闻其溢米不餐，极为可虑。须有人晓以存种大义也。又及。

　　　　　　　　　　　　　　　　　　　　　四月朔

　　　　　　　　　　　　　　　　　（1906 年 4 月 24 日）

---

① 据辽宁省博物馆藏手迹，与严复致熊季廉信札合为一册。《〈严复集〉补编》亦收。受信人熊元锽（1877－1927），谱名育锽，字文叔，号慈元。青年时期弃学就商，民国时曾任西岸盐务榷运局长、北京参议院议员、江西南浔铁路坐办、江西银行副行长等职。熊元鏊，字季贞。两人均系严复弟子熊元锷（字季廉）之弟。

二

仆寓中，惟儿息处可以接待季廉夫人，又以与昭宸同居，其家不愿，致令无能为力，殊为抱歉。但鄙意以为，与其迁生存之女眷，不如另觅会馆或庙宇，将季廉遗体移彼办丧，较为稳着。不然一开口请七嫂外出寄居，彼女人之心未有不洞见底里，虽秘亦无从秘也。不知高明以为然否？送上钞票四十员，稍助急需，伏祈察入。至祷。手此。敬叩文叔、季贞贤兄弟起居。

复顿首

（1906 年 4 月 24 日或稍后）

三

季贞贤弟执事：

兹付上宝、佛、柏三医收条（并往来信件）。又庄票一纸，拾一两七六（此款无须矣）。统祈察收为恳。七嫂想安平，至念。此颂诸昆均安。

复倚装白　初七夕

（1906 年 4 月 30 日）

四

季贞八兄足下：

得四月廿五日赐书，环诵未终，不觉酸鼻甚矣。足下之言痛也。七嫂能勉抑哀思，顾全深远，此在妇孺，尤为难能，钦叹钦叹。至道路传

161

语，谓病为西医所误，则固前知其如此，复为死者所深信，不啻以性命托之。乃自始至终，莫能挽救，此诚毕生一大恨事。然深夜顾影，尚未至内疚神明者，则以病势固然，西医治疗之术未尝误耳。向使季廉此疾纯用中医，窃恐虽至易箦，尚无有人能识其为肝痈者；究其终效，将日日发热大汗，肤革耗削，弥留月余日必止，此不可违之至势也。故未割之先，柯医已与复言：不割，此证尚有五六礼拜可活，然而死无疑义；割之固险，然可望转机。至证呈散痈，则出诸医意望之外。此柯医所以自怼，谓早知如此，则宁勿割，使得绵延月余日之生也。夫西医之功罪具如此。若谓证本可生，坐割治而死者，乃愚人作梦呓耳。吾国之众，于生理本无所知，至于西医能事，更非若曹所梦见。中国近者虽谈西学，顾于此事进步最无可言，（日本于此等事，便与中国不同，此二邦之优劣也。）是以每遇医疗，谣诼滋纷。夏虫不可与语冰，彼不知也，乌足怪乎！复虽不习医，然以家多病者，又尝浏览其书，方于此道，亦可谓三折肱矣。阅历既深，故于亲友，以不荐西医为主义。故前正月、二月，虽闻季廉沾恙，不敢竟荐西医。至二月杪，见其病势缠绵，且心谓季廉于我至厚，岂宜以世俗之见待之，故相见，即劝倩西医治疗。（然亦听病人自决。盖见后三日，季廉始有书来也。）三日后，复得季廉缄，云决用西医；乃挟柯同至，然而初不料其已晚矣。盖此证一得潮热，其脓已结，便成非割不疗之疾[1]。至虽割犹不可疗，则天实为之，吾与执事莫谁怨也。至足下衔哀之切，诚为至性至情。寻常兄弟且可悲，况乎如季廉者？虽然，愿少抑悲哽，一听鄙言。夫天道之难知久矣。古来圣贤夭折，固何止于一二人。王辅嗣、王东亭无年，此执事之所稔也。林肯力救黑奴，手定南北花权之战[2]，顾功成之日，被刺而亡。此中祸福因果，畴能明之！且嗣祖安知非福！亡者已矣，而为之骨肉者长为石阙之

---

① 疗：《〈严复集〉补编》作"可"。

② 权：《〈严复集〉补编》作"模"。

衔悲，甚者欲相从于地下，此所谓遁天倍情，而于死者无豪〔毫〕毛之益者也。身为男子，固宜忍耐风波。且死者之志业未酬，门户之担荷尤重，万一因忧成疾，脱去者有知，滋益恫矣。七嫂尚能勉抑大哀，岂足下为计不如女子？嗟乎，季廉之去，海内惜之，近敝处所得邮筒〔简〕，多缘此事致慰，在仆亦只得以妄塞悲而已。悠悠苍天，尚何言哉！义宁伯子想当一至南昌，见时乞以此书示之。心之精微，非笔所能达也。諈诿小传，更何敢辞！惟到皖以来，踽踽少暇，一欲伸纸，则悲从中来，不能自抑。近吴挚甫之世兄亦求代其先作传，亦无以报也。手此敬布，即请节哀珍卫。

严复顿首

（1906 年 5 月 18 日或稍后）

五

季贞八弟足下：

久未通缄，不审近状何若？七嫂已未分娩？男耶，女耶？至以为念。如未免身，他日揭晓，毋忘以数字见告也。兹寄上七哥遗札数件，其可哀者尽在此矣。请饬钞胥录正后，原稿于便中邮还，以为故人遗念，切切。复近以伏假，休沐沪上，义宁伯子亦在此。相见怅触，凄凉可知。又复旦公学去年为袁观澜侵蚀公物至数千金，反以此为学生罪。天下不平，无过此者，季廉知之，故在日力以维持复旦为己任。廉哥去后，学长勉自楮柱。幸团体尚坚，未即分散，然颇望得贤为之校董。历举所知，皆以一受其事，则须与沪学会张、曾、袁、施诸公为反对。于事无益，徒增口舌，故不为也。马相伯老不晓事，为人傀儡，已携行李离堂矣。此局殊岌岌。故昨在愚园会议维持之策，大家皆思廉哥不置也。所属传尚未作，然早晚当为加墨。忆吴桐城之子辟疆亦欲复为乃公

163

作传，亦迟迟未有以报。此两人者，一为耆德，一为英少，然皆不易下笔也。八弟年齿甚富，但肯努力，无忧学之不成。正面当以英文、算学为入手致力之事，暇而还读我书，《史》《汉》而外，可看《南北史》《晋书》；余则涉猎诸家文集，作闲书浏览，不必过于攻苦，致生疾病。千万千万！有工夫，习字亦佳；然须写八分篆、隶，笔法方有进境也。手此。即问

暑祺。伏惟

上侍万福。

严复顿首　廿九夕
（1906 年 7 月 20 日）

六

季贞八弟如见：

前得电，知七嫂六甲竟叶震占，欣慰之余，继以感叹：皇天之心，固自不可思议。意或者于廉哥之事，亦自悔其太酷，而有以献酬人心，使为善爱群之人，毋至于自馁耶！复闻年位不称其德者，必流庆于后人。此言将于君家而信矣。日月跳凡一二十年，真如反掌。他日学问事业，彪炳社会间，使人见鸡群之立鹤，思中散之鸾翮，则吾季廉虽死犹未死耳。义宁已于朔日返秣陵，已将电稿缄封要去。此老用情酦至，想其起舞不异复也。盛夏酷热，兀坐流沔，真一事不得作。不识八弟近作么生？尊体非素健，此事须着精神为之。念贤兄在日，其以此关心何若？似不宜草草也。沪上除考政四大臣过此外，无甚新事。复旦前者势颇危业，后经伯严来此，大会同人，为筹维持之术。既资以款，复为之解纷，使龃龉者无遂至于冲突。今而后，此校当不至离散也。知麘并布。即颂

大喜。伏惟

上侍万福。

复顿首　六月十六

（1906 年 8 月 5 日）

七

季贞八弟执事：

　　启者，得去月廿九惠书眼明。书来时，适复病肺喘僵卧，故迟迟未答，非敢慢也。廉兄墓碑各纸均接到，但未言欲书何字，须官衔否，有合葬者否，合葬人须书明否，皆茫然也。如此，则书者必迟疑不敢下笔。故鄙意欲左右绘一图款来，将乞书字样，并长广尺寸于界线，一一载明，由敝处备纸画格，送与太夷，则一时间事耳，无所难也。欲复作传，此事本有宿诺，不敢忘。但无似笔墨，不足重廉兄耳。必欲之，烦寄行述来，当勉成之也。义宁谓季廉得伸其志，不仅以文字见传，此言绝痛。故鄙意亦谓尊处所抄集遗文，仅当载家乘中，不必问世，犹此意也。胤子想岐嶷可爱。明德之后，必有达人，在此子耳。大诗两首，居然雅音。惜气不足举，则仲宣体弱之故。鄙意左右宜一志葆养精神，至于文字，则陶写而外，不必加意求工。春秋方富，但得身体结实，不愁无学问事业也。心远学堂教习，求长于英文、算学者。此才颇艰得，独舍侄家驹（号伯銮）可以胜任。俟与缄商，得覆以报。复内举不避，足下与堂中人得无意其私乎？新病初愈，不任多谈，余俟读报。此颂

无恙。

严复顿首　十一月廿五

左冲

（1907 年 12 月 29 日）

八

季贞贤弟执事：

曩闻文旆还乡，想此时当已复回省会。比维事母送兄，勉襄家事，跂念何如！廉兄家传，前者累思下笔，辄以不胜哀而止。继念隆命，必不可委诸草莽；而鄙人踪迹，此后南北不可知，则尽再日之力，谨成一篇，并如尊旨。草书寄上，伏乞商诸能者，察可用与否，然后付石印也。墓碣等已交苏戡。渠今者方游秣陵，想归时当写寄不误。陈伯严藏幽文已脱稿否？可钞一分寄示乎？甚盼甚盼。舍侄想已晤面，在何处置砚，可属以数字相闻。复缘复旦校事，大为叶仲裕所憾〔撼〕，自开学来，极力耸煽旧生与不佞反对。而远道学子则来者日多，校舍填咽，至无以容。私念衰老之人乃与项领小儿计论短长，真为可笑。适昨者北洋莲府尚书有信相招，则电请南洋派员接理。不意诸生闻之，又群起挽留，电宁请勿许去。进退殊不自由，大苦大苦①！贤弟得此缄，祈分示伯鋆，道昨有明信片一张与之，不识寄达否也。传文收到，并望早赐覆音，以免悬跂。手此。即颂
上侍万福。

严复顿首　二月廿四
（1908 年 3 月 26 日）

九

季贞仁棣执事：

前寄两缄，想都登览。伏惟潭祉清吉。兹奉上重写廉兄传一卷，已将所指一段删去，当不至忤俗矣。昨于席间晤太夷，已代恳将墓碣、联

---

① 《〈严复集〉补编》仅有一"大苦"。

等为之速藻矣。兄尽此月内，计当北上。然颇舍不得南中诸友，此浮屠所以不三宿桑下也。手此。奉讯

上侍万福。

复顿首　三月十六

（1908 年 4 月 16 日）

十

季贞八弟惠览：

启者，伏暑骄阳，不审尊候何若，至用为念。损书云，服东医药有效，计此时玉体当已霍然。唯际夏令，起居仍须加意调摄。而卫生之要，尤在饮食，大抵生冷不易消导之物，都不容入口。即三餐亦只宜放七分肚皮。此系至言，幸勿见忽。所赐景窑，均属佳品。又有尊款在上，列置几案，如对玉貌也。感谢！鋆侄带来湘笔数十支，皆该匠精制。中间鸡豪〔毫〕数支，尤卓有家法，他省匠不能及也，有裨区区文事不浅。前所代求廉哥墓碣、联，苏堪已书好交到，拟俟鋆侄过沪赴赣时，带呈左右，想来得及。所有嘱作恶书，同时亦令送去。复本计三四月北游燕赵，嗣以复旦候健成交代，后有江宁之行。及归，天时已酷热，孱躯畏暑，不得不须至秋凉。此时贱体尚叨芘粗健，足慰锦注。余事无可言者。手此。颂

台候曼福，不宣。

兄复顿首　七夕前二

（1908 年 8 月 1 日）

十一

季贞八弟惠鉴：

敬启者，老来健忘，却忆夏间曾将苏戡所书墓碣、联等，令伯銎带呈左右，想必收到。但未得覆示，终悬悬也。七兄葬事已未办过？吾弟台候想一向清佳。复于七月底赴津，杨莲帅相待不薄，与以顾问官名目，然亦不过如雀鼠之偷太仓而已，于政界无毫末裨补，殊愧故人。至十月中旬，旋复南下。前者未与眷偕，故今犹住旧处也。年底新旧之交，或当回闽一行。春融后仍须北去耳。此者天崩地坼，主幼国疑，江西想一是安稳。前承惠湘管，可谓精妙之至，得此则他制之笔皆前鱼矣。且其笔甚耐写，想可支两三年也。暇来治何新学？泰喜当更秀苗，已上学未？手此。敬问

上侍万福，不宣。

兄复顿首　十八

（1908 年 12 月 11 日）

十二

韵脚"文德"，当作"明德"。此系臧孙语，见《春秋传》，不可臆改。故改作一首，用八庚韵寄去。即此见不佞记性大差。此冬烘头脑，不知尚有几年可用也。敬布

季贞贤弟先辈。

复谨状

（1909 年 2 月 16 日）

十三

季贞贤弟无恙：

得本月十八日缄，大慰积想。南北久暌，每逢赣人，辄探吾弟近状。但云善病，不悉何以自遣。兹得书，乃知贤弟所苦，不独形骸；而家庭之中，多难如此，真可痛也。所指辛亥时事，《新报》登载之《时事微言》，仆实毫无所知，不悉中作何语，乃为贤弟之累如此。又云其文为不佞笔墨，此言系指何篇？当其登载之顷，系何人所送？来书语意隐约，殊令人摸不着头脑耳。如再惠书，望详细明示，抑将所登文稿，邮以相示。至盼至盼。精神稍充，如能北行，乃大佳事。盖不独改易天气，于尊候为良；而到京见闻，耳目顿尔殊观，于精神亦极有裨补，较之端坐悒悒，所见所闻，不外家庭细故，亦大不同也。久不得纯如书，不审近状何若。晤时祈寄声问讯，不另作缄矣。近有参政之选，鄙人垂老，于世事如苍狗白衣，都无固必，更不能发挥政见，有裨于时。总而言之，随波逐流而已。而弟期以起衰振废，无乃非相知之言耶？匆匆奉答来意，不能细也。惟为亲珍卫，千万。

复拜手　五月廿四

（1914 年）

与伍光建（5 封）^①

一

北京学部

吾友青鉴：

光绪三十二年八月二十三日，我已抵达北京。每至此地，得如晤面。我百思不解，为何你未被征召应试。我、曹博士、常先生与你皆为莫逆之交，有关考试流程事宜，饶感兴趣，在此且听我条分缕析之。

此次考生总计 41 人，其中 20 人来自欧美，其余 21 人来自日本，而欧美地区考生十有八九来自美国。言及成绩，日本考生自然无法与欧美考生相提并论。除了极少数来自上海的考生，大部分考生由唐绍仪挑选。学部奏定的主试官原本是唐绍仪、联芳、荫昌和塔克什讷，分别负责英语、法语、德语和俄语。然而荫昌不喜欢这个差事，找了个借口便急匆匆赶往江北走马上任，担任提督一职。所以现在主试官仅三位，唐为负责人。六位襄校官中，三位来自燕京或说是北京，分别为屈永秋、吴仰曾和詹天佑（京张铁路工程师）；其余三位来自省外，包括魏瀚、刘子贞和本人。大家各司其职，负责出题与阅卷事宜。他们亦术业专攻，故每人只负责一两个学科。不幸的是，由于本人涉猎广泛，且学部

① 函一来自嘉德 2021 年秋季拍卖会公开的严复英文信件，为严复侄孙严群先生旧藏，此前《严复集》《严复全集》等均未收。此次补入本集中，由福州大学学者高建勋翻译。其余 4 函据《严复集》，系严群先生抄寄。伍光建（1866—1943），字昭扆，广东新会人。严复办理天津水师学堂时的学生，后留学英国。1901 年与严复同任海军顾问官。

难以物色到其他更好的人手，所以本人得负责五至六个学科的出题与阅卷，即哲学、经济、法律（宪法和国际法）、商科和簿记。来自欧美的考生几乎不会写中文，所以被准许用外语答题，但来自日本的考生则可用中文或日语作答。我们所做的第一件事就是检查考生的文凭并给他们打分。凡是无法提供文凭或学历无法查证的考生将被取消考生资格。顺利通过考试的学生按成绩授予进士或举人称号。每门学科共三道考题，考生只需回答两道即可。答题时间从上午 8 点直到天黑，时间十分充裕。考试拟分两次举行，即 8 月 27 日和 29 日。如今，试卷排名已出。陈锦涛博士轻而易举地取得了第一名，第二名是圣约翰学院的颜惠庆。前者考经济，后者考哲学。如你所知，其二人均为本人门生。第二场考试题目为"中国是否适宜推行义务教育"。因有的考生不通晓外语，故学部亦提供相应的中文题目，其可用中文作答，答卷由本人批阅。总体而言，考试过程井然有序，相对顺利。其中唯一美中不足的是题目过于简单，如此一来便使得考试结果说服力不足。然而，在李嘉谷先生看来，相较于去年的考试，本次考试难度适当，也规范了许多。当然，整件事的绝对领导是唐（绍仪），他要关照许多年轻人的利益。但可以肯定的是，本人和魏瀚被征召，并非由于唐的引荐。这一点或许有助于解答如下疑问："为何你和辜鸿铭先生虽参加了面谈，却未被征召？"因为我们和他不属于同一党派。副主席看在本人的面子上对我们三人，准确地说是两人，表达了足够的善意与敬意。荣庆同样也非常平易近人，不仅让我在北京待长一些时间，还邀请我住到他家。我对其提议马上作出回应，让他高兴不已。

关于考试言之至此，现在我们谈谈前述有关宪法程序事宜。为更好地理解，你应知道，当下的论述没有"宪法"这种东西。目前存在两个党派，领导者分别是袁世凯和铁良。很显然，他们想要彻底改革帝国的行政系统，所做的第一步就是建立资政院。现铁良手握军权、财政权和官员任命权，袁对其权力虎视眈眈，一直伺机夺权，而铁良一方则欲加强中央集权。联芳和张百熙支持袁世凯一方，而荣庆和瞿鸿机支持铁良一方。铁良深知新制度于他不利，因此极力反对；袁则认为该制度对他而言太过猛烈。其实说到底都是各自为利。载泽和贝子溥伦或许有意改革，但他们在这场改革中只是挂名而已。而今，中央和地方的权力矛盾将日益激化。不过，随着铁路和电报的出现，局面自然对铁良的中央集权有利。而且，就个人能力而言，普遍的看法是这两人旗鼓相当。如果袁现在不能控制住他，铁良最终将成为这场改革的主导者。昨晚本人见到张百熙，他要求本人做说客，去说服荣庆支持袁的方案，但这样的谈话对本人而言实在是力不从心。我知道袁很快就要离京去检阅新军操练，所以今天一大早便到其府邸拜见。这家伙明明在家，却足足让我等了三小时。我想这主要是因为我没帮他当说客。

朝廷已下谕设立资政院，内设上院和下院。上院由溥伦担任总裁，下院则由我们的朋友孙家鼐主持，他同时还担任顺天府尹一职。我儿被铁良推举为下院议员，北京的年轻一代对他真是羡慕又嫉妒。

我希望尽快离开学部，然后可能在北京逗留十来天拜访亲友，再动身前往天津。

致以亲切的问候。代我向曹博士及常博士问好。（谈及常博士近况，我告知大家他将启程去日本。因其姐夫/妹夫刚去世，他必须先留在此地处理一些事情。）

师严复

1906 年 10 月 18 日　1/9/32

二

日昨得赐缄，循诵忧然。难进易退，贤者素操固然。特通州开平讼

172

事未了，渠自荣文忠去后，憾之者多。一昨颇闻商部初立，有归并矿路之事。傥吾弟毅然拂衣，更失右手矣。

所云译事烦猥，固可觅一能者使分笔墨之劳。再者，尊眷不北，终非久安之计。拟此次晤通州时，为弟谋一寓所，以安梅鹤。若两者均所不能，言去未晚耳。饮食起居寄侯门中，固无便理，家眷得所，则从心所欲矣。临城股折分利一事，昨已缄询匪石，至今尚未回答也。复数日内即当晋都，良晤不远，更细谈也。蔡述堂寓与煤局比邻，数日前续娶；昨夜其长子化去，门庭车马一时阒然。手此率答，晤近不它。

（1906 年）

三

多时不见，盛暑，想尊候万福。兹有渎者，顷复旦监督夏剑成观察来言：该校算学教习周益卿因病辞馆，一时难得好手弥缝其阙。嘱复寻人，复实无以应之，盖益卿造诣甚深，欲得同等地位人固甚难也。因问尊处夹袋中有如此人否？恳复奉询左右，祈即回信。夏观察于该校维持之意甚殷，惜有贝无贝二者皆甚困难缺乏，据拮可怜。稍能助之，亦一盛德事耳。

（1907 年夏）

四

开岁尚未相见，钦想深极。闻寓中小儿女有痧癣之疾，想均勿药。十六夕六点半钟，敝寓有近局，坐皆我辈人，能一临乎？欣迟欣迟。菊生尚辟谷，未敢邀之，惆怅惆怅。

五

初十日以鄙人初度，蒙赐多珍，并荷惠枉前绥贲舍称祝，感何可言！寅维体力益佳，公私顺迪，极用为祝。

自大驾莅都以还，复以烦冗，未获与文从细谈。前者议以名词馆一席相辱，台端谦抑，未即惠然。弟愚见以谓名词一宗，虽费心力，然究与译著差殊；况阁下所认诸科，大抵皆所前译，及今编订，事与综录相同，何至惮烦若此？方今欧说东渐，上自政法，下逮虫鱼，言教育者，皆以必用国文为不刊之宗旨。而用国文矣，则统一名词最亟，此必然之数也。向者学部以此事相諈诿，使复计难易而较丰啬，则辇毂之下，何事不可问津？而必以此席自累，质以云乎？夫亦有所牺牲而已。获通门下日久，余人即不我知，岂执事而不信此说耶？至于贤者受事，必计始终，此说固也；然而量而后入者，亦云力所能为已耳。若夫事变，本所不图。常云执事入世，正如孟郊为诗，其精卓入理处，固当使韩豪却步，要其在在如鼠入牛角，愈走愈狭，天高而不敢不局，地厚而不敢不蹐；如今人所谓消极主义者，未始非其人之病也。为此，敬再劝驾。若夫茂宏以元规之尘为污人，右军为怀祖而誓墓，则指趣不同，虽云师生，所不敢强。惟深察。

并呈小诗一首，请正。

初七见邸抄作

自笑衰容异壮夫，岁寒日暮且踟蹰。
平生献玉常遭刖，此日闻韶本不图。
岂有文章资黼黻，耻从前后说王卢。
一流将尽犹容汝，青眼高歌见两徒。

（1910 年 1 月 24 日）

与理查逊女士（2 封）[①]

一

理查逊女史校长阁下：

吾定于下周离沪。闻吾女甥纫兰之公婆行将至此，特请准其下周六离塾，吾亟待以钱财诸端与之相商。如蒙俯允，当于明午一时遣马车前往专候。

为吾女甥故，常造访贵府，多所搅扰，而致有异议，为此吾深以为憾，将不再适贵府矣。汝宜知之，纫兰为吾唯一之女甥，其生母为吾之幼妹，故必须如此行之。此女被〔为〕其抚育者所不顾，故吾当抚慰之。以吾恻隐之心而改变其心境，汝岂以此为异哉？吾在沪上虽置有屋产，然居于此者为期不长，故频频往视吾女甥，其因即在此耳。

吾国未尝对女子以有思虑之伦相待，禁锢终身已习以为常，对强加于女子之贞操，吾人甚耻之。对女子施之以教化，使其德行均有长进，人人皆有自知之明。当及笄之岁，能对己之行为负责，并预知此为己终生之所系。孔子之教泽被寰区千余载矣，吾国之世风有所改善乎？此其所以败也。然则吾人必须另辟蹊径。中国之社会过于苛戾，须有温顺且

① 此为严复致上海中西女塾（Mc Tyeire School）校长理查逊女士（Miss Helen L. Richardson）的英文信。函一据严扬译《严复的一封英文信》，载福建省严复研究会编《'93 严复国际学术研讨会论文集》（海峡文艺出版社，1995 年）。《〈严复集〉补编》亦收。函二来自嘉德 2021 年秋季拍卖会公开的严复英文信件，为严复侄孙严群先生旧藏，此前《严复集》《严复全集》等均未收。此次补入本集中，由福州大学学者高建勋翻译。

具伦教之女子净化之。吾人须改良儒教，但并不愿就教于天方之教徒。吾女甥现从业于景教会之女塾，吾甚喜焉。吾书之冗长，尚望女史原宥，后将不再作书相烦矣。

严复拜启　十一月廿三日

（1906 年 11 月 23 日）

二

中国上海中西女塾

阁下尊览：

昔日信件，昨日已达。欣闻您往返欧洲，庆度欢愉时光。虽书信往来不及从前，但始终感念往日情怀。入夏以来，我一直疾病丛生，时好时坏。然现已情况好转，渐入佳境。您悉知我性情迟缓，为融入同事我费心费力。因近日学校事务繁忙，故无暇寄信予您，也不知您一直都在此地。我常常想到您，脑海中常浮现出您的音容笑貌。

您告诉我您的婚礼将在月中举行，但现在已经 13 号了。我估摸此信至少三周时间才能送达，那时正巧赶上您的蜜月期。您收到此信时的笑脸已经在我脑海浮现。好吧，你们这对新人打算在哪里度蜜月呢？我猜一定是欧洲大陆吧——意大利、法国或者瑞士湖区？再或者，像您以前告诉我的那样，你们正在开罗度蜜月。

如果您嫌此信不够长，请务必原谅。如前所述，考试期临近，鲜有空闲时间写信。我岳父岳母都在上海，身体康健，我明天和他们会合后会代您向他们问好。愿您婚姻美满、幸福安康。

您诚挚的朋友

严又陵

1907 年 1 月 14 日

与端方（2封）^①

一

陶帅钧鉴：

敬禀者，复数次晋谒，仰蒙礼遇，迥异恒常。十四日候舟江干，又承恩遣材官，优加煦拂。方今公卿号为下士，率皆文胜实寡，求如执事，周渥真挚，盖天下一人而已，则无怪士集其门，如众星朝斗，群流归墟也。甚盛甚盛！

复旦公学，蒙月饷二千饼金，加以诸生百五六十人之学费，期六十元，又旧有募款，若综核撙节经用，即有不敷，当亦为恨〔有限〕。乃本年岁暮，尽〔竟〕亏短至于五六千金之多，此其故有二：一则学生短缴学费，两学期计三千五六百元；一则庶务叶景莱借用三千元存款，至今屡催不能照缴。复为监督，原有理财用人之责，虽经费出入，向系叶、张二庶务手理，而稽察无方，致令纠纷如此，诚无所逃罪者也。但在校各教员薪水，尚有两月未领，岁事峥嵘，群怀触望，乃不获已。由复电请恩饬主者，许其探支明年发款，借苏辙鱼。顷承电准预拨正月经费二千元，感荷莫名！当即交付庶务张桂辛，属其分别缓急应用，俟赢绌如何，再令将本年校帐据实造报，以重公款。但重有恳者，前在左

---

① 据《严复集》，系严群先生抄本。函一原题"禀两江总督端"，函二原题"上两江总督端缄"。端方（1861－1911），字午桥，号陶斋，满洲正白旗人。历督湖广、两江、闽浙，宣统元年（1909）调直隶总督，后被弹劾罢官。宣统三年（1911）起为川汉、粤汉铁路督办，入川镇压保路运动，为起义新军所杀。写信时任两江总督。

右，已将复旦监督力辞，未蒙俯准。是明年此校乃属复经理，惟校事经费最重，倾立视之，似应由复收回存号，按月发交会计员搏嵩应用，即令于月杪造销，交监督汇报，庶不致再循前此覆辙。至一切章程，亦须重新斟酌，遵照部章厘订，庶成可久之规。至叶景莱、张桂辛二人，一则延欠校款，一则造报稽延，实属都不胜任，应准由复开除，以维校政。是否有当，伏乞垂示遵循，自出不恭，不胜惶悚待〈命〉之至，敬请慈鉴。

监督复谨禀

（1906 年冬）

二

陶帅钧座：

窃复前经续上一函，言复旦公学事，想邀冰鉴。

刻该公学自开课以来，诸〈事〉尚称就绪。内地各处学生，来者日多，达二百余未已，皆以校舍已满，无从收录。刻以二百人为额，分为七班，循序渐进。深知校费为难，故亦未敢禀请宪派斋庶诸长，于干事仅设三员：一监学，一会计，一文案。藉资助理。而监学系严教员兼充，会计系教员张汝辑兼充，文案则去年之监学周明经良熙改充。月各给薪五十元，为搏节之地。

复仍隔日到校一次，监视巡阅。但今有下情须向钧座沥禀者，复以望六之年，精神茶短，加以气体素羸，风雨往来，肺喘时作，实万万不胜监督之任，应请我宪早日派人接理，常川驻校，庶校政不至放纷，上辜煦植人才至意。前者夏道敬观到校察看，复已属其将此情形上达钧听。兹郑廉访赴宁，更求其剀切代陈。务望仰体下情，弛其负担，俾得免于罪戾，不胜激切屏营之至。肃此。敬叩崇安。伏乞霁鉴。

职道严复谨上

敬再禀者：

复旦监督一席，若一时难得其人，许复举贤自代，则窃意夏道敬观与此校交涉凡三四次，于其中办理情形极称熟悉，其人亦精明廉干，似可派充。若我宪必求精通西学之人，则复忆去年学部秋试，所得最优等游学美国专门教育之两进士，一熊崇志，一邝富灼，皆广州人，于教育一道实有心得。现经邮部指调差遣，用违其长，未免可惜，若调其一，使之接理，必能胜任愉快。复一为自卸责任，二为学堂发达起见，故敢沥诚布悃，伏乞照察，不宣。

复谨再上状
（1907 年上半年）

179

与沈曾植①

子培学使执事：

承再损书，若怨仆不相师而委隆谊于草莽者。虽然，公亦未察鄙陋所居事势，有万不得已。何则？斋务长之率职，夫有所受之者，监督是也。故斋务长当位行权，行监督之权。学生恶之，姑无论其当否，岂不宜先告监督？乃今聚众自逐之，是谓监督权废，以复监督已废之权办滋事者，不可为也。且其事不止此。闻逐周之顷，先有讨监督之檄文，后则上海《南方》《神州》各报日日有毁誉监督之论说，皆由皖寄去。复在沪之日，又有阻行之电；直至今日，尚有匿名投所谓公愤书者。公意以此为莫须有之流言。流言固矣，而流言之原因，非莫须有者也。盖其心所欲急击而去之者，监督耳；斋务长已堕之甑，非儿曹之所顾也。夫学生狞犷如是，则其所阴恃可知。乃来教尚欲复超两造之外为裁判主，公之言欲谁欺乎？昨日姚教务长出留闽籍教员，则投匿名揭帖詈之矣；本日有学生陆均者略出公道之言，为此校惜监督之去，则有恫愒使噤者矣。试问校中如此，仆尚可一日安其位乎？犬马之年，五十有五，客气都尽，诚不欲为悻悻之小丈夫，然日望公略料理之后，可以稍安，而无如其不可得也。

公又教以收复师生感情为主义，又云已退五名之外，不可追究，意即以此为收复感情之术。然复闻宥人而其人感者，必其权力之下者也。若吾力所不能制，是乞和解滋益骄耳，尚何感情之与有？肇事之众，不

---

① 据《严复集》，录自《严几道先生遗著》，原题为"上提学使书"。沈曾植（1850－1922），字子培，号巽斋，别号乙庵，晚号寐叟，浙江嘉兴人。光绪六年（1880）进士。时严复任安庆高等学堂监督，沈曾植任安徽省提学使。

过二十余人，外是皆被胁持者。昨有单呈中丞，度已授公矣，何待函告？公自任为复外护，而于事则使其必不可留如此，复愚，诚不识所以护之者居何等也？闻外界方纷纷，相与逐吾失鹿；大抵知吾决去，则极口挽留；稍示回翔，则攻者更炽，此真其长技也。

明日有便轮东去，吾为万里之鸥矣！公怪吾校不受学官干涉，此非挈论，然窃恐此后将厌事之犀首也；盖监督权废，而学官不之复，则学官之权亦废，牂羊易泰山者，其势渐耳。

（1907 年 6 月）

与安庆高等学堂①

国家废科举、立学堂，其本旨在宏教育，示天下士子，舍实学无以为进身阶，欲以救往者制科之弊，此其意至深美。顾从此学堂为利禄之门，教育乃愈不可治。盖未废科举，士之来学堂也，以求学；既废科举，士之来学堂也，以出身。齿长志荒，怙其书院试场之旧习，结党摇毒，不可爬除。虽有监督师长，稍不逞志，群噪逐之，号为风潮。故天下学校什九皆仰生徒鼻息，而劣不及格者势力尤张，往往以少害众。观于今日学风，真可为痛哭流涕长太息者也。

安庆高等学堂开校历有年所，成效杳然，风潮屡臻。光绪三十一年秋，代理监督姚永概于学生巡警冲突之后，商诸官绅喟然，谋所以改良此校者。闻复寓居海上，九月驰书见招，使督校事，未及答，而姚已挟诚中丞手书来寓促行。复自顾才力就衰，力辞嘉命；姚述官绅意甚恳，语有足动心者，乃许以勉效绵薄。亲知友朋，多以复此行为无当，而皖中亦已有反对人，数数寄匿名书相恫喝。（后知此事乃芜湖人所为。）于是复辞，而姚又至，且辞且请，至四五往复，直至三十二年三月中旬，而复乃果去。

至之日，官绅倾向，恩中丞礼意尤殷，诸生欢迎，若拜大将，而旧教员如姚永朴、胡元吉诸君，皆相推挹。仆以谓此都之人，相爱殊挚，劳来匡翼，可幸无罪，则抗颜任事，相以必观厥成为期。致书都下友人林君纾，有誓必令此校有成之语。宗旨所定，以一切西学必用文教授，毕业限五学年。（上海西人所设学校以十三年毕业或以八年毕业，外国亦然。五

---

① 据 1907 年第 8 期《直隶教育杂志》，原题为"严几道辞退安庆高等学堂监督意见书"。

年之期，已为速化。）先课普通三年后，分法政、实业两大科。毕业后送京师大学堂，高者资遣游学欧美，期深造。教员先用本国人，四学期后，陆续延聘西师；至十学期，而高等诸科师席略备矣。其始终以国文教授者，伦理、道德、经学、国史掌故、皇图舆地、词章。然尽前四学期，过是仅留月课，不设讲席，盖为诸生学业权缓急，不如是且无及，非不知中学之不可偏废也。

此校向未办毕业，学生年长者多，有三四十者。故视事之始，令分堂生为两斋，听其自择。年长家贫，才力不任攻西学者，为师范生，将以一年卒业；比中学堂，才力境遇能相从于久大之途者，为预备生，五年卒业。如前画，令既下，诸生迁徙纷然，忽此忽彼，既归师范，复回预备，事经月余始定。此去岁前半学期之实在情形也。

伏暑向阑，师生总至，则为之更定课业。整顿管理，斋庶两长，皆以教员兼之，此盖惩他校管理常用，未经学堂教育之人，遂与师生有枘凿不相能之患也。一切新学所以必皆治以西文者，缘吾国课本未完善。既修高等之业矣，必如此而后有与时偕进之功，不至辛苦姱修，转眼已成陈迹。又缘教员难得，为此乃可用西人为师。然则始二学期，英文固最亟矣。以数术为群科关键，由九章代数，以至平浑几何、平弧三角、动静二力学，皆最要之普通。此英文而外，所以专课数学也，则为聘英文普通教员七八人矣。而中学亦有所厘定，群经大义、历史舆地，总以学有所用为期。国文每星期必有课，一教员不足，则添设两助教。事阅改，又以饭食为卫生根本；欲精洁无草具，则特设监膳官一员，令诸生于每斋各公举董事一人，察膳政。此不佞去岁第二学期之部署也。

虽然，聚二三百人之众于一堂，禾莠并植，玉石不齐，而班中有劣生，则教者虽勤，学者不进，推其流弊，将使毕业无期时。故去岁年终，既办师范班之卒业矣，又于预备诸班加甄别焉。学部定甄别例，以六成为及格；今降以宽之，立四成，既考，不及格者尚有三十八人之多。凤文祺以汉文最优留堂，余皆咨送新立师范学堂肄业，所真沙汰者，独寄藉生耳。不佞治学岂不愿沙汰者之无一人，顾部章严，而非从其后而鞭之，则成效不可券。而谁谓由此遂生风潮之孽乎？此最大之一原因也。

本年春，开学甫始，添造学舍，招充学额至三百名。全堂分十班，而旧之首二班，并合为甲，益趣孟晋，高者俯就，卑者仰跂。满冀为此三十名，先办毕业课程，第令英语粗通，下学期既可聘西师治文学，明年增理化，此数科通习，乃可治法政实业诸专门如豫定之画。《记》不云乎，"不躐等"，又曰"不陵节"，凡此诸学，固所必治。然必及其时而授之，学者乃收实益。不察程度，纷然杂立诸科，一日之内，上下七八堂，堂一小时，教师但拥皋比，摊书演讲，钟鸣而散，更入他科，明日又尔，不问学生果否能习所传。而学生亦不容其师之或叩，遇考相率假归；不然则先期索题，雇枪替；又不然临考怀挟讲义，能剿袭者，即为完卷，得满分，目戴头上，自矜高才。以此为教，以此为学，如今海内诸校所为，真无几微益，有大害，不佞宁死不能为也。

安庆高等学堂中诸生，不可谓无好学者，然劣惰者亦多有。平日堂课既不如人，临考鳃鳃忧剔退，既无虑此，而欲速见小利。亲见东游日本，速成归国，持三四卒业凭，昂然见官长，唾手月二三百金。军界、学界随地得美事，则人人歆动，以为是固可以徒学凭得也，则早日毕业之说，雷同而起。然此既非高等生所宜为，且非前约，故不佞毅然持不可。于是群怀愤心，迁怒斋务长不己助；又疑去岁年终开除者众，亦斋务长之所为，惩前事，毖后艰，则结合团体二三十人，谋所以致螫之者。

斋务长周献琛者，闽人，少为船政，生光绪十余年间，被选赴英国，习海军专门业。阅五年归，为舰官，身与甲午大东沟役，几濒于死。威海全军覆，劳不见录，后海军稍稍复，历数船为大佐，郁郁不得志，弃舟登陆，随勘路矿。不佞来皖，招之为教员，薪月百五十金。以其在军治众严，而本校旧日规则，殊苦散泛，则使兼长斋务，月益念两薪，客岁在校治事六七月，校务斩斩，一变积习，皖人士翕然交称之。而讵谓一隔岁间，向之誉为整齐者，乃今訾为罪乎？则甚矣，人情之善变也。

然周为人稍戆，接物不善为委曲，责法行权，又沾沾多自喜，以此致龃龉。至其视校事如私，任劳任怨，虽其仇犹信之。甲班生求毕业不得，余班劣生恐沙汰，气已弗靖矣。而校外之人，久受浸润，涎校中人受糈厚，促訾啜汁，实繁有徒，则群然以破坏为目的，相与交扇之，于是闯然有四月十三日嗾逐斋务长之事，其去夏考仅一月耳。

初不逞，诸生数数聚议，然无敢发端者。及是甲班生陈寄，密为揭帖三道，第一仿徐敬业檄，讨伪监督严氏者，第二詈周斋长，备极丑诋，第三波及教员诸闽人。午膳前一时，取张斋壁，以其党两人守之。膳钟鸣，首事念余人先入，分据诸席，诸生鼎来，尚未就案铺馂，中一人拊掌为号，举第四席翻之，余席乃悉翻。监学官、庶务长闻事走视，见学生芜湖谢师衡，领众排门出，趋斋务长所，戟手诟詈，立逐周。周揖诸生，言治事无状，谨去不敢留，则丙班夏先基指时计限至三点，令急卷卧具，自负箨篚去，稍迟者致焚毁。又厉声言尽逐闽人，于是教员王兼知、监学严家骃等五六人，凡不佞所辛苦仅致者，怫然尽起，俶装欲行，而汉学教务长姚永朴出留之，并电监督取进止，复电照常上课。而十六日，首事者又纠胁全堂而去。此全校罢学之实在情形也。方事之起也，造谋者不过二十许人，所必以膳堂为发端者，非以膳也，盖不如是不能致全体。方几凳纵横、杯盘狼藉时，余众不得食，愕然不知所谓，见有领众前出者，则贸然相从，以观其变，由此得达聚众之目的，可以全体公愤，布告天下。溯自国家罢科举饬立学校以来，皖之芜湖、怀宁学子风潮甲天下，青衿城阙，其心机所用，使趣学问，则钝如椎。至于造谋动众，先发制人，则机关捭阖，鬼谷不翅。事后闻十三日，决

185

策发端一二人，既在膳堂发踪指示之后，转入斋舍闭门，若与己无与焉者。呜呼！竺氏有言："由识转智。"知诸生于此事阅历深矣。

不佞于三月病肺炎，归卧海上；至四月中旬，乃稍平复。得十三皖电，不知所措，十九力疾行至皖，而全校学生被胁持而去者，已五六日。虽提学开除五人，饬余人三日回学，而首事者在外把持，不令即至，继而陆续回堂，顾清浊不分，时起与复为难。又于海上各报，极力造讪，若惟恐不佞不去者。先是，复谒中丞提学，已深谢不敏，乞解监督，终不获命。至请究办首事迫胁罢学余人，则五名而外，又不得更问。于是以念七日去皖，其他管理教员，以同时被辱，不得已而去者，凡十人，校事交新派提调知府王咏霓，与汉学教务长姚永朴云。

总之，此次风潮，原因复杂，而自其近且显者言之，则学生之求速成而忧沙汰，又深怨管理之严，故起而为此。而官绅两界中，有不满意于监督者，故乐观成败；而斋务长周某径情直前，多所触忤，故遂为群矢之的，而大局以隳。然使事作之顷，得一明白果决者，出当其冲，晓诸生以部章之不可以蔑视，斋长容有不善，然可控诉，而不可以噪逐，则所保全者，必大且多。不佞去留，何关人事？将皖之学界得此，犹有秩序之存，继今可望其徐理。惜乎其不出乎此，而徒于鄙人致反对也。始则薇罪于斋务长周献琛矣，终乃归狱于庶务长常福元。夫二子固不得为无过，惟谓风潮之兴，纯由二人，则大非事实。试问二人于斋务、庶务之中，有能丝豪求其罪状者乎？复负厚责，固不暇为二子辨诬，但愧治校无状，致累同学于远道弃馆相从，半涂坐废；且上孤恩中丞礼待之雅，下贻姚叔子不哲之羞，纳手扪心，良滋内疚。报章谬悠，前知如此，但恐局外诸公不察复之所以为皖校者，故不惮冗烦，谨叙颠末，而著其原因如此。至于不佞所深悲无穷者，在今日通国之学务，安徽一隅，犹其小小者耳。唉！

（1907 年 6 月 25 日）

与《震旦学报》杂志社①

列公足下：

启者，前为执事书一条幅，因不知其款即表德，致称谓不合台旨，非有意也。会叔南来，既入选矣，而北洋目为翘课，致不果行，若觉可惜。虽然，北洋既留之，它日必有资遣出洋之举。所争特先后耳，不足恨也。

足下约合同志，创设学报，以嘉士林，不独用意至厚，则亦勉为其难，甚盛甚盛。欲仆题序，夫岂有爱！但天气尚热，而二年以来，屏置书卷，荒陋至不可言，颇以应命为苦无已。俟秋深时，不识来得及否？不然，即请盐山贾先生为之，足为此报增重也。报一册谨收到。知贤者群辈刻意经营也。朝野纷纷，恐旬月将有变故。足下处王城人海之中，欲开张视听，而缄口结舌为佳。夫报答三恩，扶持一世，来日之方长，不必于此时亟亟露头角也。持重之说，不识贤者以为然乎？手此。敬颂近佳。

严复顿首　七月十九日

（1907 年 8 月 27 日）

---

① 据《〈严复集〉补编》，录自《震旦学报》1907 年创刊号。

与贾恩绂①

侯烈公邮书来皖，并寄示大著《定武学记》一册。雒诵首尾，寅服无量。曩在京师，高轩过门，未遂倒屣，至今思之，辄深失人之悔。事会一往，不可攀援，未知何时乃得合并耳。所录于学、行分两大支，而要指以戒惧、慎独为孔门小乘，标悲天悯人、泽民益世为宗，此其志量，不但同符孔孟，实举一是宗教而兼包之。净名居士毗耶示疾，王伯安居夷后讲学，皆违此义，盖不图见地超绝之至于斯也，叹服叹服！往者亦常云，中西学者作用不同，起于"恕"字界说之异。中土"恕"字界说，曰己所不欲，勿施于人，此负义也；西人"恕"字界说，曰以己所欲，施之于人，此正义也。二者似同实异。盖用前说则归洁其身，有所不为，其义已尽；用后说则匍匐救丧，强聒不舍，皆一己分内之事，而一日安闲，死有余责矣。故中国之君子，期于无损人而已足；而西国之君子，凡世间有一饥一溺，皆己之性分未有尽也。是故学说不同，而社会结束遂以大异如此，此亦可谓与尊说暗合者矣。逮后读《论语》至"博施济众"章，又若有悟，觉圣门言"恕"与"仁"字似尚隔一尘，盖仁者欲立立人、欲达达人，此二语真活泼泼地。立者助人自立，达者助人开通，若本斯而谈，似可补前义之未足，执事以为何如？大著又谓《论语》为专重修己之书，为后世学派误点所由出，复则以为《论语》

---

① 据《震旦学报》（1907 年创刊号）。贾恩绂《定武学记》（国家图书馆古籍馆藏，1928 年铅印本）亦载此函，据王学斌先生《严复致贾恩绂函一通》（《文献》，2011 年第 2 期），文中登载全文有异文几处如下：开首有"佩卿先生执事"字样，中"往者亦常云"作"往者亦尝云"，"皆己之性分未有尽也"作"皆己之性分有未尽也"，后"匆匆未获尽意"作"忽忽未获尽意"，有落款"弟严复顿首"。贾恩绂（1865－1948），字佩卿，中国近现代著名教育家、方志学家。

自今日观之，诚有一二不合用者。然言各有当，安知其说行于孔子之世非无以易者乎？但仲尼疾固而绝意必固我，《周易》又重随时之义，则其说之不可固执而有穷变通久之宜，似当时亦已言下指点。吾辈生当今日，尚论二千余年，遂若有可改良之处，此不独吾教为然，盖天下宗教之经历莫不如此矣。总之，文字者，皆糟粕也，先生信孔子而不必信《论语》之说，最为的当。吾无间，然此间学堂日来适大考，匆匆未获尽意，伏维亮察。

（1907 年）

代甥女何纫兰复吕碧城[①]

碧城仁姊有道：

昔岁舅氏至自北方，备述学识之优、品谊之卓，妹神驰左右，匪伊朝夕。嗣以舅氏寓书之便，不自疑外，窃乞吾姊玉容，借神瞻慕之私。去后中心惶惑，深惧得恩渎之罪于高贤。不图慨然遂以相贶，欢喜崇拜，有逾恒常。盖百朋之锡，方斯蔑矣。以礼"自敌以下无不报"，乃敢自忘其丑，还粗贱容。而姊氏不惜齿牙，猥与刻画，令人读竟惭生，此真爱惜过差，非其实也。以妹生不逢辰，早失萱荫，长益辖轲，仳苦停辛，远蒙纩言，深邀悯慰，身非木石，安能不铭泐五中乎？吾国屡遭外侮，自天演物竞、优胜劣败之说，自西徂东，前识之人，咸怀覆亡之惧，于是教育之议，兴于朝野。顾数年以来，男子之学尚未完备，而所谓女学，滋勿暇矣。第自妹观之，窃谓中国不开民智、进人格，则亦已耳。必欲为根本之图，舍女学无下手处。盖性无善恶，长而趋于邪者，外诱胜，而养之者无其术也。顾受教莫先于庭闱，而勖善莫深于慈母，孩提自襁褓以至六七岁，大抵皆母教所行之；故曰必为真教育，舍女学无下手处。妹每怀此情，而恨同声者寡。近于舅氏处得睹大著《女子教育会章程》，不觉以手加额，曰："意在斯乎，意在斯乎！"所恨羸弱善病，自客秋到沪，医药殆无断时；近且移住医院中，精茶神疲，致久承尺书，未暇为报。今日差愈，强起执管，以应嘤鸣之求，不识有当高贤否耳？分处南北，合并无时，临颖不尽依驰之至。夏暑方新，千万自爱。张子高有言："心之精微，书不能尽也。"

（1907 年）

---

① 据《严复集》，系严群先生抄寄。

190

与吴保初[①]

王荆公七绝，寄托深美，多自得之语。所微嫌者，稍涉理障，似禅家偈语，非乐府弦歌正脉法乳耳。然有极中理者，客窗无事，往往和之。有时自托千载下诤友之列，起公九原定相视而哭也。如其《辱井》云："结绮临春草一丘，尚残宫井戒千秋。奢淫自是前王耻，不到龙沉亦可羞。"余和之云："色荒何事堪亡国，殆为君心不两谋。但怪欧罗今日事，利于刀剑巧倡优。"《贾生》云："一时谋议略施行，谁道君王薄贾生？爵位自高言尽废，古来何啻万公卿！"余和之云："古人名位心原淡，绛灌何能尼贾生？赋服深心人不解，只言未与作公卿。"《谢安》云："谢公才业自超群，误长清谈助世纷。秦晋区区等亡国，可能王衍胜商君。"和之云："清谈岂必能亡晋，法令如何可过秦？天子昏骄臣隶谄，尽无公道是真因。"

戊申十月初三，书与彦复有道商政。

弟复

（1908 年 10 月 27 日）

---

① 据程道德、佟鸿举《严复致吴彦复书札》，载 2011 年 10 月《收藏》。吴保初（1869－1913），字彦复，号君遂，晚号瘿公，安徽庐江沙湖山人，清朝淮军将领、浙江提督、广东水师提督吴长庆之子。

与朱祖谋（3 封）^①

一

昨承枉教，为赐甚厚。去后极思更有所作，以邀教益。刻乃勉成《解连环》一阕，谨录呈左右，伏望佛不吝法，更与指点。裕之有云："文章有圣处，正脉要人传。"果他日此学成就，则先生的髓法嗣也。不胜仁仰之至。此颂

彊邨词伯旅安。

复顿首

（1909 年）

二

沤尹侍郎先生执事：

得正月廿三日损书，及新刻《重斠梦窗四稿》，知先生指导之意无穷也。不胜感，不胜感！来教以浣花、玉谿于诗，犹清真、梦窗于词，斯诚笃论。复于清真词不尽见，就其得见者言，窃谓梦窗词旨，实用玉谿诗法，咽抑凝回，辞不尽意，而使人自遇于深。至钩鈲杂碎，或学者

---

① 据《词学季刊》创刊号（1933 年 4 月）载《与朱彊邨书》。朱祖谋（1857－1931），原名朱孝臧，字藿生，一字古微，一作古薇，号沤尹，又号彊邨，浙江吴兴（今属湖州）人。光绪九年（1883）进士，官至礼部右侍郎。工倚声，为晚清四大词家之一。著有《彊邨词》。

之过，犹西昆末流，诚不可归狱梦窗。至于清真之似子美，则拙钝犹未之窥见也。别纸所示，都中症结，初学人能得法师如此，不禁窃熹〔憙〕自负耳。谨再磨琢奉呈，伏惟垂诲。

复顿首　二月朔日
（1909 年 2 月 20 日）

三

彊邨词老执事：

顷承手教，于鄙作尽无所否，非所望也。复以为词之为道，嵇叔夜"手挥""目送"二语尽之。至于形色，尤不可苟，而声情神思，则作者各有天焉，不得强而致也。先生以为然乎？前作去后，尚有商量数处，不过取其圆溜，惟"东阁""阁"字，必应改作"观"字。谨别纸更录呈政，并颂

兴居。

复再顿首

春水、梦窗二家短长安在？望破例相告。

（1909 年）

与吴葆诚①

　　书屏笔意宁静淡泊，洵足为寒家永世之宝，感泐何可言喻？属书四屏与亮侪中堂，即日报命，非敢相形，盖行草宝〔实〕易挥洒，不若朱阑真书之劳尊神也。复件烦转致亮侪为感。林画须专访求之，迟当报命。所居不远，何日一晤？意迟乃不可言，手此。奉颂
和甫吾兄先生道安。

复顿首　廿七

（1909 年 3 月 18 日）

---

　　① 据《〈严复集〉补编》，录自《清代名人手札》下册（资研社辑，1927 年影印本）。吴葆诚，字和甫，江苏松江（今属上海）人。曾任清末外务部主事、京师译学馆教员。

与严修①

范老宗兄侍郎执事：

复于十九日始病脶风，颇重，于《国民必读》一事极着急。昨日晤朗溪，始悉公有复坟之请。病中默念《大易》"明夷于飞，垂其翼"之言，为抚枕叹息久之。极欲造宅一拜为别，顾贱恙医言最易感寒，今日幸托荫少愈，特起作数行呈公，以寄无穷之感想，公〈当〉深察此诚也。复即病愈，年内当不能南。至《国民必读》后卷，幸已了六七，极愿力疾起草，但为医所切戒，只得属馆中能者分了此稿。复所草者，除《电学》一篇（因物理已成五篇，若此篇不勉完，则不配色），恐万不能别有附益矣。病来无时，非敢诿也。知关廑念，并此布闻。即叩

珂安，不具。

小弟复谨上　廿三早
（1909 年 6 月 10 日）

---

① 据《严复集》，系原天津历史研究所卞慧新先生抄寄，并附说明如下："此札录自原件。1957、1958 年间，书肆以黏本《范孙先生存札》至天津史编纂室。主者不收，因择录其文。"严修（1860－1929），字范孙，号梦扶，别号倜扁生。原籍浙江慈溪，生于天津。早年入翰林，后出任贵州学政、学部左侍郎等职。与张伯苓同为南开系列学校的创始人之一，被称为"南开校父"。时任学部侍郎，严复任学部名词馆总纂。

与胡礼垣①

冀〔翼〕南先生执事：

辛丑、壬寅之间得读《新政真诠》诸著，洒然异之。嗣又于英君敛之许得悉道履崖略，乃叹先生为当世有心人。常恨南朔分张，如七星十字不得一会合也。比者伏承敛公见示大著《娱老集》两册，借乐府之新词，为文明之前马。写境则极形色之工，抒情则穷微至之思，狮子搏兔，固用全力，漆园有言，道在矢溺。集名"娱老"，而其棒喝指引之功，存夫幼稚，悲智兼运，可以见已。

来教谓平等自由之理，胥万国以同归；大同郅治之规，实学途之究竟，斯诚见极之谈，一往破的。顾仆则谓世界以斯为正鹄，而中间所有涂术，种各不同。何则？以其中天演程度各有高低故也。譬诸吾国大道为公之说，非尽无也，而形气之用，各竞生存，由是攘夺攻取之私不得不有。于此之时，一国之立法、行政诸权，又无以善持其后，则向之所谓平等自由者，适成其蔑礼无忌惮之风，而汰淘之祸乃益烈。此蜕故变新之时，所为大可惧也。愚公移山，先生之志则大矣。王齐反手之说，则窃不敢附和，而欲易以必世后仁也。仆朽腐无用世之具，乃妄有译著，窃附于立言之私，乃高者既不足以谕时，而偏宕者反多以益惑。佛教文字道断，而孔欲无言，真皆晚年见道之语。先生所欢喜赞叹者，无乃以今吾为故吾乎？远辱厚意，愧不敢当。略陈数行，敬答嘤求之雅而

---

① 据《严复集》，录自 1909 年 9 月 30 日《大公报》，原题为"严又陵先生复胡翼南先生书"。胡礼垣（1847－1916），字荣懋，号翼南，晚号逍遥游客，广东三水（今属佛山）人。出生于香港，少习经史，曾回粤应科考，屡试不第，遂弃举业。同治年间进香港皇仁书院求学，致力于研究西方各国的政治和文化。曾与何启合著《新政真诠》。

已。阙久不报，惟亮宥，不宣。

（1909 年）

与慕蘧①

慕蘧贤兄执事：

得三月廿六日赐书，具见尊旨。执事学殖闳富，品趣遒上，果获相助，宁非至愿？惟是馆中经费极狭，自豫算规定之后，尤属无法通融。比者教处尝为一矿物名词分纂某君请每月廿金之公费，而竟不行，余可知矣。计学部本年公费当短卅万有奇，而度支只以九万弥补，在在竭涩，固其所耳。手此奉复，并颂

撰祉。主臣主臣！（来书称谓，必不敢当。）

复顿首　四月四日

（1909—1910 年）

---

① 此函来自江西师大图书馆馆藏，原件夹塞在严复致熊纯如的信件中，《严复全集》失收，现补入此集。慕蘧，身份不详。根据内容，此函当写于 1909—1910 年严复担任学部名词馆总纂期间，确切时间待考。

与学部①

中堂、尚书、侍郎诸位大人阁下：

敬肃者，□□等前承大部宏奖学风，备员咨议，莫为答效。再历岁年，然而非敢徒嘿嘿也。盖亦深知今日学务之难为，或绌于经费，或艰于师资；又况内地风气晦盲，有时夽于求新，改良未能，而故步已失。此所以数年以来，虽内之大部，外之督抚提学，刻意兴学，课其成效，终未大明。固知变法之事，久道化成，不可旦暮责其近效。顾亦有事在目前，而其后果为人人所共见者，则今日中小以下学堂之设不复加多，抑且见少之现象是已。夫今世国土种族竞争，其政法之事固亦自为风气，独至教育国民，则莫不以此为自存之命脉。盖不独兵战、实业，事事资于学科，即国家处更张之日，一法令之行，一条教之出，欲其民之无生阻力，谅当事者皆为彼身家乐利而后然，则预教之事，即亦不可以已。今者吾国议立宪矣，立宪者，议法之权公诸民庶者也。然民庶不能尽议法也，则于是乎有国会之设，而乡邑有推举代表之权，地方有行政自治之设，凡此皆非不学之民所能胜也，而不识字者滋无论矣。

国家远取近观，知五洲列强，其进步之所以速。夫岂不愿国会早开，使吾上下梀通，君民相保，以成自强不息之局？顾乃回翔审顾，不敢沛然涣然者，亦以斯民程度之或未至耳，则不得已而为预备之说。然而海内喁喁，请愿殷切。预备时期必有所底，他日数过时可，起视草野，颛蒙如故。当此之时，不开国会，则失大信于其民；毅然开之，则又无补于其国。此□□等凄凄之愚，所以不胜大愿，愿大部及此可为之

———————————

① 据《严复集》，系严群先生抄寄，原题为"拟推广教育各条呈学部"。原件藏原福州市文物管理委员会，与此函文字上略有出入，缺"另添一条"以后部分。

时而加之意也。《记》曰："行远自迩，登高自卑。"夫国民教育，其事众矣，顾断未有普浅单简之不图，而遽责其高深完全之能事者。且一国之事，必以大数为之期。但使吾国之民，人人皆具普通知识，即不然，亦略解书数，有以为自谋生计，翕受知识之始基，则聚四百兆之人民，其气象自与今者迥异。故教育不必即行强逼也，要必有所以鼓舞、考成之者，使之日增，亦未必即能普及也，要必以国无不能写读之民为之祈向。□□等身处田亩市廛之间，耳目较切，亲见近日时世，自科举既废，民气之闭塞益深，国学之陵迟日亟，以为吾国颠危之象，此最可忧。窃冀大部能及是时哀而救之。谨会合同志，恭议推广教育事宜若干条，大抵皆切实易行，而行之必有其效者，以备采择。惟留神裁察，天下幸甚。

另添一条：

一、推广私塾改良会，以开风气。

乡僻之民，非不知使其子弟入学为利益之事，其所以听子弟长而无学者，谋生之急近而易知，教育之利远而难见故也。盖工农子弟，稍长则为长者执役助工，以省雇佣之费。使之入学，其助力之利既亡，而又有束修书卷之费，使之离乡宿塾，则所费益多。是故欲小民而乐教子弟，强逼之令未行，惟有令乡乡之中必皆有塾，而尤以半日学堂、夜学堂、冬学堂等为易于有济。但乡僻诸塾，合式师范最难，课程虽极简单，恐尚有不如法而不足以收实效者，计惟有县设私塾改良会以为之辅。如此，则虽浅学里儒，亦可以任初等小学之教学，以有人焉为之指授向导故也。该会经费出于募捐，如有身经教育、具师范资格、愿为会董者，许在地方官及提学司衙门注册，年终由县视学考验成绩。如果舆论翕然，所改良、劝导者功效昭著，准予填格记功，积若干年得照兴学例给奖。如此，庶有以利便贫甿，而初级教育亦有进步之可冀。

（1909—1911 年）

与载泽①

公爷阁下:

敬肃者,伏读本月初四日上谕,知奉钦派为纂拟宪法大臣,不觉以手加额,为天下庆。何则?兹事体大,上焉亿万年皇室之所以不倾,下焉四百兆人民之所以永赖,皆于此焉为之基肩。非得公正明达,通古今之变,而折中西之衷如公爷与伦贝子者,固莫能胜其任也。

窃考史籍,历代帝王应昌期,执大象,凡所以经纬万端,而勒为一王之法,自周公邲侯以降,要皆古圣贤人;而赞襄助理之儒,亦皆其才中王佐。盖其事之重且大如此,而其人之不世出如彼。顷自戊巳〔己〕庚辛以还,吾国日以变法为事,更张营缔,诚不一端。故如宪政编查馆等,其中领局大臣,虽有论道之名,而营职鞅掌,老事婞婀,凡于一法令之立,一章程之施,既不能深权熟思,推其因果,以求无恨,而所简选召辟,畀以起草陈议者,又往往蜂锐年少未成熟之才,于吾国古先制置,既傲然以为宜束阁而不足缵述矣;即至外国治体,又皆所尝至浅,所知极微,速成者半年,专门者三载,如是而责以学制之事、经国之谟,几何其不为苟且之治乎?如向者学务、自治、巡警章程,乃至资政院之规则,率皆以至短时间径钞日本所前具者,转变文法,斯为国经,而殊俗异政所不计也。有时并文从字顺且不能,微论其讲如画一矣。

章京生平樗散,顾尝受公爷至深之知,心有所危,不敢墨墨。窃以

---

① 据《严复集》,原件藏中国国家博物馆,原题为"上泽公书"。载泽(1868—1929),初名载蕉,字荫坪,满洲正黄旗人。清末宗室,袭辅国公,晋镇国公,历任度支部尚书、督办盐政大臣、度支大臣。晚清重臣,改革派、立宪派人物。

谓纂拟宪法，乃绝大事，此后开局辟僚，固不能纯取旧学之士，然选其新矣，亦宜相其实有功侯，知法制本原，能为国家计虑深远者。而东学小生，用之尤不可不慎也。欧美游学治法典者亦不尽佳，又多苦不能本国文字，然其中亦有数四佳者，窃欲荐列，以备公爷与伦贝子之采取。谨另纸具行义年。伏唯垂意。肃此。寅请

崇安，不宣。

严复皇恐上状

敬再禀者：

安徽候补知府夏曾佑，天资敏锐，达识通时，博稽载籍，能言数千年治乱盛衰之故，浮沉外官，已将老矣。曩者沪滨晤谈，于钧座极深向仰，若蒙辟召，必有以裨补高明。章京深惜其才，特为一及，亦惟公爷留意而已。

严复再禀

（1910 年 11 月）

与毓朗①

月华贝勒殿下：

违侍忽复三月，顷者暑假南行，逖闻晋值纶扉，海内有识，额手称庆。况复素蒙知爱，固不独为国忻幸，抑亦抃舞矣。私以为垂老之年，或有自试之路，使不虚为圣清之民，未可知也。

七八月晦朔之交，已到学部销假，所未投刺晋谒者，知政务宣劳，未敢造次耳。近更拟移家日下，长托岹嶤。惟是长安珠桂，而年垂耳顺之人，又不能过于溪刻。前在京，南北洋皆有津贴，略足敷衍。比者因计部裁减一切经费，皆已坐撤，仅剩学部月三百金，一家三十余口，遂有纳屦〔履〕决踵之忧。伏念平生懅褊，耻于干禄，顾于殿下向蒙推诚之知，若夫自外，岂足言智？用敢披露情实，上乞煦援。目下京师部院处处皆有人满之忧，无复堪容位置。惟闻外务部游美留学公所，经派丞参行走周自齐主持，但其中尚可置副，而该所经费尚复充裕。无似自审所知，于游学一事，尚有经验，若蒙荐引，不至素餐。但此事大分系外部主持，欲乞齿芬于柜暇，向庆邸、那桐代为缓颊，但使无似蒙大惠得增三四百金之月入，则辇毂之下，从此可以久居。此后引维尽愚，庶几有益于时，而于殿下素日积极政策，所欲挽回阳九百六之运，而措宗社于苞桑磐石之安者，未必无土壤细流之助。殿下其有意乎？肃此陈悃，仰求爱煦。何日休暇，敬当一勤求阶前尺地，瞻礼颜色也。寅叩崇安，不宣。

严复谨状

（1910 年秋后）

---

① 据《严复集》，原件藏中国国家博物馆，原题为"与毓月华贝勒书"。毓朗（1864—1922），字月华，袭贝勒，清朝宗室，军机大臣。

与那桐①

中堂阁下：

敬禀者，夏间晋谒，仰蒙吐握之雅，教诲勤恳，至今感不去正。违侍以来，忽复累月，寅惟两府宣劳，五洲倾仰，每怀盛德，无任忭私。比者伏暑南旋，顷已销假，更拟携家日下，长托岈嵝。惟是长安珠桂，钧座所知。而复年垂耳顺之人，又不能过自溪刻。前日在都，南北洋皆有津贴，尚可支持。迩来裁核经费，均已截〔裁〕撤，仅剩学部薪给，举家三十余口，遂有捉襟见肘之忧。伏念平生固耻干禄，第今年老，而中堂主持钧柄，有作养天下人材之心，用敢披露情怀，仰求煦援。查目下中央各部院，在在有人满之虞，窃愚无从位置。惟闻大部所辖游美学务处，经费尚为充裕，复自顾生平所知，于预备游学，尚有经验，若蒙中堂钧培，于周丞而外，更置协理提调之属，当不至覆𫗦贻讥。但使无似月增三四百金之入，则辇毂之下，可以久居。此后引维尽愚，仰求驱策，以答鸿私，为日尚未艾也。伏惟察夺而已。肃此。敬叩

崇安。诸惟霁鉴，不宣。

学部丞参行走严复谨状

（1910 年）

---

① 据《严复集》，原件藏中国国家博物馆。原件无受函者姓名，但题"与中堂书"。《严复集》据函考证受信人为那桐。那桐（1857－1925），叶赫那拉氏，字琴轩，满洲镶黄旗人。清末先后任户部尚书、外务部大臣、总理衙门大臣、军机大臣、内阁协理大臣等职。

与王君①

王君执事：

比承手翰，闵社会之颛蒙，悼文艺之湮郁，筹措巨赀，集友研究，甚盛甚盛！惟所云欲仆列名，以膺斯社发起，则敬谢不敏，碍难曲从。仆自入都以还，每蒙时流不弃，如教育、法政、讲习等会，或邀请发起，或责以主持，然终以身羁政界，道不两隆，一切谢绝。既拒于彼，则不能复诺于此，理势甚明，足下晓人，必能相谅。

草章及通告书一扣，谨加细阅，虽词语奥衍，范围稍广，而旨趣不差，兹谨奉缴。每睹文明种人，其缔立此等，皆造端甚微，而成就极巨。艰苦卓绝，卒达所期，迹其因由，亦惟实心实力，以相从事，初不假白望虚声，而后有立耳。手此。覆颂

旅祺。诸惟朗照。

复顿首

（1910—1911 年）

---

① 据《严复集》，原件藏中国国家博物馆。受信人王君，生平未详。

与载洵^①

王爷钧座：

敬禀者，兹有英人窦纳逊，系英国马克沁船炮厂代表干事员，呈来英文说帖一件，托为转呈钧座。查该洋员之意，以谓我国重整海军，非于本国沿海地方有相宜厂坞，则于平时临事，皆足贻误戎机。今旅顺既被永租，马江又嫌陈旧，其余粤东、江南所有，皆非完全建设。虽象山为奏设军港，而擘画经营，计日期成，需款綦巨。欲收急效，殆非吾国今日财政之所堪。故说帖以谓莫若由部奏准该公司具本，于吾国通商口岸，择设最新式厂坞，军商并用，修造两宜，则此厂坞势足自立。除担保外，不累度支，逮资本由厂自行还清之日，此项巨工即为吾国国家所有。章京详加研究，窃以为此项建设，若订约得宜，预防流弊，其中所议尚属可采，其与象山建设原可并行不悖。兹谨将说帖照译，汉文双方，祗呈钧鉴，寅候荃裁，不胜俯伏待命之至。即叩

福安。惟照不备。

一等参谋官严复谨上

（1910—1911 年）

---

① 据《严复集》，原件藏中国国家博物馆，原题为"上海军大臣洵贝勒"。载洵（1885—1949），爱新觉罗氏，封贝勒。醇亲王奕谭第六子，光绪帝之弟，宣统帝之叔。

与莫理循①

尊敬的莫理循先生：

我昨天写信，告诉你我的藏书就要到了。衷心感谢你在这样一个动荡时期给予我的关切之情。我的孩子们现在天津，我自己与仆人住在自己的家里。国家的情况日益恶化，我真不知道该怎么办。真是无望。

中国怎么走入了目前的境况？她现在所处的真实状况是什么？你和外交界必定有一个全面的了解，一定已经作了密切观察。但不管怎么说，我从自己的认识角度告诉你我的看法，也并非索然无味。

我国目前出现的叛乱的远因与近因可能如下：（一）摄政王及其手下的大臣极其无能；（二）中国公众被心怀不满的记者带来偏见和误导；（三）会党和留学日本的激进学生的筹划；（四）最近几年长江流域灾害频仍，各口岸商业危机引起的恐慌和信用危机。这些就是[导致]当前灾难的原因。

在年幼的皇帝即位之前，海外有两个反对中国政府的党派。一个名叫国民党，即革命党。但这个名称范围太广，他们只是反清组织，带有共和主义的味道。另一个自称保皇会，就是康有为的政党，声称要保护光绪皇帝。这两个组织的信条完全不同。驱除鞑虏是前者的口号，他们

① 据窦坤等译著《〈泰晤士报〉驻华首席记者莫理循：直击辛亥革命》（福建教育出版社，2011 年）。原信为英文。莫理循，全名乔治·厄内斯特·莫理循（George Ernest Morrison，1862—1920），澳大利亚出生的苏格兰人，1887 年毕业于爱丁堡大学医科，曾任《泰晤士报》驻华首席记者（1897—1912 年），1912 年出任袁世凯的政治顾问，一直当到第四任总统徐世昌时期。1919 年以中国政府代表团顾问的身份出席巴黎和会。他在中国生活了二十余年，是中国近现代史上许多重大事件的亲历者和参与者。

曾在横滨出版、发行《民报》作为机关报，意为人民的言论。保皇党比较温和，实际上也比较理智，他们坚持国家统一，要求实行全面的政治改革，对满人没有深仇大恨，对光绪皇帝大为赞赏，公开愤怒地指责慈禧太后。他们大部分人在 1898 年逃亡，并且有一个极有能力的领导者——梁启超，他有一支生花妙笔，在政治、经济和哲学方面均有建树。以前，他们发行了一张机关报或叫杂志《新民丛报》，近来办一季刊，叫《国风报》。两份刊物都畅销，对中国民众的思想产生了极大的影响。

最近的一个"笨伯"

当现在的皇帝即位，即，当光绪皇帝及其养母慈禧太后双双薨逝之后，康党努力活动，希望获得特赦，那样他们的追随者可以回到祖国。他们认为摄政王是光绪皇帝的兄弟，他肯定会同情他可怜的皇帝哥哥，因此也会对因他而流亡的党派表现出更多的善意。当杨锐之子拿出光绪皇帝的遗诏时，他们的确也有机会大展宏图。遗诏为杨所有，并传给了他的儿子。如果摄政王不是一个毫无感觉的笨伯，不接受庆亲王和张之洞的建议，他可能会赢得大多数百姓的拥戴，现在的叛乱局面就不会发生。然而，康党十分沮丧，所以，1908 年以来，这个政党加入了反清的行列。梁启超通过他的杂志开始对摄政王的政府进行无情的批判。我记得他在《国风报》上写了这么一段，译过来就是："哦，中华的子民啊，你们现在唯一的目的（事实上是生与死的问题），是推翻这个毫无价值的、罪恶的政府。其余的政治行动，是好是坏，是立宪还是专制，都是不适合和荒谬的。"内务部和各省当局都被言论自由的学说［所］吓倒而不敢压制他们。这份杂志连同各省几百份革命党的报纸武装了全国民众的头脑，为今年的灾难作了准备。

今年春天，康党针对广东几十名学生的牺牲，对政府进行了第一次攻击，但没有成功。然后是倒霉的盛宣怀倡导铁路国有政策。这给了康党以政府无信、掠夺人民正当财产来反对政府的借口。如果清廷知道如何处理四川人民的事，事情可能会好些。但清廷除了软弱、无定见导致四川省暴动之外什么也没做。革命党开始致力于组织省咨议局，做得怎样我不知道。但出现了武昌大火，由于军事因素外（我指的是清军），清廷使问题更难解决了。

军队与革命

所有近代化装备的中国军队大多由湖北人指挥，他们先在张之洞（已故）创办的武备学堂学习，后或在湖北日本军事顾问指导下受训，或被派到日本学习军事。与此同时，他们接受了革命思想，爱国心受到极大的扭曲。因此，当两支部队奉派到汉口镇压造反的军队时，他们竟敢第一次抵抗，声称："不，我们不打自己的同胞！"更有甚者说："我们不打自己的同种同族！"这真像是一个巨魔的幽灵，可以说，瞬间把一个存在了270年的王朝推向绝境，把中华帝国撕成了碎片。

十几年前，清朝亲王们先是接受普鲁士亨利亲王的建议，后又接受日本福岛安正将军的建议。我认为他们的建议是，中华帝国的当务之急，首先是建立一支新式的、装备精良的军队；其次，中央政府对军队有绝对的领导权。12年来，他们一直遵循这些建议行事，但除此之外别无作为。谁能说这些建议是错误的呢？但上述两位绅士不知道，他们是给一个5岁的孩子以锋利的武器来玩，或者就像给一个婴儿开了一剂毒药作滋补品！

政府花费全部财政的三分之一来改编军队，摄政王完全依靠这支军队的支持，认为这样一来，就是在磐石上筑起了灿烂辉煌的城堡。他自封为海陆军大元帅，任命他的一个弟弟为陆军大臣，另一个为海军大臣，认为至少可以对付汉人的造反。他从未想到，他全力仰赖的军队有朝一日会激烈地反对他，因为他不知道，他所依赖的军队已被几百名记者的革命宣传所瓦解。

与法国大革命作对比

现在一切都失去控制，甚至华北的军队也显现其破坏性。因此，出现了 10 月 30 日的罪己诏，皇帝宣誓俯允资政院的意愿。资政院马上要召开会议。皇帝发誓不在内阁中安插任何皇族的成员。他同意完全赦免政治对手，甚至是反对清廷的革命党也在赦免之列。将由资政院草拟宪法，并无条件地接受。如果这三项当中有一项在一个月前实行了，将在帝国产生多么大的作用啊！历史往往会重演，这与 18 世纪末路易十六所作的何其相似。做得太晚了，没有任何效果！我觉得所谓宪法十九信条根本就不是宪法，仅仅是把专制权力从皇帝手中转到资政院或现在的参议院。而这绝对不会持久和稳定，因此也不会有进步。

袁世凯先被任命为湖广总督，后因一些请愿书的推荐，被选为总理大臣。但他长时期赋闲，现在政治形势又瞬息万变，他已不能胜任这项工作了。南北方的汉人对他都有不同的意见。他实际上仍为北方人所拥戴。但另一方面，他又被许多有影响的南方人如张謇、汤寿潜等人所厌恶，甚至憎恨。最近在上海周边地区杭州、苏州发动的起义，可能主要是因为他们对袁被选为总理大臣表示不满而发起的。

各省反对

朝廷认为，10 月 30 日及以后的上谕会对革命党起到安抚作用，他们会满意，会比较容易地达成议和。但我们深表怀疑。十九项信条宣布之后的翌日上午，各省就发来了电报表示反对，认为资政院对朝廷的安排是对人民的不忠诚。由于最近发生在汉口的大屠杀（如果确定，对满人来说是最大的不幸），他们不再信任任何满人了。所以上海、江南制造局、杭州、苏州等地迅即接连发生叛乱。被占领的城市依旧充满敌意，没有和解的意思。资政院在开会两周多之后已无能为力。他们必须辞职。如果得不到允许，他们就自行解散。

两天来，我未得到任何确切的消息，但据说上海将成为各省代表联合会开会的地点。没有军队，他们很难行事，因此可能将在武昌或其他城市召开代表会议。两个政党团体准备解决目前的问题。一旦确定下来，他们将要求北京政府执行！现在王朝还可以合法存在吗？是消灭它，以中华民国代之，还是他们互相残杀，最终四分五裂？现在谁也不敢预测。

中国不适宜建立民国政府

但有一件事却是可以肯定的，以鄙人愚见，如果他们冲动行事，中国将进入一个悲惨的时期，将导致世界的不安定。坦率地说，中国目前状况的完全不适宜建立像美利坚合众国那样的新型国家。人民的素质和周遭的环境至少还需要 30 年的改进与同化，才可能达到那样的水平。共和思想受到一些轻率的革命党如孙中山之流的大力提倡，但被所有稍有常识的人所反对。依照文明进化之法则，最好的政府形式是向较高一级发展，因此，中国应保留专制，但应是具备符合宪法的有限政体。要使其结构比以前更好，从而使之更适合中国并有所进步，可以废黜摄政王，如果需要，可以迫使幼帝退位，从皇族中遴选一位成年人来接替他。

外国列强早该达成一致，要求两党如何行事。以人道和全世界整体利益的名义，提出友好的建议，告诉他们应当停止争斗，走向议和。如果一些革命党人坚持极端的种族革命，现在满人确实毫无抵抗之力，但是蒙古人、准格〔噶〕尔人等又将如何呢？他们会加入纯粹由汉人建立的庞大而不易控制的共和国吗？或者他们会宣布独立吗？两者情况都不太可能发生，第一种不可能，是因为还会有种族歧视，感情、风俗、法律和宗教都不同；第二种不可能，是因为他们的政治力量不够强大。因此生活在这广袤大地上的人民必要归属临近的某个强国。一旦出现这种情况，老问题"中国的分裂"又出现了。祈求上天助我们免受浩劫！做最坏的打算，假如中国分裂了，所有自认为文明开化的人都要对此负责，因为他们有能力阻止它发生。

由于是如此重大的变革，你当然会原谅我写了这样冗长的信。若你肯屈尊对我的看法有所赐教，我将不胜感激。你也可把此信给你那些对中国怀有良好愿望的朋友们看。

谨表谢忱并致以诚挚的祝愿。

你非常真诚的
严复
（1911 年 11 月 7 日）

与盛宣怀①

宫保执事：

一昨晋谒，将化验所情形奉禀，并请将前派督率该所一节收回成命，未蒙允许。顷间宋生致长复来，知其中尚有种种为难之处，谨不避烦渎，再为左右陈之，伏惟垂察。

查敝处未奉钧札之先，化验所固已存立，然非币制局之化验所，乃通阜司之化验所。故其所有执事之人，作派者乃度支部之堂官，主持者乃通阜司之司长，张奎为之总办，余人为之副手。器械、药水彼已购齐，经常、临时皆已预算。凡诸种种，盖已自成一局。当时宫保虽亦与闻，然不过纸尾一诺而已，非主体也。是以饬令化验之人赴津，由华振考校，是否胜任，皆相约勿去，声称华振本事低劣，不配考验云云。此其用意显然可见。一旦由宫保发起，而派宋生为之会办，又派提调为之督率，其必分为两起者势也。今宋生所云种种及复所亲见者，嫌疑之下不敢多谈。但宫保明鉴，亦知其必行不去矣。但今者各厂成币，陆续运京化验，事甚繁重，照章皆必由币制局抽验合格，然后放行，似此龃龉，城〔诚〕恐必至误事。鄙意宫保于此事听之则亦已耳，若果慎重其事，则：

第一，在专责成通阜司，如可用，则责之通阜司长；如不可用，则委他人。不宜令一所之中，各有禀承，而无主脑。又化验员无论何等，

---

①　据《严复集》，系严群先生抄本。原题为"致国务大臣盛宣怀书"。盛宣怀（1844—1916），字杏荪，又字幼勖、荇生、杏生，号次沂，又号补楼，别署愚斋，晚年自号止叟，祖籍江苏江阴。清末官员，官办商人，洋务运动的代表人物，北洋西学学堂（今天津大学）和南洋公学（今上海交通大学）创始人。

只应为化验员，不应有总办、会办诸名目，致令权限分不清楚。

其次，则所用化验诸员，必应严申前令，饬其归妥员考校出结，不得以得有外国中国学凭为辞。化验所是何等重地，岂容滥竽？如不应考，便无入所资格，此乃要着，不可忽也。

三、考校之人，必请西洋硕师。前言大学堂矿学化炼科教员额斯丹理必可用，考后可议延聘在所，充总化验员；或但作化验员之一，不必称总，亦可临时斟酌。

四、现通阜司中，化验所地仅数弓，决不及事。京师化验所乃化验终极之地，自应比总分各厂所有为精，今乃不及津厂远甚。新所急须布置，惟布置必须精于此事之人。

五、嗣后购置器械、药水等，应由化验员开单，核准请款，不得自行径买，致不堪用，而多误事。

六、复年力就衰，旧学荒落，又学、海两部之事，一时不能脱手，实不堪负此重任。且如果上开五条，一一办到，亦不必用一知半解之人，如复者为之缀旒，仍请公与逊敷贝子商量，另派他人。

莫名感泐，草草肃达，伏维深察。即颂
崇安。

提调严复顿首谨上

（1911 年）

与德来格①

亲爱的德来格博士：

你询问有关国歌的短札已收到。歌词确系出自愚下之手（随函附上，你会很容易找到中文全文），谱曲者名义上是溥侗——溥伦之弟。这件事的过程是这样：他们从当初康熙和乾隆皇帝所谱的皇室颂歌中选了几个调子，要我根据调子填写歌词。乐曲自然现成的，他们所做的唯一事情是把中文的索、拉、米、多音符改写成新式乐谱中使用的点和线。溥侗懂一点音乐，他还从禁卫军找来一些助手。

至于它的含义以及使用袁字和黎元洪等汉字一节，我必须承认一无所知。即使到如今经过当众歌唱和反应来看，我依然看不出有什么足以引起那种想法之处。

这个首都看起来仍然非常残破凄凉，最令人作呕的景象，就是你几乎每天沿街见到那些身首异处的不幸的人们的尸体。

袁答应给予那些遭到大兵抢劫的人以补偿。可是他将如何实现其诺言！其目的是安抚那些人，然而我担心他只能使那些人更加愤懑。这样快地失去民心，的确是所能想象的最危险的事。

谨向德来格夫人和你致最亲切的问候。

你诚挚的
严复

歌词的文字的译文大致是这样的：

"巩金瓯，承天帱，民物欣凫藻；喜同胞，清时幸遭。真熙皞，帝

---

① 据澳大利亚骆惠敏编、刘桂梁等译《清末民初政情内幕》（知识出版社，1987 年）。原信为英文。

国苍穹保，天高高，海滔滔。"

（1912 年 3 月 16 日）

与熊育钖（109封）①

一

纯如贤仲足下：

　　顷接三月十九赐书，诵悉种切。所云令侄正琬带呈瑶缄，并所寄赐《黄山谷诗集》等，实未奉到；不然，鄙人定为覆书也。尚祈细查为祷。

　　旧历献岁已来，政府以复暂行管理大学堂总监督。以复素唉虚名，故京外人士属望甚殷，极以为愧！惟是款项支绌，旧存银行之款，角尖不能取用，而财部稍有所获，辄以饷军为亟，致受事匝月，不能定期开学，更无论拾遗补阙，有所改良矣。令侄插班补习一节，极愿助力，但须俟新章发表后，再行械告。若循旧规，此堂似无补习班也。令郎拟习农业专科，北京左近未闻置有此项学堂。清华园②，周子廙为之监督，（以周管理财政。）遂成近水楼台。闻已登告四月杪开学。但该堂从开办以

　　① 据《严复集》注，"原件藏江西师范学院图书馆，共七册，今佚一册。所存六册共收信90余封，但册页散乱，残缺不全。《学衡》第6至20期（1922—1923年）载有《严几道与熊纯如书札节钞》，共收信80封。其中有14封为今存稿所没有，2封为今存稿所残缺，而今存稿中又有28封为《学衡》所未收录。今将两者互补，共得109封。熊育钖，字纯如，江西南昌人。严复得意门生熊元锷（字季廉）之从弟，曾任江西省教育厅长等职"。此次整理，得江西师大图书馆提供原件扫描样重加核对，函一、十一、十二、十三、十七至二十七、二十九至五十三、六十三、六十四、六十五、六十七至一〇九，以上诸函中有与《严复集》异文者，依所核原件径改，不一一说明。登载在《学衡》杂志"文苑·文录"栏上的信札，也均重加核校，并在对应书函做单独校记。而函二至一〇诸函全文及函八六、八七、一〇六有部分内容未见手迹且《学衡》亦未收录者，则依《严复集》。
　　② 园：《学衡》作"因"。

来，殊少成效，而管理法尤无可言，此次虽重行招集，恐旧生必多裹足。令郎如决拟进彼，到京后，复必当为介绍也。

大总统就职将及两旬，总理亦已公举，至政府各总长，尚未知定属何人。贤者所云，最可庆幸者，不识何指？北京自元宵前兵乱，津、保各处继之，民情大非昔比。外交团向以项城为中国一人，文足定倾，武足戡乱，即项城亦以自期；乃今乱者即其最为信倚之军，故外人感情大非往昔，即项城亦有悔怯之萌，威令不出都门，统一殆无可望。使其早见及此，其前事必不尔为。以不佞私见言之，天下仍须定于专制；不然，则秩序恢复之不能，尚何富强之可跂乎？旧清政府，去如刍狗，不足重陈，而应运之才，不知生于何地，以云隐忧，真可忧耳！凡斯现象，不敢相迁，复于武昌发难之顷，固已灼见其然，而时贤必及之而后知，履之而后难，此吾国之所以不救耳。①

承贤棣相问，故敢略陈。虽然，尚乞秘之，于国无补，徒以口语为小己之灾，甚非谓也。手此敬覆。即讯

文祺。

严复顿首　三月廿七夕
（1912 年 3 月 27 日）

二

纯如贤弟如面：

比得新历四月六日赐书，并抄示客岁旧历七月廿六日未到惠缄，诵

---

① “旧历献岁已来”至此，亦载《学衡》第 20 期（1923 年 8 月），列“补录一”。标题下有两行小注：“按以上各期所选登者，为民国三年至九年之作。兹下所补录者，则民国元、二年所写，按序当在最前也。编者识。”所补录者涉及函一、三、八、九、十。

悉种切。

诸世兄拟入清华学校，原可为力，但此次重行组织，以张伯苓业已辞职不就。未革命已前，小儿琥亦在该校第二级，然今年重开，决计不入，且不肯再入者尚繁有徒。盖去年办法，实有不满人意处，不知今兹重组能改良否？不然，此校不足入也。

复所管理大学堂，现已借得洋款，大约下月内可开。旧有学生，恐回者不逾半数，果尔，便须添班。但各省所送高等毕业生为数既少，则分科之内，不得不变通办理，别立选科，以宏造就。

农科新校已将次收工，在城外望海楼试验场，计地千余亩。世兄如喜学农，此科中若可为力，复无不为左右〈道〉地也。祈早夺见报。如定入清华，则须应考。此校现归唐介臣办，复素稔，当亦无难。

贤弟生平以教育为唯一之业，极深佩叹。若可北来相助为理，则分科、斋庶两务中，当以一席位置，贤弟其有意乎？此事端须笃实君子，又稍知教育门径，谙晓管理法为之，贤弟真其选耳。复年垂耳顺，精力已衰，耳亦重听，极知所任之重，然时忧鼎折足也，贤弟其何以教之？手此奉布，即颂

时祺。

骤暖，千万自重。

复顿首　四月十六日

（1912 年 4 月 16 日）

三

纯如贤弟执事：

十六日奉寄一书，想蒙鉴及。京师大学借资洋款，幸已成议，大约新历五月十五可以开学，稍慰士大夫之望矣。校中一切规模，颇有更

张。即职教各员，亦不尽仍旧贯。窃自惟念平生见当事人所为，每不满志，而加讥评，甚者或为悼惜深慨。及其事至职加，自课所行，了不异故，夫如是，他日者犹操议论、鼓唇舌，以从一世人之后，此其人真不知人道有羞恶矣。故自受事以来，亦欲痛自策励，期无负所学，不怍国民；至其他利害，诚不暇计。

比者欲将大学经、文两科合并为一，以为完全讲治旧学之区，用以保持吾国四五千载圣圣相传之纲纪彝伦、道德文章于不坠。且又悟向所谓合一炉而冶之者，徒虚言耳，为之不已，其终且至于两亡。故今立斯科，窃欲尽从吾旧，而勿杂以新；且必为其真，而勿循其伪，则向者书院国子之陈规，又不可以不变，盖所祈响〔向〕之难，莫有逾此者。已往持此说告人，其不瞠然于吾言者，独义宁陈伯子，故监督此科者①，必得伯子而后胜其职。而为之付者②，曰教务提调，复意属之桐城姚叔节。得二公来，吾事庶几济，此真吾国古先圣贤之所有待，而四百兆黄人之所托命也。伯严其亦怦然乎？更有进者，古圣贤人所讲学而有至效者，其大命所在，在实体而躬行；今日号治旧学者，特训诂文章之士已耳。故学虽成，其于社会人群无裨力也。以云躬行实践，吾陈伯子其庶几乎？所谓虽不能至，心向往之，故宜督斯科，莫伯子若。去岁复南至沪，曾一晤伯子，今不知何往矣，在沪乎？在赣乎？抑在宁乎？书无由径达伯子，窃意贤弟必于其踪迹稔。今之为此书者，欲执事转致，且劝驾期使必来。此事义无所让，且去开学近无时日，伯子果来，必以一电谂我，且就近要姚叔节克期偕行，乃为中理。分科监督，月廪二百金，教务提调则百五十金。是区区者，或不足以养二贤，然日日言为国牺

---

① 《学衡》无"者"字。
② 付：《学衡》作"副"。

牲，临义而较量丰啬者，此又伯子所必不出可决也。^① 今此信由急递奉寄，至日，望贤弟从速施行，必慰渴盼。余不悉。乍热，惟珍卫千万。

兄复拜手　四月十九

本校余科监督、提调，必用出洋毕业优等生，即管理员亦求由学校出身有经验者，无他，切戒滥竽而已。知念，附及。

（1912 年 4 月 19 日）

四

纯如贤弟左右：

五月十五号开学，斋务关系紧要，现在派人摄理。台从之来京，似不当在开学之后，愈早愈好。伯严已坚辞不来，可谓善自为谋矣。匆匆复布，即颂

台安。

复顿首　五月三夕
（1912 年 5 月 3 日）

五

手示寅悉。连日阴雨，贱体又少不快，致阙晤语。熊生篇容，俟稍间涂就奉呈。邓君为人，得贤弟一言，已知梗概，更观手札，愈可深信不疑矣。

本科预科是否招生，半月内乃有定夺。此时外间失学子弟甚多，一定招生插班，颇有拥挤之患，奈何奈何！手复。敬颂

---

① "京师大学堂借资洋款"至此，亦载《学衡》第 20 期（1923 年 8 月），列"补录二"。

221

纯如老弟台安。

六

纯如贤弟如晤：

闻读《名学》有得，甚喜！好学深思，固宜若此。弟如欲钞，此书不妨留庋案头，兄一时亦无所用之，特他日如续译后半，彼时须见还耳。

陈持正事，尚未忘之，但门下诸生求事者众，而大学预科，自属周学长直接为政，复颇不愿侵权，俟晤时与之细商可耳。此复。即颂
近佳。

复顿首

（1912 年）

七

启者，连日迭接赐笺，读悉种切。

量移一事，所谓三沐三熏，听仆所为可耳。吾弟朴茂诚笃，本校斋务所赖实多，原不欲使之远徙，而农科初分，别成局面，非得勤干不欺之士，又难置怀，故至今委决不下，现已略定大概，日内当可发表。

鄙人二妻一妾，前后共生五男：

长璇，字伯玉，年三十九岁。

次瓛，字仲弓，最颖慧，不幸早夭。

三琥，字叔夏，年十六，在清华学校肄业。

222

四璿，字季将，年九岁，幼读。

五玷，字稚骞，才两周耳。

此外尚有女四：曰香严，曰华严，曰海林，曰眉男。皆幼，香严仅十四也。

通家相问，特以奉白，惟照察，不宣。

兄复言　壬子中秋
（1912 年 9 月 25 日）

八

纯如仁仲：

得廿二日赐书，距四日乃报，懒惰之过，尚祈宥之。

方今吾国教育机关，以涉学之人浮慕东制[1]，致枒㪍不可收拾，子弟欲成学[2]，非出洋其道无由。闻君家群从被选之多，令人喜不寐也。鄙以空虚盗名，江西人相推奉如此，正足忧耳，何云有喜乎？教部使复回校，必无此事，其原因复杂，难以一二语尽也。家中小儿皆幼[3]，请一桐城金先生在家课中文，甚相得，金亦无外慕，无从为贤仲道地也。

俄库之事，想当从外交上解决，言战几人人所同，请缨亦十而八九，惜无点金术耳。来书所云两种苦痛，生斯世者，殆无所逃。极端平等自由之说，殆如海啸飓风，其势固不可久，而所摧杀破坏，不可亿计。此等浩劫，内因外缘两相成就，故其孽果无可解免；使可解免，则吾党事前不必作如许危言笃论矣。顾此等皆天行演〔天演行〕淘汰之见

---

① 《学衡》无"浮"字。
② 成：《学衡》作"求"。
③ 幼：《学衡》作"另"。

诸事实者①，淘汰已至，而存立之机见焉。故西人谓华种终当强立，而此强立之先，以其有种种恶根性与不宜存之性习在，故须受层层洗伐，而后能至。故纯如欲问中国人当受几许磨灭，但问其恶根性与不宜之性习多寡足矣，二者固刚刚相掩也。然此乃指社会拓都而言，至于小己么匿之祸福，则庄子所谓知其无可奈何，而安之若命者矣。②

恶书本无可党，而公等嗜痂，则请走纸来，纸端标题清楚，有暇当即书也。海六必为远行之器，此真精金美玉市有定价者也。

丙午，同张燕谋赴英，因议论不合，不终事先归，故亦未有记载。

予生平喜读《庄子》，于其道理唯唯否否，每一开卷，有所见，则随下丹黄。马通伯借之去不肯还，乃以新帙见与，己意亦颇鞅鞅。今即欲更拟，进退不可知，又须费一番思索，老来精力日短，恐不能更钻故纸矣。

江西所刻书，如《临川全集》《黄山谷诗注》，均已有之；《墨子注》《毛诗笺》却未见过。《穆勒名学》尚余半部未译，垂老颇思一卒斯业，以饷后人，但上半鄜处亦只有此一部，故颇宝贵之，非此无以起后译也。抄录藏事，望勿更付他手。纯如能于此书读有心得，真是凤毛麟角，于十九稘哲学思过半矣。匆复，即颂

大安。

兄复言　廿八

（1912 年底）

---

① 天行演：《学衡》作"天演行"。

② "方今吾国教育机关"至此，亦载《学衡》第 20 期（1923 年 8 月），列"补录三"。

九

纯如贤弟执事：

两承赐书，皆以懒惰未即报答，想不罪也。黎宋卿书今缮呈，张海六气稳行修，此书于此世何可多得，鄙人中心藏之，为日久矣。忽欲以师事我，无乃用公之言，而过果来，则倒屣迎之，独垂老废学，于世路无一堪用，无以餍其怀来，深滋愧耳。

沪上忽出暗杀宋教仁一案，辞退内务部秘书洪述祖，至今犹未弋获。洪之为人，复所素稔，固险诐士。恐从此国事日就葛藤，喋血钩连，殆无时已，而国命与之俱去。事已如此，虽有豪杰，又无魏武、秦王之势，以为所席之基，恐难挽回也。[①]

足下居家，除料理家计外，近作么生？赣事传闻不一，于左右极悬悬耳。手此奉复。即问
近祉。

复顿首　四月二日
（1913 年 4 月 2 日）

十

纯如老弟：

初十日得初四日由汉口所寄书，书中以闻复迩日清癯，深烦关爱，情长语挚，知吾弟于不佞非恒泛也，感荷感荷！

自宋案、大借款二事发生以来，南北纷纭，至今未已。中央短处在平日矜有使令贪诈之能，于古今成说所谓忠信笃敬诸语，不甚相信，至于今而其弊见矣。贵省李督，不佞不悉其人，不敢妄下论断，但如弟

---

① "沪上忽出暗杀宋教仁一案"至此，亦载《学衡》第 20 期（1923 年 8 月），列"补录四"。

言，则与法兰西初次革命时之但唐、鲁白斯斐尔等，殆无以异。此种人才，其为祸往往烈于小人者，以其自恃坚而昧于审物故也。庚子之乱，刚子良、李剑潭、赵展如诸人，平日皆有好官之目，而疾恶甚严者也。然而非此数公，则清室虽至今存可耳。往者不佞以革命为深忧，身未尝一日与朝列为常参官，夫非有爱于觉罗氏，亦已明矣。所以哓哓者，即以亿兆程度必不可以强为，即自谓有程度者，其程度乃真不足，目不见睫，常苦不自知耳。且暗杀之风，谁实倡之？苟律以子舆氏行一不义，杀一不辜之义，则革命党人往所剚刃施轰者，岂皆悉合于天理？呜呼！平陂往复，此佛氏之所以悲轮回也。幸今攘攘之众[①]，皆以兵战为至不幸事，首祸者，当为天下所共疾。中央知之，是以虽受激刺，不肯发难；南中欲发难，而莫为继，庶几以不了了之耳。至于国命所关，则尚有其深且远者，其最足忧，在用共和，而不知举权之重，放弃贩卖，匪所不为。根本受病，此树不能久矣。

萨君鼎铭前番来都，未尝一过吾门。令侄欲入商船学校，既承台命，姑作一书，济否非所逆睹已。

复日来喘咳渐瘳，饮食亦较冬春间为进，但体力尚是劣劣，循是以往，当有起色。生病老死，时至则行，亦无庸为百草忧春雨耳。[②]

吾弟家计，至今勾当想复就绪，心远学校，想进行如故。教养两字，虽亡国亦不可无，不可不加意也。手此奉复。即颂

近祉。

季贞想佳，泰喜亦茁壮。

复顿首 六月十日
（1912 年 6 月 10 日）

---

① 攘攘：《学衡》作"穰穰"。

② "自宋案、大借款二事发生以来"至此，亦载《学衡》第 20 期（1923 年 8 月），列"补录五"。

十一

纯如足下：

近得九月十三赐书，雒诵极慰。

赣江兵燹，民生凋瘁可怜，新帅有以抚循之否？已往者不可追矣，但愿自今以往，稍得宁谧，俾以休养苏醒，渐企高等程度之民，则如天之福也。鄙人愚戆，终觉共和国体，非吾种所宜。就令比踪美、法，亦非甚美可愿之事，矧不逮耶！胸中所惟万端，无由向足下细吐也。前读李新督报告乱党罪迹，于贺莘翁极口诋诃，此信口诬蔑耶？抑疑似之际，不为议者所加察耶？

来书谓"国家从此统一，社会从此康宁，失之东隅者，或收之桑榆"，此诚贤者望治之殷。自复观之，则甚不敢必。何则？前之现象，以民德为之因，今之民德则犹是也。其因未变，则得果又乌从殊乎？国家欲为根本计画（如赋税统系、教育改良之类），其事前皆须有无限豫备之手续。而今之人，则欲一蹴而几，又乌可得？少年人大抵狂于声色货利之际，即其中心地稍净者，亦闻一偏之说，鄙薄古昔，而急欲一试，以谓必得至效。逮情见势屈，始悟不然。此时即有次骨之悔，而所亡已多。今日之事不如是耶？[①]

孔教会仆亦被动而已，呈辞乃高要陈氏所作，不足呈也。上海有

---

① "来书谓……"至此，亦载《学衡》第 6 期（1922 年 6 月），列"（一）"。严复致熊纯如信札登载在《学衡》杂志上自此始，题作"严几道与熊纯如书札节钞"，题后有胡先骕的小字说明："侯官严几道先生学贯中西，尤具卓识。其译著风行海内外，固为学术界所推重，无庸赘论。独得其书札，关于政治学术，随时皆有精辟之议论，而为世所罕睹。南昌熊纯如先生执贽其门下最久，来往书札论事论学之处极多。兹从纯如先生丐得其遗札全部，分段节钞，以饷读者，亦艺林一盛事也。"

《孔教会杂志》，在海宁路，公如欲观，可往定购。匆匆不尽欲言。即颂
讲祉。

复拜手　九月廿五日

（1913 年 9 月 25 日）

十二

纯如贤弟如见：

昨得十月廿日惠缄，经当事者发验过，而后交来。盖京师尚未解
严，而赣又系反侧省分，故于民间来往私缄，有特别权限。如此亦置
之，不足道耳。

前者党人不察事势，过尔破坏，大总统诚不得已而用兵。顾兵为凶
器久矣，况以中国平日之教育，其残贼不仁，有识者固当前见。事已至
此，惟望后来之人，有抚循之责者，为之救死扶伤，庶社会有平复旧观
之一日。若如来函所云云，则孑遗之民，岂有喘息之日耶？呜呼！天心
果何时而悔祸乎？

项城于国变日受职，各国同日承认，亦几天与人归矣。新组内阁，
亦若有厉〔励〕精图治之倾向。吾辈处今，所谓得少便足，岂敢更作过
分之望！教育部长汪君，亦自可人，静听所为，或有以厌国人之意。而
惠书以私我之故，遽谓非仆不可，亦系过论，何以言之？盖今日大政，
求人不仅学识足倚，亦须精力过人。仆年逾耳顺，又自改革以还，惊心
动魄，真同南郭之槁木死灰。使之当任，必无所济，更何能执简以从诸
公之后耶？顾私心所窃祷于当局者，却有一事：盖民国财政为存亡生死
问题，此不待高识远览而后知其然也。无财政斯无治术，此又世人之所
共知；然财政必待洗手奉公、不贪为宝之士，能不贪矣，而后本其所
得，于计学者，加以经验之方，而后百为之，基础以立，民有来苏之

期，此不可畔之三断联珠也。乃不幸吾国上下却如张君东荪所言，其最缺乏者，即是经理阿堵物之道德，日言减政理财，其所从事者，多存于剽末。若夫克己为人，先其大者，则仆愚陋，真不知此衮衮政界中有几人也！今夫中国非无财也，乃以上下交征之故，其势遂常处于长贫，困于债务，终于破产。至于破产，则吾土所不为埃及之续者，有几何哉？此复所以顾瞻周道，忧心如焚，甚至以得享长年为非福也。手此敬答。即问

学祺，不具。

复顿首言　民国二年十月二十日
（1913 年 10 月 20 日）

十三

纯如吾弟执事：

　　昨得尊处十月廿五日所发书，具悉种切。能言长官之所以不得人，由于民心之感召，党势之推荡，政局之反复，使之必出于此涂，足征目光出牛背上矣。比者国民党人已为政府所遣散，如此大事，而全国阒如，此上之可以征中央之能力，下之可以窥民情之伏流。顾三年以来，国民党势如园中牵牛，缠树弥墙，滋蔓遍地。一旦芟夷，全体遂呈荒象，共和政体名存而已。以愚见言，即此是政界奇险。但愿大总统福寿康宁，则吾侪小人之幸福耳。

　　来书及邵、吴二公，真所谓人之有善，若己有之。吾得交纯如以来，闻其说士，每若色授魂与，真《泰誓》不啻若自口出之一介臣，当世诸贤，忮心最甚，果好贤如吾纯如，天下岂足治耶？

　　横屏一幅，稍暇当加墨，不失；但有托者，前熊季贞为我定造花文奎湘笔二三十支，皆精纯圆健，上手便熟，而不易败，得用六七年，今

229

行罄矣。为此特托吾弟，如有便，可更嘱造三十支，小楷寸楷各半（屏对提笔亦请试造一支来），必要佳制，价贵无妨。京中如贺莲青、李玉田诸工，屏对提笔尚可用；至于小楷中楷，无能及花文奎也。（价银续寄不误。）但公事贤劳，不识能为分神不耳？手此敬托。即承

冬祉，不宣。

复顿首言　十一月十七日

（1913 年 11 月 17 日）

十四[1]

所示民生困苦，殆不独赣中为然，此古之所谓阳九百六，自前清末载，已丁此厄。无以持之，而其社遂屋，此为革命最切原因。法之为法，正亦坐此。不知者乃一切委之人事，不知人事亦其果耳。沉几观变之士，策其势之所必趋，而有以善持其敝，则如遇飓之舟，幸而出险，昧者当之，瞢然一切，循其故轨。甚或以苟且之小智当之，必无幸矣。为今之计，则世局已成，虽圣者亦无他术，亦惟是广交通、平法政、勤教育，以听人人之自谋。盖物竞天择之用，必不可逃。善者因之，而愚者适与之反，优劣之间，必有所死。因天演之利用，则所存者皆优；反之，则所存者皆劣。顾劣者终亦不存，而亡国灭种之终效至矣。虽然，中国根本甚厚，当不至此，特此颠沛流离生于其际者，颇辛苦耳。

（1913 年）

---

[1]　此函据《学衡》第 6 期（1922 年 6 月），列"（二）"。

十五①

别后既不入政界，便无所事事。而文字之债亦复山积，又如秋后落叶，扫尽又来。昨梁任庵书来，苦督为《庸言报》作一通论，已诺之矣。自鲁索《民约》风行，社会被其影响不少，不惜喋血捐生以从其法，然实无济于治，盖其本源谬也。刻拟草《民约平议》一通，以药社会之迷信，报出，贤者可一观之而有以助我。

（1913 年）

十六②

吾弟在赣主持教育，所论以师范为重，诚为知本之谈。但此举为广造善因，抑或流传谬种，全视培此师范者之何如，不可不审也。读经自应别立一科，而所占时间不宜过多，宁可少读，不宜删节，亦不必悉求领悟。至于嘉言懿行，可另列修身课本之中，与读经不妨分为两事，盖前者所以严古尊圣，而后者所以达用适时。宗法之入军国社会，当循途渐进，任天演之自然，不宜以人力强为迁变。如敦宗收族固也，而不宜使子弟习于倚赖；孝亲敬长固矣，而不宜使耄耋之人，沮子孙之发达。今夫慈善事业，行之不解其道，则济人者或至于害人。西哲如斯宾塞等，论之熟矣。顾今日慈善之事，犹不废也。士生蜕化时代，一切事殆莫不然，依乎天理，执两用中，无一定死法，止于至善而已！

（1913 年）

---

① 此函据《学衡》第 6 期（1922 年 6 月），列"（三）"。
② 此函据《学衡》第 6 期（1922 年 6 月），列"（四）"。

十七

纯如贤弟足下：

启者，久不得缄，正深洄溯，兹承九月十五日问，为之眼明也。

赣省财政岌岌，诚为当局之忧。但欲求其补助，恐犹涸鲋之盼西江也。吾国财政，自前清末造，已成乱阶。而当日时髦督抚，如张文襄、端忠惠辈，济以苟且不终日之计，广铸铜元，滥发纸币，遂至于不可收拾，即无革命，亦将危亡。况以李烈钧、胡汉民、陈炯明辈之变本加厉，竭泽而渔者耶？今日满目创夷，然而稍获存济者，南如福建，及北方诸省，皆当日未尝滥发纸币者也。呜乎！可以悟矣。中国欲求存立，固以整顿财政为第一问题，假使五洲清晏，挹注有资，此事已难着手。梁任公是绝好议论家[1]，及为币制总裁，便碌碌无所短长；熊凤凰旧亦以财政名，顾其方针，则皆未达，则其事之难为，可概见已[2]。乃不幸月余以来，欧洲大局，忽觏燎原，其影响之大，殆非历史上人所能梦见，从此中国舍自尽其力而外，别无可为，或乱或治，或亡或存[3]，殆非一昔之谈所能尽也。

德意志联邦，自千八百七十年来，可谓放一异彩，不独兵事船械事事见长，起夺英、法之席；而国民学术，如医、如商、如农、如哲学、如物理、如教育，皆极精进。乃不幸居于骄王之下，轻用其民，以与四五列强为战，而所奉之辞，又多漏义，不为人类之所通趣。吾弟所谓摧枯拉朽，恐特有见于目前，无睹于其最后也。自鄙所观察者言之，则德不出半年八月，必大不支，甚且或成内溃。小而比之，今之德皇，殆如

---

① 好：《学衡》作"对"。
② 《学衡》无"已"字。
③ 或亡或存：《学衡》作"或存或亡"。

往史之项羽，即胜巨鹿，即烧咸阳，终之无救于垓下；德皇即残比利时，即长驱以入巴黎，恐终亦无补于危败也。盖德皇竭力缮武二十余年，用拿破仑与其祖维廉第一之术，欲以雷霆万钧之力，迅霆不及掩聪，用破法擒俄，而后徐及于英国。故其大命，悬于速战而大捷。顾计所不及者，英人之助比、法也，列日之致死为抗也①，奥人之节节失败也。至于今，曩所期于半月十日之目的，乃遥遥而犹未达。（谓巴黎之破。）而比、法乃皆迁都矣，英人则节节为持久之画，疏通后路，维持海权，联合三国，不许单独媾和。曹刿以一鼓当齐之三，以谓彼竭我盈；英人之术，正复如是。至于德人军实之精、器械之利，彼固早知其如此矣。吾辈于二国之间，固亦无所左右，特今日之事，实为德人深惜，又叹帝制之可为而不可为耳。大抵德人之病，在能实力而不能虚心，故德、英皆骄国也。德人之骄，益以剽悍；英人之骄，济以沉鸷，由是观之，最后擅场，可预计矣。② 所怀万端，不能宣露，聊为足下言之如此。并问

秋佳。

复顿首　九月廿四

（1914 年 9 月 24 日）

十八

纯如贤弟如见：

　　承十七日赐械，读悉种切。

　　盎瓦尔之破，足征德人炮械之精、士卒之练。英、法逢此强对，提

---

① 《学衡》"列日"后有英文"Liege"。

② "赣省财政岌岌"至此，亦载于《学衡》第 6 期（1922 年 6 月），列"（五）"。

心吊胆，正未知何日可告息争也。德之君民拼心壹志者，三十余年，决以武力与列强相见，可谓壮矣。独惜所敌过众，恐举鼎者，终至绝脰。吾辈试思，国若英、法、俄者，岂能中途折服，以俯首帖耳受战胜者之条件乎？是以德人每胜，则战事愈以延长，此固断然可知者耳。

日围青岛，占及济南，譬彼舟流，不知所届。顾为中国计，除是于古学宋之韩侂胄，于今学清之徐桐，则舍"忍辱负痛"四字，无他政策。夫云山东祸烈，固也，然我不授以机，使之无所藉词，则彼虽极端野蛮，终有所限，以俟欧洲战事告息，彼时各国协商，而后诉之公会，求最后之赔赎，无论如何，当较今之不忍愤愤者为胜耳。吾岂伈伈伣伣？但谋国之事，异于谋身，通计全盘，此时决裂，万无一幸。第一存于财力，其次存于兵械，其次海军，其次稍练任战之陆旅，但有一物可以言战者，严复必不忍为是言也。试问雌弱之辱，方之万劫不复为何如？国民果有程度，则死灰之然，当尚有日；如其不然，战而徒送国民于沟壑，诚何益乎？社会情状，寂寂沉沉，恐此时政要其如此，无识之民，发扬蹈厉，转害事也。[①]

高等师范所需之理化教习，仆夹袋中实无此才。自脱离学界之后，与此项人，渺不相接，恐一时无以应命也。不胜歉负之至。匆颂

近祺。

十月廿三日　复白
（1914 年 10 月 23 日）

十九

纯如仁仲足下：

得上月卅日惠缄，眼明。导扬民国精神建议案，意是忠告政府方针，而苦无可期实效之办法。中央财政尚是补苴，教育置为后图，根本

---

① "盖瓦尔之破"至此，亦载于《学衡》第 6 期（1922 年 6 月），列"（六）"。

不牢，极为可虑。闻贤弟赞颂之言，甚内愧也。

　　欧洲战局，德华、路透各主一偏之说。我辈中立于两家，无所容心于左祖，而一切要当以实事为衡，如战端之开，德固不能辞其责，其次则俄，其次乃奥。盖德蓄意最久，军备独为完全，其借比攻法，乃十年前早定之计划，德皇以谓既不能不战，则此时为最好时机，而又力争先着，故不自知而犯公法所不韪。至于俄，则自东败于日本之后，日以复权自期，又以斯拉夫之保护长自任。然依其前画，必至二年后，而后完全，此时开战，非其利也。奥固欲膨涨于巴尔干半岛，然非德为之阴主①，则其所投塞尔维亚之最后书条件，决无如是之强硬，而立极短时期，截断转圜之余地也。至于英、法之不欲战②，五洲行路莫不知之，何则？英以保持现状为主义，虽胜亦不能甚有所得；至于法，则以民主国、军备弱点，自知不敌。此役非英，则破碎久矣。故是二国均不能以启衅责之。至于胜负事实，亦有可言。德固极强，然孟贲、乌获，力有所底，飙发雷奋所蘫粉者，比国耳，浸淫以及于法之北疆③。顾咫尺巴黎，经百日而不能破，东不能入俄境，南不能庇奥邻，可以知其弩末矣。不得已而接病夫之突厥④，嗾叛卒于南非，欲以宗教关系，摇动英之印度、埃及，然而未甚利也，而南非则已消灭矣。从此精锐日消，财政日窘，危不在德而谁危乎？纵使再接再厉，据地破城，最后之局，殆亦可睹，况乎其未能也。李君之说，谁曰不然？惟是兵战之道，必计成功，不重蜂锐，项羽之卒，固优于汉高；强齐之师，岂亚于鲁国？而曹沫、韩信皆有所以待之，故曰：危不在德而谁危也？⑤

----

① 德为之阴主：《学衡》作"德阴主"。
② 至于：《学衡》作"至如"。
③ 以：《学衡》作"而"。
④ 接：《学衡》作"搂"。
⑤ "导扬民国精神建议案"至此，亦载于《学衡》第 7 期（1922 年 7 月），列"（七）"。

夜深墨冻，不能多书，聊为执事道其梗概而已。手此奉答。即问
近祺。

复白　｜二月八日
（1914 年 12 月 8 日）

二十

纯如贤弟惠鉴：

得二月八日书，阙久不报，深用为悬，伏想履新以来，道祺康泰。

日本于群雄战事未解之日，要求条件，穷苛极酷[①]，果如所请，吾国之亡，盖无日矣！大总统于一无可恃之时，尚能善用外交，以持其敝，可谓能者。日来效果，虽秘不可知，然颇闻其不至决裂矣。

欧战告终之后，不但列国之局，将大变更，乃至哲学、政法、理财、国际、宗教、教育，皆将大受影响。学者于道，苟非深窥其源，则所学皆腹背羽矣。中国前途，诚未可知，顾其大患，在士习凡猥，而上无循名责实之政。齐之强以管仲，秦之起以商公，其他若申不害、赵奢、李悝、吴起，降而诸葛武侯、王景略，唐之姚崇，明之张太岳，凡为强效，大抵皆任法者也。而中国乃以情胜，驯是不改，岂有豸乎？[②]所欲言何止千万，匆匆不既万一。手问
近安。

复顿首　三月四夕
（1915 年 3 月 4 日）

---

① 穷苛极酷：《学衡》作"穷极苛酷"。
② "日本于群雄"至此，亦载《学衡》第 7 期（1922 年 7 月），列"（八）"。

二十一

　　将欲原始要终，殆非尺书所能罄，则置之不必道也。① 倭乘群虎竞
命之时，将于吾国求所大矣。若竟遂其画，吾国诚破碎，顾从其终效而
观之，倭亦未必长享胜利，如此谋国，其眼光可谓短矣。倭虽岛国，卅
年已来②，师资西法，顾所步趋，专在独逸。甲午已还，一战克我，再
役胜俄，民之自雄，不可复遏，国中虽有明智，然在少数，不敌众力。
又国诚贫，见我席腴履丰，廓然无备，野心乃愈勃然，此我所以为最险
也。雪耻吐气③，固亦有日，然非痛除积习不能，盖雪耻必出于战④，
战必资器，器必资学，又必资财，吾人学术既不能发达，而于公中之
财，人人皆有巧偷豪夺之私，如是而增国民担负⑤，谁复甘之？即使吾
为国家画一奇策，可得万万之赍，以为扩张军实之用，而亦不胜当事之
贪情欲望，夫如是，则又废矣。草衣木食，潜谋革命，则痛哭流涕，訾
政府为穷凶极恶，一旦窃柄自雄，则舍声色货利，别无所营，平日爱国
主义不知何往，以如是之国民，虽为强者奴隶，岂不幸哉？是故居今而
言救亡，学惟申韩，庶几可用，除却综名核实，岂有他途可行？贤者试
观历史，无论中外古今，其稍获强效⑥，何一非任法者耶？管商尚矣，
他若赵奢、吴起、王猛、诸葛、汉宣、唐太，皆略知法意而效亦随之；
至其他亡弱之君，大抵皆良懦者。今大总统雄姿盖世，国人殆无其俦，

---

① 此句《严复集》无，据江西师大图书馆藏手迹补。
② 已来：《学衡》作"以来"。
③ 雪耻：《学衡》作"雪非"。
④ 雪耻：《学衡》作"雪非"。
⑤ 担负：《学衡》作"负担"。
⑥ 其稍获强效：《学衡》作"其稍获强效者"。

顾吾所心憾不足者，特其人忒多情，而不能以理法自胜耳。悲夫！① 所惟万端，非尺一所能尽，聊为左右发其大凡。风气甚厉，唯一是自爱，不宜。

三月卅一日　复启

（1915 年 3 月 31 日）

二十二

纯如贤弟执事：

　　得四月十五书，读悉种切。吾弟留心世局，眷怀宗邦，至为难得。又议论渐能为两面观察，不似今人之一往无余，此亦学识进步之征，尤属可喜。至报纸谓日本要求条件，政府逐渐承认，此亦难以过信。至谓英、法、俄三国使臣，转劝吾政府承认要求者，则实无其事。此间洋文京津时报，半系英人机关，于中日交涉，大声疾呼，力劝政府不宜死守秘密，又痛箴日本不宜出此侵略之策，中间有云"英日之盟，以保全中国领土主权，大开门户为要素，今日本若乘群雄搏抗之秋，攫夺分外权利，英、俄诸国，除文书抗议外，固亦无如汝何②。但欧战告终，此帐终期一算，日将何以处之？又中国地大民众，日本此举大逆民情，后欲守其所攫之利益，问须用兵几何？用财几许？而财又非日本之所裕也。然则日本行此政策，直无异飞蛾扑灯，自趣灭亡而已"等语。此虽报章议论，闻日人实深恶之。至谓英人之在东方者，为不恤联盟国交，忘其前此助英之劳。闻余国亦以日为不直，且知日此举，将利用支那国力，以为种族之争。由此观之，欧人偏袒日本以侮吾人者，决其必无此事

---

① "倭乘群虎竞命之时"至此，亦载《学衡》第 7 期（1922 年 7 月），列"（九）"。

② 无如汝何：《学衡》作"无可如何"。

也。第既若此，而政府始终慎守秘密，则不知其何作用耳？总之，日来外间谣诼甚多①，或谓日劝袁专制，即真为帝；或又谓日将逐袁，恢复帝制，朝夕百变，不可捉摸，大抵皆难深信而已。惟德国实有日困之形，观其从奥累败之突厥，冀幸回民之数，以困俄、英、法，知其计无复之甚矣。犹大之复，亦非意外之事。大抵此战利钝，于前去之三四月，总可看出八成也。

报载复与马、伍诸公翻译进呈之事，却非虚语。日来正办《欧战缘起》，以示此老也。中日交涉，谅当渐松，不至决裂。日本野心，经各国忠告之后，将亦稍戢。嗟乎！国民一死何难，难在所以死耳！②匆匆奉答。并颂

文祺。

复顿首 廿一
（1915 年）

二十三

纯如贤弟：

连日消息颇恶，或闻日本于我已递最后通牒，唯见京津英文时报，则云："该通牒实已到京，然犹未递，因现英外部格来挟同华盛顿政府③，正在极力调停，此事沮止，远东现状，④ 或至决裂"云云。此信若确，自是吾人之福，看来此信当有七八成可靠也。至贤弟恐英人既无实力，则空言恐亦无补，其说亦是。但有之亦胜于无，况英、日本是联

---

① 日来：《学衡》作"日本"。

② "至报纸谓日本要求条件"至此，亦载《学衡》第 7 期（1922 年 7 月），列"（十）"。

③ 格来：《学衡》作"格雷"。

④ 极力调停，此事沮止，远东现状：《学衡》作"极力调停此事，沮止此事"。

239

盟，感情尚在，近日欧战，其结局早晚虽难预言，而联军日趋优胜，人情势利，或当畏之。又倭财政困难，时仰英、美之借贷，必结恶感，恐亦未宜。凡此皆转圜之机也。至贤弟谓"远东冲突，欧洲因之停战"，此乃必无其事，可谓高明于世界眼光，尚然未了。此次欧洲战事，中含头等国存亡生死问题，中日之事，自彼视之，轻重相差甚远，何至为此而遂停战乎？中国人不识时势，人如报馆主笔①，往往有此呓语。吾弟从而和之，真可叹也！颇闻要求条件，乃日本海陆军人党所为，政府亦知其为危险，顾欲保势力权位，遂为所掌②，其说近信。去年德之促战，强半亦军人党所催成也。大抵尚武之国，每患此弊。西方一德，东方一倭，皆犹吾古秦，知有权力③，而不信有礼义公理者也。德有三四兵家，且借天演之言，谓"战为人类进化不可少之作用"，故其焚杀，尤为畅胆。顾以正法眼藏观之，纯为谬说④，战真所谓反淘汰之事，罗马、法国则皆受其敝者也。故使果有真宰上帝，则如是国种，必所不福；又使人性果善，则如是学说，必不久行，可断言也。日本此次要求中有二说：一是欲趁此时机⑤，使日得华，犹英得印；一是懔于白种之横，自命可为导师，欲提挈中国，用中国民命钱财，以与白横相抗。不知二说，实无一可。举国成狂，而后有此。假使今番之事，彼偭然一意径行，（或云日本将反面向德，以抗英美，恐亦必无其事。）⑥ 则恐欧洲列强，至竟无奈彼何，而美人借口孟禄主义，亦必退缩。然则日本求所大欲，行且径得之欤？曰："必不能⑦。"彼之所为，将徒毁中国，而无所利，

---

① 《学衡》此处无"人"字。
② 掌：《学衡》作"牵"。
③ 力：《学衡》作"利"。
④ 纯：《学衡》作"殊"。
⑤ 《学衡》无"欲"字。
⑥ 此处夹注，《学衡》置于上文"而后有此"之后。
⑦ 能：《学衡》作"然"。

而数年之后，行且与中国俱亡，徒为白人增长势力而已！（至于吾国今日政策，舍"忍辱退让"四字，亦无他路可由。妄交一锋，浪发一弹，政皆坠其计中者也。非不知日本之兵已有六万在吾国境，然使我处处退让，而不允许，则不知彼将如何开战交锋也。即使渠欲杀欲夺，是固难忍，然一思战后丧亡较此为多，且与以口实，则难忍者，或亦可忍。彼之所为，既极无理，则吾极力使负不武无道之名于五洲，而后日方长，尚有算帐地步耳。此乃最后之着，其法欧洲勃牙利尝一用之，私心窃冀或不至是耳。）此其理由，贤弟稍思当得，不必待鄙人规缕也。

辜鸿铭议论稍为惊俗，然亦不无理想，不可抹杀①。渠生平极恨西学，以为专言功利，致人类涂炭。鄙意深以为然。至其訾天演学说，则坐不能平情以听达尔文诸家学说，又不悟如今日德人所言天演，以攻战为利器之说，其义刚与原书相反。西人如沙立佩等，已详辨之，以此訾达尔文、赫胥黎诸公，诸公所不受也。② 夜深不能多谈，余容续报。手此。敬问
安好。

复言　五月六日
（1915 年 5 月 6 日）

二十四

纯如老弟惠览：

敬覆者，前获赐书，语重心长，具征忠爱。所以阙久不报者，以欲略言之，则不足以喻左右；详言之，则精亡事冗，实有不任，思欲少闲，而后敷陈，乃阁置之后，遂亦奄忽忘之。顷承来书，甚内愧也。

---

① 杀：《学衡》作"煞"。
② "连日消息颇恶"至此，亦载《学衡》第 7 期（1922 年 7 月），列"（十一）"。

241

总之，中国之弱，其原因不止一端，而坐国人之暗，人才之乏为最重。中倭交涉，所谓权两祸而取其轻，无所谓当否，第五项一时似不至再行之提议，但若政府长此终古，一二年后，正难言不与敌以间隙耳。大总统固为一时之杰，然极其能事，不过旧日帝制时一才督抚耳！欲与列强君相抗衡，则太乏科哲知识，太无世界眼光；又过欲以人从己，不欲以己从人，其用人行政，使人不满意处甚多。望其转移风俗，奠固邦基，呜呼！非其选尔。顾居今之日，平情而论，于新旧两派之中，求当元首之任，而胜项城者谁乎？此国事之所以重可叹也。财匮民穷，欲政府为根本救济之法，殆无其术，何则？观其举措，彼方戚戚以断炊破产为忧，刻意聚敛，以养军为最急之事，尚何能为民治生计乎？教育强国根本，而革命以后，所谓不特弹无，听亦无矣。①

属择报章，实是不知所对何者。复向于报章，舍英文报外，不甚寓目，北京诸报，实无一佳，必不得已，《亚细亚报》或稍胜也。古文读本，自以姚惜抱、刘海峰、吴挚甫所选为佳。陆王之学，要亦未足救国，能别择者，前人之书皆足助我；不能者，皆成累也。《论语》《孟子》固皆可读。读《孟子》固不必注，《论语》朱注亦不见有如何贻误后生之处，他注家辟宋尊汉，于道德益入梦中，于时世有何当乎？八弟病瘵，泰喜颖悟，闻之极慰，不识何时能一见也。匆报，不尽所惟。此问
近好。

复言　六月十九灯下
（1915 年 6 月 19 日）

---

① 此段亦载《学衡》第 7 期（1922 年 7 月），列"（十二）"。

二十五

纯如贤弟如晤：

敬覆者，得七月十二赐械，读悉种切。宪法起草，亦应故事耳。仰观天时，俯察人事，未必有偌大制作也。吾弟前途之贺，姑徐徐之。

复自欧陆开战以来，于各国胜负进止，最为留神，一日十二时，大抵六时皆看西报及新出杂志也。德意志国力之强，固可谓生民以来所未有，东西二面敌三最强国矣。而比塞虽小，要非可轻①。顾开战十阅月，民命则死伤以兆计，每日战费不在百万镑以下，来头勇猛，覆比人法，累败俄人，至今虽巴黎未破，喀来未通。东则瓦骚尚为俄守，（近数日极危殆，即已陷，亦未可知。）② 海上无一国徽，殖民诸地十亡七八③，然而一厚集兵力，则尽复奥所亡地，俄人退让，日忧战线之中绝，比境法北之间联军动必以数千伤亡，易区区数基罗之地，所谓死齰不得入尺寸者也。不独直抵柏林，虽有圣者，不能计其期日，即此法北肃清，比地收复，正未易言。英人于初起时，除一二兵家，如罗勃、吉青纳外，大抵以为易与④，至今始举国忧竦，念以全力注之，尚不知最后之效果为何若也⑤。于政治则变政党之内阁，而为会同；于军械子药则易榴弹，以为高炸。取缔工党，向之以八时工作者，至今乃十一时，男子衽兵革，妇女职厂工，国债三举，数逾千兆镑，而犹若未充。由此观之，则英人心目之中，以条顿种民为何等强对，大可见矣。故尝谓：国之实力，民之程度，必经苦战，而后可知。设未经是役，则德之强盛，不独

---

① 非：《学衡》作"未"。
② 《学衡》无此夹注。
③ 《学衡》无"诸"字。
④ 以为：《学衡》作"皆以为"。
⑤ 《学衡》无"为"字。

吾辈远东之民，不窥其实，即彼与之接壤相靡者（舍三数公外），亦未必知其真际也。使彼知之，则英人征兵之制，必且早行；法之政府于平日军储，必不弛然怠缺如去岁明矣。且由此而知，国之强弱无定形，得能者为之教训生聚组织绸缪，百年之中，由极弱可以为巨霸。

今夫德以地形言，则处中央散地，四战之境，犹战国之韩、魏也。顾自伏烈大力以来，即持强权主义，虽中经拿破仑之蹂躏，而民气愈益深沉，千八百七十年累胜之余，一跃千丈，数十年摩厉以须，以有近今之结果。其国家学说，大抵以"有强权，无公理"一言蔽之而已。虽然太横，计自师兴以来，其恃强而犯国际人道之大不韪者，不一而足。且除破坏比中立而外，其于军事，实无何等之利益，傲然行之，实不审其用意之所在也。且德虽至强，而兵力固亦有尽，试为模略计之①，则一年中，其死伤或云达三百万，即令少此，二百余万，当必有之②。今东陲对俄之兵，报称三百五十万众，如此则六百万矣。而西面比、法之间，至少亦不下二百万，是德之胜兵八百万也。忆去岁八月，德人自言兵有此数，群诧以为夸诞之言，乃今此众已全出矣。今日东面，虽屡胜俄，而其死亡极众，就令已破瓦骚，然如向俄之得普塞，繁盛都会，化为瓦砾之场，无益胜算。而俄之战线未断，卷土重来，已时日事。英、法凝然不动，而举国组织赶制军火，以瓦骚委之，意可知矣。总之，欧洲是役为历史中最烈之战。据今测之，纵横二系，非一仆不止。此时疆场之中，虽有彼此胜负，皆难指为终局，且决无单独讲和之事。刻英人之意，已备更战二年，全国工厂有机器处，皆供造药制械，又无新令③，组织兵工大厂二十六所。盖英、法、俄、意亦深知覆德之难，然皆以必覆之为目的。由此言之，何时终局与终局时何等景象，虽眼光极

---

① 模略：《学衡》作"摸略"。
② 必：《学衡》作"亦"。
③ 无：《学衡》作"有"。

远之家①，亦不敢妄下断语也。假令两系之中，必有一仆，以高明策之，究竟何系为耐久乎？知此则不必随俗于报纸为议论矣。②

小儿璂在长芦盐务稽核所。三儿琥前在清华，以在彼不利卫生，令归，原拟出洋，以战中沮，刻已考入唐山工校，欲在彼治算学治化也。复教子弟，以现时学校之难信，故宁在家延师先治中学，至十四五而后，放手专治西文，一切新学皆用西书，不假译本，而后相时度力，送其出洋，大抵八年而后卒业。至于所治何科，所执何业，亦就少年性质之所近而喜好者，无所专尚也。此缄随作随辍，故稽时日，至今尚有未申之意，不能为吾弟尽也。

今夏京师亦热，室中华氏表夜间至八十五六，午可知矣。此问暑安。

兄复顿首　八月五号

（1915 年 8 月 5 日）

二十六

纯如贤弟赐鉴：

中秋（廿三）日始接九月八日尊处所寄缄及夏布、湘笔二事，何迟达乃尔，岂途中有留滞耶？尊容清润，知善颐养，甚慰甚慰！夏间缘京中大热，肺藏受烁，颇复多恙，近服法制肉精，眠食渐佳，但瘦挺耳。远劳悬系，极滋感愧。

筹安会挂名籍〔藉〕端，颇缘被动。一昔杨皙子来寓，宣布宗旨，邀共发起，复言吾国之宜有君（二字作众主解）。而舆尸征凶，此虽三尺童子知之，讨论余地，本属无多。独至继此而言，谁为之主，则争点发

---

① 眼光：《学衡》作"目光"。

② "宪法起草"至此，亦载《学衡》第 7 期（1922 年 7 月），列"（十三）"。

生，窃所疑惮。鄙意颇不欲列名，以避烦聒，杨乃以大义相难，谓："某既知共和国体无补救亡，即不宜苟安，听其流变。"又云："此会宗旨，止于讨论国体宜否，不及其余。"就令反对君主亦成表见，意态勤恳，乃遂听之。而次日贱名乃登报矣。其后两方皆有议论，而反对者，以汪荃台（衮甫之父）、梁任甫为最有力。然两家宗旨，皆非绝对主张共和，反抗君宪，而皆谓变体时机为未成熟。而任甫更谓："吾国宪政障碍，非君宪所能扫除，障碍不去，则立宪终虚。"此其言自为无弃[①]，而鄙人则谓：大总统宣誓就职之后，以法律言，于约法有必守之义务，不独自变君主不可法，且宜反抗余人之为变，堂堂正正，则必俟通国民意之要求。顾民意之于吾国，乃至难出现之一物，使不如是，则共和最高国体，亦无所谓不宜者矣。即今参政院所收廿二省五民族请愿之书，虽一至再至，而外间旁论，皆不指为得其真。然则使异时果达目的，亦将如魏晋六朝禅让之局，欲当之者，毫无惭德，固事势之必不能者也。盖自德国学者，如尼采、特斯基倡说以来，人知世间一切竞争，不视理而视力，力平而后理伸。吾国今日之事，亦视力之何如耳？至于其余，大抵皆装点门面之事，虽史策之上，累幅盈篇，置之不观可耳！故问中华国体，则自以君主为宜。吾侪小民，为其中托庇之一分子，但愿取此大物之家，量力度德，于外则留神邦交，于内则通筹财力，使皆稳固，则权力所在，将即为讴歌所归，历史废兴，云烟代谢，我曹原无所容心于其际也。至于存种救民，自是另为一事。因果所呈，不应专求于上，

---

① 为：《学衡》作"谓"。

四百兆之民质实共为之。因立果从，莫之为，亦无可避也，悲夫！①

珑郎稚齿，远学清华，闻其欲来，极喜迟之。手此承复。即问
近佳。

复言　九月廿三
（1915 年 9 月 23 日）

二十七

纯如贤弟惠鉴：

得二日书，悉近状为慰。鄙人虽羁迹都下，名藏社会之中，顾以肺疾缠绵②，几于闭门谢客，不关户外晴雨。来教所谓瘁劳国事，无亦以告者过欤？君宪已成事实，而东邻有言，亦已答复。至于再接再厉，则不知将出何等花样耳。

三小儿尚在唐山，并未中途变计。想与世兄此时已接洽矣。民贫财尽，通国皆然，而乐观者不以是为忧，世事自有能者，非我辈所能与议也③。此问
近好。

复白　十一月七日
（1915 年 11 月 7 日）

---

① "筹安会挂名籍端"至此，亦载《学衡》第 8 期（1922 年 8 月），列"（十四）"。另，前有胡先骕的小字说明："几道先生最为人所訾议者，厥为列名筹安会一事。观其致熊纯如先生书札，则知其纯为被动。且虽主君宪，然不主袁氏称帝，亦不主清室复辟。故刊布此等书札，大足以解先生之谤也。至认共和国体不适吾国国情，纯属诸个人之意见，予之刊布此等书札，非必心契其说。若以主张君宪见讥，则非予所任受。且至今日，君宪已万无再现之希望，此等讥论亦无摇动人心之虞也。"

② 肺疾：《学衡》作"残废"。

③ 与：《学衡》作"置"。"鄙人虽羁迹都下"至此，亦载《学衡》第 8 期（1922 年 8 月），列"（十五）"。

二十八[①]

欧战行又经年，自瓦薩之破，巴尔干诸邦全体震动。勃希两国，民则向衡，君则私纵，遂演成今日之局。达智尼海峡，英法攻之，不能即下，死伤近十余万人，此自常智观之，未有不以德、奥为得手矣。顾以仆策之，则今日之事，其解决不在战陈交绥之中，而必以财政兵众之数为最后。英法之海军未燼，而财力犹足以相持，则中央得手，徒以延长战祸，而中心点渐以东行而已。胜利终归何方，尚难以一言决也。冬日必无兵事可言，明岁春夏，殆其时矣。总之，今之战争，非同昔比，英德两系，必有一亡，而长短在所不论。平意观之，德之霸权，终当屈于财权之下，姑先言之，贤者留为后验可耳！郑子进竟遭惨死，然意中事，语有之，曰："君以此始，必以此终。"真子进之谓矣。

（1915年冬）

二十九

纯如贤弟赐鉴：

十二日得八日赐缄，谓复于前书阙久不报，不胜惭怍。入冬喘咳，历久未愈，故于新猷赞襄盖寡，其庆贺朝燕，均未入场。所幸新朝宽大，尚容尸素。外交顾问挂名久矣，然以无事见顾，则亦不支薪俸。报馆传为新事，甚可哂也。国体之议初起，时谓当弃共和而取君宪，虽步伐过骤，尚未大差。不幸有三四纤儿，必欲自矜手腕，做到一致赞成，弊端遂复百出，而为中外所持，及今悔之，固已晚矣。窃意当时，假使

---

① 此函据《学衡》第8期（1922年8月），列"（十六）"。

政府绝无函电致诸各省，选政彼此一听民意自由，将赞成者，必亦过半，然后光明正大，择期登极，彼反对者，既无所借口，东西邻国，亦将何以责言。释此不图，岂非大错？谚云："弄巧成拙。"孔子曰："欲速不达。"彼自矜敏腕者，可稍悟矣。① 世事如此，复又从何处置喙？以感相知之私，聊为吐露云尔，不必以示人也。

子善先生尚在敝处，近以年假返里，冰泮当来。四小儿读经已久，近者亦开始西文。刘才甫古文选本，天津文美斋前有石印，余不知何处可购。郭仁先〔筠仙〕《绥边纪略》，亦未见过。敝处前有其《罪言存略》《湘阴县志》二书，乱后与其笔墨缄札，均散失矣，惜哉惜哉！《同学录序》，文成法立，朴茂可观，但果为古文辞，则四字成语及新名词，皆在务去之列。至应事文字，则不在此论也。手此奉答。即颂

仁祺。

严复顿首　十二日

（1916 年春）

三十

纯如贤弟执事：

四月四日得尊处三月卅日书，蒙相念至深，感荷无已。自帝制取消之后，风谣朋兴，大局极为危岌。有《顺天时报》者，东邻之机关报也，一意主于破坏。政府权力既绌，民间销售遂多。俗非智者，流言大行，一似辛壬革命之日，京邑益形危险。一号财政部中人龚某，忽告同事，谓今夕拱卫军约定纵火抢掠。于是全部鸟兽纷散②，车站拥挤，银

---

① "国体之议初起"至此，亦载《学衡》第 8 期（1922 年 8 月），列"（十七）"。
② 《学衡》无"全部"两字。

号滚支，不异先时。幸政府军界尚有预备，日来乱机稍减①，实则所告，毫无其事。略述此形，弟观之，当知鄙人日来心境为何若矣。（吾全眷尚在京未动。）②

历观各报，知海上党人，联合云、贵，函电旁午，皆以要求项城退位为宗。顾退位矣，而用何等手续弹压方面，使神州中国得以瓦全，则又毫无办法。故复常谓："中国党人，无论帝制、共和两派，蜂起愤争，而迹其行事，诛其居心，要皆以国为戏，以售其权愤好之私，而为旁睨肱箧之傀儡。以云爱国，邈乎远矣。"夫中国自前清之帝制而革命，革命而共和，共和而一人政治，一人政治而帝制复萌，谁实为之至于此极？彼项城固不得为无咎，而所以使项城日趋于专，驯致握此大权者③，夫非辛壬党人？参众两院之捣乱，靡所不为，致国民寒心，以为宁设强硬中央，驱除洪猛，而后元元有息肩喘喙之地故耶？不幸项城不悟，以为天下戴己，遂占亢龙，遽取大物。一着既差，威信扫地。呜乎！亦可谓大哀也已。

筹安会之起，杨度强邀，其求达之目的，复所私衷反对者也。然而丈夫行事，既不能当机决绝，登报自明，则今日受责，即亦无以自解。惟是今于取消帝制之后，复劝项城退位，则又万万不能，何则？明知项城此时一去，则天下必乱，而必至于覆亡。德人有言："祖国无上。"为此者，一切有形无形之物皆可牺牲④，是故吾之不去，吾之不劝项城退位，非有爱于项城也，无他，所重在国故耳。夫项城非不可去，然必先为其可以去。苏明允谓："管仲未尝为其可以死，其于国为不忠。"使项城而稍有天良，则前事既差，而此时为一国计，为万民计，必不可去。

---

① 《学衡》无"稍减"两字。
② 《学衡》无此夹注。
③ 致：《学衡》作"至"。
④ 有形无形：《学衡》作"无形有形"。

250

而他日既为可去之后，又万万不可以留。盖使项城今日而去，则前者既为其不义，而今日又为其不仁；使项城他日而留，则前者既为其寡廉，而他日又为其鲜耻。故曰"今日必不可去，他日必不可留也"。夫使项城所处地位如是①，而区区之言，稍有一当，则海内举凡爱国之士，所以卫护项城者，今日宜何如？而战祸已弭，乱事既平之后，所以重整社稷，实行立宪者宜何若②？可以不烦言而解。语重心长，不及为贤弟觊缕也。

嗟嗟！吾国自甲午、戊戌以来，变故为不少矣。而海内所奉为导师，以为趋向标准者，首屈康、梁师弟。顾众人视之，则以为福首，而自仆视之，则以为祸魁。何则？政治变革之事，蕃变至多，往往见其是矣，而其效或非；群谓善矣，而收果转恶。是故深识远览之士，愀然恒以为难，不敢轻心掉之，而无予智之习，而彼康、梁则何如，于道徒见其一偏，而由言甚易③。南海高年，已成固性；至于任公，妙才下笔，不能自休。自《时务报》发生以来，前后所主任杂志，几十余种，而所持宗旨，则前后易观者甚众，然此犹有良知进行之说为之护符。顾而至于主暗杀、主破坏，其笔端又有魔力，足以动人。主暗杀，则人因之而倜然暗杀矣；主破坏，则人又群然争为破坏矣。敢为非常可喜之论，而不知其种祸无穷。往者唐伯虎诗云："闲来写得青山卖，不使人间造业钱。"以仆观之，梁任公所得于杂志者，大抵皆造业钱耳。今夫亡有清二百六十年社稷者，非他，康、梁也。何以言之？德宗固有意向之人君，向使无康、梁，其母子固未必生衅④；西太后天年易尽，俟其百年，政权独揽，徐起更张，此不独其祖宗之所式凭⑤，而亦四百兆人民

---

① 《学衡》无"使"。
② 《学衡》无"宜"。
③ 由：《学衡》作"出"。
④ 《学衡》无"固"。
⑤ 《学衡》无"其"。

之洪福。而康乃踵商君故智①，卒然得君，不察其所处之地位为何如，所当之沮力为何等②，卤莽灭裂，轻易猖狂，驯至于幽其君而杀其友，己则逍遥海外，立名目以敛人财，恬然不以为耻。夫曰"保皇"，试问其所保者今安在耶？必谓其有意误君，固为太过，而狂谬妄发，自许太过，祸人家国而不自知非，则虽百仪、秦不能为南海作辩护也。

至于任公，则自窜身海外以来，常以摧剥征伐政府为唯一之能事。《清议》《新民》《国风》，进而弥厉，至于其极，诋之为穷凶极恶，意若不共戴天，以一己之于新学③，略有所知，遂若旧制，一无可恕，其辞具在，吾岂诳哉！一夫作难，九庙遂堕〔隳〕，而天下汹汹，莫谁适主。盖至辛亥、壬子之交，天良未昧，任公悔心稍萌见矣。由是薰穴求君，思及朱明之恪孙，及曲阜之圣裔，乃语人曰："吾往日论议，止攻政府，不诋皇室。"夫任公不识中国之制，与西洋殊，皇室政府，必不可分而二者，亦可谓枉读一世之中西书矣。其友徐佛苏曰："革命则必共和，共和则必亡国。"此其妖言，殆不可忏，而追原祸始，谁实为之？

今夫中国立基四千余年，含育四五百兆，是故天下重器，不可妄动，动则积尸成山，流血为渠。古圣贤所以严分义而威乱贼者以此，伊尹之三就桀者以此，周发之初会孟津，而复散归者以此，操、懿之久而后篡者亦以此。英人摩理有言："政治为物，常择于两过之间。"（见文集第五卷）法哲韦陀虎哥有言："革命时代最险恶物，莫如直线。"（见所著书名《九十三年》者）任公理想中人，欲以无过律一切之政法，而一往不回，常行于最险直线者也。故其立言多可悔，迨悔而天下之灾已不可救矣！今夫投鼠忌器，常智犹能与之，彼有清多罪，至于末造之亲贵用事，其用人行政，尤背法理，谁不知之？然使任公为文痛詈之时，稍存

① 商君故智：《学衡》作"商君之故智"。
② 沮：《学衡》作"阻"。
③ 《学衡》无"于"。

忠厚，少敛笔锋，不至天下愤兴，流氓童骇，尽可奉辞与之为难，则留一姓之传，以内阁责任汉人，为立宪君主之政府，何尝不可做到？然则统其全而观之，吾国所全，顾不大耶？而无如其一毁而无余何也。

至于今日，事已往矣。师弟翩然返国，复睹乡纷，强健长存，仍享大名，而为海内之巨子，一词一令，依然左右群伦；而有清之社，则已屋矣，中国已革命而共和矣。徐佛苏之妖言，大虑终无可忏。《黄台瓜辞》曰："种瓜黄台下，瓜熟子离离。一摘使瓜好，再摘使瓜稀。三摘犹为可，四摘抱蔓归。"康、梁之于中国，已再摘而三摘矣。耿耿隐忧，窃愿其慎勿四摘耳。

夫袁氏自受委托组织共和以还，迹其所行，其不足令人满意者何限！顾以平情冷脑，分别观之，其中亦有不可恕者，有可恕者，何则？国民程度如此，人才消乏，而物力单微，又益之以外患。但以目前之利害存亡言，力去袁氏，则与前之力亡满清正同，将又铸一大错耳。愚以谓使国有人①，而以存国为第一义者，值此袁氏孤危戒惧之时，正可与之为约，公选稳健之人，修约法，损其政权，以为立宪之基础，使他日国势奠安，国民进化，进则可终于共和，退则可为其复辟，（此时亦不相宜。）似较之阳争法理，阴攫利权，或起于个人嫌隙之私，似有间也。

日长意恶，聊为老弟明之。赣中同志，如陈伯老者，可私示之，不必为外人道也。徐东海、段芝泉、严范孙诸人皆有良心，此外尚有孙慕韩辈数人，于去年动机，皆苦口相劝，而无效者。盖其长子战前赴德，先受从臾于威廉·亨利（亨利即从前劝醇王大揽兵权自固者，不择人进谋，可笑如此），而交民巷使馆中大有人劝进故也。黎、段两公，道德皆高，吾所佩服。（黎始则不受王爵，后则两次日本人备快车，密劝出京，受举为大总统，黎力拒之曰："吾已备榇，必死在京矣。"）

欧战，德必终凶。《周易》终无通诂，可先看王、程、苏三注，取

---

① 以：《学衡》作"故"。

触意绪而已。读《天演论》下篇，稍读《般若》《楞严》诸经，已足通晓，不必深入佛海也。欧战影响，遍于全球，便无近争，吾民已苦，况又竭泽，以为同室操戈之事。兵祸不解，后此康复，益复无望。吾惟祈死而已，尚何云乎？[①] 手叙不觉累纸，惟珍卫千万。

复白　四月四日
（1916 年 4 月 4 日）

三十一

纯如贤弟足下：

得四月廿六日赐书，读悉种切。项城去位，已成不可解免问题，所以迟迟者，特为去位布置，黎、段与新内阁诸公，求国中之勿糜烂而已，非拥护项城，求其继续存在也。项城末路如此，亦意中事。所谓帝制违誓种种，特反对者所执之词，而项城之失人心，一败至于不可收拾者，固别有在，非帝制也。就职五年，民不见德，不幸又值欧战发生，工商交困，百货踊腾，而国用日烦，一切赋税有加无减，社会侈靡成风，人怀非望。此即平世，已不易为，乃国体适于此时议更，遂为群矢之的。且项城自辛亥出山以来，因缘际会，为众所推，遂亦予圣自雄，以为无两。自参众两院捣乱太过，于是救时之士，亦谓中国欲治，非强有力之中央政府不可。新修约法，于法理本属无当，而当日反对之少，无他，冀少获救国之效已耳，而谁谓转厚项城之毒乎？

夫共和之万万无当于中国，中外人士，人同此言。杨、孙之议，苟后世历史，悉绝感情，出而评断，固亦未必厚非，故当其见邀发起，复告以共和、君宪二者孰宜，本无可议，而君宪既定，孰为之主，乃为绝对难题。而杨不待辞毕，幡然竟去，而明日报端，严复之名，已与李燮

<hr>

① “自帝制取消之后”至此，亦载《学衡》第 8 期（1922 年 8 月），列“（十八）”。

254

和胡瑛并列矣。自是之后，攀附之徒，变本加厉，以运动为正法，以粉饰为成功，极峰自诡，行且即真，对于群下，词色并异，恶异己而亲导谀，而事势遂陷于不可挽救之域矣。旧日心腹将帅，自段、冯以下，皆被猜疑，晋见之时，并无实言相告，虽亲戚故交，如徐如孙，皆以门面语相对付，而人心乃解体矣。夫众叛亲离，不亡何待？且帝制取消之后，即攀附者，亦各散场，项城虽留，此后谁与共事乎？故责任内阁成立，众人之心，亦谓项城不能不去，惟是新旧更迭之交，措注不可不慎，否则鱼烂瓦解，将成不可收拾之局，此其用心，亦云苦矣。然欲求免，此其第一关键，存乎财政；无奈借款之门，处处皆为日本堵塞，焦思困虑，不知所以支持。鄙人尚困在京，亦惟坐视覆舟而已。事权固不我属，虽属亦无从补救也。大抵世人于事，及之乃知，履之乃艰。往者前清当路，群相訾謷，以为去彼，曙光遂出，乃今何如？此时则一致驱逐洹上，夫洹上固不足惜，然而洹上果去之后，能否不争权利，息事宁人，俾吾国稍有喘息之地，以为瓦全，留一线生机，勿畀强邻以渔人之利者，吾弟烛照数计，能为我决一言乎？

中国南北报纸，皆属机关。《亚细亚报》自经政府利用之后，所谋失败，信用自属全无；而《顺天时报》，又系日本机关，此时专以倾袁为目的，欲求纪载较实，议论较正者，殆绝无也。段、黎诸公，居心实无它肠，自道德言，当为海内所共信。特当此一发千钧之会，其干略足倚与否，则真不敢言耳。梁、叶、顾、朱诸人，不必论矣。[1] 手此奉答，即颂

仁安。

复白　五月二日

（1916 年 5 月 2 日）

---

① "项城去位"至此，亦载《学衡》第 10 期（1922 年 10 月），列"（十九）"。

三十二

纯如贤弟执事：

十九日得十四日赐书，所以开慰鄙吝者不少，然犹恨相隔在远，心之精微，非笔墨所能罄。致贤者于鄙陋之愚，心知之，尚有所未尽也。

夫仆之不满意于洹上，而料其终凶，非一朝夕之事。不独乙巳季廉之函，可以为证，即自庚子以后十余年间，袁氏炙手可热之时，数四相邀，而仆则萧然自远者，可以见矣。辛亥改步以还，沧海横流，瞻乌谁屋，其窃糈政界者，所谓援止而止；援止而止者，不屑去也。至于去秋，长沙杨皙子以筹安名义，强拉发起，初合〔会〕之顷，仆即告以共和、君宪二体，孰宜吾国，此议不移晷可决，而所难者，孰为之君。此在今日，虽有圣者，莫知适从，武断主张，危象立见。于是请与会而勿为发起。顾杨不待吾辞之毕，飘然竟去，次日报纸已列吾名。至杨以书来谢，谓极峰闻吾与会，极深欢悦云云，则灼然早知其事之必不轨于正矣。由是筹安开会，以至请愿，继续劝进庆贺，仆身未尝一与其中。任公论出，洹上谋所以抵制之者，令内史夏寿田诪诪发言，主张帝制，仆终嘿嘿，未赞一辞。然则区区私旨，可以见矣。不幸年老气衰，深畏机阱，当机不决，虚与委蛇，由是严复之名，日见于介绍，虚声为累，列在第三，此则无勇怯懦，有愧古贤而已。过是以往[①]，犹皎然也。

且事之初起也，仆固泊然，而攀龙附凤者，势不可当。不独主帝制者，几于通国一致；即谓皇帝非洹上莫属者，亦繁有徒。威胁利诱者，固未尝无，而发于本心，惟恐不得与赞成之数者，亦接迹而踵起。何则？人心趋利，而附膻者众也。当是之时，使洹上顾诹誓言，听民表之自择，而禁制群下之发踪，则进退绰然。以仆策之，其安然以大多数之

---

① 以：《学衡》作"已"。

赞成而为帝久矣。老氏不云乎："将欲取之，必固予之。"惜乎洹上之未闻此义也。及乎滇、黔执言之后，中央行事，几于无举不乖。迨夫兹春，已成不可复挽之局。洹上势成骑虎，而南中首事者，虽有暂行息争之思①，而权力又不足以指挥群党。夫事势至此，一姓一党之利害存亡，均不足道，而祸之所中者，必在吾国，深恐求瓦全而犹难。此仆所蚤夜惊心，而不知死所者也。

吾弟谓："国人近亦颇知改悔，似断不至蹈辛癸覆辙。"果如斯言，宁非四百兆人民之福？特是患生多欲，人心难测。仆阅世四十年，深知世人根性，终觉其分数为甚少耳。且吾弟须知此时欲洹上之去者，不独南方诸公已也，即冯、李、靳、段诸帅，以至新立之内阁，亦皆以洹上之去为目的者，其未加迫胁者，求勿乱也。盖项城之反对众矣，而最制其死命者，莫如日本；洹上之危机夥矣，而莫厉于暗杀之传言。惟日本反对，故财政无复活之机，而百为皆废。十三日，梁士诒倡停止付现之院令，盖以逢洹上之意，欲取中国银行豫备金，以为济急之计。乃京、津而外，举不奉令，则事已全反其所期，而徒为益热益深之败着，余则无论何涂借款，日本皆有力败之。夫财为养命之源，小己已然，而国家尤甚。洹上自就职以还，于中、交两行，其亏负显然可指者，过四千万，而黯昧通挪，经梁士诒、叶恭绰为之腾攫者，尚过此数。夫吾曹终日忧嗟②，为国怀破产之惧，而洹上则长作乐观，泥沙挥霍，小人逢长，因而啜汁促訾，是其宜败久矣。

且自辛亥改步以来，洹上之得有首位者，无他，旧握兵权，而羽翼为尽死力故也。生性好用诡谋，以锄异己。往者勿论，乃革命军动，再行出山；至今若吴禄贞，若宋教仁，若赵秉钧，若应桂馨，最后若郑汝成，若张思仁，若黄远庸，海宇哗然，皆以为洹上之所主使。夫杀吴、

① 有：《学衡》作"为"。

② 嗟：《学衡》作"叹"。

宋，虽公孙子阳而外之所不为，然犹有说①，至于赵秉钧、郑汝成，皆平日所谓心腹股肱，徒以泄秘灭口之故，忍于出此，则群下几何其不解体乎？事极冥昧，非经正式裁判，吾曹固不敢遽以为真，然即此谣传，已足致众叛亲离之恶果。又况段祺瑞去秋辞职之后，数见危机，寝馈之间，不遑宁处，人间口语，怪怪奇奇。嗟夫！洹上父子之间，仅十余人耳，左右虽亲，炎凉变态，利尽则交亡，即欲长此不去，谁与共排难乎？夫求之财政则如彼，察之人心又如此，此虽以魏武、刘裕当之，殆难为力，矧乎非其伦耶？且洹上自就职以来，于中国根本问题，毫末无所措注。即以治标而论，军旅素所自许，而悍兵骄将、军实战械，皆未闻有统一之规；至于财政，则比之清世，尤为放纷，加之影响欧战，民生憔悴极矣，是以前书颇为速了瓦全之论。盖吾曹以安国为前提，又以袁氏席已成之势，姑予终任，所全必多，国安而后，徐图所以更始者，或有望也。惟今此节既不可为，固以洹上早去为最利，而后顾茫茫，或因此而成乱局，亦吾国运与吾民程度应历之境界，天实主之，无如何也。

西林自是君子一路人，然仆读中西历史，小人固覆邦家，而君子亦未尝不失败。大抵政治一道，如御舟然，如用兵然，履风涛，冒锋镝，各具手眼，以济以胜为期；能济能胜，然后为群众所托命。道德之于国君，譬诸财政家之信用，非是固不可行，然而乃其一事，而非其全能也。②独居无事，适得来书，不觉絮缕，惟珍卫千万。

复白 五月十九日

（1916 年 5 月 19 日）

---

① 有：《学衡》作"为"。

② "夫仆之不满意于洹上"至此，亦载《学衡》第 10 期（1922 年 10 月），列"（二十）"。

三十三

纯如贤弟惠鉴：

得一日书，所言甚有见地，但去年初发动时，事势与前后绝不同，赞成者期于多数而已。人心趋利，临举固自难言。鄙人非无所见，而妄发者，且即使不成，沪上进退，岂不绰绰，而缘此大重于五洲乎？其不出此，不徒沪上之败，而亦吾国之厄运也。本日巳刻，闻此老已薨于位。（外间尚秘未发。）末路如此，岂非大哀？后此国事，思之令人芒背。

贤弟所列诸先生，皆君子善人，鄙人素所仰者。然倘令把舵谋国，真不敢信，独陈峥庐天分过人，心量阔阔，或可充一席耳。

复辟之议甚佳，而为民党洋学生所反对。辛亥尚可行，今持此议，非外交中有绝大助力，不敢必也。（此番沪上之死，亦死于日本人耳，南北诸反对，皆不成问题，须知。）

演说大稿，雒诵叹服，略疥数字于端，见此等虽用新名词、新譬喻，其实皆旧说也。能用新眼光看吾国习见书，而深喻笃信之，庶几近道矣。老弟以为何如？

六月六日　复白
（1916 年 6 月 6 日）

三十四

纯如贤弟执事：

得十日赐书，复悉种切。贵省学界得贤弟主持，义胆轮囷，训辞深厚，但使百人听闻，有一二人感动，其于此国前涂，所造为不小矣。锲而不舍，鬼神相之，顾勿懈也。

来教谓"此后所难收拾，不在南方，而在徐皖奉天握重诸帅"，此

259

诚破的之论。微闻徐帅有复辟之倡，此议果行，大非旧朝之福。鄙意亦即为此。所谓大无知识，不知今日为何世，法律为何物，感情用事，纵恣自如，此语悬诸国门，殆无一字可易。虽然，此类军人，亦惟在中国始能存立耳，稍与节制师遇，无不披靡。日本有某将官尝言："军人娶得美妻，殖产至数十万金，其人即非军人。"然则歌童舞女，列屋环侍，偷粮蚀饷，至数百千万，其人尚有军人资格耶？

复尝以洹上为无望者，并非向根本上责备，但见得权行政以来，彼所自许擅长之军政，所常抱乐观之财政，四五年来，但愈梦乱，则其他又何望乎？今日如此下台，未始非天相吾国，亦未始非洹上之幸也。但所可忧者，吾国政界，往往应于俗谚，所谓"一蟹不如一蟹"。今日隔碍，似不在南中起义发难诸公，而在海上五花八门之诸政客。渠辈今日所要求者，一规复中山之约法，二召集洹上所解散之参、众两院，三惩治帝制祸首。此其用意不察可知。他日走到极端，自然反对蜂起，又成武力解决问题。山谷诗云："夜来已是风和雨，更着游人撼落花。"从此吾国之有存者几何，贤者可想见尔。

更有进者，现时烧点，无逾财政。政府百方乞贷，皆无成议。美款将次告成，经唐某电沮，谓国会未召，约法未复以前，切勿借与，美资本家居然听之。日本之意，则欲我独向彼中借贷，但肯经济同盟，或许其监督财政，六七千万，唾手可得。此自卖国政策，不独政府不敢任责，即欧美诸国，亦暗中反对甚力者也。虽然，自院令中交停止付现，而政府各机关勒付现金以来，吾国度支之纷，底里尽露。中国人无管理财政之道德能力，竟成无可驳复辩护问题。现前烧点，非借贷不能解决。而借款自唐氏比款以来，久成话柄，故"监督财政"四字，无论如何，终成事实，则不为埃及、朝鲜之继者，殆亦仅已。呜呼！中国之亡，人人有责，然其催促于粤人者，盖不少矣，悲夫！①

　　贱躯日益羸〔羸〕敝，浮寓京华，于人己两无所益。所未归者，惮涉暑耳，稍待秋凉，便拟浩然长往。但不知此数月中，沧海横流，又何若耳。临风写寄，不尽欲言。此讯

近好，新暑珍卫千万。

复白　十五

（1916 年）

三十五

纯如贤弟执事：

　　八日都下盛倡惩办祸首，不分皂白，儿子辈劝令来津暂避，乃于望门投止之时，得奉赐书，慰幸慰幸！然颇怪吾弟于时局之动机，但观表面，而未深察其隐微也。夫袁氏不度德、不量力，（太史公《秦楚之际月表》谓：周以德若彼，秦用力若此，盖得天下如斯之难。）不觇外交，而规取神器，以其背誓违法，而滇、黔独立，犹可言也；至袁氏取消帝制，而滇、黔之独立如故，不可言矣。然谓其已失总统资格，勒令退位，而后取消独立，犹可言也；至袁氏出缺，副总统即真而独立如故，不可言矣。再进则曰"恢复约法"，则曰"召集国会"，则曰"惩办祸首"。虽究竟合法与否，论者尚有异言，然亦犹可言也。至于种种曲从，而军务院尚存，海军忽告独立，此复成何国家耶？（揭开天窗说亮话，人人争权利耳！）吾弟谓国势渐臻统一，此言无乃太早计欤？

　　复生平浪得虚名，名者造物所忌，晚节末路，固应如此。不过人之为此，或得金钱，或取好官，复则两者毫无所有，以此蒙祸，殊可

---

　　①　"来教谓'此后所难收拾……'"至此，亦载《学衡》第 10 期（1922 年 10 月），列"（二十一）"。

261

笑耳。

　　总之，将亡之国，处处皆走极端，波兰前史，可为殷鉴。人人自诡救国，实人人皆抱薪厝火之夫，他日及之后知履之后艰，虽痛哭流涕，戟指呵詈其所崇拜盲从之人，亦已晚矣，悲夫！[①] 书不尽意。此讯暑安。

复白　七月十五日在津寓寄

（1916 年 7 月 15 日）

三十六

纯如贤弟执事：

　　承十五日赐书，具征关爱。国事羌无可言，东邻眈眈，幸灾乐祸，而举国狂子，大抵为虎作伥，而不自知，即梁、蔡诸公，佣中佼佼，顾异日事见，亦将深悔所为，特无及耳！

　　欧战英、法、俄、意虽有进步，然德殊不易败，欲睹结局，尚不知当糜几许金钱，当残若干生命。文明科学终效，其于人类如此，故不佞今日回观吾国圣哲教化，未必不早见及此，乃所尚与彼族不同耳。[②]

　　秋冬间极欲归省邱墓，但体力日衰，遄行亦殊不易。果专一壑，自当以居址相告也。

　　唐山工校，近已易长，中国亦无他校可令子弟执业。拟明春勉竭囊底，送三小儿出洋，欧战未终，舍美洲亦无可赴也。

　　张海六近亦少见，大抵尚住邑馆。尊处如致缄与之，但寄分宜邑

---

　　① "八日都下盛倡惩办祸首"至此，亦载《学衡》第 10 期（1922 年 10 月），列"（二十三）"。

　　② "国事羌无可言"至此，亦载《学衡》第 12 期（1922 年 12 月），列"（二十四）"。

馆，必可达也。承答。即颂

秋祺，诸惟爱照。

复白　八月廿一夕泐

（1916 年 8 月 21 日）

三十七

纯如贤弟讲席：

　　得廿六日惠缄，诵悉种切。所论袁系督军联盟一节，诚如所言。然此系后此之于社会有力与否，全视现日当路者举措之何如。假如国会民党诸公，鉴前日之覆车，痛国亡之无日，恻怛至诚，一循正轨，信用渐立，海内归心，则不战屈人，彼辈势力，自逐渐消归乌有；如其不然，则骄兵暴民之间，彼此势力消长，正未易定也。复尝谓：奉新诸人，其为物，本是不容于尧舜之世，然当俶扰否塞之秋，有时翻有一割之用，譬如礞石、大黄，本为有毒，而痰乱者，乃非此不苏。至于耗斫元气，不及计矣。今且为左右述所闻奉新之一事，可乎？当民国二年，周子廙为山东都督，而奉新驻徐。彼时山东省议会，急于筹款。或建议孔林暨四配诸墓，森林最茂而古，若斩伐出售，得款当不訾。群不逞得此，以为奇策，已通过矣。衍圣公闻而大惧，急谒周督，周督之视鲁叟，固亦泛爱，告之曰："我行政官也，无术沮此，文来有执行耳。"衍圣公不得已，乃乞援于奉新，奉新奋髯抵几曰："鼠辈敢尔！"明日派兵三百守孔林，下令曰："有敢动一草木者①，杀无赦，不问都督议长也！"二千年先圣坟冢，用此幸获瓦全。夫当此洪猛泛滥、人欲大肆之秋，孔孟势力，固不足道，然保全数千年古迹，各国所同。奉新所为，不于未死人心稍有当乎？是故吾弟所訾之骄奢淫佚，贪酷暴戾，无知无识，吾皆以

---

　　①　敢：《学衡》作"欲"。

263

为有然，然孰使此类之人于社会有势力，而为人所归附者？民党诸公，宜自反也。

贤者谓："方今世界大通，欧化输入，如风如潮，莫可遏止。"吾国游学东西者，岁达万人，劣败优败〔胜〕①，此宜代兴，虽吾亦以为应尔。然所可异者，外国报章，于此类新进，往往排击，不遗余力，以谓全顾私利，必祸国家。而于吾人所深恶痛绝之项城，则伦敦《太晤士》于其死日，登一极长论说，谓："惟此人能了东方之事，惜其无禄，而不知中国之乱何时已也。"其论调之不同如此。此其故亦可深长思矣。往者突厥，群称近东病夫，至十九稘末造，毅然变法，于是有少年突厥之特称，列邦拭目观其变化，佥谓："自兹欧、亚接壤中间，将必有崛兴之强国矣。"顾乃大谬不然，数年之间，埃及、巴尔干群属几尽，而最后乃不量德力，为维廉所利用，屈指年月，更绘舆图，不独欧洲，必无回部，即在安息、大食之间，亦不知占得幅员几许。是故变法而兴者，日本也；变法而亡者，突厥也。天时地利人事，三者交汇以为其因，此中消息至微。惟狂妄者，乃敢矢口高论耳。若奉新与类乎奉新者，固将有最后之失败，归天然之淘汰，然此物之能存立于吾国者，与卤莽灭裂之新党，犹阴阳二电然，使阳者不消，则阴者亦无由退，此又决然不待蓍蔡者矣。

吾辈托生东方，天赋以国；国者其尊如君，其亲如父。今乃于垂老之日，目击危亡之机，欲为挽救之图，早夜思维，常苦无术。又熟知世界大势，日见半开通少年，于醉梦中求浆乞酒，真使人祈死不得。所绝对不敢信者，以中国之地形民质，可以共和存立。梁新会亦谓："共和必至亡国。"而求所以出此共和者，又断然无善术。呜呼！今乃知当日肆口击排清室，令其一毁无余者为可恨也。《传〔诗〕》曰："无易由

---

① 败（后一个）：《学衡》作"胜"。

言。"往者不可追矣，来者期与贤弟辈共慎之而已。①

令子叔达，欲入税务学校，此缄须与财部中人求之，其当事人与复不稔也。

兹谨为诸郎拟字如左：

正球，字法士；正珆（此字似珆，然字书无珆字，拟改作……）琨，字武贤；正玑，字次圆；正珽，字终葵；正瓅，字无择（择古通斁）。

复白　八月卅日

（1916 年 8 月 30 日）

三十八

纯如贤弟执事：

昨得七日赐缄，树义坚确，项城有知，当亦俯首受判。但问今日局面不可收拾之所由来，则其原因至众，项城不过因其势而挺之而已，非造成此势者也。若论造成此势，则清室自为其消极，而康、梁以下诸公为其积极，二者合，而大乱遂有不得不成之势②。至于元二诸公，所谓推波助澜，而其身亦在旋涡滚浪之中，欲不为然，或不可得。光、宣之间，朝宁所为，几无一事不足亡国。而归极于武昌失守，不杀瑞澄，撤回荫昌，起用袁氏。来书谓"使冯军当日乘胜渡江，则革党让步，君宪可成"。斯言固也，但袁氏胸中，固已早有成竹。且袁令唐绍仪率领议和团赴鄂转沪，其意亦欲藉此以观众议所归。乃唐一与民党伍廷芳开谈，立刻造成共和之局，则袁氏初旨本不如是，而亦半为唐氏所卖者也。至唐挟此款入宁，为袁运动孙文之辞职，而以总统属袁，继斯以

---

① "所论袁系督军联盟一节"至此，亦载《学衡》第 10 期（1922 年 10 月），列"（二十二）"。

② 有：《学衡》作"为"。

往，所谓怙过遂非，忍而成之，其势非帝制自为不止。袁氏诚无意于以旧物奉还满人，而满人之所以无望于复辟者，则人心已去，一及前云，则国中反对者蜂起故也。

夫满清入关，以东胡种人而为中国之主，比较而论，其暴君乱政，以视朱明、胡元，要为稀少。而一旦奸臣欺其寡幼，臣民之中绝少为之太息扼腕者，虽曰自取，而向来执笔出报诸公，不得不谓其大有效力耳。往者杭州蒋观云尝谓：梁任公笔下大有魔力，而实有左右社会之能，故言破坏，则人人以破坏为天经；倡暗杀，则党党以暗杀为地义。溯自甲午东事败衄之后，梁所主任之《时务报》，戊戌政变后之《清议报》《新民丛报》及最后之《国风报》，何一非与清政府为难者乎？指为穷凶极恶，不可一日复容存立。于是头脑单简之少年，醉心民约之洋学生，至于自命时髦之旧官僚，乃群起而为汤武顺天应人之事。迨万弩齐发、堤防尽隳，大风起而悔心萌，即在任公，岂不知误由是。则曰："吾所极恶痛绝者政府，至于皇室，则向所保护者也。"嗟嗟任公！生为中国之人，读书破万卷，尚不知吾国之制，皇室政府不得歧而二之，于其体，诚欲保全；于其用，不得不稍留余地，则其误于新学，可谓深矣。大抵任公操笔为文时，其实心救国之意浅，而俗谚所谓出风头之意多。庄生谓："蒯聩知人之过，而不知其所以过。"法文豪虎哥（Victor Hugo）谓："革命风潮起时，人人爱走直线；当者立糜①。"德文豪葛尔第（Goethe）戏曲中有鲍斯特（Dr Faust）者②，无学不窥，最后学符咒神秘术，一夜召地球神，而地球神至，阴森狞恶，六种震动，问欲何为，鲍大恐屈伏，然而无术退之。嗟乎！任公既以笔端搅动社会至如此矣。然惜无术再使吾国社会清明，则于救亡本旨又何济耶？且任公不亦曰"共和则必亡国乎"？然今日最难问题，即在何术脱离共和。不佞

---

① 糜：《学衡》作"靡"。
② 葛尔第：《学衡》作"哥德"。

垂老，百思羌无善术，黎、段二公，道德皆高，然救国图存，断非如此道德所能有效，何则？以柔暗故，天下惟忘机能息机，此言固也。但立国群强之间，当民心喧阗之顷，岂是忘机遂能出险！自吾观之，则今日中国须有秦政、魏武、管仲、商君，及类乎此之政治家，庶几有济。不然，虽季札、子臧，吾辈亦相率为虏。

总之，今日政治惟一要义，其对外能强，其对内能治，所用方法，则皆其次。惜贤弟不能读 Machiavelli（墨迦维黎）与近人 Treitschke（脱雷什奇）两氏之书，如能读之，则议论当少异此耳。夫孟子谓："行一不义，杀一不辜，虽得天下不为。"此自极端高论，殆非世界所能有。然吾所恶于袁氏者，以其多行不义，多杀不辜，而于外强内治两言，又复未尝梦到。观其在位四年，军伍之不统一，财政之纷乱，夫治标乃渠侪最急之图，尚是如此，至其他根本问题，如教育、司法等[1]，不必论矣。此吾所以云："即使皇帝做成，于吾国犹无望也。"袁氏四年中，行事所最为中外佩服者，即其解散国会一事，谓其有利刃对乱麻之能，而抵制日本要求不与焉。

来教谓："议员皆忧患余生，经一跌而长一智，必能平矜释躁，相与有成。"果尔，自是吾国之福。然不佞就近观察，尚不敢遽为是言。此次元首内阁与项城政府，原有刚柔坚脆之分，党人宗旨，在于猎官，在于植党。猎官植党，别有涂术，非捣乱所必得也，则又何乐而为之？嗟乎！患生于多欲，而人心难测，贤者勿遽下十成死语可耳。[2]

八郎名字原作"玴"，查字书无有，是以借〔替〕易作"琨"，如已有用者，鄙意可易作"珑"。《说文》："珑，祷旱玉也。"与名相应，可字时雨。同学录照题并寄。昨晤慕韩，令侄云台从以送叔达入学，将有

---

① 等：《学衡》作"尤"。
② "昨得七日赐缄"至此，亦载《学衡》第 12 期（1922 年 12 月），列"（二十五）"。

京邑之行，信乎？此问
近祉。

复白　九月十日
（1916 年 9 月 10 日）

三十九

纯如贤弟执事：

　　启者，不佞平生答复友人书札，惟于吾弟为最勤，此非有所偏重于左右也。盖缘发言质直，开口见心，所不谓然，即于师友之间，无所鲠避，不为世故敷衍之语，故与之辩论，容易见极，一也；闻善则从，无丝毫护前求胜之思，聪锐既足以知言，诚恳惟衷于一是，愤悱之意，使人不为罄尽而不能，二也；至于悲天悯人之意，爱国保种之真，好贤若饥渴，疾恶如鹰鹯，即有过失，亦出于见理之未精，而非由于私欲之为用。不佞阅世数十年，求之交游之中，殆不多觏，此所以尊书朝颁夕答，常复累纸，所言虽不足为吾子之导师，而区区爱惜应求之心，亦可见矣。

　　平生于《庄子》累读不厌，因其说理，语语打破后壁，往往至今不能出其范围。其言曰："名，公器也，不可以多取；仁义，先王之蘧庐也，止可以一宿，而不可以久处。"庄生在古，则言仁义，使生今日，则当言平等、自由、博爱、民权诸学说矣。庄生言："儒者以诗书发冢。"而罗兰夫人亦云："自由，自由，几多罪恶假汝而行。"甚至爱国二字，其于今世最为神圣矣。然英儒约翰孙有言："爱国二字，有时为穷凶极恶之铁炮台。"可知谈理论人，一入死法，便无是处。是故孔子绝四，而释迦亦云："如筏喻者，法尚应舍，何况非法。"

　　康、梁生长粤东，为中国沾染欧风最早之地，粤人赴美者多，赴欧

268

者少，其所捆载而归者，大抵皆十七八世纪革命独立之旧义，其中如洛克、米勒登、卢梭诸公学说，骤然观之，而不细勘以东西历史、人群结合开化之事实，则未有不薰〔熏〕醉颠冥，以其说为人道惟一共遵之涂径，仿而行之，有百利而无一害者也。而孰意其大谬不然乎？（此说甚长，留为后论。）任公文笔，原自畅遂，其自甲午以后，于报章文字，成绩为多，一纸风行海内，观听为之一耸。又其时赴东学子，盈万累千，名为求学，而大抵皆为日本之所利用。当上海《时务报》之初出也，复尝寓书戒之，劝其无易由言，致成他日之悔。闻当日得书，颇为意动，而转念乃云："吾将凭随时之良知行之。"（任公宋学主陆王，此极危险。）由是所言，皆偏宕之谈，惊奇可喜之论。至学识稍增，自知过当，则曰："吾不惜与自己前言宣战。"然而革命、暗杀、破坏诸主张，并不为悔艾者留余地也。至挽近中国士大夫，其于旧学，除以为门面语外，本无心得，本国伦理政治之根源盛大处，彼亦无有真知，故其对于新说也，不为无理偏执之顽固，则为逢迎变化之随波。何则？以其中本无所主故也。

来书所论反对复辟一节，于社会心理最为精审。更谓此辈人数虽众，大都富于消极之道德，乏于积极之勇气，尤为洞见症结之谈，令人欣叹无已，何其言之与复持论，叠矩重规至如此也。吾人不善读书，往往为书所误，是以以难进易退为君子，以隐沦高尚为贤人，不知荣利固不必慕，而生为此国之人，即各有为国尽力之天职。往者孔子固未尝以此教人，故公山、佛肸之召，皆欲往矣。而于沮溺之讥，则云："天下有道，某不与易。"孔子何尝以消极为主义耶？夫陶渊明可谓与世相遗极矣，然读黄山谷《宿彭泽有怀陶令》一首，乃知贤者用心，固非时俗所能妄测耳。须知世局国事，所以至于不可收拾如今日者，正坐此辈人纯用消极主义，一听无数纤儿撞破家居之故。使吾国继此果亡，他年信史平分功过，知亦必有所归狱也。

来书谓报载某某五督军请解散参、众两院，此事如演为事实，恐酿成第四次革命。此事结果，殆难预言，即知之，亦不忍言也。解铃系铃，亦惟即在参、众两院而已！① 目冥意倦，不能多谈。手此，敬颂讲安，不具。

复白　九月廿二日

（1916 年 9 月 22 日）

四十

纯如老弟讲席：

和轩来，得十月初三日赐缄，并属书联纸等。和轩朴茂端谨，诚如来书所称，加以历练，定能有补国事。江西熊氏，可谓多才，令人欣羡无已。已为绍介澜生总长处，但不知能邀破格关垂否耳？楹帖照书加跋，亦交和轩带去，所寄藏经笺，薄而拒墨，辄易宣纸写去，想不讶也。迩来脱身政界，生事颇苦窘乏，长此以往，行为庚癸之呼，顾亦只得听之而已。

国事如病痨瘵，人人知其不久，但不识决疢溃痈之日，究竟作何情状。目下如内务孙洪伊之被控受判后，抵死不肯辞职；又中交兑现问题，外交唐绍仪被逐，内阁提出陆、汪，民党于国会作梗，坚持不为通过；郑家屯之案未平，天津老西开又告法人逐警风潮；徐州会议表示意见之后，偃旗息鼓，张、倪辈不闻何等进行，未必非合肥弹压之力，乃党人百计摇撼，必欲去之，以遂唯我欲为之画②。府院亦意见日深，黄陂良愿有余，于政体、国是、民情、外势，皆无分晓，以傀儡性质兼负

①　"平生于《庄子》累读不厌"至此，亦载《学衡》第 12 期（1922 年 12 月），列"（二十六）"。
②　画：《学衡》作"计划"。

乘之讥，覆餗偾车，殆可前决；段氏坚确，政见较黎为高，然爱惜羽毛，无为国牺牲一切之观念。参、众两院数百人，什九皆为下驷，党人饭碗是其唯一问题，即诘旦国亡，今日所争，依然党利，甚矣！会众愚不能成一智，聚群不肖不能成一贤，所言之无以易也。总之，此局必不可长，内溃外侵，迟速必见乱，且与共和相终始，今乃叹孙、黄、洹上流毒之无穷也。

近日复颇有文字刊登京中新出之《公言报》，老弟曾见之否？如欲阅看，当嘱寄呈。辰下京、沪报社，大抵皆粗识之无党人，借此向其党中领资度日，以造谣播讪攻击所反对者为目的，钱尽则事终，故虽如麻而起，而不久都尽。前刚子良目此等为斯文败类，诚哉其为败类也。①

老弟舍身忘家，以教育后起为己任，此真圣贤用心，而为国之洪福。不佞浮沉政界，到老无成，每怀高谊，令人增怍。寒风骤发，喘咳加前。临纸不尽偪〔愊〕亿，惟珍卫千万。

复白　十月廿五
（1916 年 10 月 25 日）

四十一

纯如贤弟如见：

得前月卅日赐缄，已嘱《公言报》社寄往一份，并将前此各号，择其有论说者，汇寄呈览矣。

北方政局危如累卵，譬如病瘵之家，人人知其必死，但不识属纩时，当作何等变证耳。内务长孙洪伊以违法为简荐任部曹所控告，平政

---

① "国事如病瘵瘵"至此，亦载《学衡》第 12 期（1922 年 12 月），列"（二十七）"。

院判将部令取消奏当后①，孙既不副署，又不辞职。于是总理起而辞职，而阁员从之。黎总统既不敢将孙免职以开罪党人，又不允段等辞职，惟日盼徐东海来京，作为调人。而徐闻又未必出，于是内阁机关有不进行之势矣。外交总长缺，唐绍仪以中外反对，不敢就职。之后内阁提出陆、汪，参、众皆不通过，声言必得温宗尧、王宠惠，而后予之，而总理又不肯为是，于是外交重职缺席至今。虽前有兼署之陈锦涛，后有代理之夏诒霆，皆不任责；而天津老西开又出法人逐警之事，津民聚而哗之，至今未得所以对付之术。星星之火，或至燎原②，此则外交之势不可终日者也。

近者财部年少贪劣之徐恩元为中国银行总裁，以不及千万之现银，对〔兑〕将过二千万之钞票，侥幸攫利，怂恿政府下令定期兑现；既兑现矣，而兑者麇至，已无以应之，虽得盐款拨付五百万，犹无济也。恐破产即在目前，政府经济将愈涸竭。闻其所以为此者，以徐先用行库现金购收票张八折余者数百万，急欲兑现，以发此数十万之财。又观天津等处兑现后，来兑者不甚踊跃，以为可以侥幸干没，不至搁浅，而孰意其大谬不然耶？本早闻徐吐血，计为兔脱之事，恐不能脱也。平情而论，徐乃法国游学生，年刚三十，入仕以来，时评本劣，陈澜生以其系在南洋公学时学生，信而用之。陈为财政总长，则此次中行失败，陈自当负全责也。

以上三者乃政界火急近事，令人殷忧，不知如何流变。至于国会种种主张悖谬，且无暇细及也。（其通过冯国璋，乃离异北系军人作用，人亦尽知。）任公演说亦与鄙意正合，（京中稍有识者，言无不然，而党人独否。）但当局人才如此，亦恐发不出甚么异彩来。徐树铮人尚老辣有干，其饱受

---

① 奏：《学衡》作"甚"。
② 或：《学衡》作"盛"。

抨击，自系党派关系。子产、荆公固不敢许，亦不敢妄下定评也。①

前楹联已交华宗持去，不识已寄到否，旁加跋语，所谓寸莛制钟，不知有当尊意否也？复浮寄京师，无所事事，欲行回南，不特费巨不任，而多病之躯，亦不堪劳碌。居此耳目日受时局激刺，真不觉有生趣也。草草手答，即颂

时佳。

复白　十一月三日

（1916 年 11 月 3 日）

四十二

纯如贤弟执事：

得十一月廿二赐书，久未裁答，歉然于怀。伏审《公言报》纸业已寄到，鄙作数篇，承览不以为无当，私慰无穷。

吾国际阳九百六之运，当人欲极肆之秋，黎、段两公实皆不足撑此政局。当洹上谋鼎晖台，两人之声誉极高，而不佞早知其不逮，尝于前笺稍复宣露，不知左右尚复记忆与否？可知邦基陧杌，其能闳济艰难，拨乱世而反之正者，决非仅仅守正高尚，如今人所谓道德者，有以集事。当是之际，能得汉光武、唐太宗，上之上者也；即不然，曹操、刘裕、桓宣武、赵匡胤，亦所欢迎。盖当国运漂摇，干犯名义是一事，而功成治定，能以芟夷顽梗，使大多数苍生环堵有一日之安，又是一事。此语若对众宣扬，必为人人所唾骂。然仔细思量，更证以历史之前事，未有不爽然自失者也。

任公、松坡与唐、任辈倡义西南，以责洹上之背约，名正言顺，虽

---

　　① "北方政局危如累卵"至此，亦载《学衡》第 12 期（1922 年 12 月），列 "（二十九）"。

273

圣人无以非之。所不解者，袁氏自亡之后，不急出以把持国柄，除苛解娆，以建设共和不倾之国体，尔乃陁然隤然，一听元二乱党所欲为，以成此麻痹不能进行之政局。然则当日起事，固未尝原始要终，自诡作如何之收束，而只以感情意气，或有所不便于己，而反抗之，名为首义，实祸天下。嗟乎！若今日之政局，真《诗》所谓“譬彼舟流，不知所届”者矣。此非不佞私言也，试观西文各报，半年数月以来，于民党固无怨辞，而亦有只字片词赞颂梁、蔡所为者乎？则旁观心理可以见矣。

论目前势力，国会中只有民党，而进步党反着着失败。内阁提出任可澄以补孙洪伊内务之缺，竟不得同意之通过。而段总理则以军人超然徒拥虚位，名曰“责任内阁”，而上则阴受府中丁、郭诸人之掣肘，中则有同床各梦之国务员，下则有独顾党利，不认余人之院党，五洲万国有如是之总理，而政府能存立进行者乎？且吾更不知此次敦逼东海晋京，果为何事，岂孙洪伊之免职，必得东海而后有交换之[①]？徐树铮徒言合肥不可去位，而如是政局，段虽在位，能用何人，能办何事乎？夫当日段总理之克邀议院同意，而今日一言去位，则黄陂必加挽留者，非曰重其人才、望其操持国柄也，无他，以之羁縻十三督军而已！十三督军之中，张、冯为大，故党人本计欲趁合肥一日未去，急谋所以收罗张、冯者。冯既与之以副总统矣，而张之门亦时有说士之迹，大抵俟两人入彀，则党人之弃合肥如涕唾耳。闻近者孙中山坐索政府贴费二百四十万元，山东吴大洲解散费百六十万（闻此两件国务会议已与通过），其他如钮永建诸人皆有所求索，通计约六百余万。人言凡此皆豫备军用，以为对待北洋各军队之资，而本日西报则云“外间与民党反对之众，图谋亦业已成熟，早晚北京必有极大之孤得达（法语政变）”云云。果如是

① 之：《学衡》作“之方”。

云，则其去第五次革命之期又不远矣。呜呼，吾国吾民何不幸耶！①

戚公升淮，复心仰最久，其在闽善政，讫〔迄〕今闽人称道勿衰，贵省得如此长官，真是地方之福。

《国闻日报》见于戊戌，当时同志有定海王菀生（修植）、泉唐夏穗卿（曾佑），而译稿或出海军学生之乎？李木斋当日不知受何人之嗾，乃以白简相加，复于召见时，清德宗尚以此为问也。

《公言报》成立不逾百日，销数至数千分〔份〕之多，且日增未已。然以此遂蒙党人之忌，又以痛论中行情弊，陈澜生与徐恩元咸大恶之，黄陂亦以锄之为快。昨因登布美款条约，政府指为宣泄秘密，必究物所从来；而不知同日登刊者，尚有《顺天时报》与他报，不问他报而独问《公言》，何也？拉杂奉答，不足为外人道也。此颂

冬祺。

复白　十二月一夕
（1916 年 12 月 1 日）

四十三

纯如贤弟大人执事：

启者，昨今叠接本月一、二日三缄，伏审台旌挈同时雨世兄业已到沪。吾国海线七千里，非海军岂足图存，他日国权伸张，自必有强盛海军为之防卫。而海军强盛，不独系于财赋，亦视人才。嗟乎！今之海军人才又何足算乎？吾弟不惜爱子，而世兄又抱此远志，此日贤乔梓赴沪投考，所谓作始甚微，其毕将巨，凡可为国额手称庆者也。所属作书以与当事之人，诚所不辞，惜复与所指委员吴、邓两人皆所不稔，又自该

---

① “吾国际阳九百六之运”至此，亦载《学衡》第 12 期（1922 年 12 月），列“（二十八）”。

部改组以还，鄙于部中，不但势力甚微，抑且有人反对，诚恐赍以尺书，转落公事，以是方命，否则不佞于左右固无所靳，想能深喻此意耳。

拙译《法意》《名学》两书皆未完结。《法意》停译，因其后卷无甚关系；至于穆氏之作，则刻未去怀，未与即功，致坐懒耳。现拟明年，谨如尊属，日夜赶程，将二书蕆事，了此两重公案。脱无疾病，谅来不至食言也。

国民党人勇猛阴鸷，颇似法高山党，而进步固稍稳健，然弛散裹褢，恐异时大波轩然，必先为几郎党之失败，此复所以于梁、蔡、汤、王诸君，往往有微辞也。刻民党所畏忌，无过北系军人，顾识其真际者，皆以为不足畏。盖两方面人皆争权利，北系名为军人，养尊处优，大抵暮气；而民党仰取俯拾，方在进行，一是无所忌惮，以必得为主，故当胜也。然于福国利民四字，皆为无望。从来历史，当国是国体大变动时①，必呈此等现象。俟种种经历丧失，流血已多，而后人天厌乱，渐趋正轨。合欧亚二洲之事观之，此时正佛家所谓浩劫，未见黄人之遂臻平世也。② 率意奉答。复请

旅安。

唯时以见闻相告为盼。

复白　十二月七〔六〕日③
（1916 年 12 月 6 日）

---

①　变：《学衡》作“更”。

②　“国民党人勇猛阴鸷”至此，亦载《学衡》第 12 期（1922 年 12 月），列“（三十）”。

③　手迹作“七日”，据后一封信可知，此处当为“六日”。

四十四

纯如贤弟旅次：

昨寄申一缄，想已登览。顷续得白门所发来书，乃知此番赴申考选，部派为谢、黄两君，则熟人也。乃亟缮荐缄，由急递寄去，想来得及也。

时局胶扰，固由进步党之放弃趑趄，而其最大原因，则由黄陂之旗帜不明，政策首鼠，宣言责任内阁，又不肯自处无为之地，左右政客，多系国党，欲利用之以攫政权，朝进一谗，暮献一策，危词诐论，怂恿百端，而府院种种之龃龉见矣。此数月来，政界所由，无一佳象也。以复策之，此人一日在位，吾国前路必无曙光。甚矣！暗懦之祸过于猛鸷远矣。今者民党百巧千机，不过欲去一段祺瑞，夫去段何难，但我辈闭目试思，去段之后，政海当呈何等现象！无论武系对此不肯帖服，就令有法对付，而国会通过民党渠魁，以承首揆之乏，然亦岂肯倪仳伴食，使总统制复见，而令黄陂左右大庆成功乎？吾恐其受制于新，较之于今日乃尤酷也。然则黄陂阴纵左右，使之助成民党之焰者，夫亦可谓至愚不灵之已！来书谓"国党于国事皆抱乐观，进党则多悲观，因之其气有壮馁之异"，此诚卓见之论。但试问所谓乐观者，具有何等救时政策，无亦以草茅无赖，一朝尊位厚禄，各据要津，放肆恣睢，以是为乐已耶！曩者洹上当国，于众人所谓不可复理之财政最抱乐观，复即为此言对众力斥其妄；及今思之，洹上尚非全无政策者。若今党人，去之更远，故无真实能事，而以乐观示人者，妄而已矣。其不可用，犹之今昔自命岳武穆一流人，以一无预备之国防，其对外则动言战也。

嗟乎！吾辈老矣，饱经世变，读尽历史之余，于世事发生，有不待深察，而可决其必败者。由是瞻前虑后，计密成迟，诚不免于徒抱悲观

之诮。然使一朝得柄，其所图维，当较悠悠世上儿稍为实济耳①。拉杂贡答，不觉累幅。敬候

旅祺，不宣。

十二月七日　复白

（1916 年 12 月 7 日）

四十五

纯如贤弟执事：

前邮二缄，皆托乾记街李子昌转交，想必登览。所与海军学司谢、黄两君信，若来得及投递，当有效也。时政黑暗如故。顷又以曹润田赴东赠勋，党人出死力反对，宣言内阁于曹此行有政治作用在内。以仆观之，使合泚有此等作用，却是可喜，但恐空洞无物。而党人数月以还，定有引用外力计画，恐为异己者所识破，故张皇如此。

自欧战发动，银价日高，息率继长，是其两果，就令告终，影响未已，况其未耶！复近日读欧战诸书，觉甲寅猝发，德人实操十全胜算，尔乃入巴黎不能，趋卡〔卞〕来不至②，仅举比境与法北徼，而不得过雷池半步者，此中殆有天焉。又知此后种争，民众乃第一要义。吾国之繁庶如此，假有雄桀起而用之，可以无对，惜乎其不知出此，而日从事于小小权利之争，自为波兰之续，为足痛也！③ 手答。即颂

旅祉。

复言　九日

（1916 年 12 月 9 日）

---

① 为：《学衡》作"有"。"时局胶扰"至此，亦载《学衡》第 13 期（1923 年 1 月），列"（三十一）"。

② 卡：《学衡》作"卞"。

③ "时政黑暗如故"至此，亦载《学衡》第 13 期（1923 年 1 月），列"（三十二）"。

四十六

纯如贤弟执事：

得十一日赐械，雒诵至再，意豁眼明。时事至此，吾于小人匪类，本无可责备，所责备乃贤者耳。松坡、任公皆此例也。当洹上殂亡之顷，合肥不出以组织内阁则已，出则必取志同道合之人，庶几于国有济尔，乃贸贸一任旧约之复，二为国会之招，三成调和之内阁，如此盖不待今日之纷纭，吾已决其必召乱矣。年逾耳顺，读遍中西历史，以谓天下最危险者，无过良善暗懦人。下为一家之长，将不足以庇其家；出为一国之长，必不足以保其国。古之以暴戾豪纵亡国者，桀、纣而外，惟杨广耳。至于其余，则皆煦煦姝姝，善柔谨蕙者也①，老弟前语谓："天下惟忘机者，可以息机。"此语大须斟酌。纷纷势利之场，谓以忘机者当其冲，则明火暗潮，将以即息。呜乎！使人性而皆如是，则治术何难之有乎？财部总长陈澜生，本老同盟会人，共和复活之后，身居内阁，其政策惟知有党，云土失败之后，百计为党厚集财力②，比者中行之兑现，孙、吴索款之通过，大率皆此旨也③。

夫国乱如此，北系经一番醋豢之后，既成暮气而无能为。（彼辈当此之世，所统军队，乃身家性命所托，而任其腐败不可用，如彼浙江一哄，朱瑞即无容身，此曹尚不足称强盗，直羊豕鸡狗已耳！）则使有政党焉，以其魄力盘踞把持，出而为一切之治，诛锄异己，号令由于一门，人曰："此暴民专制也。"而吾则曰："犹有赖焉。"而乃主张悖谬，贪酷无厌，假令一旦异己者亡，而彼族之中又乖离分张，牙蘖萌动④，而争雄长矣。夫盗贼

---

① 柔：《学衡》作"良"。
② 集：《学衡》作"举"。
③ 旨：《学衡》作"情"。
④ 牙：《学衡》作"芽"。

匪人，岂有久合之道，欲其利国，不益远乎？此吾国前途所为可痛哭也。（昨有陕西教士著一见闻录，谓："袁世凯大罪不在规图帝制，在于不审始终，至于事败，转使强盗群称守正，匪人皆居成功，而国民之苦痛遂极。"此真针针见血之语。）本日西报载，颜驻使有密电与政府，谓德胜罗曼尼后①，已与俄国单独讲和。（此说英人以为必无之事。）和则欧战告终不远，而协商处分中国之事，将在目前，儌告政府急宜留意云云。今无论颜使所报之实否，而欧战一彼一此，终有告终时，所不知者，吾国长此终古，将何以逃此协商处分之厄运耳！来札谓"海内闳识远览、老成宿望之士，殆无一赞成彼党所为。然皆散处于独，不能相联合；又皆仅为消极之反对，无能为积极之进行，国事不救，意即在此"，此真破的之论，所谓"夫子言之，于我心有戚戚焉"者。何则？有为之士断不以此望之他人，必为当躬之发起故也。不佞六十之年又加四矣，羸病扫轨，自力不能，唯有浩叹。向使年仅知命，抑虽老未衰，将鞭弭櫜鞬，出而从事，杀身亡家，所不顾耳。吾子其有意乎？感愤填膺，书辄累纸，非足下无以发吾之狂言。② 此问

旅祉。

复白　十二月十四

（1916 年 12 月 14 日）

四十七

纯如贤弟执事：

　　得十九日沪上赐书，累十一番，循环雒诵，不异言面，快慰无穷。

---

① 曼：《学衡》作"马"。

② "时事至此"至此，亦载《学衡》第 13 期（1923 年 1 月），列"（三十三）"。

此间连日大雪，病肺不敢出门，喘嗽加剧，致未即覆。

日本赠勋已被挡驾，此亦外交上一失败也。党人以倒段为目的，虽缘此而国家受伤，固所不恤。其尤足怪者，前十许日，黄陂竟下明令将合肥免职，其口气与免孙洪伊者若出一律。公事盖印后，将发表矣，为印铸局长所知，连夜急告徐东海，东海随即觐谒，问何以然。黄陂矢口不承，言系丁、哈、黎、王诸秘书所为，彼则绝不赞成也者，以徐故，乃取销前令。事虽报端所不载，而都下多知其事。贤弟观此，则迩日府院感情，与段总理之地位，与其政界之能力，可想见已。党人于对付北方军人，除非有可靠布置，如其孟浪出此，以大总统为孤注，亦可谓冒险矣。总之，南北交哄，早晚乃不可免之事实，而一发之后，国事云何，此时断难预料，其多一番破坏，益复不可收拾，可决言也。颇闻党人之意，倒段之后，便欲拥戴西林，西林自是善人，但稍莽卤，不独为北洋系所反对，亦不为欧美人所赞成。使其果出，先必有一番驱除能力而后可行，其自具者固无有，或者借势东邻，则又演吴平西之恶剧矣。

来书谓得张菊生绍介，将谒南海、新会，此大佳事，不知相见时有何言论，甚欲闻之。言论界饮冰势力最巨，南海文笔沉闷，远不逮之，至如鄙人，更当避舍。来教劝与联合，所见极是，但不知既合之余，鄙于两公有何裨补耳[1]。吾国今日所最苦者，在于乏才。十年前志士以政府腐败之故，日日鸣鼓攻之，几令身无完肤，然于事无济。徒假极无价值人，甚至流氓强盗以隙，使得借以为资，生称伟人，死铸铜像。目下举国若狂，是非自无定论，然我辈去后三十年，人心稍定时，回观今日，不识当如何叹恨，如何齿冷耳。此番英使朱迩典返国，仆往送之，与为半日晤谈，抚今感昔，不觉老泪如绠，朱见慰曰："严君，中国四千余年蒂固根深之教化，不至归于无效。天之待国犹人，眼前颠沛流离，即复甚苦，然放开眼孔看去，未必非所以玉成之也，君其勿悲。"

---

[1]　鄙:《学衡》作"鄙人"。

复闻其言，稍为破涕也。前清诸勋臣大抵皆曾、胡两公所陶铸，故虽不必尽如贤者言"老而弥壮"，然皆尚有典型，若近日北系诸将，大抵皆袁项城所成就，先已无所取法，又值纪纲败坏之时，自由太过，此其所以易腐也。

德破罗曼，提出和议，英、法、俄、意均不赞同，恐欧战更当延长时日。今日战事一人二器，过此以往，德则器优人绌，俄则人尚足支，而器最短，此其所以屡挫之故，若西面英、法，已处优势。现届冬令，军事无进行可言，大抵明岁春夏间，雌雄见矣。两宗交战国，固是文明程度相若，而政俗实大不同：德、俄虽有议院，然皆尚武而专制；而英、法实皆民主，民主于军谋最不便，故宣战后，其政府皆须改组，不然败矣；日本以岛国，然其变法不学同形之英，而纯以德为师资者，不仅察其国民程度为此，亦以一学英、法，则难以图强故也。吾国形势程度习惯，于共和实无一合，乃贸然为之，以此争存，吾决其必无幸也。① 手此敬复，不尽缕缕。即颂

仁祺。

复白　十二月廿五
（1916 年 12 月 25 日）

四十八

纯如仁弟如见：

自前书去后，连得二赐械，知时雨令郎投考海军，未经被选，心为懊丧者久之。来函云："时雨此志未衰，意欲再接再厉，锲而不舍。"志向固佳，鄙意以为如令郎近视属实，似可不必再试，缘再试列名与否，

---

① "日本赠勋已被挡驾"至此，亦载《学衡》第 13 期（1923 年 1 月），列"（三十四）"。

固不可知，而为父兄者，为子弟择业，必视形质所宜，时雨如果近视，则海军非其职业，不蔡〔察〕可知。近来海军中人，察远乃一要素，不但望山射炮须目力极好之人，即如潜艇日益盛行，方潜行时，其出水仅一瞄管，大洋弥望，细若枯茎，近而始觉，危险甚矣！虽本人时常带镜及用远镜等物，皆隔一尘，而多不便。生今之世，少年具有聪明才力，可执之业甚多，不仅利身，且能益国，如化学、制造工程之类，似不必用其所短也。愚意如此，惟吾弟酌之。

京中政界，依然不见曙光。任公到京，虽备受各界欢迎，时有演说，然尚不闻生何效力。据言将于教育中寻些事业，不入政界，此言若诚，亦大佳事，何则？以任公而入政界，吾有以策其必毁也。今番渠在教育部演说，痛言近时士夫对于教育国民转不及清季热诚，自为确论；至云学问，分为两种：一为纸的学问，一为事的学问，讥吾国所治皆为纸的学问，此则似是实非。不知少年入校，无论何国所教，皆系纸的，其至善者，亦不外教人自用脑力；至于事的学问，则出校以后，各从阅历得之。故国家于初毕业学生，无论如何优秀，皆不肯即界重权，常令从最下级做起，此西洋日本所历用之成法也。惟吾国不然，往往于出洋之人，以为新派（来函于"新"字，草书皆作"斩"，此"斩"字也，"新"字上多一点一画，注意），视同至宝，立界重权，故多失败，此真孔子所谓"贼夫人之子"者。平情而论，即任公本身即为其证，好为可喜新说，尝自诡可为内阁总理。然在前清时不论，其入民国，一长司法，再任币制，皆不能本坐言以为起行。至为凤凰草大政方针，种种皆成纸上谈兵，于时世毫无裨补，侘傺去位，此虽洹上在位，志不得行，然使出身谋国，上不知元首之非其人，下不知国民程度之不及，则其人之非实行家，而毕生学问皆为纸的，不灼灼彰明较著也哉！虽然，任公自是当世贤者，吾徒惜其以口舌得名，所持言论，往往投鼠不知忌器，使捣乱者得借为资，己又无术能持其后，所为重可叹也。须知吾人所身受苦痛，其由于恶人者浅，而成于好人者深，黄陂、合肥皆好人也，即如今番之复约法，召集旧国会，非任公一言，安得有此？然而效可睹矣。悲夫悲夫！

　　鄙人年将七十，暮年观道，十八九殆与南海相同，以为吾国旧法断断不可厚非，今有一证在此：有如英国自十四年军兴以来，内阁实用人才，不拘党系，足征政党——吾国历史所垂戒者，至于风雨漂〔飘〕摇之际，决不可行，一也；最后则设立战内阁五人，各部长不得列席，此即是前世中书、枢密两府之制，与夫前清之军机处矣，二也；英人动机之后，法、俄、意诸协商国，靡然从之。夫人方日蜕化，以吾制为最便，而吾国则效颦学步，取其所唾弃之刍狗而陈之，此不亦大异也耶？总之，共和国体即在欧美诸邦，亦成于不得已，必因无地求君乃行此制，而行之亦乱，弱其常治强其偶，墨西哥、南美诸邦，可以鉴矣。至于中国，地大民众，尤所不宜。现在一线生机，存于复辟，然其事又极危险，使此而败，后来只有内讧瓜分为必至之结果。大抵历史极重大事，其为此为彼，皆有天意存焉，诚非吾辈所能豫论者耳。（即他日中国果存，其所以存，亦恃数千年旧有之教化，决不在今日之新机，此言日后可印证也。）[①] 拉杂奉覆。即颂

文祉。

复白　一月廿四

（1917 年 1 月 24 日）

四十九

纯如贤弟：

　　前得二月七日由赣来书，阙久不报，老境渐臻，精力日短，闭门扫轨，除稍阅西报外，笔墨亦懒亲近，无他故也。

---

① "京中政界"至此，亦载《学衡》第 13 期（1923 年 1 月），列"（三十五）"。

时事羌无佳耗，而政界及国会之惟利是视，摧斫民生，殆吾国有历史来所未有。旧有风宪之官，言西法者皆以为非善制，今则以其权界国会矣。由是明目张胆，植党营私，当路之人，只须有钱以豢养国会中之党众，便可以诸善勿作，诸恶奉行，而身名仍复俱泰。呜呼！真不图我辈以垂死之年，乃见如此世界也。（例如，中行兑现及交通部之收买车辆是。）前清庆、那等，固已极其贪污，袁氏爪牙亦已加厉，然尚不如今日之悍然不顾也。间尝深思世变，以为物必待极而后反。前者举国暗于政理，为共和幸福种种美言夸辞所炫，故不惜破坏旧法从之；今之民国已六年矣，而时事如此，更复数年，势必令人人亲受苦痛，而恶共和与一切自由平等之论如蛇蝎，而后起反古之思。至于其时，又未必不太过，此社会钟摆原例，无可奈何者也。

辰下京中有三大问题：一曰复辟，二曰中德绝交，三曰改组内阁。其第一问题，报端尚少议论，而暗潮极大，颇闻外间督长主持最力者，三张督军。三张者，徐、鲁二帅与张作霖也。而段、冯反对，清太保世续亦不赞成。至反对理由，尚未细听也。宣统是极有望之冲主，隆师向学，书法端美，心地亦甚明白。如此番奕劻之死，其家请谥，欲加幽、厉、缪、灵等字，经师傅等以为不可，乃予以密字。又一日对师傅云："闻外间有复辟之说，此甚可忧，恐怕做难得好。"师傅云："此却不必过虑，因果复辟，将亦非皇上为政？"曰："是了。但做不好，又怪到咱。"此与从前所闻其对陆凤石等语，皆非十零岁寻常小儿所能与也。但此时复辟，固不无冒险之处，盖第一是无内阁，第二是革党虑失地盘饭碗者反抗必多，三，立宪帝王，虽云恭已，毕竟须年岁及丁人做好也。至其二问题，鄙人则主张加入协约，曾于《公言报》著论一首，即持此义。但政府抗议后，在中国境内德人极为恐慌，益出死力向各当路游说。政府中人于欧洲兵事向少宣究，易为游言所惑，恐亦不能有贯彻之主张，后此外交将至一无所得，两不讨好，甚可叹也！至于第三问题，则报馆攻者甚众，然亦未闻将现何等事实。来教谓鲁以相忍为国，鄙意岂特如此，直得过且过耳。

欧洲战事日烈，德自协约国拒其和议后，乃以潜水艇为最后图穷之匕首。事近忿兵，殆难以济，春夏间将必有最剧烈之战事，届时孰为长雄，当较易决。但兵事一解之后，国土世局，必将大异于前，而远东诸国，亦必大受影响。此时中国，如有能者把舵，乘机利用，虽不称霸，可以长存；假其时机坐失，则受人处分之后，能否成国，正未可知。不成国则奥区地产，将必为他人所利用，而长为牛马，望印度且不可得，况其余乎？[①]

平生所作报端文字，向不存稿，又经庚子之乱，津寓为法兵占入，书籍文稿散失不少。来书所指二译，即在此数。近日精神益短，喘咳支离，每执笔临纸，则昏沉欲寐，万不能如往日之神思锐猛，甚可叹也！手此奉复。即颂
道祉。

复白　二月廿八
（1917 年 2 月 28 日）

五十

纯如贤弟执事：

前去一缄，论复辟事，想经伟览。春来伏维万福。

吾国近日外交，自不佞观之，殆无第二策可行。盖前之抗议，明言德若潜艇政策不加制限，吾国当与绝交。今德之覆文，于潜艇制限一节，已置诸不论不议之列，吾国不向第二、三步进行，前言复成何语？

[①] "时事羌无佳耗"至此，亦载《学衡》第 13 期（1923 年 1 月），列"（三十六）"。

夫中国于胶州一事，已授德国口实，今者又起抗议，故使德人而胜。即如此中止，其执辞仇我，正与得罪到底者相等也。中道而止，又何济乎？至于协商一面，更缘中止而开罪益深，转不若前勿抗议之为愈矣。甚矣！暗懦之人真不足与计事也。

若察欧洲战势，德人乃处强弩之末。潜艇虽烈，不足制英人死命，日前英海部卡尔孙宣言，所被攻者，不过百分或九十分之一。而德则实受英人封锁之害，几不可支。转眼春末夏初，西面或沙朗尼加必有剧烈战事。疆场之事，一彼一此，固不敢料德、奥之即败，然以一盈一竭之理言，则最终胜负，皎然可睹。美之趑趄，别有原因，不必关德之潜艇也。[①]

题尚敬写寄去，余不多谈。此颂

时佳。

复白　三月三日
（1917 年 3 月 3 日）

五十一

纯如吾弟执事：

顷得三月卅一日缄，读悉种切。辰维春融万福。

俄之革命，有法之历史在前，群知为戒，当不至为其已甚，使数十年祸乱相寻。其当路人比之吾国程度为高，亦不至如吾国改革后之现象。吾国现有之参、众两议院，率皆毫无价值之人，俄尚不然，故曰不至。但其国幅员大广，中杂亚族，教育未遍，民多不学；皇室久为齐民

---

① "吾国近日外交"至此，亦载《学衡》第 13 期（1923 年 1 月），列"（三十七）"。

所崇奉①，俄皇以一身而兼教主，西人宗教观念，比之吾国常深，此皆最难解决问题。故吾辈于其国体，一时尚难断定。大抵独裁新倾之际，一时舆论潮热，自是趋向极端，而以共和为职志；数时之后，见不可行，然后折中，定为立宪之君主。此是鄙意，由其历史国情推测如此，不敢谓便成事实也。

日本自变法以来，其建国宗旨，法律、军伍，乃至教育、医疗诸事实，皆以独逸为步趋，以战为国民不可少之圣药。外交则尚夸诈，重诇侦，其教民以能刻苦、厉竞争为本，事属利国，虽邪淫盗杀，无不可为。凡此种种，皆奉德教以为周旋者也。廿载以还，国以大利，其联英仇德也，乃邀利乘便之所为，逢蒙杀羿，以夫子之道反害夫子，亦非崇拜亲爱英人，而后与之联盟携手也。总之，东方日本，其野心与德正同，平日自言其国每十年斯与人作战一次。其学校诸生毕业后，游于人国者，大抵皆侦探也。（德国兵谋之一。）自十四年欧战发生，其始德人原操必胜之画，天不假易，至今无成。而英、法以方盈之势，当德人就竭之兵，循是以往，且有不国之忧。又五洲哗然，以德之作战为背信野蛮而犯公法，于是日本有鉴于此，稍稍有戒心，而阴怀变计；不然，则其国之东美西华两民主，未有不承其看顾者矣。英名与日联盟，而实阴制之。观于民国四年当项城时，英国所对于向我要求各条件之论调，可以见矣。

吾国人看事最为肤浅，且处处不是感情之奴隶，即是金钱之傀儡，其程度真无足言也。本月二日，美总统威尔逊亲临国会，与德已宣战矣。而吾国走到第二步之后，忽然中止，颇闻国会中党派尚有藉此时机，作种种顾党不顾国之计划。宣战固为正办，然如此之政府国会，其能有益于国不反害否？真未可知。交通总长许某，任事已来，以营私为

---

① 齐：《学衡》作"富"。

第一义务。近者租车一事，所攫者美金五十万，大半入其私囊，其少半则以钳国会议员之口者也。而厅事中，乃张种种敦尚廉耻格言，其无忌惮，至于如此。总理虽欲易人，然所提出者，使非党人，必不通过，大家方有久据议席之图，欲以包办明年大选举之事。国事至此，尚何可言，聊为吾弟发其凡耳。① 此问

近好。

复白　四月五日

（1917 年 4 月 5 日）

五十二

纯如贤弟执事：

近得十八日赐椷，诵悉种切。

欧战业将三年，风云日紧，法北比疆，联军屡告得手，顾战事年内能否收束，尚难豫言。假使一入秋间，则恐惨剧延长，又须一载。德之政法，原较各国为长，其所厉行，乃尽吾国申、商之长而去其短。日本窃其绪余，故能于卅年之中，超为一等之强国。方事初起，鄙人亦仅云：德欲得志，当以速胜速了为期。至马兰河之挫衄，而无成之局兆矣。及逾二年，则正蹈曹刿三竭之说，瓦全且难，遑论胜耶？东面之敌（谓俄），以兵工之短、交通之难，固为易与；顾其国土太大，德军虽有展拓，无补终效。总之，德之失败，正坐当国秉成者之虑事不周，假威廉第二有毕士马克之才，德之不至于此，殆可决也。年来英国屡经失败，其自救而即以救欧洲者，在幡然改用征兵制之一着；否则，至今尚

---

① "俄之革命"至此，亦载《学衡》第 13 期（1923 年 1 月），列"（三十八）"。

未知鹿死谁手耳。①

令郎三世兄之证，似发于肺中之霉菌。此证甚恶，然亦有愈者，舍侄家骅前在烟台水师中校，亦患此证，（肩并生瘰疬，虫从彼出。）后假归，居乡数年，今已大愈，在自流井盐署当差矣。牯岭空气，自是极佳，令安心住彼，不关世事，可望勿药，但于起居饮食，加意调摄，不必另求医术也。

世变正当法轮大转之秋，凡古人百年数百年之经过，至今可以十年尽之。盖时间无异空间，古之程途，待数年而后达者，今人可以数日至也。故一切学说法理，今日视为玉律金科，转眼已为蘧庐刍狗，成不可重陈之物。譬如平等、自由、民权诸主义，百年已往，真如第二福音；乃至于今，其弊日见，不变计者，且有乱亡之祸。试观于年来英、法诸国政府之所为，可以见矣。乃昧者不知，转师其已弃之法，以为至宝，若土耳其，若中国，若俄罗斯，号皆变法进步。然而土已败矣，且将亡矣；中国则已趋败轨；俄罗斯若果用共和，后祸亦将不免，败弱特早暮耳。吾辈生于此日，所得用心，以期得理者，不过古书。而古人陈义，又往往不堪再用。如此虽然其中有历古不变者焉，有因时利用者焉，使读书者自具法眼，披沙见金，则新陈递嬗之间，转足为原则公例之铁证，此《易》所谓"见其会通，行其典礼"者也。鄙人行年将近古稀，窃尝究观哲理，以为耐久无弊，尚是孔子之书。四子五经，故是最富矿藏②，惟须改用新式机器发掘淘炼而已；其次则莫如读史，当留心细察古今社会异同之点。古人好读前四史，亦以其文字耳。若研究人心政俗之变，则赵宋一代历史，最宜究心。中国所以成于今日现象者，为善为恶，姑不具论，而为宋人之所造就什八九，可断言也。

---

① "欧战业将三年"至此，亦载《学衡》第13期（1923年1月），列"（三十九）"前半段。

② 故：《学衡》作"固"。

京中近来气象愈恶，财政总、次长已以贿案对簿矣，替人李经羲，不知能否通过。由今之道，无变今之俗，虽百易人，不能治也。

加入战团，于德本谋无关出入，而以此为大祸，而将蒙莫大损失者，乃在三四千寓华营业之德侨。此等素与吾国大贾、军官亲密，今闻有此，则其大肆运动，不问可知，其以德之胜负为喜惧，而反对加入者，皆以此耳。[①] 率答。即颂

文祉。

四月廿六夕　复白

（1917 年 4 月 26 日）

五十三

纯如贤弟执事：

昨承本十九日惠书，诵悉增慰。

日来京师以府院相持，时氛甚恶。合肥业已去职，徐东海、王聘卿皆不肯继任，闻将以李仲轩提出，不识能成事实与否，大抵一两日当见分晓耳。宣战一事，转成不急之务，从此作为罢论，亦未可知。但吾国内乱，恐将日滋。滇、蜀两军交哄，已开其端，此事中央为滇则全蜀牙蘖，为蜀则为分裂之媒，真不知何以善其后。自项城去后，中央权威本自有限，此左右之所知也。益以此次之冲突，督军辈群怀私愤，用人行政，事事皆成难端，号令不出国门，殆成必至之势。国事危炭，诚如吾弟所云"一线生机，仅存复辟"。但舆论以谓时机总未成熟，即皇室中稳健亲贵，亦以此事为忧。但鄙意则谓时机之已未成熟，不系于宣统之长少，而系于总理之有无。今试遍观全国之中，欲觅一堪为立宪总理，

---

① "世变正当法轮大转之秋"至此，亦载《学衡》第 13 期（1923 年 1 月），列"（三十九）"后半段。

291

有其资格势力者，此时实在尚未出现也。项城才地资力均足当之，释此不图①，妄干非分以死，则真中国之不幸耳。此局若在古昔，经数十百年竞争之后，自有长雄起而为群伦所归命，如六朝之终于隋唐，五季之定于周宋。无奈今世一切牵涉外交，则他日变幻百出，非我辈眼光所能豫见矣；中外历史之中，亦无成例也。②

嘱字诸郎名琎者，可字彦真。古名颐者字真，如晋枚颐字仲真，李颐字景真之类，今仿其例，故曰彦真。名璥者，可字稚恭，取足表德而已。

复比来喘咳日剧，服药亦不甚效，精力意兴大减。曩时目击世变，日怀首邱之思，而十口浮寄，迁徙又殊不易易，不知何日果此愿耳。渐热，惟保练千万。

复白　五月廿六

季廉令子泰喜已长大矣，学业何如？

（1917 年 5 月 26 日）

五十四③

国事纷纭，然固其前知其如此，不待今日事见而始为之眙唔也。当洹上天亡、黄陂就职之日，吾尝致书段合肥，劝其承认袁氏未帝制以前一切之号令、法律为有效，而后急组机关，议定可久之宪法，更依新定之选举法，以召集国会，与国人一切更始。当时段氏意虽颇动，顾无毅力，又经任公辈之从臾，于是用中山约法，而召曾经以内乱之国会，自诒伊戚。阁员又主调停之说，杂进纷陈，同床各梦。凡此一年之中，府

---

① 释：《学衡》作"舍"。

② "日来京师以府院相持"至此，亦载《学衡》第 13 期（1923 年 1 月），列"（四十）"。

③ 此函据《学衡》第 15 期（1923 年 3 月），列"（四十一）"。

院之龃龉，立法、行政之相轧，势所必至，理有固然，不足讶也。今者两败俱伤，平情而言，两方均无足惜，而武人干政，又为民党之所藉词，亦无足怪。盖武人譬犹毒药，当暴民专制之秋，乃为对证，今暴民已去，则毒药徒有杀人之功，甚可畏耳。总之，共和前途，无论如何，必其中央政府真具能力，能以约束进退此等武人者，而后国事可云顺轨；长此终古，惟有乱耳，他无可言也。黄陂之解散国会，李九之勉强就职，自我观之，皆为不足深訾。假其此后，措注得宜，则两人所为，转为可敬。何以言之？盖黄陂所为，乃以弭乱；而李九乃以救一时之无政府。其所以牺牲者，皆所谓爱国不祥者也。爱惜羽毛，袖手旁观之人，逞口舌以议其后，过矣！大约国事尚有数月纷扰，秋冬之间，如能渐定，则真吾国之福也。

贱躯入夏喘咳稍差，惟老态日益侵寻，恐无久视之理。身生无益国家，即有所知，但存虚论，以此颇自恨耳。少读古人之书，立身行己，处处偏于消极，遂复不屑进取，洎今悔之晚已！

(1917 年)

五十五[1]

复辟时机，固未成熟，而人事又着着卤莽如彼，不成自意中事。昨闻陈师傅言，李木斋尝为奉新画策，请于明年大选举竞争后，看事如何，乃行发动，果尔自是胜算。惜诸唱议者，急于攫权，不能用也。刘幼云是正派人，然甚愚而愎，七月一号后论旨多出其手（或云陈仁先），与定武幕中之万绳栻，相得益彰，遂误大事。嗟乎！此类人生平读数卷书，遂有天下事数着可了之概，以此谋人家国，安得不覆亡相继乎？至于张、康二公，身败名隳，要是为人所误。仆于定武素行，极无所取。

---

[1]　此函据《学衡》第 15 期（1923 年 3 月），列"（四十二）"。

身为武人，深封殖而恣骄奢。金陵一役，纵兵掳掠，所为几等盗跖，虽性质肮脏，于暴民专横之顷，能为一二禁制之言，不足赎也。独至最后一举，则的是血性男儿、忠臣孝子之事。复辟通电，其历指共和流弊，乃言人人之所欲言，因于同谋诸将，深信不疑。故带兵入都，数不逾万，事败途穷，誓以举家殉国。不幸荷兰国使，以妇人之仁，给以条件，扶之出险，而张遂不得终其志，以成完人，甚可惜也。（此次复辟手续，可谓标本皆失。本失，刘幼云、万公雨辈为之；至于标，则张勋自失之也。使当时复辟发表之后，以阁政畀他人，而己翼则即日遣回徐镇，诸督军必俯首帖耳，不欲背盟。即不然，以直隶北洋大臣予曹锟，奉天总督予张作霖，河北总督予张怀芝，则羽翼成长，谁能动之？惜乎其计不出此也。）岂天恶其平生所为，遂不使得以命名殁欤？呜呼！可以鉴矣。至于南海，所可议者，以不早悟定武与刘万辈之决不能用其言，而贸然与之共此重大之事，以侥幸于一试。至于权利富贵观念，如雷震春、张镇芳辈者，尚为所无。当两流争竞之会，举国皆持两端，翻手为云，覆手为雨，而张勋辫子，世谓野蛮，其以此为复辟标帜久矣。康有为归国以还，未尝一出，而我曹又何忍深责之乎？

　　来书所论段合肥种种，似稍偏于民党南人论调。平心而论，渠自辛亥改命以还，所持宗旨，尚无反复。至谓徐州会议、皖鲁独立及矫令夺印诸节，皆其阴谋主使，实不欲指为信谳。或果有之，而为复所不知，但据所闻，尚无坚确左证耳。所可知者，渠之为人，性质似系木强疏简一路，手段拙笨，而未以阴谋著称。平生于军界最为着意，故方黄陂之出，一切权皆所放弃，惟于陆军，则一将一卒更调，非其同意不可。历年所用，多其旧日生徒，故于各部感情最富，而近畿一带尤然，其近日之蹶定武以此。至于政治，本非所长，五年初出，以当时权力，原可废弃旧约，另集国会，而段不为之，主用调和，遂成种种病痛。府院国会三方，各立于独，国会既不得以命令解散，而总理亦不宜以不信任解职。两相抵抗，此夏间政变之所由来也。至皖、鲁独立，乃军人自虑失

294

势，相率为之，必谓段所主使，党人过矣。此番崛起恢复共和时，段氏本无职守，因黄陂悔其前事，乃复其职，此固段氏之所不期。至后达其目的，群帅附之，再组内阁，惩前毖后，悉用进步党人，此亦外国政界惯例，不足深訾。民党下野，法宜整顿党系，以监督柄政者之所为，俟其有败而后挺之可也。尔乃于今欲其分我杯羹，不得能，则分裂南北而摇国本，此非正蹈南花旗覆辙者欤？

孙文、唐绍仪辈，自仆观之，直是毫无价值之人。比者窜迹广州，既不容于地主，而号诉各国，又为笑资，其无成殆可以决。大抵处今中国，欲为政治之家，最宜常目外交，而察其趋势。今之趋势，又与以往之五年不同。津沪租界，闻已为不卵翼政客之通告，观于此次丁槐携印之事之办法，则后来对待，皎然可知。又闻日本已派使臣赴美协商，将于对华政策，不全持旁观态度，意将栽者培之，倾者覆之，以期中国内乱之早止。此于吾国为祸为福，正未可知，而于失败政党，将无所利，又可决也。民党分子，诚不乏精白乃心、一意爱国之士，然自改革以还，两番举会，虚縻厚禄，于国事进行毫无裨补，则虽有仪、秦之舌，不能为之置辞，而转为所反对之腐败官僚阴猾进步之所借口，则无他，坐少不更事，徒为锐进，于国情民俗，毫不加察故也。矧其所奉以为领袖者，若唐绍仪之乖张，伍廷芳之老悖，孙洪伊之劣薄，降至吴景濂、谷钟秀、褚辅成，自郐以下，尤无可称。夫党犹国然，语曰：猛虎在山，藜藿不采。人才如是，其更番失败，不亦宜哉！仆素无党系，于段、梁当路诸子，尤乏感情。虽然，默察事势，窃谓现政府固有败时，而断非如是国民党人所能征伐。恐贤弟怵于南方众论，未必与我同此眼光也。

（1917 年）

五十六①

欧战自俄国革命，国论纷淆栗加，遂至不守，彼得古刺能否瓦全，正未可料。德、奥得此扩张，士气自倍，而西面虽英、法、美赴以全力，仅能小胜，不克长驱，和局又相持不下，欧洲兵祸，正未知何日结束也。吾国加入协商，于财政不无小补，但肉食者鄙，党徒自润为先，国计为后，则于根本之图，犹无济也。中央国会组织，尚无定议，目前已成少数军人政局。而南方别立政府，浮图基广，何日合尖？况其人才，皆不为国人所倾向者，其无成事，殆可决也。滇蜀之争，黑白是非，莫定谁属，政府日望调和，而两家不平如故，此又必不可然之事。嗟乎！统一且难，更无论治平进步者矣。

（1917 年）

五十七②

政局之论，知贤者奋虑愊亿极矣。旁观者即欲为之辨〔辩〕护，殆亦无从。此曹所争，不外权利，至于共和君主，不过所一时利用之口头禅，醉翁之意，固不在酒。此时少数政治（或称军人政治），借口国会捣乱，乃有改组之图，此微论其意虚也。就令出于实心，而盈廷之争、道涂之远，正不知何日复见汉官威仪。而此十余月两年中，内外之讧，事变之纷，将复作何景象，虽有前识，殆难预言。甚矣！交通不便之国之难用代议制也。自加入协商战团之后，财政稍形轻松，赔款之暂辍，百五之修改，粗而言之，岁增数千万。饮冰在野之日，议论风驰，而尤喜

---

① 此函据《学衡》第 15 期（1923 年 3 月），列"（四十三）"。
② 此函据《学衡》第 15 期（1923 年 3 月），列"（四十四）"。

言财政，今者身长财部，而又值此时机，不知能出手敷施，取怀而予，以稍解处士虚声之耻否？脱有不能，则议论为事功之母，此例亦未必尽信也。

欧战之局，不识了于何时。俄以革命而上下纠纷，德人里加之胜，自关天幸，然以困兽，经四五强国围而攻之，至于三年，而战斗力犹复完全如是，此真史傅〔传〕之所绝无，而又知人事之大可恃也。胜俄之后，吸其财产储胥，括其粟麦，久困之众，当复少苏。惟战线弥长，军力益分，而寒威已发，则又德人之所大惧者也。（拿破仑即困于此。）军兴费重，日七八兆磅，则旷日持久，英法亦将不支。虽美之异军特起，谓明春将以三百万众赴欧，而远隔重洋，潜艇尚为之制，则实效何若，必事至而后可知，此时尚难以定论也。复尝深测细审，于结局何若，终复不敢断言。以为他日将必有事变，出于人人所虑之外，而两家之难势，乃不得不解，即今而预言胜负，要皆明于此者暗于彼也。南海之说，仆亦谓然。此不独吾辈云尔，即交战国亦心知其尔。且俄之所以有亲德党者，亦谓程度相差甚遥，战自取败，固不若与之亲善，置为后图之为愈也。兵动以来，俄之受创最巨，英以岛国瓦全，而法自十四年九月之后马兰河一胜，即复有以自完，德死咋不能入尺寸也。可知欧西各国，于教民事国，虽有优劣之差，而距离初不甚远，一行警觉之后，即亦难图。况合而谋之，短长相资，左提右挈，此德人之所以困也。尝谓今日之战，动以国从，故其来也，于人国犹试金之石，不独军政兵谋，关乎胜负，乃至政令人心、道德风俗，皆倚为衡。俄虽欧之大国，民物土地，泱泱雄风，而其间大公窃权，女谒弄政，宠赂苛法，与夫其民之不学，较之吾国，殆有甚焉。故虽蚕食亚洲，而一遇强对，辄复不振。今者其国半明之民，乘机革命，近且定制共和。虽然，国之治乱强弱，初不系此，盖革命所诛锄者，特贵族耳。而民之愚暗，初不能一蹴而跻休明，而旧法之堤防既隳，忿欲二者必大横决。故法经八十年而始有可循之轨，犹不足以为盛强。最后者俄，其次中国，均不知何日始有向明之机。此时仔苦停辛，所受痛楚，要皆必循之阶级。恐足下终身悲之，尚犹未见其止，此固无可如何者也。根本救济，端在教育，此即足下今日所勤劬从事者，故曰可钦羡也。德之学说治术，与英法绝殊，其学者如叔本华、尼采、特来斯基，皆原本性恶，而不以民主共和为然；与吾国之荀卿、商鞅、李斯最为相似，其异者，特以时世进化之不同。使申、商、始皇等生于今日，将其所为，与德无二致也。

（1917 年）

五十八①

时局诚如尊论，所谓中枢权力日微，各省权力日大，一言尽之：除非豪杰特起，摧陷廓清，终无统一之望。统一不能，则所谓法令，格而不行，所设治理，人自为政，长此终古，其鱼烂而亡，殆可决也。尝谓中国此日外交，自与德宣战以来，可谓得未曾有，假使能者在上，而群伦辅之，则转弱为强，此真千载一时之嘉会也。顾不幸而各省分裂之形如此，此真阳九百六之会，虽有圣者，莫如何也。梁任公素日言论，固自可观，惟其人稍患多欲，自诡于财政乃有特长，姑无论其政策何如，而处此中央号令不行之日，又将于何处期成绩乎？南北意见，日趋日歧。南人以段政府为非法，而北人以民党为捣乱。复处于北，故不见中央之甚非；足下处南，故稍为时说之所囿。其实我辈超然于此两系，固无所取于左右袒也。复虽在京，不入政界，于当路无由进言；即言亦未必见听，补救殆无其事。足下谓在此可稍为国论之所折衷，恐尚未明此中真际也。

（1917 年）

---

① 此函据《学衡》第 15 期（1923 年 3 月），列"（四十五）"。

五十九①

　　南北决裂，各诉诸武力，此自势所必至之事，不足深怪。往者北美林肯当国，有南北花旗之战，南欲分立，北期统一，争战期年，美之财政实业，大受其敝，而救平之后，徐徐整之，遂有今日。然则多难兴邦，历史惯例，目前苦痛，固宜忍之。顾愚之所忧者，则吾国分裂之端，不以此一役而遂泯耳。溯目项城怀抱野心，阻兵安忍，而吾国遂酿成武人世界。夫吾国武人，固与欧美大异，身列行伍，大抵皆下流社会之民，真老泉所谓以不义之徒，执杀人之器者。苟吾国欲挽积弱，变而尚武，自当先行从事于十年廿年之军官教育，而后置之戎行。盖使吾国军官，尽若春秋之仕官，汉之赵充国、班超，唐之李、郭，宋之韩、岳，明之俞、戚，则所谓重文轻武之说，何从而施？乃今反之，不揣其本而齐其末，于是以盗贼无赖之人，处崇大优厚之地，操杀伐驱除之柄，而且兵饷之权不分，精械美衣，费帑无艺，则由是穷奢极欲，豪暴恣睢，分土据权，宁肯相让。真如来教所云：藩镇之祸，必见今日者也。况疆场之事，一彼一此，借款输械，动涉外交，于是密约阴谋，遂启卖国。如今之某总长某次长，华洋各报坦然攻之，他日事变所趋，真令人不寒而栗耳。前者复辟之事，一现而灭，然细思大势，使其时即无段氏之反对，而群帅割据，岂与以督抚旧号，遂俯首帖耳，以听新朝之指麾？此又不待再计，而决其必不能者矣。

（1917 年）

---

　　①　此函据《学衡》第 15 期（1923 年 3 月），列"（四十六）"。

六十[1]

　　南北交攻，中央既无术以收客省之协饷，其势不能不出于外借。欧战未终，各国尽罄国财以填无底之壑，即日本以接济俄械之故，年来转贫为富，充然有余，乃谋趁此时机，以我为彼之埃及。而交通系与北洋军派中促齿啜汁之徒，为之作伥，以图自富，于是有统一军械之伪画与扬子铁矿归日人专揽之密约。噫嘻！此约果成，天下事从此乃大定矣。夫中国之兵，以现状言，其对外本为无用，诚以谋国为心，所编诸师，强半可罢。所坐项城怀挟野心，致使益深益烈，中道即世，而藩镇之祸遂成，此复前书所以云分裂之祸，不以此役而泯也。军械画一，原属兵政要图，但不宜谋诸日本，而行之此时，尤为巨谬，何以言之？盖欧战虽烈，要有告终之时，两年以外，断无更延之势，届时欧美枪炮及飞潜诸器，浩若山海，贱若土苴，且皆精利之物，中国不俟其时为之，乃及此时以贵价购诸日本，此何说耶？藉曰今平内乱，不能待之，则闻日本恐伤南派感情，有不得用诸湘粤川滇之条件，然则自戕之举，所为何来？又铁煤藏富，乃国命脉，兵工尚为其次，实业耕织，万政攸资。尔乃倒持太阿，授诸强敌，夫以一二人私计之便，乃使黄炎种族，欲兴无具，是则设何心肝，吾不得而喻之矣。北方诸报，除该系一二机关外，百口同声，群相唾骂。吾侪小人，深盼其事之打销耳！

（1917 年）

---

[1]　此函据《学衡》第 16 期（1923 年 4 月），列"（四十七）"。

六十一①

新内阁属之何人？何时成立？今闻尚在未定之天，大抵未必有好结果也。王汝贤为合肥廿年师弟，信任至深，此次入湘，竟有为陈复初以五十万买走之事，赃未入手，（闻取实行过手者，不过五万。）己亦为人所逐，此种人尚有面目复出见人，此真吾国之垢。而过兹以往，尚复何人能治此国？驯至灭亡，非不幸也。合肥下野，诚属可怜，但自今观之，则不独五月间反对张勋复辟，事乃枉然，而辛亥搂合都督，逼清让位，以及后此反对袁氏称制，皆为赘举。何则？天下事自有主者，而合肥不自度德量力，只益其乱故也。嗟乎！及吾之世，太平富强，固属不可复见矣。而一方稍为安静处所，使我得终余年，不知有否？元遗山句云："何处青山隔尘土，一庵吾欲送华颠。"真鄙人今日心绪也。

（1917 年）

六十二②

吾国此后，自是遍地荆棘。常说瓜分之惨，恐怕后来有求瓜分不可得者。（如土耳其是已。）欧战无论如何，大势明年必了。了后便是簇新世界，一切旧法，所存必寡，此又断然可知者也。国之程度，丝毫无从假借，于战时观之最明。俄以强大著称，然以蚕食小部有余，至与强对作战，则无往不败，此其故不在兵而在国之政俗。此番革命，底里尽露，混沌元黄，其苦趣殆过中国。英、法、德、美、意、奥、班、蒲诸国，第使政俗稍高，临危肯可有救；其过小之国如比如塞，虽一时有亡国之

---

① 此函据《学衡》第 16 期（1923 年 4 月），列"（四十八）"。
② 此函据《学衡》第 16 期（1923 年 4 月），列"（四十九）"。

惨，而他日可望复苏。吾辈观此，则知救国根本当在何处着手矣。中国日前危难，全由人心之非，而异日一线命根，仍是数千年来先王教化之泽。足下记吾此言，可待验也。但此时天下汹汹，而一切操持权势者，皆是奴才，所谓地丑德齐，莫能相尚。必求平定，自当先出曹孟德、刘德舆辈，以收廓清摧陷之功，而后乃可徐及法治之事，足下以为何如？

（1917 年）

六十三

纯如贤弟惠鉴：

前去两缄，皆出病院后作，想皆登览。病后脑力虚羸，语不尽意，然相知日深，当能体会耳。鄞元泰此番所送羊狼诸颖，收拾极干净，允为佳制，得此有以磨砻岁月，为益不细，则皆老弟善于选工之赐也。拙诗杂感及挽吴先生三首，姑为补缀寄呈，以酬贤者嗜痂之雅，其实不足存也。

时局至此，当日维新之徒，大抵无所逃责。仆虽心知其危，故《天演论》既出之后，即以《群学肄言》继之，意欲蜂气者稍为持重。不幸风会已成，而朝宁举措乖缪，洹上逢君之恶，以济其私，贿赂奔竞，跬步公卿，举国饮醒，不知四维为何事。至于今，不但国家无可信之爪牙，即私人亦无不渝之徒党。郑苏戡《五十自寿》长句有云："读尽旧史不称意，意有新世容吾侪。"嗟乎！新则新矣，而试问此为何如世耶？横览宇内，率皆地丑德齐，莫能相尚，求一盗魁不能，长此相攻相感，不相得而已。虽然阳九之运，会有所极①，窃意欧战告终之后，天下将成大联邦之局。支那物产为各国所取资，岂容吾人长此纷扰？且彼鉴于土耳其前车，其所以对待中国者，必当有不容己之干涉，而吾民所趋者

---

① 会：《学衡》作"无"。

利，必至遍地皆伥行，且不劳征服。前者抵抗异种之说，施诸满人可耳，施诸白种、倭人，殆无其事，何则？能力志节均不足语此故也。方未至此之时，复辟之剧或当更演，惟是一言复辟，则旧人麇至，必乐循极旧之法，以保自身之私利。果其如此，则其势亦不可长，其与五月间事，不过百步五十步之差而已，况张勋之难其人耶？[①] 今日无事，聊为贤者发愤一道如此。惟珍练，不宣。

复白　一月廿三

（1918 年 1 月 23 日）

六十四

吾国前者，以宗法社会，又以男女交际不同西国之故，遂有早婚之俗，而末流或至病国，诚有然者。而今日一知半解之年少，莫不以迟婚为主义，看似于旧法有所改良，顾细察情形，乃不尽尔。盖少年得此，可以抵抗父母，夺其旧有之权，一也；心醉欧风，于配偶求先接洽，即察姿容之美恶，复测性情之浅深，以为自由结婚之地，二也；复次，凡今略讲新学少年，莫不以军国民自居，于古人娶妇所以养亲之义，本已弃如涕唾，至儿女嗣续，尤所不重，则方致力求进之顷，以为娶妻适以自累，且无谛假，不知谁氏女子，以一与之商终身不二之权利，私计亦所不甘，则何若不娶单居？他日学成，幸而月有百金以上之入，吾方挟此遨游，脱然无累，群雌粥粥，皆为肉欲之资，孰与挟一伉俪，而啼寒号饥，日受开门七件之累乎？此其三也。用此三因，于是今之少年，其趋于极端者，不但崇尚晚婚，亦多傈然不娶。

又睹东西之俗，通倪逾闲，由是怨旷既多，而夫妇之道亦苦。不知

---

① “时局至此，当日维新之徒”至此，亦载《学衡》第 16 期（1923 年 4 月），列“（五十一）”。

中国数千年，敬重女贞，男子娶妻，于旧法有至重之名义，乃所以承祭祀、事二亲，而延似〔嗣〕续；而用今人之义，则舍爱情肉欲而外，羌无目的之存。今试问二者之中，何法为近于禽兽？则将悚然而知古礼之不可轻议矣。今夫旧法之敝，时流类能言之，至一趋于新，而不知所裁制，其害且倍蓰于旧，彼不知也。[①] 因感于令侄之言，故为老弟罄尽如此。(鄙意欧美婚娶之俗，毫无可慕，即使与彼同俗，程度均平，亦非佳事。)

三小儿琥去年曾以感冒咯血，后经德医验治，与痨菌无涉，全愈久矣。寒门无此遗传，不知何人为之故甚其说，亦可畏也。《公言报》已久脱关系，今日世事，殆非笔舌所能为力。俄德和议，成而未成，即成，战祸未已。俄之昏乱，殆过于我，此后变化，虽圣者无由预知。钟生佳士，其性情学行，望更详之。力疾布覆，惟珍卫，不宣。

复白　谨书奉徼　旧十二月初七[②]

(1918 年 1 月 19 日)

六十五

纯如仁弟赐鉴：

顷得一月廿六日惠缄，知续去一书，尚未登览。前书于结婚自由利弊，颇已详尽，兹不更赘。大抵吾人通病，在睹旧法之敝，以为一从夫新，如西人所为，即可以得无弊之法，而孰意不然。专制末流，固为可痛，则以为共和当佳，而孰知其害，乃过于专制。婚嫁旧法，至以子女为禽犊，言之伤心，而新法自由，男女幸福，乃以益薄。始知世间一切法，举皆有弊。而福利多寡，仍以民德民智高下为归。使其德智果高，

---

① 函首至"彼不知也"，据《学衡》第 16 期 (1923 年 4 月)，列"（五十）"。
② "娶妻，于旧法有至重之名义"至函尾，又据江西师大图书馆藏严复手迹。

将不徒新法可行，即旧者亦何尝遂病。想吾国经此番苦痛之后，当亦废然而群知所致力矣。

时局自岳州不守之后，当路尚无一定方针，盖欲和则无以应南方条件之苛，欲战则不欲循合肥已覆之辙，且自傅、周、王、范失律之后，一置不问，由是军纪荡然，其势亦无以用众，此所以日游浑沌之中，不知现政府所祈向者为何事也。旧日帝党谋燃复辟之灰，而不利复辟，如熊凤皇诸公，则一变而为联邦之说，以谓惟此可以救败免亡。虽然，联邦有德制美制之殊，德制上有共主，下有封建，吾国无是之基础也；美制则原本民权，如华盛顿之十三州，而吾国又无是之基础也。吾国所有，乃群督之拥兵，如唐五代之藩镇，藩镇联邦实不过连横合纵已耳，其不足已乱，殆可决也。至于复辟，则纯视复之者为何人，而所引外援为何国。近者皖派似与交通系结合甚固，而以利用东邻为政策。（本日汇业银行开幕矣。）观于梁士诒之在日本，以及段芝贵之要求特赦帝制党，可以知之。夫皖派交通系，皆反对复辟者也，然则成否，又不可知之数已。嗟乎！我瞻四方，蹙蹙靡骋，无意中聊为贤弟一言而已。[1]

复白　二月一日

（1918 年 2 月 1 日）

六十六[2]

欧战自俄国革命之后，事势迁流，几于不可究极。诘其影响，已及吾国北陲。协商诸邦，有托付日本抵御之意，而美未尝不阴忌之。然日人鉴于欧洲战祸之蔓延，亦自审慎将事，不似从前之以战夺为不二之政

---

[1]　"前书于结婚自由利弊"至此，亦载《学衡》第 16 期（1923 年 4 月），列"（五十二）"。

[2]　此函据《学衡》第 16 期（1923 年 4 月），列"（五十三）"。

策矣。日、德携手，恐亦难成事实，盖英、日前此之交已深，又近值美国武装之后，日本弃其协商之优胜，而与已疲之德成交，得不偿失故也。吾国南北分驰，而近则分驰之中又有分驰，纷争不知何时了结。来教谓："于国家一线生机，仍持曩见。"此真有识者不异人意之谈。然此局之能成与否，全看总理国是之为何人。窃谓：文若东海，武若合肥，举非其选，而横览一世，谁为救国之才？想足下与我皆不能即举以对也。呜呼，岂不哀哉！

（1918 年）

六十七

纯如贤弟执事：

启者，昨敝处正去一械[①]，并托艾畦寄呈明子夫人对联一副。嗣于本日奉到三月十日挂号尊缄，蒙示慕韩前后两书及洛生照片一事，诵悉种切。

前以洛生向学，无意订婚，故敝处业将前言作为罢论。今既承贤兄弟不弃，而洛生意亦转圜，此事自当再行妥议。因复虽一家之主，顾此等事，儿女终身休戚所关，自不能不听诸母诸兄大家公同斟酌一番，而后有准信奉覆左右也。慕韩前书（一月廿八）谓家有富名，外人不知底蕴，恐入门之后，亲见藤山头竹篱茅舍，心有不甘等语[②]，此真足见世人心理异点。姑无论复之嫁女娶妇，固不论财，即小女年已过笄，其一生自奉，绮罗诚所不免；而脂粉芎泽，未尝一御，珠玉珍宝，亦复澹然。家中不乏婢妪，而洒扫井臼，时复躬操，亲串来往，尝以少年人不

---

① 械：《学衡》作"缄"。
② 等：《学衡》作"一"。

宜过于朴素相规①，顾性所不安，稍御即卸。由此观之，他日所适夫家，虽复亿秭隆富，而此儿虽对荣观，燕处超然，殆可决也。虽然，不歆富矣，其心亦不愿贫。恒勖诸弟，人以治生为本，又酷喜整洁，畏恶暴珍，入其室，床敷几案，洁无点尘，凡此皆其性质本然，不必由于父师之教也。

自革命以来，世界日益豪侈，军政两界，皆以攫利为归，百万之室，目为小康，问其所由，大都造业。嗟乎，无天道则亦已耳！如其有之，则往复平陂，特转瞬耳。不见俄国今日社会党专与资本家富官僚为仇者乎？② 语不尽意，先此奉报，并问

仁祺。

再者，吾弟执柯之第一缄，开具洛生家世齿录甚悉，因此事中经作罢，尊缄遂不知庋置何所，遍索不获。今欲乞费神再开一纸前来，以凭讨论，至感！

三月十八日　复白

洛生八字到日请即寄来，又及。

（1918 年 3 月 18 日）

六十八

纯如贤弟执事：

得阳三月廿四日赐缄并庚帖等，喜慰之极。令侄洛生，蒙为执柯，自是国器。刻饬大儿伯玉，由慕韩等邀请洛生，作一小集，以示郑重相攸之意，最后更向小女香严发表此事，如均情愿，当将庚帖等回寄尊处

　①　尝：《学衡》作"常"。
　②　"昨敝处正去一缄"至此，亦载《学衡》第18期（1923年6月），列"（五十四）"。

也。至游学后完娶一节，本无问题，绝不反对。盖鄙处原不急急送女出门也。艾畦文采书札，于今日少年中，颇不易觏。诗笔等虽未成熟，而进犹未止，数番见临，与之晤对，气象尚复静穆简谨，的未易材。弟谓洛生乃在其上，欣瞩何如耶！

顷者岳、长告捷，合肥复出，军人当国，自不待言。西南必持恢复约法，国会以为和息根柢，则南北断无合同之望，后此疆场彼此，湘、赣、黔、蜀，无宁岁矣。

自阳三月廿二以来①，欧西决战，乃从来未曾有之激烈。德人倾国以从，英、法先见挫衄，至其结果何如，尚复不敢轻道，所可知者，此役解决之余，乃成新式世界。俄之社会主义，能否自成风气，正未可知。而吾国居此潮流之中，受东西迫柞，当成何局，虽有圣者，莫能睹其终也。

鄙人今夏决计离京，而眼中所待了者三事：儿女婚姻，出售此宅，此后或南或北。再定计划，届时当奉告也。

前托艾畦寄上明子夫人楹帖一副，此时当已接到。旧怀吕君，止五律一首如左（题是《怀吕开州》）：

盖代神明宰，吾思吕太微。临财如触热，好善怒裯饥。

至孝天应泣，论文瑟欲希。墓门今宿草，黄鸟绕林飞。

复平生师友之中，其学问行谊，性情识度，令人低首下心，无闲言者，此人而已。然亦有不满意者，则其为人太过，坐此致不永年，真可痛也。余则已去者，如郭侍郎、吴冀州、君家季廉，其犹在者，则陈太保、陈伯严、海盐张菊生，寥寥数公而已。且其人虽皆各具新识，然皆游于旧法之中，行检一无可议。至近世所谓新人物，虽声光烂然②，徒

---

① 廿二：《学衡》作"二十二日"。
② 烂：《学衡》作"灿"。

党遍海内①，如某某公者，吾心目之中，固未尝有一也。语曰："不知其人视其友②。"然则不肖一己之所存，亦可以见矣。老境侵寻，虽见理日深日明，只如昭陵茧纸，他日挟与俱去而已。然则徒言学术，亦何与人事？此羊叔子所以不如铜雀伎也。一笑。③ 春深，惟珍练千万。

复白　三月卅一日

（1918 年 3 月 31 日）

六十九

纯如贤弟：

　　顷接三月卅一日缄，并录示令侄先世，极感极感！其先人皆享高年，如此则洛生根基深固可决也。刻正与家人妥议，得当再行报命。

　　湘中长、岳，虽为北军所复得，然我辈旁观，觉与统一两字相去犹远。平情而论，武人为政，诚属乱邦，而南人所力持之约法、国会，又为众情所反对，求化寇仇为石交，亦已难耳。

　　三月廿一以来，德于西面大取攻势，欲收与去岁意大里东北同一之功。然今已两星期矣，牺牲过三十万人，所得者不过前失残破之地。英、法之军略退，而阵线绵亘依然无恙，南之巴黎，北之喀黎，中之亚美安德之目的，皆未能达，则此局尚非朝夕所能决也。但交战国枕戈擐甲，上下皆历四年，农工商百业，因之停废④，无论何国皆已力尽筋疲，久久兵连祸结，诚不知何以为继也。美国作练三百万兵，其用意不

---

　　① 徒：《学衡》作"结"。

　　② 不：《学衡》作"欲"。

　　③ "顷者岳、长告捷"至此，亦载《学衡》第18期（1923年6月），列"（五十五）"。

　　④ 停：《学衡》作"伤"。

309

仅此役①，即以是役言之，其每月作运赴欧，极其量不过五万，若非此后运船大增，则运致三百万人，殆非五年不办，是无异决西江以济涸辙，其不成事实，不待言明矣。颇闻在法美兵今度已入战线，见众不过十余万②，此与千九〈百〉十四年英人以十六万助法正同③，此以当德人百数十师（每师在万五千与二万之间④。）之众，其足为轻重与否，亦无待深辩而可知已。至日本前是政策⑤，诚在在步趋德人，然自此役发生，亲睹兵祸之烈，诚不能无戒心。且德国是后民力消耗已深，将休养生聚之不暇，更持何物以与较完之日本为合，而日本亦何取于收德、奥、土、勃，而失英、法、美、义也耶？外交之事全视形势，此复所以策其不成事实也。⑥ 草答，即候

台祺，不宣。

四月六日　复白

明子对联已未收到？

（1918 年 4 月 6 日）

七十

纯如贤弟执事：

前者连得阳历四月十二、十八两缄，阙久不报，病冗交乘，想能恕之。

---

① 仅：《学衡》作"尽"。
② 见：《学衡》作"其"。
③ 千九：《学衡》作"千九百"。
④ 二万：《学衡》作"二万五千"。
⑤ 是：《学衡》作"此"。
⑥ "湘中长、岳"至此，亦载《学衡》第 18 期（1923 年 6 月），列"（五十六）"。

蒙为小女璊执柯，具征关爱。嗣洛生有缄见惠，英文程度已甚可观，后复同艾畦贲舍，笃实澹泊，于时下少年中政不多觏。况来书谓其迟重难合，而一合之后，用情贞固不二，可以断言。不图叔世浮薄，乃有如是少年，尤为失喜过望者也。刻复舍间业已全体赞成。昨向小女宣布，渠以习于旧法之故，但云由亲作主而已，而微察其意，似甚愿也。兹将照片并其降生月日奉呈，乞为转致洛生尊堂，如无异议，即请由尊处定期过帖，（即由保安寺街办理，亦甚便也。）了此一宗儿女终身大事。至于迎娶，寒家亦殊不亟亟，即俟洛生学成归国后，从容办理可耳。手此奉报，余不它及。敬颂

大安，不另。

复白　阳五月四日

（1918 年 5 月 4 日）

七十一

纯如贤弟如见：

前承阳历四月十二、十八两缄，久置未答。前去一书，但言孩子亲事，不欲夹杂他语，故亦未及，今日精神稍爽，请为左右觊缕，以当面谈，何如？

来书谓北军虽连得胜利，而底定西南，恐非易易，自为确论。吾国革命之后，占势力者，不过两系：军人一也，所谓民党二也。时局至此，民党则被罪于倪、段诸人，而北洋军人则归狱于万恶之国会，互相抨击，殆无休时。顾我辈平情论之，恐两派均难逃责也。

数千年文胜之国，所谓兵者，本如明允有言①："以不义之徒，执杀人之器。"武人当令，则民不聊生，乃历史上之事实。近数十年愤于

---

① 有：《学衡》作"所"。

对外之累败，由是项城诸公得利用之，起而仿东西尚武之习。（自唐以来，朝廷于有兵封疆，必姑息敷衍，清中兴以后尤然，此项城所以刻志言兵。）虽然武则尚矣，而教育不先，风气未改，所谓新式军人，新于服制已耳，而其为不义之徒，操杀人之器，自若也。以此派而秉国成，淫佚骄奢，争民施夺，国帑安得而不空虚？民生安得而不凋敝？由是浸淫得成五季之局，斯为幸耳！此军人操权之究竟也。

若夫民党，尤为可哀。侈言自由，假途护法；其在野也，私立名字，广召党徒，无事则以报纸为机关，有事则以电报为羽檄，把持倡和，运动苞苴。一日登台，所先用者，必其徒党，曰：此固美、法先进民主国之法程也。蜂屯蚁聚，虽廿二行省全国官僚，不足以敷其位置。吏治官方，扫地而尽。前者孙洪伊欲尽取派置省长之权，即亦为此。而徒党之中，驴夫走卒，目不识丁，但前有摇旗呐喊之功，则皆有一脔分尝之获。国会之中，党党相倾，但闻诟谇，人谓今以纷争南北之故，致国事不得进行，顾当国会参众两院未散之时，其所谓进行者又何若耶？且其所谓护法者，亦不过所奉之辞而已。至于手握重权，则破法者，亦即此辈，事虽未至，可断言也。

俄罗斯一行革命之后，保罗民党（Bolsheviks）最恶军官，且惧其众为主张复辟者之所利用，故其第一义，主于毁军。然自戛连士机（Kerensky）第一命令，许兵卒以平等权之后，国军遂散，即今全国废然，如巨人病风卧地，任人宰割。而国中无论都鄙乡邑，皆劫夺公行，粮草罄竭。据所纪载，真令人有天地末日之悲。故中国乱矣，而俄罗斯比之，则加酷焉。汪容甫谓："九渊之下，尚有天衢；秋荼之甘，或云如荠。"真今日吾国与俄相比之谓矣。由此观之，则军人诚恶，然使稍有统系纪律之存，其为害，或稍胜于狂愚谬妄之民党也。

吾国大患，自坐人才消乏。盖旧式人才既不相合，而新者坐培养太迟，不成气候；即有一二，而孤弦独张，亦为无补。复管理十余年北洋学堂，质实言之，其中弟子无得意者。伍昭扆（光建）有学识，而性情乖张，王少泉（劭廉）笃实，而过于拘谨。二者之外，余虽名位煊赫，皆庸材也。且此不独北洋学堂为然，即中兴诸老，如曾、左、沈、李，其讲洋务，言培才久矣。然前之海军，后之陆军，其中实无一士，即如王士珍、段祺瑞、冯国璋，皆当日所谓健者，至今观之，固何如乎？

复无意于今之政府久矣，年来又复多病，所以益欲还乡。其眼前欲了者，叔夏、香严两儿亲事，更欲将此宅卖出，而复或沪或闽或津，再定行止。乱世多虞，亦不能预定也。[1] 洛生性质坚毅，他日必有成就，蒙贤弟执柯，极为可感。前信并小女八字影片，想登尊鉴久矣。琥儿订婚系陈太保执柯，与其台湾林姓甥女作合，知念并布。

足下于鄙作真成嗜痂，兹特别纸抄奉。其与徐某七绝，因不存稿，不记忆矣。

中日七项同盟之说，洋报亦有所言，留日学生，且因此有相率回国之事。政府但言其无，又不肯将事实发表，令人不得捉摸，亦深盼其稍有忌惮而已。

校歌之作，有似填词。若必复捉刀，须得将原谱寄示，乃可下笔。

贱室原配同里氏王，即璩之母；续娶江宁氏朱；簉室氏江，则琥与香严之母也。

琐琐奉陈，不觉累纸，欲言万千，非缄能罄。伏惟照察。即问
近祺。

复白　戊午浴佛日
（1918 年 5 月 17 日）

---

[1]　"来书谓北军虽连得胜利"至此，亦载《学衡》第 18 期（1923 年 6 月），列"（五十七）"。

七十二

纯如贤弟赐鉴：

连接上月廿八暨卅一日两书，冗未即答。兹将所拟校歌及杂志封面寄上，乞斟酌可用与否。

前数日得洛生清华来书，书意欲用西法，与小女先行见面厮熟，俟彼此实系相悦，而后再订婚约。敝处已明白回复，告以不能。略谓先熟后婚，西俗向来如此，然而胖合之后，仳离亦多，可知好合之情，不关乎此。吾俗向凭父母之命、媒妁之言，然而琴瑟调者，尚甚众也。且此事于今行之，有不便者。假使相见之后，果然相得成议，则此举乃是赘疣；脱若不成，外间人必多浮议，于两姓皆有不便。故此事出诸无意可，出诸有心难。中国虽号变俗，然良家子女仍是笃守旧法，不轻与少年男子相见，而况告以此人系汝未定之夫，乃今先来看视是否合式，然后定夺。吾弟试思，此在吾家可行否乎？刻已回答，若令侄必以其文明新法见拘，则前议悉作罢论可耳。中西国俗根本不同，即如选举，亦百弊未见一利，方之从前科举，相去远矣。语曰："及之而后知，履之而后难。"正是谓也。匆匆不及多谈。诸容续叙，即讯

近佳。

复顿首　六月十一日

心远校歌

中华何所有？四千年教化。舟车未大通，指此为诸夏。五千年来交五洲，西通安息非美欧。天心欲启大同世，国以民德分劣优。我曹爱国起求学，德体智育须交修。守勤朴，厉肃毅，涵养性情奋志气。此时共惜好时光，他日为人增乐康。庐山九叠云锦张，彭蠡章贡源流长，世传（心远第二中学）校风良。

（1918 年 6 月 11 日）

七十三

纯如贤弟赐鉴：

接前月廿及廿三日等书，读悉种切。洛生不日成行，意欲作一序送之，而天热懒于笔墨，遂暂阁置，俟有兴致成篇，再交左右寄往可耳。过庚事，自俟慕韩到京举办，昨晤苢生，云一星期内当来，何以至今尚未到耶？仆刻所忙者政皆儿女婚姻之事，三小儿已定台湾林家，即于本阴历初九日过庚，议于中历九月后赴闽招赘。届时鄙人当与同行，察看故乡情形，如可终老，即当从此还山，不复问人间事矣。但闽省近日兵燹之厄，与赣相同，如不可归，即当复出，则携眷所居，非津即沪。沧海横流，不得不托庇异族宇下，言之岂胜慨然！

本秋选举总统，竞争极烈，两边各出数百万元运动，皖派与交系大抵意属东海，而河间似有驽马恋栈之意，闻昨竟出多金①，资遣旧国会议员南下，异日广东选举，首座果属河间，则此戏正复好看也。举国若狂，廉耻道丧，正如贤者所云。顾鄙意以为此种局面在中国必无可长，迷途非遥，其趋向正轨，终当有日，吾辈静以俟之可耳。

西国文明，自今番欧战，扫地遂尽。（英前外相葛黎谓：此战若不能产出永远相安之局，十年后必当复战，其烈且必十倍今日，而人种约略尽矣！）英国看护妇迦维勒（Miss Cavell）当正命之顷，明告左右，谓："爱国道德为不足称，何则？以其发源于私，而不以天地之心为心故也。"此等醒世名言，必重于后。政如罗兰夫人临刑时对自由神谓②："几多罪恶假汝而行也。"往闻吾国腐儒议论谓："孔子之道必有大行人类之时。"心窃以为妄语，乃今听欧美通人议论，渐复同此，彼中研究中土文化之学

---

① 昨：《学衡》作"皆"。竟：《学衡》作"竞"。
② 政：《学衡》作"正"。

者，亦日益加众，学会书楼不一而足，其宝贵中国美术者，蚁聚蜂屯，价值千百往时，即此可知天下潮流之所趋矣。足下方在壮盛之年，他日可以印证此语也。

老境侵寻，生趣渐薄，幸是尚能以看书有得为乐。除教导儿女外，丹铅尚不离手，《穆勒名学》终必成之，俟秋凉耳。生计颇窘，然得粗了，即亦听之，不复向胡奴乞米，向政府讨顾问做矣。

穗卿学识甚高，而于佛学尤邃。自灰心世事已来，日惟纵酒，每至烂醉荡地，朋友每以卫生为言，而穗卿不之恤也。现在京师，住兵马司中街，教育部尚有一二百元月薪。其子元栗〔瑮〕在大学校①，月俸颇优，然与其父无涉也。

第二，心远两中学，当于何时放伏②？足下于假中当往何处？意者游匡庐耶？平生神往开先、栖贤诸胜，乃卒不得一游。今老矣，已无济胜之具，然幸不死，天假之缘，尚望得一寓目，他日能果此言，死时真可瞑目，世间事何足挂齿牙间耶？③ 手此奉答。即问
暑祺。

复白　七年七月十一
（1918 年 7 月 11 日）

七十四

纯如贤弟惠览：

顷得二日缄，知令侄媳妇明子赴美之行，因美副领靳签护照，不得

---

① 栗：《学衡》作"瑮"。
② 伏：《学衡》作"假"。
③ "本秋选举总统"至此，亦载《学衡》第 18 期（1923 年 6 月），列"（五十八）"。

成行，深代懊恼。美为崇拜自由之国，顾外人出入其国，所有官吏必加种种之无谓刁难限制，甚至放行收受贿赂，亦时有所闻。文家著论谓：共和政体与奸利常结为缘，可知其非虚语矣。舍侄女惠卿前年赴美，系毕业后，由清华挑选游学，其手续自与明子悬殊，无由援引。今幸船期展拓，急行托人关说，或可成行也。复识美使芮恩施，惜此公适暂回国，无从为力。为今之计，惟有就沪想法而已。

惠卿缄，今缮好寄去。洛生过帖，已由穆涵选定阴七月初八，大媒系王莪孙（世澂）、陈征宇（懋鼎）两君。知念并布，手覆。即颂

旅祺。

复白　八月五日

明子同此致念。

（1918 年 8 月 5 日）

七十五

纯如贤弟执事：

前得沪上第二书，所未即答者，闻艾畦言，孟敏附舶赴美事已就妥故也。

两家亲事经于初八过庚，从此瑛儿便作高门新妇矣。洛生气质极佳，今日出洋，学得一宗科学，回来正及壮年，正好为国兴业。然甚愿其勿沾太重之洋气，而将中国旧有教化文明概行抹杀也。不佞垂老，亲见脂那七年之民国与欧罗巴四年亘古未有之血战，觉彼族三百年之进化，只做到"利己杀人，寡廉鲜耻"八个字。回观孔孟之道，真量同天地，泽被寰区。此不独吾言为然，即泰西有思想人亦渐觉其为如此矣。

梁饮冰自执笔已还，宗旨不知几变。目下韬迹天津，云以著书为事，吾恐不能如前之谀闻动众矣。时人看研究会之汤、梁，真是一钱不

317

值也。南北国会皆已成立，后来执持国枋①，即此两群猪仔，中国安得太平！总统（东海）已无问题，而副座则竞争极烈。徐某用之以饴所欲利用之督军，因此遂致与奉天决裂。东海与梁燕孙皆主息战，看来河间、合淝皆将下野。果尔，民气亦可稍苏。至于根本问题，非欧战终时，无由解决也。②

复夏正八月间，拟将回闽送子完姻，并行省视冢墓。至于移眷久居，或南或北，则察看情形，另作计议，此时尚难预决，所可言者，总不在京中长住而已。知念详布。伏暑将阑，所管两校何时开学？有暇仍乞时惠德音，余惟珍卫，不宣。

复白　八月廿二

（1918 年 8 月 22 日）

七十六

纯如贤弟执事：

顷获九月十五由南昌所发械，知前覆一书尚未登览。所前寄《心远杂志》发刊词，以尊处急用，遂僭加窜易邮上，想当接到。兹得后寄一篇，中所发明理想，似已为前文所赅括，无取叠矩重规矣。承示南海知我之言，只增惭怍。我生之后，世界泯纷，眼见举国饮狂，人理几绝，而袖手旁观，不能为毫末补救，虽有透顶学识，何益人己之间，况乎其为虚声者耶？

时局轇葛，和战均不易言。段合肥主战，以为统一者也。行之三年，徒增国民负担至于数千万之多，而去统一日远，则战无可言明矣。

---

① 枋：《学衡》作"权"。

② "两家亲事经于初八过庚"至此，亦载《学衡》第 18 期（1923 年 6 月），列"（五十九）"。

318

至云和平了结，则无论南人要求之苛，而先须数千万现款，为之了债。试问向何处筹之？加以彼此将帅各求权利，各占地盘，岂肯帖然受人支配？东海衮为举首，安福部之力为多，而安福者，得段、徐而后有之。故虽意主和平，必不能毅然解主战之内阁。凡此皆盘错当前，所以试东海之利器者也，根本解决云乎哉？①

复原拟八月同三小儿回里就婚，兹乃闻遍地萑苻，人方出境，自不能不观望襄裹，稍行辽缓。乱世行止，真难预定也。

南海诸作，近者均未经眼。足下如以为可观，望将已阅者寄示，吾知有识者固不异人意也。手此奉答。并问

旅祺。

复白　九月廿日

（1918 年 9 月 20 日）

七十七

纯如贤弟如见：

别后回闽，住城南之阳崎乡，仆祖籍之所在也。在彼为琥儿娶妇，而族人亦相聚为仆作寿。以是劳劳，至旧历腊月之廿一日，而仆病作，病势大危，神经瞀乱者十余日。幸琥夫妇作计早迁入城，不然病亟时，求一善医，且不可得也。病至立春日，始呈转机，然至今下地尚头涔涔耳。

赐械及洛生居址等悉接到，但此时尚不能详覆。知念，勉作此书，余惟一是心照。

复白　八年二月廿六日

（1919 年 2 月 26 日）

---

① "承示南海知我之言"至此，亦载《学衡》第 12 期（1923 年 6 月），列"（六十）"。

319

七十八

　　抵沪后，拟到徐家汇医院治疗，旅寓在哈同路民厚北里九十二号，赐缄可径寄彼矣。顺讯

道祉。

五月朔日　复泐

（1919 年 5 月 29 日）

七十九

纯如贤弟如握：

　　连获赐书，以病后精神短浅，阙未即报，惭负何如！入此医院已及半月，日用电浴、揣灭诸法，喘咳叩庇见差，惟气体尚属羸弱，不耐劳动。今盼匝月以后，当有明效，届时再议北行，此时不敢定也。

　　世事纷纭已极。和会散后，又益以青岛问题，集矢曹、章，纵火伤人，继以罢学，牵率罢市，政府俯殉〔徇〕群情①，已将三金刚罢职，似可作一停顿矣。尔乃沪市有东人行毒之谣，三人市虎，往往聚殴致命，点心食物小本营生无过问者，而小民滋苦已。苏、浙、鲁、鄂相继响应之后，最晚继之以闽。他所学商界合，而闽则学商界分。昨报言督军捕捉学生六千余人，而加以惨无人道之苛待，读之令人失笑；又云被商会会员黄某毒打，几于毙命。商会人极寥寥，又皆畏事，以数千学生乃任一二人毒打，信乎？咄咄学生，救国良苦，顾中国之可救与否不可知，而他日决非此种学生所能济事者，则可决也。中央政界岌岌，日有破产之忧。安福系势力似成弩末，而苦于骑虎难下。闻此番京、津罢

---

　　①　殉：《学衡》作“徇”。

320

市，乃冯华甫居中煽动，用以推倒徐、段，昨见十八日《申报》中录高某与华甫一电，倾泻无余，欲知华甫，尽于此矣。者番上海罢市，非得欧美人默许，自无其事。而所以默许之者，亦因欧战以还，日本势力在远东过于膨胀，抵制日货，将以收回旧有商场，而暗中怂恿，以学生、康摆渡等为傀儡耳。日本维新以还，所步趋者德国，欧战开场，群以德人为必胜，故外与协商联盟，而内与德人密约。去年德败，石破天惊，而近日其密约又为英、美人所发暴，故其处势最难。而自大正继统之后，国中革命之说，暗长潜滋，统用武力弹压。又数年中因以军械售与俄、华两国，骤富者多，而民喦日起，老成凋谢，公德日隳[1]。弟书中所言，殆昔之日本，非今之日本耳。[2] 此复。即颂

勋祺。

　　班志弁言略加更动，同寄。

复白　八年六月廿日

（1919 年 6 月 20 日）

八十

纯如贤弟如见：

　　阳廿四日信接到，鄙人莅此已三来复。此间治疗术与他医颇殊，日以温水通体灌熨；或坐木箱中，内用电泡围绕，十分钟后，通体汗出，夜用电杵按摩，所用汤药极少。三餐所进，除鸡泪外，多系蔬食，如薯芋、芦菔等物。记得廿余日中，所食荤肉，惟牛肉一片，羊胁一枚，与猪肉两块，仅四次而已。至于食鱼，仅一度也。近来欧美提倡蔬淡养生

---

　　① 隳：《学衡》作"堕"。

　　② "世事纷纭已极"至此，亦载《学衡》第 18 期（1923 年 8 月），列"（六十二）"。

者为最多，大致如伍秩庸所说。甚至英国有人谓能屏除烟火，但以生摘果蔬滋养者，得效最为不可思议，其人亦立医院，助人为此。尝于同时《评阅月报》(Contemporary Review) 中见其论说，若次证者，谓其能治大风、瘫痪诸疾；常人习此，可以暴露僵卧，暑湿风雨，举不能侵，习其道者，始稍羸弱，继乃壮硕，且享高年也。世界进而益奇，其语未必即为虚诞，颇惜事在通都伦敦大邑之中，无人为澈底根究耳。世界人类降而益蕃，此学关于生计问题极巨，故乐为贤弟道其详耳。贱恙喘咳实较先时为差，今所苦者，体力尚是虚劣，稍有劳顿，喘喙辄来，而夜间睡眠不能酣适至数小时之久，往往寐中咳醒。刻拟满一月后，体察情形，如果可以自力，即当出院，自行将息。北上之期，一时尚未定也。

各埠市景经此番风潮后，损失必多。福州尤不堪问，破家荡产，比户可封。而于胶济问题，诚否有补，真不可知之事。中央内阁，东海之意，属之周公，而周之所以不敢苟就者，乃缘合肥与安福系条件甚苛，强而行之，必至肇乱。与田，田之掉头，殆亦由此。合肥居上六之爻，而把持如此，恐不久亦将失败，而世事乃益纷纭，思之令人齿相击也。

《黄氏闻见录》所载鄙人轶事，全非事实。《绿珠词》有之，乃戊戌年为清德宗发愤而作，不仅指晚翠也。与苏堪诗，不止三首，此时都不全记，俟捡毡底，再行录呈，何如？

公长两校，学生须劝其心勿向外为主。从古学生干预国政，自东汉太学，南宋陈东，皆无良好效果，况今日耶？[1] 眠食珍重，书不尽意。

复白　阴六月二日
（1919 年 6 月 29 日）

---

[1] "各埠市景经此番风潮后"至此，亦载《学衡》第 20 期（1923 年 8 月），列"（六十一）"。

八十一

纯如足下：

得七月五日书，读悉种切。

自去年抱病还乡，于世事不甚措意，故于此时发现种种是非功罪，皆属不敢断言。蔡孑民人格甚高，然于世事，往往如庄生所云："知其过，而不知其所以过。"偏喜新理，而不识其时之未至，则人虽良士，亦与汪精卫、李石曾、王儒堂、章枚叔诸公同归于神经病一流而已，于世事不但无补，且有害也。和约不签字，恐是有害无利。盖拒绝后，于胶济除排阁日货外，羌无办法，而和约中可得利益，从而抛弃，（姜汉卿反对是也①。）所伤实多。此事陆专使及中央政府莫不知之，然终不肯牺牲一己，受国不祥，为国家行一两害择轻之事。此自南宋以来，士大夫所以自为谋者，较诸秦缪丑诸人为巧多矣。嗟乎！事真不可一端论也。

寒家子女少时，皆在家塾先治中文，经传古文，亦无不读，非不知辞奥义深，非小学生所能了解，然如祖父容颜，总须令其见过，至其人之性情学识，自然须俟年长，乃能相喻。四子五经亦然，以皆上流人不可不读之书，此时不妨先教讽诵，能解则解，不能解置之，俟年长学问深时再行理会，有何不可。且幼年讽诵，亦是研练记性；研练记性，亦教育中最要事也。（若少时不肯盲读一过，则终身与之枘凿，徐而理之，殆无其事。）至于从事西文西学，极早须十五六方始，此后中文，则听子弟随地自修可耳。惟如是办法，子弟须天分稍佳，教师亦须稍勤，方能收效；否则于旧学终嫌浅薄，其须改良与否，正不敢言也。来教谓中学课程宜仿德制，分文实二科，鄙意亦深以为是。不识贵校中已照此施行否耶？贺先生遂弃五浊恶世，闻之令人黯然。平生交臂失之，徒于今日兴

① 卿：《学衡》作"废"。

杜陵高才陵替之感，而君家弟兄群从，于师门用情如此，于今世又何可遇耶？①

　　复在此间已是卅余日，而得效尚浅，然除夜间难得整睡，又晨兴八九钟时喘咳颇剧，须半点三刻始止外，其他尚无所苦。却悔去年过沪，不知来此治疗。盖若当时果来，则去年杪一场大病，必可免却，则此后根本虚实不可同年语矣。既错过，无如何也。手此当谈。即讯

暑安，不次。

复白　七月十日
（1919 年 7 月 10 日）

八十二

纯如贤弟惠鉴：

　　前缄知已经目。近作五古四十韵，因弟好收吾文字，乃手录奉寄。其中所言义理，贤者以为何如？愿与同学共榷之。此问

暑安，余不多渎。

复白　八年七月十九日
在上海红十医院泐
（1919 年 7 月 19 日）

八十三

纯如贤弟惠鉴：

　　接阳七月十七日赐缄，读悉种切。

　　复来此间，计已四十余日，初时不甚见效，逮卅余日，乃日有轻

---

　　① "自去年抱病还乡"至此，亦载《学衡》第 20 期（1923 年 8 月），列"（六十三）"。

减。刻虽尚喘咳，然唯晨起后稍剧，而十余分钟便已，余则胃口精神及二便等均较未来为佳。拟满两个月后，便当出院，作计北行。贤弟见爱，不必为我悬悬也。复生平不甚相信补药，顾参则亲友多人劝服，皆言于痰喘可收奇效，亦拟到京后，买高丽或吉林谬山试服，果其有验，此尚易办耳。

所恶于和约不签者，以其不签之后，举国上下，哆口张目，无一继续办法，而齐鲁、奉吉日坠交际漩涡。民情嚣张，日于长官作无理要求，无所不至，用其旧时思想，一若官权在手，便是万能，不悟官吏之无所能为，正复同己。每遇枨触挑拨，望其为国忍辱，自无其事；甚则断胫蹈海①，自诩义烈。而敌人以静待躁，伺隙抵巇，过常在我，此亡国之民所为，每况愈下者也。报纸利在谀时，则散播疑似，每云某国为我仗义执言，某国为我担保于何时归还侵地。大抵其说皆为子虚，而造事之人愈以得意。《小雅》"视天梦梦"，又曰"譬彼舟流，不知所届"，政今日之谓耳。

美之于日②，固所深防，顾欧战四载，创夷尚犹在目，岂敢于数年之中更复言战？学生报告，鄙意殆不其然，南北和会决裂后，今者似将复续。昨得前代表徐佛苏缄，并其所著说帖，主张南北分治，以谓惟此可期和平。所言颇窥症结，今将其说帖并敝处覆稿寄上，贤弟详加审阅，望有以见教也。北之东海、合淝、河间，南之岑唐③、陆唐诸公，地丑德齐，莫能相尚，真如来书所云："无一有统一中国能力者也。"既不能矣，则以分治，而各守封疆，亦未始非解决之一道耳。

北京大学陈、胡诸教员主张文白合一，在京久已闻之。彼之为此，意谓西国然也，不知西国为此，乃以语言合之文字，而彼则反是，以文

---

① 胫：《学衡》作"头"。
② 美：《学衡》作"英"。
③ 《学衡》无"唐"字。

字合之语言。今夫文字语言之所以为优美者，以其名辞富有，著之手口，有以导达要妙精深之理想，状写奇异美丽之物态耳。如刘勰云："情在词外曰隐，状溢目前曰秀。"梅圣俞云："含不尽之意，见于言外；状难写之景，如在目前。"又沈隐侯云："相如工为形似之言，二班长于情理之说。"今试问欲为此者，将于文言求之乎？抑于白话求之乎？诗之善述情者，无若杜子美之《北征》；能状物者，无若韩吏部之《南山》。设用白话，则高者不过《水浒》《红楼》，下者将同戏曲中簧皮之脚本。就令以此教育，易于普及，而斡弃周鼎，宝此康瓠，正无如退化何耳。须知此事，全属天演，革命时代，学说万千，然而施之人间，优者自存，劣者自败，虽千陈独秀，万胡适、钱玄同，岂能劫持其柄，则亦如春鸟秋虫，听其自鸣自止可耳。林琴南辈与之较论，亦可笑也。①

《蒙养镜》一书，系一天津教员由东文翻出，出板在宣统一二年间，其于何处印刷发行，今亦无从记忆。贤弟欲得此书，向天津各书馆调查，或当得之。

昨阅报纸，见赣议会近有弹劾戚省长之事，且其中株连左右，不知此事有究竟否？戚省长虽系旧僚，然稳健不偏，长赣以来，尚能静镇，此在民国，岂可多得，顾不为时议所容。王荆公绝句有云："可怜世上风波恶，最是仁贤不可行。"真有此也。

王君楠心对联未接到，李幼堂似亦未来过，当细查之。洛生在美，当有信否，甚念甚念！手此奉答。即颂
仁祺。

复顿首　大暑夕泐
（1919 年 7 月 24 日）

---

① "所恶于和约不签者"至此，亦载《学衡》第 20 期（1923 年 8 月），列"（六十四）"。

八十四

纯如贤弟惠鉴：

启者，蔡君蔚挺来，承赐书，冗未即答。迩复得八月廿一日缄，并示令兄褆所作令伯羽仪公行述，俯读钦叹。嘱为家传，诚不敢辞，日内遇精神振起时，即为下笔，成当录稿呈阅耳。前书所示江杏邨挽联，实非拙作，不敢掠美。

和会有赓续消息，顾闻者皆谓签字纵令有期，而和平恐无其事，人心若此，甚可叹惋。徐佛苏之议，仅仅取济目前，固未为永息争端之计。昨京中友人续寄蜀人蒲殿俊驳议一首（见《北京晨报》），可谓中其要害。然至自求解决，则亦不过迂远不切之谈。可知争民施夺之秋，相悦以解之，无其事耳，可若何？①

贱躯来沪治疗将及三月，虽叨庇粗可，然老病除根，自是难事。加以本年沿海天气极为不佳，始则霪雨，继乃飓风，遂令孱躯弥益不快。沿海自福建以北，大抵霍乱盛行，患者以数小时致命。沪上有此，已及两月，幸时疫医院救护尚复得法，近已延及津京，不识赣、鄂一带，尚平安否？复拟闰月内北行，知念并布，手此。敬颂

时佳，不偈。

复白　八月廿六

（1919 年 8 月 26 日）

---

①　"和会有赓续消息"至此，亦载《学衡》第 20 期（1923 年 8 月），列 "（六十五）"。

八十五

纯如贤弟惠览：

　　前得缄并令弟所具羽仪公行述及书，卒卒未即答，甚以为悚。病后神思茶菱，又不敢以不文辞。今者北行有期，挥翰伸纸，聊用塞责。烦语讱公，言寸莛击钟，不克导扬盛美于万一也。讱公来书，于鄙陋盛有所称引，然皆不敢当。自清代末造以来，江西人士，能畜道德以为文章，其言足以信今传后者甚众，何舍其近者不求，而转諈诿之于仆耶？凉生，想校中已开课，惟珍摄千万。

复白　闰月廿一

（1919 年 9 月 14 日）

八十六

纯如贤弟惠览：

　　启者，前寄一缄，并缴羽仪公家传一首，至今未承还云，极用为念。兹有恳者：雷太夫人寿诗屏条一帧，并与季贞一书，到日即祈转呈，至感！复秋节前后，当回京寓。尊处如续有信，可寄东四牌楼汪芝麻胡同七号严宅，不至浮沉。匆匆恕不多渎。即颂

秋祺，不偹。

复白　九月廿九夕泐

（1919 年 9 月 29 日）

八十七

纯如贤弟惠鉴：

敬启者，十六日归装甫卸，即承本五日来书，知前寄缄件，皆已登览，忻慰何如！羽仪公传，叙次错误，足见精爽之疏，徐即遵改，烦转钞为望。季贞乃在京师，不①知何时到此。

南北和议，虽无所成，而糜费国帑，动数十万。一是政客军人，皆以分代名义，坐领厚薪，用以阔嫖豪赌；又不足，则相约聊袂往钱唐观潮，销磨英气。政府之于财政如是，则国中到处金融奇紧，固其所耳。求其勿每况愈下，且所不能；欲其救济，断无其事。京中度支告竭，则以什一之息，求诸小商。糟糠及米，终有穷时，不卖国，又何以自了乎？② 气促不能多谈。手此。敬颂

秋祉。

复白　圣诞日泐

（1919 年）

八十八

纯如老弟：

启者，邹君来京，奉十二日赐书，诵悉种切。回京后，曾去一缄，计已登览。肺疾利居南北，于人不必尽同。去冬还乡，转以加剧，今秋

---

① 函八十六"至感"至函尾，函八十七函首至此，江西师大图书馆所藏手迹不知何故皆缺，故以上录自《严复集》。

② "南北和议"至此，亦载《学衡》第 20 期（1923 年 8 月），列"（六十六）"。

来北，系徇儿辈之请，姑再试之。如果不宜，明春图南，未为晚耳。

南北军阀，既不降心相从，闽、赣处于两敌之交，固为可虑，盖其力以相吞并不能，而残害地方有余裕耳。冯、段均不足言，而冯尤为鬼蜮，数岁之乱①，彼实尸之。前书谓：欧战告终之后，天下将成大联邦之局，乃复观世不审，高视人类之言，今则尽成虚愿。威总统有大愿，而无大力，伤心失志，一病垂危，而三洲汹汹，弭兵绝无其事，早晚将复出于战；而利用支那者，自有人也。哀哉哀哉！阎督军声誉极隆，自是佣中佼佼。但吾国欲安，必有能提挈人群者出，如英之劳益佐之②，庶几有豸，不然亦无济耳。③

旧刑部街宅经已售去，现住者，乃是赁居。近于中城新购一宅，大约九十月间，当可迁入。知念附布。手此。即讯
近佳。

复白　霜降前一日

（1919 年 10 月 23 日）

八十九

纯如贤弟惠鉴：

前去一缄，想经伟览。兹续接十月十二日赐书，诵悉种切。羽仪先生家传，前已改正，兹更点窜呈上，乞转致讱兄为恳。

承示旧送季廉四律，的系作手。贤弟素不究心批抹，乃此诗出手惊人如是，足征言为心声也。与蔡蔚挺联语及跋亦佳，惟上句"热"字，

---

① 岁：《学衡》作"载"。
② 佐之：《学衡》作"佐治"。
③ "南北军阀"至此，亦载《学衡》第 20 期（1923 年 8 月），列"（六十七）"。

必须酌易。盖从来道德立言之家，最忌作过火语，一也；而"兴学热"三字，以文字言，亦殊不辞，对仗亦不工，二也；且"热"字非良好字面，一云热，则寒凉已伺其后，而热者病象，人至于热，则暴躁瞀乱，谵语妄动，相与俱兴，于知于行，两无一当，甚矣，热之不可以有也，三也。今仆改作"意"字，看似平平，然自古孤怀闳识，百折不回之家，要不外不欺其意而已。试看经史，至唐宋以来，立言大家，其用字行文，皆以峻洁平淡为贵，平平一言，竭毕生精力难副者有之矣。此乃诗文极秘之诣〔旨〕，聊为老弟言之，不识能相喻否也。

来教所列诸杂志等，病中神短，从未寓目，然细思此亦不过一时之社会热病，久后终当退去。段、徐辈所为，徒多事耳。到京已十余日，闭户静养，不甚看书。并布。即问

道祉。

复白　十月廿七泐
（1919 年 10 月 27 日）

九十

纯如贤弟惠鉴：

启者，叠接十月廿七及卅一日赐缄，省悉种切。季廉为令兄穆如传，机绪极清醒，即此便可用，今奉命点窜，俟稍暇当为加墨也。

赣省可免战祸，闻极喜慰。

欧东过激党，其宗旨行事，实与百年前革命一派绝然不同，其党极恶平等自由之说，以为明日黄花过时之物。所绝对把持者，破坏资产之家，与为均贫而已。残虐暴厉，其在鄂得萨所为，报中所言，令人不忍卒读，方之德卒入比，所为又有过矣。（其政体属少数政治。）足下试思，如此豺狼，岂有终容于光天化日之下者耶？此如中国明季政窳，而有

闯、献，斯俄之专制末流，而结此果，真两间劫运之所假手，其不能成事，殆可断言。劳益佐之为英首相，与法之克理蒙梭，同为当世伟人，其最大事业，乃当战事危急之时，能号召全国工党，协以对德，又能以毅力改易成宪，组织作战政府，不为成法所牵。至于左右世界之功，则逊于美之威尔孙，顾威亦不得行其意也。[①]

采用平民教育，似非始于今时，忆当前清……

（1919 年）

九十一

纯如贤弟如见：

复回京后，于新历十二月初旬，又一病几殆，浑身肌肉都尽，以为必死矣。嗣送入协和医院，经廿二日而出，非曰愈也，特勉强可支撑耳。但以年老之人，鸦片不复吸食，筋肉酸楚，殆不可任，夜间非服睡药尚不能睡。嗟夫，可谓苦已！恨早不知此物为害真相，致有此患，若蚤知之，虽曰仙丹，吾不近也。寄语一切世间男女少壮人，鸦片切不可近。世间如有魔鬼，则此物是耳。吾若言之，可作一本书也。以此之故，老弟书来，总不能答，有时因神思散泛之故，且不能读，直俟后来始能细看也。老朽虽不死，自顾无益于时，不知彼苍留此微息作何用耳。

洛生在美想佳，时时有竹报否？甚为念之。手此奉答。即请近祉。余俟续谈。

严复顿首　九年一月四日

（1920 年 1 月 4 日）

---

① "欧东过激党"至此，亦载《学衡》第 20 期（1923 年 8 月），列"（六十八）"。

九十二

纯如贤弟：

病中草草曾上一缄，想蒙亮察。今日晨起，精爽稍佳，遂取所寄来稿，一一僭加朱铅。贺先生祭文固佳，而季廉所制穆如家传，真是奇作，吾愧不如。天下有文字一读可以知其不妄语者，此文是也。今世之文，几人不妄语耶？此其所以足贵也。与季廉别过十年，今日老怀怅触，令人泣不可仰〔抑〕。不能多谈。

复白　元月十六

（1920 年 1 月 16 日）

九十三

纯如贤弟：

昨去一缄，并所勘诸稿，想登览矣。兹得本〈月〉十日赐书，备承关注，感何可任！

复近所以与雅片脱离者，非临老忽欲为完人，缘非如此，则稠痰满肺右部，凝结不松，无从为治故耳。刻虽尚有不快，然叨庇稍差，俟百日以后，若尚如此，当行复吸也。

北地冬令，实非吾体所宜，明年不在此矣。牯岭避暑，极为神往，倘得从君，真一段奇事也。

三小儿尚与新妇在闽。因新妇勉〔娩〕身在即，云举子满月当北来。知念附布。此讯
近好。

复白　元月廿

（1920 年 1 月 20 日）

333

九十四

累承赐缄，以懒即楮墨，遂未还答。鄙人疾虽未增剧，而喘咳支离，实有平生未尝之苦。劳君远念，感叹无穷。

琥儿尚在福州，今年元旦，获一长孙，与足下幸托戚属，闻之当为我庆喜耳。贱恙京中诸医无能为益，他日或当复南，亦未可知。

时事非病夫所关，与执事无可深论也。手答，即颂

春祺。上

纯如贤弟。

复白　正月廿七夕

洛生今年回国否？何时当回？望于便中示之。

(1920 年 3 月 17 日)

九十五

连得二书，欲复同往日本治疗，极感盛意。但无论该国医术如何，而一行航海，亦须稍具精力，方能办到。顷喘呴方剧，半步不能出门，况远适异国耶？幸今有旧相识之英使馆医士德来格为拟方治疗，并验痰涎稚菌，为制特别针药，将为根本解决，姑观其效可耳。此报

纯如仁弟足下。

复白　四月十二

(1920 年 4 月 12 日)

九十六

纯如贤弟：

叠奉惠缄，懒病畏即楮墨，多阙未报，然极感盛意。

承示洛生信，诵悉。中云欲令小女到美求学，在复岂有不乐之理？顾香严于西学程度极浅。数载以还，老朽日在病中，于人事多置度外，子女教育，除令猛省自修之外，亦复任其荒废，故儿辈虽天分较高，如琥亦未能早令出洋；至于今，则以其父羸病之故，各各不欲远行，虽具赍使行，亦不去矣，奈何！至于女子出洋求学，复平居亦尝深加讨论。窃谓一时风气所趋，世俗人人皆以此为胜法，究之于宜家宗旨，为益几何？而于趋时长骄之风，不至反生害否？尚须俟后来经历，而后可断言耳。

京师今年旱干已甚，病夫弥以不快。前者庐山之约，亦以衰茶，不能果言，且脑力散缓，不任致思，致侯君教育游记，亦不能为之加墨，愧负愧负！手此敬报，即颂

暑祺。

复白 七月四日
（1920 年 7 月 4 日）

九十七

纯如老棣惠鉴：

得六月廿九日赐缄，具承关念，至用为感。贱恙自经英邸医官德来格用针，渐已觉差。惟精神记忆，终逊前此甚远，尤不喜用心，亦不喜见客。故近者艾畦、雨生来见，均不能接待，极愧！

皖直两系相持，势将决裂。日来京邑人心殊皇皇，赴津及避居他所者，据云数十万①，其影响于商界及民间生计者极巨。穷饿觅死，日有所闻，哀哉哀哉！复于两系均不满意，但为京居苟安计，则甚愿安福得手，脱其不然，京居人颇危险也。老病溽暑，不能避地，全家除第三子外，皆在此，奈何奈何！又闻复辟之说，张绍轩辈又在中间活动，此则敝见所必不敢赞成。夫九年卤莽共和，天下事至于如此，自常识而云，复辟岂非佳事？惟是君主之治，必须出于自力，其次也须辅佐；况当武人拥兵时代，非聪明神武，岂能戡祸乱而奠治安？此时中国已患无才，至于满人，更不消说，此正合历史一姓不再兴公例。而羼帅遗老，尚渴望其死灰复然，忠贞固自可嘉，而无如不足救亿兆涂炭，且使满人清室根荄灭绝，名为爱之，适以害之，苌叔违天，乌足尚乎？须知清室若可再兴，则辛亥必不失国。当时天子声灵，尚自赫濯，故家遗老，犹有存者，手握雷霆万钧之势，乃亲贵等颠倒错乱，令乳臭夷奴成此革命；而谓今日凭借鸥张乱政之夫，可以光复旧业，必不然矣。深恐大地之上，劫运方殷。复百方思量，总觉二三十年中，无太平希望。羸病余生，且暮入地，睹兹世运②，惟有伤心无穷而已。

自病以来，久不发议论，因老棣累次以感想如何为问③，今日伸纸泚笔，聊为言之，可将此藏为遗墨，不足示时俗人也。正缮信时，闻京汉、津浦交通，皆已中断，政不知此缄何时可达，亦姑付邮而已。④ 余惟珍重。

复白　七月十日
（1920 年 7 月 10 日）

---

① 云：《学衡》作"闻"。

② 兹：《学衡》作"此"。

③ 棣：《学衡》作"弟"。

④ "皖直两系相持"至此，亦载《学衡》第 20 期（1923 年 8 月），列"（六十九）"。

九十八

纯如贤棣：

交通阻梗，致瑶函七月五日所发，直至本〈月〉廿六日始到。慕韩报告出游之说，固属不虚，而老病晏安，未知何日。乃果斯语，承许他日为我游山主人，得结此缘，亦一段奇事也。

直皖两系之争，日来已决。想南中报纸，必详其事，无取鄙人再加觇缕。惟是对于时局，终是悲观。所悲者，一是大乱方始，二是中国人究竟无治军能力，（弊法不改，直是绝望。）三是吾辈后日不知托足何所。东海身为民国总统，果其端已以莅天下，亲见政党所为无状，尽可诉诸国民，则安福系虽横，岂能久据政权？尔乃制名内阁，又欲广置私人，既为政党所厄①，乃奋其阴谋，出何进、崔昌遐之下策，已犯历史上最大禁例。今者中央，段系既破坏矣，然恐直、皖之讧未终，而张、曹之阋又始。而前之受制于安福者，后且受制于奉直，未见元首之得自由也。至于包办军政，终为一国祸源②，此制不更，则中国国防永无此物。盖克扣弊深，兵不用命，而军人暴富，酣豢淫奢，虽有颇、牧之才，终归腐败，求其死敌，必无是事者也。善夫日本某公之言曰："士官得一美妻，银行中有廿万圆存款，其人即非军人。"此真破的之论。试问吾国士官，自督军、师长以降，其人何止一妻？而不动储存诸产，奚翅廿万③？吾不识国民何辜，乃出其绞脑沥血之赋税，以养此无数钩爪锯牙之猛兽也。自前清铁良首建练兵卅六镇之议，项城起乘其权，自

---

① 厄：《学衡》作"尼"。
② 《学衡》无"终"字。
③ 翅：《学衡》作"啻"。

诩组织新军，大变湘淮壁垒①。乃不悟根本受病，则兵愈盛而国愈危。甚矣！自营之为祸烈也。昨闻直派条件，有籍没祸魁家产之语，仆不觉大噱。天下惟无瑕者，可以僇人，若得财不道，尽当籍没，则冯、曹、张、李诸公，岂遂容于尧舜之世？此所谓以暴易暴，以燕代燕，胜则行之，不必以国法民意为说也。来教以呈诚前知相许，诚不克当。老子云："前识者，道之华而愚之始②。"即使能之，亦有道所弗贵。顾当一事初起，使仆稍谙其中情况，辄有以决其将来。即如直皖之争，当上月之杪，仆谓段、曹、徐、吴，相为敌仇，各有名义固矣③。惟是两方士卒，皆幽、冀、齐、豫之人，双驱对垒，本非仇雠，而且以乡里而同袍泽有年，他日交绥，必有反戈不战者。其后果有十五师某团开炮向天之事，遂起冲突，而成内溃，则仆又不幸而言中也。

闽中五月初旬大水，为廿年来所未见，其灾情与赣正复相类。须知此等名为天菑，而自科学大明，实皆人力所可补救。所恨吾国财力悉耗于率兽食人之中，而令小民岁岁流离，甚可痛也！④ 今日人稍清健，执笔伸纸，遂不觉其言之长，虽然，亦辞费耳。手此。奉颂暑祺。

复白　七月廿七
（1920 年 7 月 27 日）

---

① 变：《学衡》作"更"。

② 华：《学衡》作"善"。

③ 有：《学衡》作"为"。

④ "直皖两系之争"至此，亦载《学衡》第 20 期（1923 年 8 月），列"（七十）"。

九十九

纯如贤弟惠鉴：

近者连得数书，读悉种切。令郎考入税务学校之事，当与伯玉言之，但渠近来与孙督办踪迹亦殊疏阔，不识能为尊事特往一晤否耳？

京师自靳阁成立之后，虽时时有小不靖，然大段尚安谧。直奉两系，虽各怀意见，然尚未至公然决裂，年月之内，或当无事。惟市面经一次战争，则百货薪刍，必有一度腾贵，事平而价不复平，居人最以为苦。今之用度，较之五六年前，已复倍蓰者，则复辟一役，与此次直皖政争为之也。① 愚闭户养疴，不关时事，本无取于寓京，只以子弟仕学之故，羁迹于此，开门七件，月须数百尊佛，舐糠及米，不知作何了局耳。伯玉虽廉俸非〔菲〕薄，亦以自了则有余，兼以养亲则不足。知关挚爱，故略及之。此问

近祉。

复白 八月廿
（1920 年 8 月 20 日）

一〇〇

纯如贤仲如见：

前接尊缄，并时雨来京所持惠书，诵悉种切。时雨考事，当经信属孙督办，有回信在此，兹附奉览。

京师自军阀交哄之后，闾阎为所蹂躏，无处呼冤。金融停滞，商贾

---

① "京师自靳阁成立之后"至此，亦载《学衡》第 20 期（1923 年 8 月），列"（七十一）"。

不行，而又搜括党人业产，瓜蔓株连，往往刑讯，三木之余，妄招存庋某号，于是钱商银行大受其扰，因以破产停业，往往有之。当局自调停组阁之后，亦无何等有效政策，日惟以南北统一，国民大会相揭橥。有似饥渴之人，但闻说龙脯琼浆，终无一饮一啄之实。米珠薪桂，而部曹以俸饷不继，悬釜待炊，殊可吊也。[①] 率布。即问

时佳。秋凉，惟珍卫千万。

复白　八月廿九

（1920 年 8 月 29 日）

—○—

纯如贤弟鉴：

　　得九月三日赐缄，诵悉种切。时雨考入税务一书请托，尚不审有效果否，何足称谢。

　　自靳阁成立，报端日说之事，不是南北统一，便是国民大会、废督、裁兵各等语，其实细而观之，皆成戏论，徒借政客及不用功学生[②]，腾口叫嚣而已。所谓蒸砂作饭，救饥无日者也。来教谓：国民大会理由未尝不充足，惜于产出代表不能想出妥善之法。嗟乎！此说何止于一端为然，盖自革命以还，一切莫不如是。辛亥以什百狂少年，掀腾鼓吹革命之变，段祺瑞执梃袁门，搂合武人，迫令隆裕让政，创设共和，后来八九年，亦以保障共和自命，然而于所以为共和者，段固未尝梦见也。项城去后，国体瓜离，段乃主张武力统一，此其理由，亦何尝不充足？至于所以达其目的者，则全未做到。人才猥滥，赏罚不明，围

---

　　①　"京师自军阀交哄之后"至此，亦载《学衡》第 20 期（1923 年 8 月），列"（七十二）"。

　　②　借：《学衡》作"供"。

棋麻雀而外，但傲然以军阀前辈老师自命而已。直奉两系，算得甚么兵来，然而稍摇撼之，段之七宝浮图，弹指灰灭。凡此岂非但有理由充足之主张，而于妥善产出之法，全未计及者耶？世事江河日下，民生困苦，日以益深，而人才如此，人心如此，窃恐后之视今，有不及今之视昔也。总之，鄙人自始泊终，终不以共和为中华宜采之治体，尝以主张其制者，为四万万众之罪人，九幽十八重，不足容其魂魄。然今之所苦，在虽欲不为共和民主而不可能，则亦如来谕所云，惟有坐视迁流，任其所之而已。呜呼！此吾辈身世，所为可痛哭也。①

金风戒寒，而仆之咳喘亦复加剧，前虽稍差，今又如故，夜间不能寐者，又六七夕矣。虽然，置之不足道也。此问
近祺。惟珍重千万。

复白　九月十三日
（1920 年 9 月 13 日）

一〇二

纯如贤弟几次：

得九月十八日缄，极感关注。病肺畏寒，极思易地。刻已定重阳前后南归，在沪因有熟医，或当小作勾留，然不过旬日而已。亦视有便船赴闽否也。

南昌西北水灾，君家受损不细，殊念殊念！本年闽中亦经风、水、疫三厄，间阎亦极萧索。从来天行，往往与人事否臧相应。法之初次革命，俄之亡国，德之败衄，皆坐民食问题。今年直、鲁、豫灾民，无虑二千余万，振款杯水车薪，转瞬天寒，不识何以了之。

---

① "自靳阁成立"至此，亦载《学衡》第 20 期（1923 年 8 月），列"（七十三）"。

税务覆试，时雨终效已揭晓否？甚念甚念！手此奉布。即问
秋安，不次。

复白　十月八日
（1920 年 10 月 8 日）

一〇三

纯如贤弟执事：

启者，以避北方严寒，于霜降前，踉跄归福州，坐卧一小楼，足未尝出户也。

赐书极感盛意。大作姜君墓志，文字甚佳，拜读点勘呈上。喘中恕不多谈。此问
岁祉。

严复顿首　一月十五
（1921 年 1 月 15 日）

一〇四

纯如贤弟执事：

叠承赐缄，以喘咳支离，辄不能答。嘱撰祝辞，数番临纸，亦以不能用思，无以报命，愧悚之至！忆羲之有云："吾老不堪事，即作此书，便大顿。"真不佞今日情形也。欲似数年前精力，何可复得耶？

革命共和，其大效至今日始见，群然苦之，然复于辛亥晤黎黄陂时，已痛哭流涕言之矣。天方疾威，而假手于唐、段、袁、徐诸辈，想彼亦在潮流之中，而不自知其为法华转也。手此奉答，不尽欲言。并请
仁安。

严复手白　四月一日
（1921 年 4 月 1 日）

342

一〇五

复启

前缄已覆,想邀惠鉴。兹承四月廿九赐书,拟以师名,列于赞助。虚蒙光宠,岂敢有辞!第恐老朽陈人,未必足以歆动海内如公言耳。

复白　五月九日

(1921 年 5 月 9 日)

一〇六

纯如贤弟惠鉴:

前得五月十八日赐书,缘懒困未答。求字纸已收到,俟有精力时,当有以副雅意耳。记得前曾欲得拙书书谱,故寄一副去,可与知书者看之,当有以见教也。

还乡后,坐卧一小楼舍,看云听雨之外,有兴时稍稍临池遣日。从前所喜哲学、历史诸书,今皆不能看,亦不喜谈时事。槁木死灰,惟不死而已,长此视息人间,亦何用乎!以此却是心志恬然,委心任化,故人不必为我悬悬也。

心远中校,得大力为之展拓,或另建校舍,为立不拔之基,皆极好事。

三小儿琥,自娶亲之后,既为家事所累,又以鄙人老病绵缀,赴欧求学之说,更不知何日实行。又见近日少年,争以出洋求学为人生登峰造极之业,想其所得,舍干禄而外,亦无别项用处。故鄙处于子弟出洋一事,亦自淡漠然也。

赵兄仲宣,已辞赣长,第不审已离赣否?而此后不知更奔何路也。

343

英美罢工诸风潮，自是影响于挽近四年之大战，战时工佣极大，受者习以为常，而不^①知其为平时所不当得也。古人云："师旅之后，必有凶年。"此亦不过凶年变相耳。吾国原是极好清平世界，外交失败，其过亦不尽在兵。自光、宣间，当路目光不远，亦不悟中西情势大殊，偶然主张练兵，提倡尚武，而当日所集合者^②，依然是"以不义之夫，执杀人之器"，此吾国今日所由赜赜大乱，而万劫不复也。哀哉！^③

福州天气，寒暖不时，于病体极有窒碍，又不能赴京。昨者曾托友人在上海觅屋，来书云："比日由内地迁往租界者日多一日，房子极不易得。"本日报端又言宜昌、武昌兵变，此其影响，将更使洋界拥挤，不察可知。吾生局蹐于高天厚地之中，真不知投老残年，何所托足耳。此问

近好。

复白　端午日

（1921 年 6 月 10 日）

一○七

纯如贤弟惠鉴：

启者，叠接八月五日、十七日等赐缄，知左右于我思不浅也。自谓年仅五十有二，而谆谆如六七十者，令人黯然。世局如是，诚足使人寡欢。然君子处草昧变化之时，要当有乐天知命之学，生老病死，时至后行；不然，虽为申徒〔屠〕狄立稿，于己于人，又何益乎？此亦知道者

---

① "不能看，亦不喜谈时事"至"受者习以为常，而不"这一段文字，江西师大图书馆所藏手迹不知何故缺漏，此录自《严复集》。

② 集合：《学衡》作"禀合"。

③ "还乡后，坐卧一小楼舍"至此，亦载《学衡》第 20 期（1923 年 8 月），列"（七十四）"。

所不为也。

比来桂、粤、湘、鄂，皆起轩然大波，而尽以自治为帜。顾自不佞观之，要是一时假道，于国利民福，毫不相谋。以近事取譬，此正如宣统年间之号呼立宪，辛壬之际，偪取共和。然而立宪则立宪矣，共和则共和矣，而此十余年来，果效何若，则复与贤弟之所共知，不必更为齿及已。或则谓："前此皆假，而此后乃得为真。"嗟夫！由今之道，无变今之俗，其必假而不复为真，盖无待著察〔蔡〕而可决也①。群不逞志，太息俟时，而中央失政，方镇恣睢，与以可乘之隙，则群起而挺之。至于成事则得位行权，各出其钩爪锯牙，以攘拿国帑，鱼肉吾民者，犹吾大夫，未见君子。《诗》曰："譬彼舟流，不知所届。"贤弟细察，岂不然哉！梁任公乐观，仆尚不敢附和②，军阀财阀，犹此民耳。大同开幕，又当若何？③

痰喘作祟，懒近文字，今日稍佳，辄为贤弟吐之如此。洛生农科得位，闻之极慰，不识何日归来，投老之夫，儿女婚嫁是惟一心愿也。余不琐缕。此讯

秋祉，不宣。

　　　　　　　　　　　　　　　复白　白露前五日
　　　　　　　　　　　　　　　（1921 年 9 月 3 日）

---

①　察：《学衡》作"蔡"。
②　仆：《学衡》作"复"。
③　"叠接八月五日、十七日等赐缄"至此，亦载《学衡》第 20 期（1923 年 8月），列 "（七十五）"。

一〇八

纯如贤弟执事：

得本月三日赐缄，读悉种切。并得洛生信，渠意极欲小女香严游美留学，但事势有办不到者，兹特作一详缄覆之，千万代转。（居址信皮已缮好，所以寄由尊处转交者，欲公知其内容耳。）中国近日少年，沾美化者日多，后来恐为国患也。斯文坠地，即平常词翰，且亦光怪陆离，其句读均用新文法，不止翻译之文辞费意晦而已，其较优可读者，尚未见也。匆匆草答。即颂
文祺。

复白　十月十二
（1921 年 10 月 12 日）

一〇九

纯如贤弟足下：

得十月七日尊缄，读悉种切。洛生所寄之第二缄，亦已收到。此次缄中所言，较之前缄，更为透露，总其大意，不外责愚固执，不将小女香严送往美国，使两人得以相见，末并云：若年内香严再不到美，则从前婚约，便可作废；又自谓其缄为"哀的美敦书"。愚病中得此，殊深惊诧！敝处原拟本秋回京，嗣因天气陡变凉燥，喘咳加剧，乃作罢论。昨夜整夕无眠，日间食量亦减，故写信覆人，无论中文西文，皆极吃力之事。但以此关系儿女终身大事，不得不力疾为贤弟明白言之，所望分别转达为恳。当丁巳、戊午之间，蒙贤弟作伐，洛生不弃，使两家得联秦晋之好。愚之始意，以为两家儿女已大，过红后小女即可出门。嗣以

贤弟书来，云办不到，即亦无法。于是洛生赴美，小女守候，时历戊己庚辛，已四年矣。然当时并无送女出洋之说。盖女子出洋，本非易事。鄙人赀力既已有限，而香严从小至长，在愚膝前，虽中西二文均受良好教育，以人望人，亦不多让，惟是胆量颇小，生来天性过人，而思理稍逊，可以为孝妇，可以为令妻贤母，至于与今日时髦女子争一旦之命于风头之中，抑于男女之间，纯用新法交涉，如洛生之所期，则实有所未逮也。凡此固儿女生质使然，而亦老朽顽固之风致其如是。今者洛生既出前语，而愚又不能遵命而行，则亦只得听之。至于担误孩子时期，此冤欲诉，亦无处所。俗说八字安排，意其是耶？贤弟须知当鄙人议决此婚之日，几为举家所反对，而最甚者，莫过香严之同母兄叔夏。愚叩其所以，渠对曰："爹久后自知，此人神经颇乖错，而又专好时趋，不知旧法为何物，恐与大妹必不能式相好，而无相尤也。"乃今读洛生前后两缄，殆非出神经清令者之手，叔夏之言，十六七验矣。

　　来教谓"吴子鱼行，将困于黩武"，论极精辟。现代八家文，若失王湘绮，而谋补阙之人，自当首陈散原。至于鄙人零篇之作绝少，似宜弃择，而取姚叔节耳。匆匆不能多谈。此问

秋祉，不宣。

复白　十月十六

　　覆洛生书，意尽前缄。（此缄到日阅毕，即烦邮寄。）后缄不能，亦无取再覆矣。又及。

（1921 年 10 月 16 日）

与杨度^①

皙子足下：

愚岂过以深文草论相罗织乎？亦揣其心理，固必如是。非然者，一意孤行，不计利害，岂独郑、吴、徐又为革命党人，即庸拙如温生才也，豪杰之士也。而足下何知也？愚于是乃更欲为最后之正言庄论以警足下曰：其人之所以异于禽兽者，以其各有心理，各有宗旨也。宗旨变易则不得为人，心理杂糅则虽自命为人，而亦人亦不信以人待之。故以今日而论，纯粹无疵之革命，是愚之所崇拜弗遑者也；二三其德之共和，是愚之所呕呕欲绝者也。愚不怪足下今日之提倡共和，而怪足下前日之主持立宪。足下而至今日犹以己为斯世不可少之人物乎？愚则谓增一皙子不多，去一皙子不少也，抑岂以今日之共和犹必待足下促进乎？愚窃谓无足下或可进行，有足下则必反生碍障也。何则？盖天下断无变诈反复之人而能得人信仰，使人服从者也。且或令人以足下之故疑及共和，视为极可厌憎之物，不将去之益远也耶？呜呼！足下吾道既已不行矣，曷弗如愚等退处于寂寞闲散之地，以待为太平之国民为愈也。藏拙匿垢，计莫对此，而钻营取巧胡为者耶？足下既无拨乱反正之才，更乏确定不移之力，与其首鼠两端，何如冥鸿？与其狐媚以求荣，愈毁亦无誉。如此则首领或可佳保，免贻讥叹者乎？

皙子先生足下，愚往在沪上，既知足下之名，而自东瀛归国者每诋

---

① 据马勇整理《严复未刊书信选》（载《近代史资料》第 104 号）。原件藏中国社会科学院近代史研究所，有学者认为此信是伪作，今且录入，备考。杨度（1875－1931），原名承瓒，字皙子；后改名度，别号虎公、虎禅，又号虎禅师、虎头陀、释虎。湖南湘潭人。曾参与公车上书，后留学日本。光绪末期出任宪政编查馆提调，候补四品，成为朝廷宪政专家。民国初主张君主立宪，拥袁世凯称帝。

足下，或以为利禄小人，或以为寡廉鲜耻，或以为天良丧尽。愚闻而讶之，以为此特悠谬无忌惮者之口耳，乌足以说我足下也。去岁资政院开，愚列席旁听，始识足下之面。聆其言，若明若昧，心乃滋疑。然犹以政府委员性质，固当如是为解。逮后观汪康年氏著论，内有斩杨度头与斩一驴头何异，愚乃大疑，以为汪氏固非轻诋人者，何斥绝于足下者之深也。呜呼！曾几何时，而武昌事起，而足下乃襄然为君主立宪党领袖；又曾几何时，而革命事成，足下又崭然为共和促进会领袖。足下真善变者矣。愚至是乃爽然矣，恍然悟举，向之疑者讶者，廓除净尽，而方知所见者之过狭也。足下诚善变者哉！虽然，愚有不得不为足下告者：其人之所以异于禽兽者，无他，谓其各有心理，各有宗旨，乃足以示别其他之动物耳。足下生平愚未能知，但即湖南路事言之，忽受欢迎，忽受攻击，足下之为人亦可想见矣。然使足下善刀而藏，悔过自新，或极端革命，或忠事朝廷，皆无害为人之宗旨，奈何反复变诈如环无端？时未二月，后先迥异，岂其中别有不得已者？何顽钝无耻以至此极耶！愚今者实不能为足下谅矣。岂特今者，愚前读共济会宣言书时，即知足下进退维谷，早为今日变易地步计矣，特不料如是之速耳。汪兆铭氏解散共济会之言曰："若别无和平解决之法，惟有流血以护其宗旨。"是言也，吾读之感极欲泣，以为此面贞清烈，士之所难，何幸于吾益世而遇之！推其志也，可以圣，可以贤，可以夷，可以险，区区革命何有焉？愚非党同汪氏而于其言不能不敬爱之，如是岂非以其宗旨之确定哉？足下何如者？设足下之宗旨确一如汪氏，将宪政馆无足下，统计局无足下，本其往昔所学以奔走革命，则今日共和促进会之首领，舍足下其谁属？而惜乎其固君主立宪党之主人翁也。当君主政体失败，遣使议和之时，闻足下亦在门中，乃未几，上海遂有宣告死刑之说。此或彼党野蛮，无足计较，然以后更不复知足下之踪迹。愚甚忧之，以为足下必死矣；即不死，亦必远遁山林，不复再与俦类相接，而一意作王炎午、谢皋羽去矣，今岂犹在人间耶？岂今日另一杨度，而非前此堂堂君主立宪党之杨晳子耶？噫！亦异矣。或谓此无足异也，晳子固变化不测之人也。又所至如意之人也，可以立宪，可以共和，可以君主，可以民主焉，往与不得，其为杨晳子哉？予以是异之，盖仍得者所见太狭之论外，愚又以为不然。愚谓今日共和之促进，中国四万万人皆可言，独晳子不可言。何者？晳子固君主立宪会之领袖也。君主与民主论、党派论宗旨又极端不能兼容者也，使彼此可以通融互易于其间，则是冠可以为履爪，可以作首，试问足下能之乎？且足下由宪政党易而为共和党，犹为可言；由宪政党改而为共和党，而又力诋宪政党，则不可言也。足下固两月前主持宪政之人也。今读共和促进会宣言，有曰顽旧之徒忽大张其君主立宪之帜，若国破家亡，虽食反对共和者之肉，何补云云。论非不确，然自足下言之，则是以两月后之杨度而骂两月前杨度之顽旧也，则是以两月后之杨度而欲食两月前杨度之肉也。顽旧犹可食肉，不亦太甚乎！抑知顽旧之名，固不易居，而君辈之肉，并不足食乎？又谓此次革命以不能实行宪政之故，天乎枉哉，吾不知备员参议持宪政之总要者何人？宪政不实行，又谁之咎也？统计此宣言书中所云，绝有异于汗邪失心病狂谵语何晦。今较之，已见其纰谬百出矣，而犹欲以此号召徒众，预为陷阱民军，迎合政府，免死复官之计，用意虽巧，正人端士，谁肯信之耶？近铁路局长叶恭绰忽有自请辞职，不肯运送军队之事。军部狡诈无耻之尤，赫赫民军，岂果为此辈所惑，而不复记其从前之历史者？岂果能贷免前罪，而可以救一死者？苟贱乞怜，清自轻辱，是其君辈之丑类也。君辈谓国亡家破以不实行宪政之故，愚谓正缘用君辈佞人，故至此耳。国家生此妖贼，即是将亡之兆。设政府用人悉如君辈，吾恐大清名义消灭久矣。虽强如俄，兴如德，完全巩固如英、日，亦必实时倾陷矣。乃犹思潜移默运，冀发达其将来作官之目的。须知此次改革，为国民谋福利，非为君辈崇禄位也。共和之建设为国家立基，非为君辈便夤缘也。君辈试于平旦白晓天良萌动时，扪心自问，其终日所营谋者，为公乎？为私乎？君辈有一人非官迷、非运动家乎？利则跃跃趋之，而害则望望然去之。且更坠井而下石焉，何险忍乃尔耶！故使愚为君辈计，若思于民国幸得一官，正不必作如斯态度也。但去其旧日贪污之心，平耐恶渴之念，亟自荡涤而除易之，庶可望收容，免于新世界之淘汰，摇唇鼓舌胡为者？况近日人心大致已趋共和，奚待君辈之促进？若愚等夙持君主立宪之人，宗旨确定，坚如金石，又岂君辈一二佞口所能动乎？且就使愚等亦赞共和，似此惝恍凑杂之缟，恐数月后君主势盛，君辈又将转而趋之，不复知共和为何事矣。是此共和促进之名，实而无所取义，不如改为官僚运动场或新官进取会为较得其实际也。虽然，愚又非以君位当永远保存为然者也，君位存废当自另一问题，而非此书立言之意。愚仍就一人之宗旨言耳。故主持君主一人之宗旨也，知其不可而不肯变其宗旨，一人之人格也，若至力穷势屈，大局莫挽，则又不能以一人之宗旨而致千万人于祸患，趋而避之，惟恐不远。目成一朝代兴之时，必有遗臣义士永遁山林，甘槁死穷，饿而不悔，皆识此义者也，皆能自全其宗旨者也。换言之，保守君位即保守一己之宗旨云尔。俗儒不察，动以君臣名义相约束，当非正确之论矣。使弟以君臣名义为言，则抚我后虐我则仇，是庶人之可不认君位矣。有道则见，无道则隐，是士大夫之可不认君位矣。经训具在，何有君位必须保存之说？特不当就一人之宗旨而忽存忽废耳。君辈何知者，时而君主有利，则为君主党中人；时而民主有利，则为民主党中人；即时而专制有利，亦必不惜为专制矣，是君辈所营之于此者。惟单就一己之利害为转移，而初别无目的之何在也已矣乎。足下慎勿以愚言为河汉，而终致后患于无穷也。专此奉告，幸勿见怪耳。此颂安吉。

严复上言　五月三日

（1912 年 5 月 3 日）

与大总统和教育部[①]

大总统察核示尊

大部察核示复：

再有陈请者，近财政部以库款支绌，通行京内外各衙门，凡薪水在六十元以下者，照旧支给；其在六十元以上者，一律暂支六十元等因，自系楮柱危局，万不得已之图。本应照办理，奈学校性质与官署迥殊，强令从同，立形窒碍。请为大总统、大部视缕陈之：

部司寮寀名隶官规，俸给既优，位置已固，迩日虽薄尽义务，将来之权良多。学校任务则有似雇佣，既无考绩之可言，又乏酬庸之希望。此碍难曲遵者一。

内外官俸视爵秩高下而分等差，学校月薪则以事务繁减而判丰啬。如平均给予，事减者固安，素常任重者必怀觖望；倘各恪日力，放弃职任，表面之经费虽省，无形之贻误实多。此碍难曲遵者二。

教员薪水本以钟点为衡。授课者多，每星期二十或十六七点钟，一旦减薪，非抱璞长辞，即随意旷课，欲加之罪，则无可置词；欲改聘师资，则高材莫致。自前令颁布之后，教员中告假而去者，已不乏人。若不稍予通融，便与停办无异。此碍难曲遵者三。

为今之计，除校长一人准月支六十元，以示服从命令外，其余职教各员，在事一日，应准额全支，以示体恤，而昭公允。总之，本校长深悉时局艰难，决不肯丝毫浮费。即如开办之初，归并科目、裁撤教务各提调、庶务帮提调、帮支应、监学、检察暨司事书记，共二十余名，所省已属不少。此后如有涉于糜费者，尚当力求撙节，以期涓

---

① 据北京大学档案馆藏。孙应祥著《严复年谱》亦收。

滴皆归实济。

（1912 年 6 月）

与鸿翁^①

　　姚教务长文科改良办法，并吴教务长代拟说帖稿，请交大家评阅。再，他科改良办法及庶、斋务两处说帖，亦应请早日交齐，以便商榷。为恳。

　　鸿翁日祉。

复白　十六夕
（1912 年 7 月 16 日）

---

　　① 据严复手迹整理，原件藏江西师大图书馆，夹杂在该馆所藏严复致熊纯如书信中。《〈严复集〉补编》据《严复墨迹》亦收此函，并注"受信人鸿翁，姓名待查"。此次整理，另发现一便条，上载"庶务长程延号鸿翥、斋务长陈希起杰士、支应周良熙（江苏）庶咸"字样，因此函内容所谈即北大事务，而便条所载周良熙，其时正随严复在北大任职，由此推测，收信人鸿翁，或为严复掌北大时的庶务长程延，号鸿翥，故称之"鸿翁"。因此条材料为学人所罕见，姑录于此，以备再考。

与《宗圣汇志》杂志社[①]

近承大教，慕仰钦载，不知所云。伏惟中国孔道如日经天，纵有交食，必无停耀。何者？以所发明合夫人心之公，世变虽殷，必不可畔故也。鄙人早习旁行，晚闻至道。旧所纂著，不皆折中。睹兹风波，方深悔惧，而公等猥以输进哲理、启发人文目之，盖其过矣。

大社忧人道之牿亡，慨世运之颓靡，结合同志以事号呼，乃宗圣之前驱，振坠绪于将绝。欲宏□大道达心聪，甚矣。诸君子之道之使人悲也。承勖勿自菲薄，于文字时有所助商驱驰，何敢不努力！惟是年来耳目震荡，魄魂旷枯，手挛舌繘，心如眢井，须收召神魄而后有以贡献耳。谨此先答，以副盛心。即颂

山西宗圣社诸公道祉。

复上状　五月十一日

（1913 年 5 月 11 日）

---

① 据《〈严复集〉补编》，录自《宗圣汇志》第 1 卷第 1 号（1913 年 5 月）。

与马相伯①

相伯二兄先生：

　　积日未晤，伏维道体万福。兹有请教者，大总统不日受职，届时府中诸顾问礼节如何？大家如有成议，祈以数字示之，俾使还队观光，不胜心感！手讯

秋祺，不宣。

小弟严复顿首　六号

（1913 年 10 月 6 日）

---

　　① 据《〈严复集〉补编》。马相伯（1840—1939），原名建常，后改名良，字相伯，又作湘伯或芗伯，天主教圣名若瑟，晚年号华封老人。他是近代中国著名教育家、政治活动家，天主教耶稣会神父，以及震旦学院、复旦公学、辅仁大学的创始人。

与田文烈^①

焕庭老兄省长执事：

奉别累年，时深驰系。近闻开阃济南，遄听风声，深为东人颇忧。于今屈指当路，时贤求其文述并资如兄者，固不可多得也。兹有切恳者，交涉司科员方龢系弟故人方大令雨亭（家澍）之子，经在天津水师学堂肄业后，游美国学成而归，鼎革之际，留滞山东。闻经子廙都督荐于公处，以知事诏名，得依仁宇，必荷裁生。惟是家贫亲老，又沧桑以来，叠遭家衅，无源之水，渐不可支，是以极盼知事早日发表。比者来京，以鄙人与公素义知爱，特乞一缄，代为陈情。傥承湔被，感何可支〔知〕！手此，敬颂

德安，惟鉴多福。

小弟严复谨上状　十二月十六日

（1913 年 12 月 16 日）

---

① 据《严复书法》刊出手迹整理。田文烈（1861－1924），字焕亭、焕庭，湖北汉阳（今属武汉）人，北洋将领，民国政要。查《民国人物大辞典》，知其1913 年任山东民政长兼山东军务会办，1914 年 2 月改任河南民政长。因此，由信中"开阃济南"可知，此函当作于 1913 年。

与周同愈①

复启

周君文坛执事：

昨承损书，谓以《删亭文集》见教，别纸缕述主客谈谦之辞，以相激刺，若惟恐仆之有所靳秘者焉。甚矣，执事于此道用心笃也！退之文章俊伟而调直，自唐以来所推重，仆岂能为异辞？至其所发明理道，固未见极，而自有其可辟者在也。仆固甚尊韩退之，然不敌其尊真理。观吾文，闻吾说者，当审以是非之公，不宜问其所辟者为韩非韩也。且辟其说者，于其人亦何所仇视之与有？使其说非欤，即持之者亲如吾父，尊如吾君，仆尤必谨而辟之。何则？吾父固至亲，吾君固甚尊，以名义可一言一事而使吾忘其身而为之死。独至是非之公，则天地人物之所共有，吾又安得殉其所私尊亲者，使天下后世相疑误乎？特以臣子而救君父之失，其措词自有义法之所宜，是则不易者耳。

来教又谓仆之仇视韩，以韩所守与今法有龃龉。与今法有龃龉而辟之，则孔子之道孟子之道皆可辟。进而弥上，即尧舜禹汤文武周公，其道无不可辟。仆好为高论何如？呜呼！此又大误也。夫今法于仆何有？使用之而祸生民、乱天下，仆方深距痛绝之不暇，又何所取而辟韩以卫其说？至于尧舜禹汤文武周公孔孟氏之道，诚取其说而深观之，固无可辟。即有大经大法行之于今世而不宜者，亦时为之，而群圣相承之用心，则固卓然无可议者也。且孔子绝四，而孟子以为圣之时，使儒者知

---

① 据《严复集》，录自周同愈所撰《删亭文集》的附录。周同愈，字进之，江苏无锡人。肄业于南洋公学，曾撰有《删亭文集》二卷、《续集》二卷，译有《中等东洋史教科书》（日本桑原骘藏著）等。

随时之义，则二三千年以往之礼俗，彼圣人者固未尝责后世以必循也，而客又何议乎？盛暑临纸，不克尽其说，聊为足下发其大凡。

文集一册尚未接到，敬布区区。

复顿首　六月二日

（1914 年前）

与黄君①

黄君执事：

一月二十二日，由天津《庸言》报馆转到尊缄。承贤者于敝译《社会通诠》鹣鹕龟蛇不自相昏之说，有所致拟②。远道移书，求仆一言以为解。甚矣，用意之勤也。伏惟见一说必反而求夫理之安，古今哲人，穷理致知，所以日进高明而止至善者，正如是耳。甚休甚休。《社会通诠》中，所谓鹣鹕龟蛇者，如台湾之番社。然不过最初浅化之民，取以为图腾之记识耳。彼既以是立别，而社会之成，基诸夫妇，由是遂相立法，凡一图腾之内，不相昏娶，抑不相野合，昏娶野合，必于异图腾而求之，故曰鹣鹕不自昏，龟必与蛇合也。此其习俗为都为野，为文为质，为合于天理之公，人情之挚与否，皆未暇言③，顾其事实已如是矣。科学之事，可以事实变理想，不得以理想变事实也。社会之立也，文者有礼法，质者有习惯，虽一一皆本于人为。且由开通以观狉榛，亦不尽合于天理之公、人情之挚，然而所以有此礼法成此习惯者，必皆有其致然之理由。理由云何？不得已也。此之不得已云何？男女之交，以近而易至于淫黩，淫黩则气之偏者日偏，而畸重轻者不足以相救；不足相救，则天演之洮汰易也④。夫谓图腾之世民，乃知天演之终祸而避之，固万万无此理，顾安知非其始杂然并兴，自相昏者，孑遗耗矣；不自相昏，乃岿然为适者之生存乎？此又以意而可以得其大凡者也。今夫

---

① 据 1914 年 2 月 15 日《庸言》（第 2 卷第 1/2 期），原题"复黄君书"。《严复集》有收。

② 拟：《严复集》作"疑"。

③ 暇：《严复集》作"晦"。

④ 洮：《严复集》作"淘"。

人心用爱，恒自近而渐及于远，此文野之民之所同也。使非如前所陈，则彼图腾当无此俗，欧美亦无再从乃可之限制，而吾国亦无同姓不昏之礼文矣。

来书意拟吾国独严父族①，又历举同姓者血胤之不必同，此其说甚辨，虽不佞亦无间然。顾贤者当知吾古人之垂此礼，其用意无他，所以防亲近者之易生媟嬻；至于忧所生之不蕃，虽其说然，抑亦其次。夫中国者男统而家族之国也，是以父族虽十世可以共居，而俗且目为至行，至于母族虽至近，不同爨炊，近则致严，远则疏为之制。吾国往者士大夫闺门肃雍，未必非此礼之所致福也。且仆闻之法之立也，未有历数百年而无弊者，故英伦拯贫传长诸法制，至于今皆儳然。顾重其变者，一弊之所祛，或其善者之所俱亡也②。中国同姓不昏之礼，用之者垂三千年矣，姓同者或无异于路人，姓异者或真同其血胤，足下之言，举皆是也。顾使以为蠢法而骤去之③，后此诚不可知，而目前影响所及，闺门之内，正自难言，此訾謷旧法者，所以知其一而未知其二也。雅意勤劬，不可不答，不敢谓敝言之悉当也④。复讯

仁祉，不宣。

严复白
（1914 年 2 月）

---

① 拟：《严复集》作"疑"。
② 其善：《严复集》作"甚善"。
③ 蠢：《严复集》作"蛮"。
④ 敝：《严复集》作"故"。

与侯毅（2 封）①

一

疑始足下：

　　昨蒙惠临，茗谈极慰。足下嵚奇〔嵚〕历落，与世素称难合，而又不善治生，一朝夺席，便忧饥寒。贫诚士常，而古之达人，往往如是。顾旦夕之忧不可以傲，至于穷困，势又不能不出于求人。瞻前计后，则所谓拄笏看云，举手遮目，虽存胜流之风，而考之事实，亦可谓失计矣。士固当求不俗，而顾身世之脆弱，人情之险巇，则律己接物之际，亦不可以不智明矣。

　　复间尝持论，以谓我辈生当今世，欲为伊尹之任，固属大言欺人，不可尽用；而伯夷之清，亦太自苦难行，被庄生所讥为害性；独为柳下之和，以阴达其玩世不恭，不易其介之目的，不稍易勉而可用者耶？足下既不能为昨言某氏之所为，托风雅以自鬻，而闭门夜叉又非无所待而足以为守，则窃愿继今以往，稍为更计，使勿至于甚贫而无所托命也。且阴忮之人，何地蔑有，不必长安之独多。设足下无以自完于此都，则图南之利恐亦暂耳。夫处竞争之世，而往往或至于终穷而无所事智，而读书穷理之功，无乃无裨实用耶？今夫烟酒均害生之物，而古今贤者或不能自还，仆岂不知之？但以为足下年仅而立，势不能不出而问世，则

　　① 函一据《严复集》，原件（连同信封）藏南京图书馆。函二据 1918 年 3 月出版的《灵学丛志》第 1 卷第 3 期，原题为"严几道先生致侯疑始书"。侯毅，字疑始，江苏无锡人，严复门生。

沉溺其中，使颜色灰槁，而授谗人以间我之机，是诚不可不早谋自拔，此仆所欲为左右深言者一也。

同盟、国民诸党籍，足下早告脱离，然而稍涉疑似，在在皆伏杀机，而北京尤甚。海外亡人，其中岂无国士，足下前与之密，至今或不能忘情；顾既置身政界之中，即宜与之尽绝关系。嗟乎！古之范滂、张俭诸君，其身家破碎而不恤者，凡为义耳！自革命以来，党人所为，为义耶？为权利耶？后之历史当有至公之言，同时之人，不敢遽断。是以仆愚，窃愿足下之为徐孺子、管幼安，不愿足下之为祢正平、杨德祖也。此仆所欲为左右深言者二也。

仆当少年，极喜议论时事，酒酣耳热，一座尽倾，快意当前，不能自制，尤好讥评当路有气力人，以标风概。闻者吐舌，名亦随之。顾今年老回思，则真无益；岂徒无益，且多乖违。此昨日所云某公所以在报界，则鸣必惊人；至于实行，则靡一效。殷鉴不远，可勿自惩。且足下既为生事所困，不能与政界断绝因缘矣。是谓同浴而讥裸裎，无乃自点，况乎积小衅而蕴大孽，授人以蠮，为爱我者所悲，为仇我者所快，益非谓矣！此仆所欲深言以告左右者三也。

孔子有言：危而不持，颠而不扶，焉用彼相？使见失著而不言，则亦无所事友。复蒙知爱之厚，年来謦咳〔欬〕尤亲，故不觉语烦如是；足下深察其意，自断从违于中可耳，非曰仆言遂皆是也。

参政院信已缮就，足下自加简明履历投之，姑尽人事，成否非所逆睹耳。此讯

吟祉。

复言 三年六月八日

（1914 年 6 月 8 日）

二

疑始足下：

（从略）《灵学丛志》，俞君又寄十册前来。除留一册浏览外，其余九册已代分俵。今段志中所载，以徐班侯死后灵魂摄影最为惊人之事。此事欧美已为数见，然皆于无意中为生人照像，片中忽然呈现异影，莫测由来。此事不独为灵学家所研论，而治光学与业摄影者亦方聚讼纷然。至于已死灵魂托物示意，指授摄取己影之法，从无出有，则真见所未见、闻所未闻者也。

查英国灵学会组织，创设于千八百八十二年一月，会员纪载、论说、见闻，至今已不下数十巨册。离奇吊诡，有必不可以科学原则公例通者，缕指难罄。然会中巨子，不过五六公，皆科、哲名家，而于灵学皆有著述行世。巴威廉（Sir William Barrett F. R. S.）于本年二月《同时评阅志》（*Contemporary Review*）中方出一论，意以解国人之惑。谓会中所为，不涉左道，其所研究六事：一、心灵感通之事。二、催眠术所发现者。三、眼通之能事。四、出神离魂之事。五、六尘之变，非科学所可解说者。六、历史纪载。关于上项者，所言皆极有价值，终言一大事，证明人生灵明，必不与形体同尽。又人心大用，存乎感通，无孤立之境。其言乃与《大易》"精气为魂，感而遂通"及《老子》"知常"、佛氏"性海"诸说悉合①。而嵇叔夜形神相待为存立，与近世物质家脑海神匦之谈，皆堕地矣。

若夫人鬼交际，古今中外，皆有凭身降神之事。中国曰巫觋，西人谓之中介（Medium）。英国十九稘之末，有最著中介二人：一名霍蒙（D. D. Home），一名摩瑟思（S. Moses）。二人生平所经，皆有纪载，

---

① 性海：《严复集》作"性海"。

惜皆死矣。至于召致神鬼，吾国挽近千年，大抵用乩。而西人则以围坐抚几法，于室中置圆几一，三人以上同坐，齐足闭目，两手平按几上，数夕之后，几忽旋转，或自倾侧，及于室中墙壁、地板作种种声响。乃与灵约，用字母号码，如电报然。而问答之事遂起，此其大略也。吾国向有元神会合之说，西人亦然。往往围坐之顷，中有某某人在，则召致极易，此人亦称中介。巴威廉谓以此等事不关形质，全属心脑作用，故必以起信为之基。诚不取迷信盲从，然须求者此心，以冲虚请愿之诚相向，而后种种灵异从而发生。若坐中有人意存反对破坏，则虽有中介，可以无效。盖破坏形质者以形质，而破坏神明者亦以神明，此又不可不知者也。至于发现之顷，自不得以人意干涉，致成疑似。故愚意谓以扶乩与围坐相持〔提〕并论，似我法待人者为多，不若围坐之较为放任。即如乩中文字，往往以通人扶之，则亦明妙通达，而下者不能。此不必鸾手有意主张，而果效之见于乩盘者，往往如是。其减损价值，亦不少也。

更有进者，游魂为变之事，不必死后乃然，亦不必羸病之躯而后有此。尝有少年，在家与其父弹球，罢后困卧，梦至旧游人家，值其围坐，乃报名说事，告以一日所为，后时查询，一一符合。由此而言，则入乩者政不必已死之神鬼。而古所谓离魂，与修炼家所谓出神，皆可离躯壳而有独立之作用。夫生前既有独立之作用，则死后之不随形骸俱化，灼灼明矣。须知此事皆吾先德所已言，惟复于当下所见，混沌模糊，今始分明斩截而已。近而举之，如庄子谓官知止而神欲行，及薪尽火传诸说，与英国巴威廉所云"吾身神灵无穷，而心脑之所发现有限"。譬如虹彩七光，其动浪长短，存于碧前赤后者，亦皆无尽，而为功于大地者，较之七光所为，尤为极巨。惟限于六尘者，自不足以见之耳。虽世变日蕃，脱有偶合，则亦循业发现，此如无线电恋占光线，其已事也。

鄙人以垂暮之年，老病侵寻，去死不远；旧于宗教家灵魂不死之说，唯唯否否不然；常自处如赫胥黎，于出世间事存而不论（Agnostic）而已。乃今深悟笃信，自诡长存，故不觉与贤者言之觊缕如此也。心之精微，口不能尽，惟进道修慧，昭祝无穷。

仲还先生同此致念。

复白　二月二十三日

每有极异之事，庸愚人转目为固然，口耳相传，亦不问证据之充分与否，此最误事。故治灵学，必与经过科学教育，于此等事极不轻信者为之，乃有进步。复生平未闻一鬼，未遇一狐，不但搜神志怪，一以谬悠视之，即有先辈所谈，亦反复于心，以为难信。于《丛志》鬼神诸论，什九能为驳议，惟于事实，则瞠视繂舌，不能复置喙耳。

（1918 年 2 月 23 日）

与庄蕴宽（5 封）[①]

一

思翁我兄左右：

今晨见总座，嘱弟草拟边省交通计划，弟以边省情形不甚熟悉，无从下手，尊幕中有此种人才否，绍介一人何如？此事非亲到各省勘察不可。弟拟先订勘察计划，然后再行布置其他项目，大约须费时五年至十年。而筹款尤属不易，居今日而言，当是头等要事。然国内国外阻力甚多，进行之难，不言而喻。然既承总座面嘱，则自非刻意进行不可，而草拟计划亦非弟一人之力所能为。拟着手之初，先组织一专门计划委员会，先网罗人才为主。尊意以为何如？俟弟南返后再行面谈，此后兄非大力支持不可，以弟手中无人故也。此次世界战端一起，进出口货物交往当有隔碍。以德奥之强，初战当能与协约国以盛势，然彼国资源远逊英法美，如战局久持，德奥必遭败北，可断言也。余容面话。即请

大安。

弟复顿　九日

（1914 年 8 月 29 日）

---

① 据马勇整理《严复未刊书信选》（载《近代史资料》第 104 号）。原件藏中国社会科学院近代史研究所，有学者认为这些信件是伪作，今且录入，备考。庄蕴宽（1867－1932），字思缄，号抱闳，晚号无碍居士，江苏常州武进人，清末民初政治人物、书画家，能诗擅联。1890 年中副贡，光绪间历任浔阳书院主讲、百色厅同知、梧州府知府等职。辛亥革命后，曾出任江苏都督，后上京任审计院院长达十二年之久，还是故宫博物院早期领导人之一。

二

思翁大兄左右：

　　前夜晤谈为快，今晨项城代表刘君来见，必欲弟为之奔走。弟以身可杀，头可断，此事断不能为，当时已婉言谢绝。刘君意甚不怡，拂然而去，弟亦仅送至中门而返。此时项城为举国所唾骂，乃欲藉一二名士为之撑场，避人耳目，亦不直之甚矣。近一月间，全国将领不直其行而欲举义者，非独松坡一人也，即冯、段二公亦甚有畏忌，尚未敢率然从事，何况他人耶？任公近在上海大兴挞伐之论，叶、邵二公复呼号于武汉，项城至欲以厚金左右之，此亦不择人之甚矣。尊驾举正磊落，足为我辈生彩。雪楼避居斗室，终日不敢出门，亦不敢见客，可怜亦复可叹。太炎已去日，尚无信来，大约亦须观看情势，再为动静，迟早必有函到也。吾兄与项城不洽，竟免去一层周扰，可知塞翁固多福之人也，一叹！然此切勿为外人道幸甚。此颂起居客善。

弟复上言　四月二十日

（1916 年 4 月 20 日）

三

思缄兄道席：

　　前日荣发，未克饯行为歉，此时计已到达矣。总座已去津，盖与河间、合肥二老商议我国参战之事，大约三五日即返。我国共和尚未数年，突遭此变，利欤否耶？将来不知如何结局也。各省督军近将有电到京，表示意见，俟总座归来，一切当可分晓。宪法条文增删之事，尚未道及，情形如何，容再奉陈可耳。此颂旅祺。

弟复再拜　七日

（约 1917 年 3 月 7 日）

四

思翁我兄左右：

　　手示敬悉。略将季直兄来函转告。黄陂之意，欲弟断然入阁，共襄
国是。今再四思维，此事可行而不可行。原因有二：一者，近日阁中诸
大老，各怀己是，各执己见，遇事不相商讨，乱起则互相推诿，互相责
难。而时事混乱，朝不保夕，愚弱如弟，置身期间，将何所为耶？此不
可者一也。二者，弟年已逾六十，近复多病，不赖奔走，国事繁琐，自
忖实无此精力负此至重且大之职任，此不可者二也。有此二者，已无考
虑之地，是断然矣。观乎总座之意，盖以弟与阁中诸老均属旧交，且弟
已年迈，必无与人争执之处，定为唯唯听命之臣；而于学术界中，亦颇
有虚誉可以号众来归，如是而已，岂有他哉？今已致函季直，请代为谢
辞矣。今晨晤任公，亦以弟见为是，尊意当不以为非也。先此布达，容
当面话可耳。专此。敬颂
署〔暑〕绥。

弟复拜　六月初四

（1917 年 7 月 22 日）

五

思缄兄座右：

　　日前蒙赠石田山水，无任心感。明人画中弟最爱者，亦仅石田，盖

369

其气势磅礴，雄厚有力，非余子所可及也。其书法学山谷，得其精华，古今人学山谷者，无出石田右也。弟于画为外门，今后望大雅有以教之。专此鸣谢！顺颂

刻绥。

弟复再拜　元日

（约 1914—1917 年）

与冯国璋①

当筹安会发起之时，杨、孙二子，实操动机。其列用贱名，原不待鄙人之诺，夕来相商，晨已发布。我公试思，当此之时，岂复有鄙人反抗之址〔地〕耶？近者国会要求惩办祸首，尚幸芝老知其真实，得及宽政；不然，复纵百口，岂能自辩？

（1916 年 8 月 17 日）

---

① 据《严复集》，其言该函原载《大公报》，据林耀华《严复社会思想》中节抄的一段辑录。冯国璋（1867－1919），字华甫，直隶河间（今属河北沧州）人。北洋军阀首领，曾任民国代总统。

与孙宣①

公达贤兄执事：

得教，知鄙人就医之顷，辱承文从更番到门，贤兄用意，勤深如此，而衰朽颓坠，欲报无涂，至用为歉！

京师薪刍价高，足下在此倘无一枝之借，不知资何度日？则其亟亟求事，良非得已。惟是降呼将伯于我，足下之计，乃大失矣，何则？仆自名字为筹安会所用以来，此身实为新旧所共弃，以病羁留此间，乞一啖饭地不得，复何能为贤者谋耶？假当新室、建安之代，而有人焉乞推荐于杨〔扬〕子云、管幼安，兄以其人为智否耶？

来教所称郭、夏二公，历数朋侪在京者，则惟春榆、瑞卿。然二公皆陈人，无权势，其不足为贤者道地决也。天地方闭，足下果有旦夕之需，宜求诸当路之亲。故非不为，足下关切，如爱莫助何。新病初愈，书不成字，死罪死罪！此复，即颂

旅安，惟智照不尽。

复顿首　一月十八
（1918 年 1 月 18 日）

---

①　据陈伟欢、谢作拳《严复致孙宣信札考释》（载《收藏家》2017 年第 8 期）一文整理，原件藏温州博物馆。《严复全集》等未收，现补入此集。孙宣（1896—1944），谱名延晟，字公达，浙江瑞安人，孙锵鸣之孙，从学于伯父孙诒让与马其昶等，为"马门三杰"之一，曾在北京大学任职。

与俞复①

仲还先生几次：

慕谊日久，未获瞻对。寅惟绩学日宏，兴居曼福。兹以疑始绍介，得捧瑶章，续奉《灵学丛志》拾册，极感极感！神秘一事，是自有人类未行解决问题。往者宗教兴盛，常俗视听，以为固然。然而诞妄迷信，亦与俱深；惑世诬民，遂为诟病。三百年科学肇开，事严左证，又知主观多妄，耳目难凭。由是历史所传，都归神话。则摧陷廓清之功，不可诬也。然而世间之大，现象之多，实有发生非科学公例所能作解者。何得以不合吾例，憪然遂指为虚？此数十年来，神秘所以渐成专科。而研讨之人，皆于科哲至深。观察精密之士，大抵以三条发问：一、大力常住，则一切动法，力为之先；今则见动，不知力主。二、光浪发生，恒由化合；今则神光焕发，不识由来。三、声浪由于震颤；今则但有声浪，而不知颤者何。凡此皆以问诸科学者也。其他则事见于远，同时可知；变起后来，豫言先决，以问哲学心理之家。年来著作孔多，而明白解决，尚所未见。故英之硕学格罗芬（Lord Kelvin）临终，谓廿世纪将有极大极要发明，而人类从兹乃进一解耳。先生以先觉之姿，发起斯事，叙述详慎，不妄增损，入手已自不差，令人景仰无已。《丛志》拾册，分俵知交，半日而尽。则可知此事研究，为人人之所赞成，明矣。

读尊缄之顷，适陈弢庵太保在坐，因述丁亥六月山居之事，情节灵异。与盛德坛所纪有互相发明者。谨另纸纪载奉呈，以副应求之雅。余不枧缕。即颂

---

① 据《灵学丛志》第 1 卷第 2 期（1918 年 2 月），原题为"严几道先生书"。俞复，字仲还，当时是灵学会（会址在上海）和《灵学丛志》的主持人之一。

道安，不宣。

复顿首

陈弢庵太保于光绪甲申丁内艰归里后，不复出。尝于鼓山喝水岩构听水斋，每入山游眺，止宿其中。岁丁亥六月中浣，偕龚方伯含晶（易图）、王征君兰君（□□）、王观察荔丹（葆辰）、叶直刺损轩（大庄）、董孝廉仲容（元度）、介弟员外叔艺（宝璐）到山夜集，乃共扶净名道人乩。净名者，长洲人，生清乾、嘉间，吴泰来其姓名也。当是时，德宗御宇十三年，尚未亲政。王兰君以俗传《黄蘗山人歌》有"黄牛遇厄"之语，意朝局当大有变动者，乃取以叩净名，求其宣示。乩曰："内患深于外侮忧，三年转瞬即黄牛。家居一语须牢记，听水斋中八月秋。"

判毕，众复进，曰："然则己丑北方固有事乎？"于是乩复动，诗曰："八月君忘赋《北征》，麻鞋臣甫不胜情。杜鹃生本于涪万，也向闽山叫几声。"

众退寝，含意犹未申也。至次夕，龚含晶叩言："前夕所问事大，而乩语隐约，求明白宣示乃可。"少顷，乩动，曰："此事吾亦不足了之，吾试公等向山上大士求一签，庶几可了然也。"则见沙盘大书，曰："菩萨戒弟子净名敬代具官陈宝琛（余人不列名，亦无'等'字，盖知其鲁灵光也）叩求大士灵签，问光绪十五年以后国事。"于是董孝廉仲容到寺，在大士前请一签到坛。签曰："攒眉愁思暂时开，咫尺云开见日来。好似污泥中片玉，良工一举出尘埃。"以此呈乩，乩动，判曰："亲政，喜事也；（当是时尚无己丑亲政之说。）乃曰'攒眉愁思'，何耶？亲政，长局也；乃云'暂时'，何耶？曰君象也；既亲政矣，又曰'见日来'，何耶？玉，传国器也，而在污泥中，蒙尘之象也；良工，至不良者也，其李可灼之流欤？曰'一举出尘埃'，其有白云乡之意乎？"至是乩不复动。

两夕扶乩，所可纪述者如右。至今思之，则众缘黄蘗诗词而问己丑；而乩所言者，非己丑之国事，乃甲午、戊戌以后之朝局也。其所櫽括〔栝〕者，自甲午东事直至戊申德宗厌代，皆预言之矣。前诗先言"八月"，后诗复云"八月""《北征》"，则所谓"八月"者，明指庚子。盖杜老《北征》，原闰八月也。且戊戌训政亦八月事。于所问黄牛，不肯明言无事；而其有事之甲午、戊戌、戊申诸岁，又不便豫泄，则谬悠其词而已。呜呼，孰谓冥冥中无鬼神哉！

（1918 年 2 月 20 日）

与李一山（2封）①

一

一山道兄执事：

跤伏王城，老病扫轨，往往有失人之叹。前者伯衡〔恒〕缄述尊旨，并武梁祠画题识挲录，辄已心驰左右之为人矣。近复得书及示近作，凌孤怪发，真不觉首俯至地也。涪翁句，右丞似是李元礼。好事风流有泾渭，执事当之矣。十年以往，颇多译录，虽曰输灌西学，微意亦存救时。顾他书尚有欢迎，至于《群学肄〔肆〕言》，则读者思卧。何则？籀事变之繁赜，试识照之难周，蜂锐之谈，斯言所极不喜故也。然而今何如乎？乃不图执事独于此书反复数十过。子云《太玄》，期诸千载后子云；仲翔说《易》，谓得一知己，死可不恨。然则谓严复此书专为李一山撰著可耳，幸何如耶！

守门求通故事，汉有魏勃，唐有封常清，彼皆策士，难用此以梯功名。未闻独以好贤爱才而肯为至到若此者。嗟乎！足下所为不止比纵古贤，独异所施乃阘茸无所成就如复，则见叹自点。夫亦足下之所自诒已耳，如复者自知极明，觉第言感激已不称也。

武梁祠画像世间瑰宝，序承嘉命，勉强奉题。序引冗长，乃对时流而发，执事当能察之。惠示长句盘空横硠，复能勃窣理窟，昌黎、临川有此神诣，余子何足及之？刻稿亿以一副见赐，得为把玩过日之资，至

---

① 据《〈严复集〉补编》，原件藏北京故宫博物院。李一山，又作益山，字汝谦。

376

感至恳！老病侵寻，百为芜废。方春暄暖，喘咳当复稍差，拟踵门奉谒，一亲眉宇。先此奉答，诸惟爱鉴。即颂

德安，不宣。

复白　戊午正月二十八

（1918 年 3 月 10 日）

二

益山仁兄有道：

拙题拉杂，触类而书，乃承来教，指为见大，此绝所谓仁者见仁，智者见智，亦惟见大者，斯见其为见大已耳！

《螺楼海外文字》，尝谒半日之力读之。辄逢佳处，此自前鱼不足以爱。今治顾中分三科：散行、骈体与有韵之文足也。散文郭传绝佳，虽一两处坐力诋桐城，遂形沉滞，稍加洗伐，即卓然上乘。此与《书悔篇》，皆有极挚到语，惟神识透顶人而能为之。骈文固亦不俗，而未睹能事。诗古近体披沙拣金，往往见宝，语不惊人死不休者，杜也；晚节渐于诗律细，亦杜也。杜尚以年分功说，况吾辈也。故若以此推执事，非真知执事者也。若复所惊心动魂，首俯至地者，则卮言日出之发刊辞；辞中尤倾服序引，序引中尤心醉者，师之尊尊亲亲以下八九行。盖均语虽致佳，尚有狡狯神通处。至于序引中段，则正襟而谈，逆测事势流极之所必至之，则非真先知先觉之畴，不能说只字矣。

执事识地超绝如此，顾善存养，他日遇时，将必为群伦所托命。河清何时？眼中吾老，余言皆腹背羽矣，珍重珍重！且复之云此，亦非要想推也。请申言之。

今夫人类为天演中之一物，而古今中外圣贤人经纬万端，凡所以薪进文明而立生民之极者，要而论之，不外二涂：曰依乎天理，（庄之名

377

词，函人欲在内，与宋贤所立以与人欲对待者绝不相侔。）与日远禽兽而已。《易·象》定位，《春秋》经世，凡退之《原道》之所云云，由尧递传而至孟轲，大抵皆使民日远于禽兽者。布在方策，必不可诬。若夫欧人，其尚科学物理旧矣，近四百年乃尤奋发，以自然为无过举，由是民生必依乎天理之说兴焉。英文 Live according to nature，赫胥黎尝著论驳之，立破。而鲁索诸人根据性善以谓民生疾苦，皆由礼乐刑政之所梏持〔桎〕。设取而尽祛之，将人情立反于大顺，葛天无怀可后睹也。时则有平等、自由诸学说，虽所持极偏宕，顾不幸适值欧洲政教极艰之会，天时、人事二者相乘，于是一洲之民聩然从之，而革命之运遂始。洎今百载，每下愈烈，广之为社会制，极之为无政府，家有权利，人知舜禹，而其去禽兽未远，则懵然各不自知于以成。今日中国、俄罗斯之大乱，则不可谓非专言依乎天理者为之厉阶，又以明已！

严复曰：嗟乎！有若其知之矣，故其言曰：礼之用，和为贵。先王之道斯为美，小大由之知和。而和不以礼节之，亦不可行也。夫有子仲弓颜子，孔门之学为人君者也，故最知谓道。此所谓礼，远于禽兽之事也；所谓和，依乎天理之事也。知此，则礼和偏至，皆不足以为治。他日必出于两者之间，两利俱存，交祛其蔽，而后人类得息肩焉，灼灼明矣。故李子内冀渐以图，则其极亦互见；又内日以绝不谋者为新旧，而转求所最适者，禁忌视之孰解？因势利导资历其所固有，以成其所能致者耶？呜呼！世事亟矣，全星鼎沸，年月之际政不知变见，当复如何？复老病侵寻，遭此末日，感高明来教，聊发宣其所欲言，更坐累纸不能究悉。惟贤者心知其意可耳，不必示人也。不宣。

复白　戊午二月二日

（1918 年 3 月 14 日）

与陈懋复（4 封）①

一

复启。顷承尊柬手札，读悉种切。宠召极应趋前，惟贱躯劳动辄喘，只能心领而已。小儿昨正赴省未回，谨为代知下午归时转告，明日即送日单。敝处拟具菲敬三分：（一）日单修柬贰百元，（二）纳采之敬肆百元，（三）奠雁之敬亦肆百元。来教所云礼饼或变通改备饼票等事，即由女家酌提前款代办，以资分送，事本一律。因女家住城，较敝处乡居自为近便。又备物多寡，以婚姻孔云事取华胜，弟亦知之，第处非其时，则不得不变计耳。昨云过门之后，一切贵重奁物，须即行寄顿银号，世兄亦以为然。但细思，毕竟多此一番往返，鄙意不如变通常法，将贵重奁物，仍行庋存省中稳固处，易适中故也，此意即烦转达。十八日惠临瀹茗，敬俟余晤。近恕不多谈。此讯

侍福。

世愚弟严复顿首　戊午十一月十七

（1918 年 12 月 19 日）

---

① 据《严复翰墨》刊出手迹，并重加编次。陈懋复，字几士，陈宝琛之子。

二

几士贤世兄足下：

一昨蒙枉渥承教言，玉用为佩。林家奁赠丰啬，敝处原属无所容心，惟闻世兄请于迎奁日，须调兵警护送之言，于吾心实不能无戚戚。藉在世好，敢与左右尽言，伏祈垂听，并扎实转告林家，千万千万！闽乱已逾半载，省垣三面皆去，惟东面向海者，通洪塘附郭，且闻匪扰，其危岌何足讳言！我辈家居南乡，表面虽属平静，然年关伊迩，民既穷困无聊，兵又欠饷待哺，林严两家办喜，不幸适丁此时。送奁迎奁，由城到乡走数十里，田野莽苍之地，而以豫大丰亨，耀人耳目，中有可欲，则聚众以图，真意中事耳。不独匪足忧也，而兵尤可畏罪，不知届时林家将有警队之护送，而敝处亦经函请二十名清乡队之驻防。顾仔细思量二者，亦岂足深恃？设坐招摇耳目之故，而涂中出事或到后为其所图，则今日办喜将为小夫妇终身之记念，新闻传载播达四方，恐两家老辈与执柯之人，均不能辞其责也。夫所届时，但取目前应用之物，作送前来，而未上道者，用题名列单，诸法代表，不妨亦置杠中送来，敝处凭以发奁，如此则与领物正同，但省道中一番危险而已，尊意以为何如？乞与君家长者切实商榷为望。弟心有所危，不敢不告，伏祈谅鉴。并请

柯安，不另。

世小弟严复顿首　夏正十一月廿一日

（1918 年 12 月 23 日）

三

十日（星六）七钟治具，邀从者临谈，坐无生客，必惠然也。此问
几士大侄近佳。

复顿首　八日

（约 1918 年）

四

昨缄想已登览。顷承手翰并螺酱两尊，谢谢。纨绢得暇，当有以报
命。余详前书，不再觇缕。敬问
几士世契即安。

复白顿首

与陈宝瑨①

勉老执事：

别后将原方减前胡五分，连服两副，颇得良效。昨夜自亥初睡达寅刻，为向来所无，醒后咳继以喘，约经三刻始定，则仍复可睡。舌中左右两绛点已见苔矣。胃口、二便亦无恙。凡此皆先生之赐也。

现惟咳喘作祟，脱此则平人矣。窃计使寝食长能如是，则咳喘不久亦当渐差。或先生以意更拟一方寄来，当为照服，冀速效耳！此叩春祉，不宣。

复顿首　二月初三

（1919 年 3 月 4 日）

---

① 据《严复翰墨》刊出手迹。陈宝瑨，字仲勉，系陈宝琛之胞弟。原信信封《严复翰墨》亦一并刊出，署"陈大人仲勉台启"字样，可知编者作"致陈宝瑨（伯勉）"为误。

与王允晳（4 封）[1]

一

又点吾兄足下：

逾时不面，伏惟兴居万福。兹有极恳者：敝乡阳崎有重修宋陈忠肃公祠堂之举，庙中需用楹联多副。除复自了一副外，余经分求弢公、春老暨海藏等分作。尚有戏台一联，此非足下，殆莫之属。兹将底纸呈上，乞为撰书，能邀速藻尤感。尚书公有宋孤忠，为南乡所崇拜，必蒙乐为结构耳！余留面谈。即颂

秋安，不宣。

复白　八月十五
（1919 年 8 月 15 日）

二

又点道兄执事：

尚书庙戏台联前途待用甚切，尊处如未加墨，可否将纸掷下，由弟代书？而撰者姓名仍属执事。因知磨墨动笔颇为费事，藉爱故敢如此，

---

① 据《严复翰墨》刊出手迹整理，《〈严复集〉补编》亦收，编次及写信时间的考证，均从《〈严复集〉补编》。王允晳（1867－1929），字又点，号碧栖，福建长乐人。光绪十一年乙酉（1885）举人。曾先后入奉天将军依克唐阿和北洋幕府，后任安徽婺源（今属江西）知县。为近代"同光体"闽派著名诗人，与何振岱、郑孝胥、沈瑜庆等齐名。

想不怒也。此叩

修安。

弟复白　四日

（1920 年）

三

又点仁兄世大人执事：

　　昨璩子由尊寓归，述大制戏台联句致佳，惟鄙见以为戏台联七字微嫌太短，颇欲佛头着粪，各增七字如下：（傥未惬意，即便更改。）

　　更何分苍鹘参军，粉墨千场皆假面；

　　莫但看乌纱牙笏，衣冠一代几完人。

　　如可用，乞早加墨。此颂

撰安。

弟复顿首

（1920 年）

四

　　客坐侍谈，极快积愫。所云于同善坐功之中，兼行持奉净土及大悲、神咒等，闻说极思受持。乞于何日晚闲贲临指授，想不吝法。此请

又点仁兄世大人安。

复白　中秋前三

（1920 年 9 月 23 日）

384

与徐佛苏①

佛苏先生执事：

敬启者，复自去冬旋闽，一病几于不起，春来虽叨庇稍愈，而年齿增加，精气耗散，诚于国事不敢致思。居乡之日，闻海上和会决裂，私自叹惋，茫然不识舟流之所终。以谓吾国向者卤莽共和，而举国之人不知共和为何物，必至权利竞争，终于瓦解鱼烂而后已耳。故于其决裂也，则亦前知其必如此。

虽然，图国之道，在审已然之势，而求其所可安。假使两方议者，皆能降心相从，则转败为功，固亦未尝无术，第恐其未必然耳。大著以自治为主旨，又以西南总体为自治之权舆。今日排难解纷，恐舍此殆无他途之可出。盖吾国旧义，所谓以贵治贱，以贤治不肖之局，既已推翻，而人怀平等，家称自由，乃于地方不与以自治，则向所谓民权之义，安所寄乎？夫民国之宜为自治久矣，顾洎今八年，而未闻有此事者。袁氏阴规神器，不必论矣。段氏当揆北方，曰为统一，意岂不曰：吾之统一，所以为自治也。西南以护法之名，抵抗北方武力，意亦曰：必北方之武力消亡而后有自治也。是犹开通道路者，先言移山；造设桥梁者，先事填河，徒耗其日力资时，而不知路通桥成，则山固不必移，河亦不必填。何则？各得分愿之余，则崎岊崎岖不平自平故也。今执事以西南自治为和平，可谓得其理矣。

---

① 据严复手迹整理，原件藏江西师大图书馆，夹杂在该馆所藏严复致熊纯如书信中。徐佛苏（1879—1943），字运奎，号佛公，湖南善化（今属长沙）人，留日学生。曾参与创建华兴会，后避往日本，转而投靠保皇党，深受梁启超器重。历任政闻社常务员、宪友会常务干事、大总统府顾问及南北和谈的北方代表。

所列条件九条，复观似于两方权利亦无何等冲突之处。国事如此，就令有所牺牲，诸公犹当为国克己，矧乎其各守疆封，保全富贵也耶？果其采纳，跂予望之。余不多渎，手此。覆颂

台安，不儩。

严复再拜

（1919 年）

与李经方 (4 封)^①

一

伯行老兄世大人执事：

久别尊颜，极切怀思，伏惟安善。弟顷在沪就医，不日北行，极欲一晤，不审何时清暇，望示知。遵谒极感，此请

秋祺。

小弟严复顿首　己未八月初十

（1919 年 10 月 3 日）

二

复启顷奉还云，极深欣慰。知高轩将于明日九点后过我，惟弟违喘咳，早间是其最剧之时，午后较可，无论何时皆能奉侍，三四点尤佳。此布下情。上

伯行尊兄台座。

世小弟复再拜　十二早

（1919 年 10 月 5 日或 12 日）

---

① 据《严复书法》刊出手迹整理。李经方（1855—1934），字伯行，号端甫，安徽合肥人。李鸿章六弟李昭庆之子，过继给李鸿章为长子。光绪举人。历任出使日本大臣、出使英国大臣、邮传部左侍郎。据悉，这四封信札是严复在生命的最后三年间写给李经方的。

三

伯行大兄赐鉴：

　　敬启者，日蒙惠枉前绥，藉得畅谈，稍纾积愫。但弟定于明晚附搭新铭，北行匆匆，不能报拜，怅惘何如！明岁春夏或得复来，当再趋侍耳。手此奉布，即颂

秋祺，不宣。

世小弟严复顿首　八月十七夕
（1919 年 10 月 10 日）

四

伯行大哥侍席：

　　启者，自己未秋间奉别以还，倏忽再更岁琯〔管〕，寅惟福体康娱，潭祉佳胜，都如鄙祝。兹有恳者：弟以老病频侵，居京不耐严寒，逢冬辄病。去年九月为此旋闽，而家乡天气寒暖不常，又以多年在北，于人事感种种之不便，故近者极思于沪上觅一枝栖之所。经托友人代为寻宅，但据回缄，皆云迩来沪界侨居日多，空屋极少，即洋式房屋亦复同此景象，一时寻得，颇觉为难各等语。因念吾兄居沪多年，并曾置有房业，不审意中可有相宜房屋可以出租（大抵四楼四底当觳住也）。果令相宜，即租金稍昂，绵力尚所堪任。有无之处，望就近告知敝友极司非而路海盐张君菊生为恳，极盼极盼。沧桑之后，旧时朋友日即凋疏，他日果获亲近，德辉相与，乐数晨夕，不敢云二老风流，抑亦投老残年中一快事耳。手此布恳，不尽依驰。此颂

时安，不具。

世小弟严复顿首拜白　五月卅一日
（1921 年 5 月 31 日）

与孙壮（3 封）[①]

一

敬启者：

昨得沪馆来缄，要敝处版权印花一千枚。兹已印好，烦于便中代寄前去，不胜心感。此颂伯恒吾兄日祉。

复白　十一月十七

二

伯恒仁兄执事：

手示读悉。股息收据业由敝处寄申，嘱划交麦加利收入，尊处应请毋庸备款候付。手此奉复，即颂

暑祺，不宣。

弟复顿首　七月三日

结册收到。

---

① 据西泠印社 2018 年秋季拍卖件整理，《严复全集》等均未收，现补入此集。孙壮（1879－1943），字伯恒，号雪园、高逸居士，斋名读雪斋、澄秋馆，直隶大兴（今属北京）人。任商务印书馆北平分馆经理、河南省博物馆馆长。辑有《读雪斋印谱》付涵芬楼影印刊行。据学者肖伊绯考证，严复与商务印书馆的合作时间至迟为 1920 年初，之后严复返归福州旧居养病，直至 1921 年 10 月病逝于福州。所以，此三通信札的写作时间至迟不过 1919 年，确切时间待考。

三

　　送上印花壹千枚，祈察收转寄。山水画幅，已经前涂绘就，兹并
呈。此颂伯恒吾兄安。

复启事　十二

与郑孝胥^①

自铁良、袁世凯席德、日之说，举国练兵，至今使不义之人执杀人之器，祸在天下，始知不揣其本而务其末之为害也。仆自始至终持中国不宜于共和之说，然恐自今以往，未见有能不共和之日。足下所云，亦悬为虚望而已。

（1920 年 9 月）

---

① 据劳祖德整理《郑孝胥日记》（中华书局，1993 年）庚申日记"9 月 25 日"条。郑孝胥（1860－1938），字苏戡，又作苏堪、苏龛，一字太夷，号海藏，福建闽县（今福州）人。曾历任广西边防大臣，安徽、广东按察使，湖南布政使等。辛亥革命后以遗老自居。1932 年任伪"满洲国"国务总理兼文教部总长等，三年辞隐。善楷书，所作苍劲朴茂。

与柯鸿年①

贞贤吾兄执事：

　　启者，弟一病不自意痊，乃叨福庇，犹得视息人间，真幸免耳。兹有切恳者：阳崎尚书庙重修，经于昨日上梁，但需款尚巨，欲兄及同志者各结善缘，成此盛业，其有意乎？病后复书，不成字，死罪死罪！此颂

尊安。

弟复叩头言　十一月十八日

（1920 年 11 月 18 日）

---

① 据《严复集》，原件藏中国国家博物馆。柯鸿年（1867－1929），字贞贤，号珍岑，晚号澹园居士，福建长乐人。福建船政学堂毕业，曾任芦汉铁路公司参赞。

与全秉薰①

先生入罗浮，得至真至秘之传，不知有笔述否？此真此学将昌之会，窃愿一观其说也。此乃不朽之盛业。西人近亦日讲卫生，然至于增益寿命，终亦无术。先生宜就此时，先著为书，千秋绝学，以此而兴，不可失也。此为先生实验之学，尤为可贵也。弟为有缘，得遇传真之师，愿承大教，何如？

---

① 据全秉薰编《精神哲学通编》（精神哲学社，1920年），由学者肖伊绯提供。《严复全集》等未收录，现补入此集。全秉薰（1857－1927），字曙宇，号精神哲学士，朝鲜学者。1907年以后流亡日本、中国，后在广东罗浮山潜心修道。1927年逝世于北京。此短札与张人骏、王树枏、蒋式芬、康有为等人的信并列于《精神哲学通编》上编书首，信前署"严公复（号又陵，前清翰林，大学校长）曰"，写信时间不详。此信真伪，还有待来者进一步考证。

与鹿苹 (8封)①

一

鹿苹仁兄大人阁下：

　　得手札，惊谂老伯大人仙逝。吾兄纯孝性成，自必逾恒哀痛，但老人年登大耋，遗憾全无，吾兄可以节哀，以继志为重，切切！弟冗忙不获走唁，兹特送番蚨四元以当生刍之奠，并前三十二元之数，兹亦奉还。久挂未早清款，伏惟亮恕！此问
孝履，不宣。

弟严复顿首（匆匆恕罪）

二

鹿苹老兄大人阁下：

　　顷适局事匆忙，未克赴约为憾。顷得来缄，言有玉器数事，待弟阅看。但弟所觅者系是珠子，至于翡翠等物，尚不急急也。（尊恙转痢须小心，弟前日亦然，因服卑麻油一剂方愈。）所留三件之价，经照二百元与买，兹划上银条一纸，祈察收转付为荷。此颂

---

① 据西泠印社2014年秋季拍卖件整理，并部分参考《严复家书》（刘凤桥、温加整理点校，商务印书馆，2020年）。《严复家书》附录有收其中6函，函七、八未收。此批信函系后面流出，《严复全集》等均未收，现补入此集，写信确切时间待考。鹿苹，身份不详。

勋安。

弟严复顿首　十九

三

鹿苹仁兄大人阁下：

　　昨小价回头，领到烟具一副，费神心感！兹将其价十二元六角并庚处三局十五元统行呈上，银条一纸，即烦遇便代为分别开发，是所至祷。弟到津后只出门一次，日内上卫，定当趋教也。此托，并颂
时安。

愚弟严复顿首　八月廿一日

四

鹿苹仁兄惠鉴：

　　昨承惠临，极快积愫。所托代购三斗，如已费神买，便请即交来人带下，该价若干，并祈惠示。此请
台安。

弟复顿首

五

　　支条叁拾员，信壹封，敬烦代寄上洋，是为至祷。此颂
鹿苹仁兄大人安。

弟复顿首　八月廿

六

再者，弟前所托购，乃是出门行匣，外用红木造成，内自油灯灰盒，一切悉备，老兄所代办烟具，想是误会。如该匠能造行匣，再为代嘱可也。

弟复又及

七

鹿苹老兄大人惠鉴：

顷接手示，并手镯挂件两种，读悉一是。所存两珠，前涂既云定要百元，请即照给，敝处适有用处也。至玉镯一付（惜匣太小），挂件两方，如统给贰百番可售，即可留用。若不肯，当奉还也。祈与卖主商之。毛巾一打，盛夏甚有用，拜领，谢谢！此覆，即颂

勋安。

弟复顿首　朔日

八

鹿苹老兄大人惠鉴：

敬启者，昨承华械，知荣旋在即，南北分飞，相见又须隔年，思之惘惘。本拟今午上卫面别，又以事牵，未克如愿。兹特先将挂款拾员开条奉缴，到乞察收。外尚有寄舍亲伊峻斋皮坎肩等一总包，渠刻听鼓姑苏，此件到沪时恳交戴生昌小轮公司，即可寄到。琐琐奉渎，藉在台末，乃能如此，知能恕之。台端船期空未？明日如能拨冗，尚想于下午

396

三四钟时一诣尊寓也。手此奉恳，余容面谈。此颂

槎福，不宣。

愚弟严复顿首　廿六日

下 卷

与伯兄严观涛^①

月之七日抵津，一路安恬，足宽友廑。沪上一信，想已青及。海镜离闽后，尚须赴台运载铁辙，复须驶往金州、旅顺口起卸，海上纡回，辗转总需月有余日。此不特家眷附搭，得不偿失，即所招学生二十余人，年齿幼稚，初次离乡，若听其胡涂坐搭，亦殊难过意。到津后，已将此节情形禀之相国，请其给发各生由闽到津盘费，委兄护送来堂，谅可邀准。（此节十七日已奉批准照办，弟注。）弟在闽时所招学生，旧腊已定者二十四人，正月招得镜秋表弟冯姓，并莆藩妹夫与弟妇姊侄薛姓，共成二十七人。前禀若奉批准，本堂总办堂有专札，并二十八人（兄亦在内），照单与兄，前往招商领票。其船价若干，统俟到津后由堂算还招商津局。学生途中舟车及歇宿客栈等费，应由各生自备。札到时，可一并通知为要。厨丁庄金城，已交筹台监督。堂中厨丁，近系新来闽人，看来事势，若非此人十分恶坏，似难更置，甘结姑藏彼处，以备他日有召用时，便当召用也，兄此时不可卤莽妄带前来为要。此堂总办，人系朴古、拘谨一路；吾兄承此差事，总以十分谨慎守己为上策。如有所图，不妨到津后与弟徐商；不然，两有所损。手足至言，切记切记！到津不见中堂，（县丞，例不能自达于督抚。）即官场亦无可来往，衣服等项亦无用拮据添置，致增窘乏，谋十余元供路上使用，足矣。学生中间有不到者听之，留其照单，到津呈交总办，不可擅行招补。弟挈眷一事，似当留为后图，此时已成罢议。盖不特眼前支绌，川资难筹，即已后眷口来津，每月坐硬已须六十两，加之以添置家中人御寒衣服，此时购置家私，皆须巨款，看来万不能支，故以茶然中止，非得已也。谒傅相

---

①　据《严复集》，系严群先生抄件。严观涛，严复从兄。

时，渠亦未问及此，想以为此弟家事，听弟自谋也。

兄离闽日，可将又泊所送之画四小幅已裱者带来，此间要用。弟自笑到家时忽忽过日，足履津地，便思乡不置。天下茫茫，到处皆是无形之乱，饥驱贫役，何时休息？兴言至此，黯然神伤。拟二三年后，堂功告成，便当沥求上宪，许我还乡，虽饘粥食苦，亦较他乡为乐也。桂芬，弟已信求镜秋收录，为彼船中水手；桂芬想不甚愿，然弟之绵力与桂芬人地，舍是更何可图？镜秋来，兄可以弟意缓颊，并背地力劝桂芬，男儿果能自立，得一枝栖，便可安身立命；若再因循，时不我与，行将悔无及也。叔母、弟妇处，如有吃物寄来、带来为望。

（1880—1881 年）

与四弟严观澜（7 封）[①]

一[②]

观澜四弟如见：

申江别后，即于十二日行抵天津。一路风浪平静，嫂氏及璋侄皆无眩晕，足慰廑念。沽河水淤，"海晏"至白塘口，坐马车到紫竹林，暂顿吕亲家处。至十六日始移入新居，在法界德威尼寓旁胡同第一家，弟到津过访，无难问也。谒中堂，渥荷抚慰。学堂公事山积，吕道皆推俟兄到津时措办，体息事繁，然无可推诿也。

仲叔祖计已抵沪，川资易筹否？馆事不中变否？甚系甚系。阳岐有信来未？衍弟、大镇若偕至，则伯母无恙，不待推测也。熙官及诸赴北洋投考者，皆已到津，住客栈矣。鹤鹤当朋友或充学生，尚在踌躇未定。渠于书启行情，尚未通娴，一时难倚为帮手用之，但与书办等，若得入为学生，亦省兄事。月底，学堂一班生毕业大考，中堂亲临校勘。兄尚有十余日忙，考后乃收学生。来者住客栈颇费，然事势无如何。知念详布。

嫂要软练项圈，甥女有一副，往取为式可也。送要紧朋友小孩，须

① 除函一、七据《严复与天津》（贾长华主编，百花文艺出版社，2008 年），其余均据《严复集》。《严复集》载函二录自王栻所作《严复传》，函四录自林耀华所作《严复社会思想》，两书皆于抗战前据严群先生所藏原件摘抄，其余据严群先生抄寄件。严观澜，谱名传安，严复从弟。

② 此函据《严复与天津》，由严名先生（严观澜之曾孙）抄录，并考证写信时间。

贴金泛釉者。有暇望代拨〔拨〕钱往买，托张葆康，并定做夏布素袍褂一起，觅便送来。信面写"烦海军公所会办吕秋樵大老爷转交"，万无一失。接元堂药饼甚有效验。兄尚未革烟，何时革，亦易事，不烦远挂。镜清定何时来北洋会操？外呈镜秋一信，烦转交。端此，手颂勋祺，并问衍弟、篾叔祖近好，不另函矣。

兄制传初言

（1890 年 6 月）

二

用吾弟之言，多见此老果然即有好处，大奇大奇！

兄吃烟事，中堂亦知之，云："汝如此人才，吃烟岂不可惜！此后当仰体吾意，想出法子革去。"中堂真可感也！

（1890 年或稍后）

三

观澜、观衍两弟至孝：

本日得慎兄函，惊审伯母大人已归天上。伏惟伯母早岁宜家，中年茹苦，食贫之况，人情所难。然而蔗境弥甘，菊香晚节，寝门视膳，子妇承欢，珠宫含饴，孙曹秀苗，凡兹后福之日隆，皆慰先人以无憾。兄哭母之泪未干，即次之哀莫达，白云空望，红泪时挥。敬布短笺，诸祈素鉴而已。

（1891 年）

四

兄北洋当差，味同嚼蜡。张香帅于兄颇有知己之言，近想舍北就南，冀或乘时建树耳。然须明年方可举动也。此语吾弟心中藏之，不必告人，或致招谣之谤也。

甲午十二月二十日

（1895 年 1 月 15 日）

五

于阿璋信中，藉知吾弟在家安平，生理日进，家中一是人口亦各吉人天相、欢乐如常，至以为慰。眼前世界如此，外间几无一事可做，官场风气日下，鬼蜮如林，苟能拂衣归里，息影敝庐，真清福也。兄自来津以后，诸事虽无不佳，亦无甚好处。公事一切，仍是有人掣肘，不得自在施行。至于上司，当今做官，须得内有门马，外有交游，又须钱钞应酬，广通声气，兄则三者无一焉，又何怪仕宦之不达乎？置之不足道也。

璋儿天性浮动，难以用功，近颇思为渠花二三千金捐一候补主事，入都自图仕进。渠之天质，酬世为优，而不能似其父之攻苦，赶早听其入世，自谋进身，亦未始非计之得。至西学一端，则京师向有同文馆，但使有志，谋入无难。此兄眼前为子打算如此，所苦这二三千金无从筹措耳。前阅来信，知有意令鋆侄北来，此固一法；但鋆儿实在年齿过稚，汉文亦差，此时遣之北来，不唯无益，而且有损，三年后再行商量，尚未晚也。吾弟何必□子□如此耶？

此间官场，因去年威海一役，人人皆憎嫌海军，至海军闽人，则憎

405

之尤甚。兄曾奉过制军面谕，嗣后学生宜招北省子弟，此语暗中自有所指；又于去年特饬开招本地学生六十余人，现虽陆续传到，尚未补完。这番康济离闽，若家乡人贪便宜，坐搭来津，意求谋补，无缝可入，坐困他乡，必定后悔。昨蒋利宾有信前来，为子求进，烦吾弟剀切谕之，千万勿来为要。

再，此间事势旦夕变更，李中堂今番出使俄国，年底定必回京，饬回北洋，十有八九，那时兄是否仍当此差，尚未可定也。李中堂处洋务，为罗稷臣垄断已尽，绝无可图。堂中洪翰香又是处处作鬼，堂中一草一木，必到上司前学语，开口便说闽党，以中上司之忌，意欲尽逐福建人而后快。弟视此情形，兄之在此当差，乐乎否耶？

（1896 年）

六

启者，兄近极忙，顷得弟书，因明日即须晋京，预备召见，本属无闲作答，继念事有关系，此时若不直告尽言，日后必为吾弟所怪怨，故不得已而百忙中作此回信，句句是真，惟吾弟亮察而已。书中所言数年家境，兄所早悉，如能相助，兄不念吾弟，亦念先人，断无不代出力之理。但须知兄在此间所办者系属公事，近又蒙荣中堂忝委海军处一差，再三嘱饬秉公剔弊。前未委此差时，口中言论，常以各管驾任用亲戚为非，岂可一旦操权，躬自为此？如人言何？且潘子静尚在营务处，与兄乃是对头，见兄所为，定必布散谣言，密禀荣相，于兄有大损，（潘家并无吃海饭之人，故船中无甚所荐者。）于弟无所益，智者行事，岂宜如此？且萨鼎兄亦非瞻徇情面之人，兄虽荐，恐未必收也。总之，北洋海军果其认真重整，则后此管轮诸要差须经洋总车考验，方得札委。兄在此任事，弟理应回避，无能为力。若欲想法，尚是南洋，如有缺眼，弟欲得者，兄不妨为作一书讨情也。千万不可贸贸来此，诸多不便。后来空出空返，兄有言在先，弟勿怪也。

廉叔初得一差，亦不宜在家延宕，有碍声名。闽人势绌力薄，凡事总在自己小心，方可长保耳。

（1898 年）

七①

观澜四弟手足：

此信到日，想大妹定已到家。楚同之故，乃出人意外。仪程先行得信，然大家均不敢使大妹知悉。现在全眷回闽，但云亲母病重；入门始知真相，更为大妹危险想。吾弟夫妇当能设法安慰，不使有意外之虞。吾喑慰缄一封，即由吾弟转交可也。余不多言。弟妇及衍弟处问好。

兄传初白　双十日
（1917 年 11 月 24 日）

---

① 此函据《严复与天津》，由严名先生抄录，并考证写信时间。

与长子严璩（19 封）^①

一

时事岌岌，不堪措想。奉天省城与旅顺口皆将旦夕陷倭，陆军见敌即溃，经战即败，真成无一可恃者。皇上有幸秦之谋，但责恭邸留守，京官议论纷纷，皇上益无主脑，要和则强敌不肯，要战则臣下不能，闻时时痛哭。翁同龢及文廷式、张謇这一班名士痛参合肥，闻上有意易帅，然刘岘庄断不能了此事也。大家不知当年打长毛、捻匪诸公系以贼法子平贼，无论不足以当西洋节制之师，即东洋得其余绪，业已欺有余。中国今日之事，正坐平日学问之非，与士大夫心术之坏，由今之道，无变今之俗，虽管、葛复生，亦无能为力也。

我近来因不与外事，得有时日多看西书，觉世间惟有此种是真实事业，必通之而后有以知天地之所以位、万物之所以化育，而治国明民之道，皆舍之莫由。但西人笃实，不尚夸张，而中国人非深通其文字者，又欲知无由，所以莫复尚之也。且其学绝驯实，不可顿悟，必层累阶级，而后有以通其微。及其既通，则八面受敌，无施不可。以中国之糟粕方之，虽其间偶有所明，而散总之异、纯杂之分、真伪之判，真不可

---

① 除函三、十一据《严复与天津》，余均据《严复集》。其载函一两个片段录自林耀华《严复社会思想》，林文据严群先生所藏，原件已佚。函二据严群先生抄寄件。其余 15 函原件藏中国国家博物馆。严璩（1874—1942），字伯玉，乳名阿璋，严复发妻王氏出。早年游学英国。1909 年任福建财政监理，民国后历任北洋政府长芦盐运使、财政部次长等职。编有《侯官严先生年谱》《瘝壄堂诗集》。

同日而语也。近读其论《教训幼稚》一书，言人欲为有用之人，必须表里心身并治，不宜有偏。又欲为学，自十四至二十间决不可间断；若其间断，则脑脉渐痼，后来思路定必不灵，且妻子仕官财利之事一诱其外，则于学问终身门外汉矣。学既不明，则后来遇惑不解，听荧见妄，而施之行事，所谓生心害〔害〕政，受病必多，而其人之用少矣。

甲午十月十一日

（1894 年 11 月 8 日）

二

本日同时接到尔由西贡六月廿四、廿七所发两缄，读悉一切。始言由粤到闽不过旬月勾留，接洽公事后即当北行赴京，谒外商二部，事毕然后回闽料理葬事。嗣复称拟在闽作三四个月延阁，任福田北上，谒禀外商二部，面陈情形，而己则以料理书籍为事云云。汝父旁观者清，窃以此为计之至左者。汝若不同恩庆赴京，在汝以为吾将一切面子让与福田，己则宁居人后，此意诚为高尚。但京师之人必以云尔，而谓吾儿为傲慢不恭，不将渠辈挂眼，于此等事不肯自己亲行，但教碌碌十九人之类为之。吾儿方及壮年，家贫亲老，此后职宜与世为缘，岂宜更蹈汝父覆辙，邀其谤毁？故愿吾儿一听父言，必变此计。吾非望汝媚世阿俗，然亦甚不愿吾儿为无谓之忤俗。吾前者即缘率意径行，于世途之中不知种下多少荆棘，至今一举足辄形挂碍。顷者自回国以后，又三四次睹其效果，深悔前此所为之非。此事非父子见面时不能细谈也。故今者第一嘱咐，乃吾儿于役之后，必往京师一行，是为至要。汝今声名日益藉甚，到京之日，必有人拉汝出山，吾儿当念毛义捧檄之意，凡事稍徇俗情，藉以献酬群心，念为亲而屈可耳。亦不必向人乞怜，但不可更为高亢足矣。

日者昭宸原办南洋公学，经改商部实业高等学校之后，昭宸月日来整顿不遗余力。然其意终不欲久居其局，早有卸肩于我之意。适会四大臣有出洋之命，载、端两公均有电招致之，渠即与监督杨老五杏城言其情愫，杨亦甚以为然。渠乃于月初赴京勾当者约半月有奇，至昨始行回沪。刻杨即将此情达之商部，商部中用意何若，则不可知，大抵玉苍甚以为然，闻振大爷则将奏留昭宸，昭宸不愿留也。此外尚有复旦公学一事，大家要我为之总教，然因主意之人太多，恐办不下，吾已辞之矣。再天津信来，言陈玉苍、严范孙皆在项城处极力荐我，项城则姑徐徐之；至吾之意，将一切听其自然。所幸谋生之路尚复宽绰，朋友中如菊生、穗卿、季廉等，皆极力相助，甚为可感。又周玉帅亦遣人劝驾，吾亦曰姑徐徐云尔。海上前数日抵制美禁华工之事甚剧，刻稍平静。拉杂写寄，十不达一。海上天气不时，一切努力自爱。

（1905 年）

三^①

再者，前存福州大清银行四仟零柒拾五两七钱九分五厘，系于三月初一日到期。兹特双挂号寄去，届时可向收息。至换单与否，须问本年闰月如何计算，若仍以到明年三月初一为一年计息，颇不合算也。再者，吾今年夏间，京事料理清楚，极想回闽一行，其时或有用财之处，故此款即不换单，但浮寄该行亦无不可，惟是事势难预定耳。汝代我斟酌办理，回信告我何如。又及。

（1911 年 3 月 9 日）

---

① 此函据《严复与天津》，由严名先生抄录，并考证写信时间。

四

七月十四日信到。京中除十二日两军交哄，自黎明三点至下午二点完全结束外，并无何等秩序（江吴可谓能者）大乱之事，风谣不可即信也。琥信已寄，甚好。来电嘱兑百五十元，不识何项用途，至于如此之多。投考计已七日，当已蒇事，甚盼从海道遄归。东轨不靖，亦意中事耳。

此番赞成复辟诸公，其未经筮仕民国者，舆论尚有恕辞；张镇芳、雷震春、冯麟阁已交法庭，恐难幸免；余如杨昧云、孙慕韩辈，外间攻击甚力，可谓多此一举矣。

十六日未刻

（1917 年 7 月 16 日）

五

阿璋知悉：

阳三月廿五日缄接到。租屋业经迁入，且住为佳。李十一欲购之房，房价修理统计须二万八千余元，似非吾力之所堪任。大甜水井屋，可是前此嘉井所云云？房价修理不过二万，尚可勉强。今欲定夺，须问吾儿夫妇，要否与我同居？如其不要，则如此好地道房屋，不妨即与定下，合京津两处房屋售出之赀，当敷营构新宅之用。假如吾儿夫妇愿意同居，则此宅既住不下，况六七月间三弟夫妇似当北上，势须有屋相容，益形拥挤，似可暂缓定夺，俟我三月杪到京再作计议。汝看何如？所惜相隔在远，一切情形难以悬揣，则此时两宅去留，终仍须由汝断决耳。

三月三十晚渤

（1919 年 3 月 30 日）

六

谕吾儿知悉：

接到夏至日缄，知吾前信已经收阅。世事沧海横流如此，而我又非有力之家，忽然纳此巨款于不动产之中，诚非善计。儿与家轸所以惘然为此者，以数年之后，如此地道既佳、建筑又好之屋，即不长价，必不至折阅已耳。则此事性质已近投机，顾投机于世事波谲云诡之时，谁敢言有把握？来信谓心中不能无悬悬，亦其所耳。故吾前信谓若勘破定钱之后，不如回向家乡作计，则事轻易举，绰有余妍。非不知南归亦有许多不便，而吾心尤深不欲者，则儿辈觅食于外，从此会少离多，垂暮之年，殊难割舍耳。虽然，此事颇有讨论价值，而来书不置一语，何耶？华严、海琳随伯鋆南下，信来云改搭"盛京"，约廿八九（今日廿五）可到，届时自当派人接应。但其母言于下月初买轮回京，相见之后，乃极匆促，奈何！

吾入医院至今已十九日，医生用药除利痰外，余药颇少，而每日上午洗汤、烘电，进步极徐，拟满月后察看情形，即行出院。出院无事，久羁在此，亦欲北行。现在夜间虽有咳醒需人，然尚能睡，即日起作喘，时间亦短。院中三餐多进素膳，两日来乃有一顿肉食，而鸡汤则午晚有之，如不动作，看书作字精神尚可，但若出门走路及上下楼梯，则不能无喘。此所以到沪以来，虽熟友如菊生、苏堪、梦旦、拔可等皆少过从。

商务存款，昨看报告，长短诸期及活存等约尚有两万之谱，但此赢余万万不敢轻动。家轸于吾家买屋所云筹备二万元，是否即去今两年吾家应分红利？若尔，则嘉泰失败，又去五千，北方进款政不过万余元已耳。吾以老病余生，世事浮云过眼，所欲急急为计者，求一眠食稍安，有余不败之地以终余年，他非所计。儿婚女嫁，香严以下尚有六人，邀天之福，将即以商务每年进款了之，不识有蹉跌否耳。世界从此平靖，难期虎尾春冰，儿辈真当谨慎也。上海者番以排阁罢市，诸事损失，统计三兆有奇，商务馆十万以上。

昨廉璠信来云：尚书庙会缘前后约有二万元（城台绅商及诸外缘不计）。属催我与家轸捐款，早寄与翰周、又槃，俾得早日经始。阳崎小儿闹疹，翰周次子以煊坐此殇夭，亦一不幸之事。方风潮烈时，林家亦颇岌嶪，廉官尚劝三弟逅〔暂〕迁阳崎也。

夏至后三日在医院泐

（1919 年 6 月 25 日）

七

大儿知悉：

得天贶节信，言买宅事要为父一言断决，阅读再三，又与娘等商量，亦正委决不下。此屋为费将七万元，殆欲罄吾所前积者，一也；世事云诡波谲，京中继今以往，是否可以安居，二也；吾之肺疾，置诸北方严寒之区，即使冬令深藏，究竟当得住否，三也；都下米珠薪桂，月益岁增，宅广事繁，常费必巨，四也；非不知吾在京中海部顾问月四百元，他项利入，到京后尚有希冀，但此当视吾之体力何如，且政界覆雨翻云，进款岂可长恃，五也。以此五端，故实惮于断决，而以另行想法为宜。假使如前东子胡同一宅，三万余元可以了事，则吾将亦听之，而无如其吃力如此耳。不意如海王城，而吾家求一相宜可住之宅，为难如是也。吾意汝之看宅，着眼有牢不可破者二，而缘此窒碍遂多。一是宅未到手，先打卖出算盘，甚或求有赢利；二是由此地道，所择必近东南，而他所即有价廉佳宅，或所不屑。而自为父观之，凡此皆属枉然。

413

盖宅易脱手，必其廉者，愈贵愈大则愈难寻买主，此必然之数也。至于赢利，须看世景如何，此岂买时所能作定？且既用之后，所居地段远近亦齐，与其热闹地场，转不若清静之乡，得少佳趣。吾儿如再看屋评价，似于吾言可少加意耳。近因京宅未定，此身无所归宿，颇想还乡定居，如仓前山等处有可居者，似二万余元可以集事，虽短却京中月入，（其钱亦不甚体面，弃置不足惜也。）而家乡用度倍蓰加廉，无论如何，自然易了。然吾心有至难割爱者，缘与吾儿一房及四弟，势必暌违南北耳。但此不妨先作眼前之计，异日吾儿财力充裕，世事平定，而吾体力尚优，即回京与汝曹共居，亦易易耳。东坡告子由云："吾归与汝处，慎勿忧岁晚。"吾今告汝亦云，吾儿以为何如耶？

昨日琥弟信来云，新妇小极，仲勉诊之，据云已动喜脉，亲家太喜不可支，但恐秋间不放女儿北去等语。而华严亦云，莲姑娘已有四个月身喜。此真门闾之庆，闻之喜不寐也。新铭明午可以到步，太太拟即搭之北归，留两妹在此相伴。（海林常流泪，思四妹也。）吾居医院，今已逾月，收效极疲，所未归寓者，以寓中热、此间凉耳。出院后，在此无所事事，欲北归又无房屋，或重复回闽与琥居，未可定耳。大息、姑娘等暨诸孙在念。

旧六月初九夕泐

（1919 年 7 月 6 日）

八

吾儿知悉：

本日得儿由济来书，十二日。甚慰。吾在医院计已卅九日，喘咳诸疾实有大差，叶医言只要信心耐性，无论如何久疾，皆可得效也。因四弟等来书频催，太太已决数日内或船或车，先行回京。两妹在此伴我，渠两人亦有疾恙，亦可顺便在此医疗也。三弟前有信来，据言弟妇经仲勉诊验，已动喜脉，秋间恐林家亲母不放北行。然无论如何，渠必离闽，因自身后事或出洋或否，须一定决，不能长此随便过日也。其言甚是。我再看数日如何，颇拟于闰月半前回京面议房屋一事。总之，吾体力近来甚有进步，吾儿不必为我悬悬也。

刻下闽沪皆极炎热，亦皆有时疫盛行。前接家信，云林姑娘有喜，近复闻其小产，想系身体虚弱之故。余不尽言。

七月十六泐

（1919 年 7 月 16 日）

九

璩儿如悉：

七月十六日信读悉种切。日来朝喘大差，此间治疗新法不虚谈也。新铭已到步，太太明晚登舟，后晨开轮北去矣。华严、海琳皆在此治血分病，医言病根在喉间肉柱，须与施割，乃望全愈，不然将与伍家愚子同其腌臜。然则自以早割为佳。

儿回京后，若非屋主促逼，似不必即与断绝关系。前书云又七月兑银尚来得及，今才阴历六月廿一，恐又七月吾已到京，届时当面商量，再作决断，何如耶？总之，或南或北，吾辈端须有家，大抵吾病则思归，吾愈则思出耳。新妇喜信既实，亦不妨北来，孕妇过于畏护，亦非法也。三弟年杪出洋，此说与吾意合，但渠意欲赴欧，不愿赴美，学费虽贵，而以六七千金留学四五年，所差当不远耳。暑热旅行谨慎，以慰亲心。

八年七月十八夜泐

（1919 年 7 月 18 日）

十

大儿知之:

得廿四缄,极慰。儿能如此仰体亲心,吾之晚境,复何忧乎?新屋后半之款,尚有两月始行到期,而尚书庙捐款已兑千三百元,所余七百亦不亟亟,从容筹划,当不至捉襟见肘耳。吾之病体,经一番治疗之后,实有大差,此后虽不能脱然全愈,恐于应事有不逮耳。至于年寿,却不以此为转移。昨者沈丈鲁青来看,为言哮喘乃系寿征,历数所知,皆活至七八十始去。然则此证之非促人年寿明矣,儿曹闻此可宽心也。间尝自数生平,得天不为不厚,而终至无补于时者,正缘少壮之时太主难进易退主义,不肯努力进取,虽浮名满世,而资力浅薄,终无以为左右时世之资,袖手穷居,坐观沉陆,是可叹也!今者年近古稀,加以羸疾思乏,伸眉仰首,陈力社会,自所不能,而回顾生平,自问未了心愿,即亦无几。目前四男四女所未了向平之愿者,尚余其六,此为最急,固不待言。其次,则扬云一区之宅,东坡一壑之专,近亦渐有端绪。此外,则数千卷中西书籍与一解意侍儿,以为暖老流香之事,使吾得此,即为全福,不敢向彼等更乞其余矣。兹所为觍缕及此者,欲儿曹知吾所惟不必遥唤老悖也。

今年沿海天气极为不佳,风飓已见二次,风停即复壮热,所以起居辄形不快,幸与医近,事事可豫防耳。三弟前书言欲来沪侍吾同北,想必果言。但风波恶,即不来亦甚佳。张表方蒙蒙犹未视之,徇于人情世变,几于毫无所知。欲为位置颇是难事,十余元馆地未必满意,儿但置之,俟吾到京后再理会可耳。林姑娘体气殊欠佳,若能在红十医院两个月,将芙蓉城主罢诛后,此将有无穷受用也。係云想是可爱。

八年八月卅日渤

(1919 年 8 月 30 日)

十一①

大儿知悉:

　　吾此次南来,一路火车、客栈均觉辛苦,惟"宁兴"船上受些海风,稍见爽朗。于九月十八安抵朗〔郎〕官巷,设榻楼上。闽中此时天气最佳,然吾喘咳未见得何佳处,颇悔徒劳跋涉也。幸痰尚易吐,但喘剧人弱,甚畏动弹耳。未知日后如何,若论目前,尚不及在京时也。沪上晤柯医,极殷勤,然亦无何等妙法使我见差。但消停之后,似觉微有进步,(夜间尚睡得四五钟,但零碎耳。)故亦未延医来诊。金涅尔回美已两月矣。觐祖甚苗壮,三弟妇又有七月身,分娩当在腊月也。刘家已肯受租,三弟每月与以廿元伏,亦无辞也。山东之行已就道未,何时可归?在外一切为亲自爱,家中大小一一在念,余不多谈。

九月廿一日　父泐
(1920 年 11 月 11 日)

十二

大儿知悉:

　　得腊望禀,极慰。吾用医言,来南更换天气,然自抵闽以后,诸证实未见大减,且自过沪以还,喘疾似较在京时为甚也。美医谷查,治法平常,用针六次,亦无何等效验,老病本难疗,看春来如何耳。尚书庙工程,翰周自切嘱开帐后已不过问,难得铭官、朱孟文两人极力营干,现每日均有百余人作工,盼望明春可将正殿至前门修竣,则吾辈亦可暂

---

　　① 此函据《严复与天津》,由严名先生抄录,并考证写信时间。另《严复家书》亦收此函。

417

告息肩矣。吾微窥翰周兄弟之意，似仅肯以六百佛塞责，其千四百员殆将留为大老爹养赡，亦感子弟之难恃如此。者番幸吾归来，大家率作兴事，增其气势，不然并此且不可得也。足不出户，于外间事无从相告。一家五口均平顺，余不多谈。举家在念。

几翁泐

有信到渤处，甚善。此事殊不宜再宕。吾年将古稀，旦暮入地，所放心不下者，四女子归宿耳。

腊月二十一日
（1921 年 1 月 29 日）

十三

阿璋知悉：

读四月廿日与琥书，言西院租事等知之。第不知从前布来先约廿二年还屋，今何以又展至廿三年也？云欲我处筹款五六千元，我此时实力不逮此，现在只有两法：一是外借，昨琥言可与其妻弟文访商量，济否固未可定；其次，则俟今年商务馆分利后，看何情形。昨菊生信来云，本年尚有一分七厘红利可冀也。阳崎之屋，嘱令赎典，闻游家尚无退缩之意，因其年来生意颇称顺手，富则润屋，闻其住宅久已大兴土木矣。但儿书中并未提及赎款若干，而按契面又看不清楚。当时闻系傅慎伯居中，顷已信叫铭官前来，拟交其前往接洽也。太太发议迁沪，此计亦自不差。昨者张菊生信中亦云仍代觅屋，吾已缄托之矣，俟看如何再作计议可耳。

吾日来苦夜间难眠，刚入睡乡，喉间便痒作咳，日间除微喘外，尚无大苦，家中人可释悬也。金先生回桐城后，浑身浮肿而喘，其苦比我数倍，观其世兄仲永来书，令人流涕，继此不已，殆无几日作世上人。

但近又廿许日未得其闻，或者得遇良医，渐就痊可，亦未可知耳。家乡天气寒暖至为不常，起落辄二十余度，病人殊以为患，迁沪早就得离此间，亦是佳事。第以吾病体恐到处均不舒服也。

五月一日书付大儿夫妇。

几翁

係云想极可爱。

（1921 年 5 月 1 日）

十四

谕阿璋知悉：

得五月廿七日禀，极慰。此间自阴历三月廿四迎泰山后，大都皆是阴雨天时，乍暖乍寒，病体殊为不快。一昨张菊生信来，言沪上房子甚难觅，吾近有信与李伯行，（乞其助觅。）现尚未得其回信。如果上海房屋一时难觅，吾七月前总须与华严二妹北行，只得重往北京。售卖家具之事，可嘱太太缓些作决也。老病之躯，无论跑到何处，辛苦是其本等，吾从此不复易地矣。

游家赎屋之事，已嘱铭官前往接洽，渠依计较钱息，总是延宕，不知节后如何？今先将李十一捐款收条寄去，可转交也。林文访赴台，尚未旋闽，借款之事无由解决。据普贤言，渠数日内总须回也。昭宬处有回信否？甚悬系。吾闻古愚与昭宬夫妇意见颇深，嗣后此等事最好勿托昭宬居间也。家中人口想皆平安。西院租屋已画约否？欠租已交否？皆欲知之。闻小五无书读，甚顽劣，家中无人为所严惮，甚虑学成下流脾气，奈何！协和医院有五元针浆之帐，便中为我还之。此间骨肉五口均佳，余不多叙。

十年六月七日　父泐

419

此系漳州印色，汝看何如？普贤近日依同善社法打坐，极有效验，进步亦速，吾知其道不是子虚。

（1921 年 6 月 7 日）

十五

谕阿璋知悉：

前去一缄，想早收览。福州端节后，雨止便作大热，吾所居楼上，午后当至九十余度，惟晚间有风较凉，可以安睡三四五钟不等。至吾体中喘咳疴痒四者，都比往常差些。初八日曾同二妹同往西公园，在草地上亦能行数百武，不甚觉苦，汝曹可放心也。此间近日已有鼠疫，三弟妇谨慎，已将合家打针抵制，惟吾照医云不必打也。吾近极思京寓，以为沪居如果难觅，即今起程赴京，亦无不可，而老三则不以为然。现张菊生信亦未来，令人闷损也。游家赎屋，尚是延宕。文访已从台湾回闽，六竿之事，经与接洽，云已答应，但尚须面订期限耳。

此番商务印书馆红利以五百股一七分，分八千五百元，但吾忆去年尚有未给股单之股据，言一律分利，何以无之？试问太太，我们原有之股，系五百股耶？抑四百股耶？快些作覆，以便往询。吾病来记性极差，凡此等事，汝曹须代我留神也。合家在念，余不多谈。

阳六月十六日　父泐

小五荒废，令人放心不下。昭宸有回信否？

（1921 年 6 月 16 日）

十六

谕阿璋知悉：

　　阅儿与三弟缄，悉种切。当儿叫昭宸与渤生接洽时，吾早知该事之无成矣。本日得文访复缄，所商通融一节，亦办不到。刻吾已信嘱菊生，于吾活期存款中划汇四千元与汝，到可照收。又游传朋说五月廿一日来此面谈赎屋事，当有解决也。上海房子难觅，至今菊生尚无回信，本日已去缄属其作为罢论矣。此后吾若离闽，仍是赴京，否则仍行留滞此间，俟体力益佳、风色相宜再说。动身之前，总当有电到京也。作此缄时，适熙官之陈氏姊在此，讨厌之至，不能多谈。而新济下午收信，聊驰此书。

六月二十三日　父渤
（1921 年 6 月 23 日）

十七

阿璋知悉：

　　前信想已收到。前经缄嘱商务印书馆划兑四千元，嗣菊生信来云已照办，想必收到矣。游传朋于阳六月廿六日持台伏二千元前来，当将契券一束付之，所余找尾七百余元，除在京已收光洋五百外，尚短二百余元。（余二百五十五元，游尚有四十五元未交，余二百十元董事会用。）据铭官云，当由尚书庙董事会清算也。二千之款暂存我处，儿若急需，信来再寄。京中汇丰吾名下应尚有存款也。在沪觅屋一节，经致缄萝卿、菊生两处，嘱其暂作罢论。盛暑吾既不能出行，八九月又虑风暴，冬令赴京又不相宜，无怪琥弟夫妇劝我在此更过一冬也。（吾尚委决不下。）至吾病

421

体，入夏以来尚复可可，痒疥已经全愈，泄泻亦差，舌苔灰白已退，即痰喘亦较去冬为轻，虽腿弱精力犹是劣劣，然下午轻爽时，尚能出门。阳七月三日，曾与华严往阳崎一行，在老屋隔宿，次早往看尚书庙工程，并谒围屏墓。又往鳌头山，两处皆经致祭，四日向晚仍复晋城，人尚不觉过累。庙工自正殿一直，十完七八，前面庙埕尚未铺石，右边毓麟宫半用旧料。近因用地问题，翰、槃两人颇有意见，翰怪槃在京坏其名誉，由是事事处处与槃立异，翰性颇暴戾，故亦无人敢婴逆鳞也。若论钱款，则除翰之千余元外，阳崎与邻近各乡尚有四千元左右未收。韵珊滑头，闻募有千余元，此款始终不寄也。是以此事若得妥人办理，则收合余资，庙工除左边所谓行乐厅外，固可一律完工也。此时郎官巷楼居甚热，刻拟阴六月初八日到鼓山逭暑，三弟则于初九、十日下崎，意在催促收束庙工。晚收在即，今岁丰收，催缘亦于此时为易耳。

　　兹有特嘱者，商务馆股分更换新票，吾家总五百股，除新票百股不计外，其四百股之旧票，应交其一律更换新票。刻此股票一起在太太处收存，但恐其中不无遗失，今可先将所有交由京中分馆转寄沪馆股务股，并托查所遗失者系何号数，然后照章登报，于京沪两处报失，以清手续。至户名则仍先，一律用严又记，嘱填百股者四张，填廿股者五张，计共五百股，交下收储为要。余事下信再及。

　　外商务馆通告两纸，菊生信一，汇丰簿一，可嘱填清。

阳七月九日　父泐
（1921 年 7 月 9 日）

十八

阿璋知悉：

　　王季樵已故，见信可送些赙仪与其家，多则八员，少则五员，无不可者，不要送幛。商务馆四竿之数，想到京了，其股票及去年新股收条，可早交分馆寄沪也。吾在山眠食尚佳，余续报。

翁泐　大暑七月廿四①

（1921 年 7 月 24 日）

十九

阿璋知悉：

吾于六月初九到鼓山逭暑，直至昨（七月廿七）始还城寓。虽节近白露，天气尚未甚凉，但山居除稍凉外，余事则皆不适，故宁触热回也。接吾儿信二三封，中多要语，皆以懒惫未答，想悬盼也。尚需二千元，兹寄也；北京汇丰支条二百元，上海麦加利支条一千八百元，两合二千之数，可收取应用也。

金子善先生在日，我曾许以再送一年束脩，今先生已去，身后自是萧条，除三月间已寄一百元外，今再寄二百元去，以举其丧，今年底当再寄百元与仲永世兄也。张幼安事如何？人物靠得住否？极悬系悬系。家中厨子，本事寻常，带油肉绒，俟觅得人时，令做寄去。郑子进墓志，吾颇愿做，但不知何时有精力耳。陈香雪寿已过去矣，渠亦无寿启到我也。罗仪韩被控，下文如何耶？假使坍台，可怜！东宝郎官巷屋，由刘入曾，刻三弟设法由曾接租，现尚定而未定也。商务馆股份事，可由我与该馆直接办理，但去年新升股份一百股，其收据记是藏在京寓签押箱中，与股票等同在一处，可嘱娘与海霖等细检，检得可交孙伯恒寄沪；如其不知去向，可函告我，另行设法也。

再者，前接四弟一信，言娘尚极有意思迁沪，谓得此可以缩小月间用度；又言汝意亦想全家将大阮府房子腾出，另行赁居，而十五号原屋

---

① 此处严复有误记，大暑日当为七月二十三日。

423

以租外人，每月可得五六百元，此合西院租金月八九百，可资京沪两处用度等语，不识有此意否？如有，吾亦殊为赞成。本日得萝卿大妹一缄，（告娘此后可与萝卿通信。）今并寄示，言上海有屋可寻，吾意寻得着时最好，须娘先到上海一遭，布置种切，京中家产，可卖者凭娘卖去，可带者带，或阁置汝家，均无不可。时局日益不佳，京中又无钱可得，作一番收束，亦好事也。吾老病侵寻，此后恐万不能与家人儿辈为役。所求者，得一安静处所了残年耳。福州虽是家乡，然甚难住，（若上海一时无屋，吾尚想白露后回京也。）即住亦须有一番经营，非一二万金办不到也。玉苍七十，吾无有诗，畏庐七十，不知有否？看意思精力如何耳。枧缕不尽，举家在怀。係云可爱。

旧历七月廿八　几翁渤

陈韵珊或余处捐款嘱由我转交，因董事会尚该吾款，须扣回也。又及。

（1921 年 8 月 31 日）

与五弟严观衍^①

……《天演论》索观者有数处，副本被人久留不还，其原稿经吴莲池圈点者，正取修饰增案，事毕拟即付梓。颇有人说其书于新学有大益也。中国甚属岌岌，过此何必兵战，只甲午兵费一端已足蒇事。洋债皆金，而金日贵无贱时，二万万即七万万可也。哀此穷黎，何以堪此！前此尚谓有能者出，庶几有瘳；今则谓虽有圣者，无救灭亡也。中国不治之疾尚是在学问上，民智既下，所以不足自立于物竞之际。

前者《时务报》有《辟韩》一篇，闻张广雅尚书见之大怒，其后自作《驳论》一篇，令屠墨君出名也，《时务报》已照来谕交代矣。拉杂奉复，余俟晤乃露。此叩
时安。

复顿首　七月二十六日

（1897 年 8 月 23 日）

---

① 据《严复集》，此系残稿，原件藏中国国家博物馆。严观衍，乃严复从弟。

与甥女何纫兰（33封）①

一

前得大媳家书，知汝遭小产，不知近来体气已否复原，舅心深为悬挂。婿在家所作何事？吾甥一门，自翁姑以降，皆守旧之人，自以为诗礼簪缨之门，法宜如此，拘牵文义，未行起尘。凡此，皆不待甥言，而舅所深悉者；每念汝母，不觉泪垂。然须知人生世间，任所遭何如，皆有所苦，泰然处之可耳。肝气之病近稍差否？要治，总须上等西医，听中医之言，什有九误，切记切记！舅体气尚健，惟京津皆有公事，须两头奔波，稍以为苦，家中人大致平顺。表嫂葬亲尚未北来，云俟端阳前后方克成行。姨母近多见否？渠近日体气何如？至以为念。

光绪廿七年辛丑　作于天津海大道矿务局

（1901 年）

二

近日直隶女学颇多，然常患无教员。表嫂之二姑母，学问尚逊吾儿，已在某女学课历史矣。又其中多用日本女人，所教极粗浅也。吾儿书格甚秀，病若稍愈，宜置笔墨，于课余略学书字，不宜懒简但用铅笔也。又儿于京中欲购用何物，可即见告，以便带去。吾拟于琉璃厂觅字

---

① 除函十九据《〈严复集〉补编》，函二十、二十二据《严复与天津》，其余均据《严复集》。《严复集》所载 30 函，原件原藏何纫兰处，录自严群先生抄件。

帖一二种与儿为临池之资。

光绪三十二年丙午　作于北京

（1906 年）

三

星期去来，极承甥以图立完全女学见勖，舅老矣，岂堪汝曹如此责望？虽然一息尚存，不容稍懈，当为吾儿勉成盛业。月望前后，拟赴秣陵掉此謇舌，以完全女学一说南洋端午帅。事若果成，皆吾甥之功矣。然尚有一二节目待与儿商榷者，不审十六仍能乞假一去来否？若能，吾当于十八行；必不能，吾当于十五六行也。近同乡郑太夷及高子益、梦旦兄弟暨魏季渚等，皆深以此事为然，盼阿舅勉成此业也。儿常怪吾草书难识，此数行学文待诏，他日流传，一段佳话也。

光绪三十二年丙午十月十四日以前　作于上海

（1906 年 11 月 29 日前）

四

晤史家时，言阿舅甚感其意；秣陵之行，果有眉目，他日事须渠赞助不少也。高子益云：此事必成，所恐者南洋经费告竭，而新政百端待举，若筹款有术，则唾手耳。汝作字好用钢笔，懒耳，此习宜改；即不能用墨盒，用软墨毛笔，亦较愈也。

光绪三十二年丙午十月十四日以前　作于上海

（1906 年 11 月 29 日前）

427

五

　　吾明日行矣，此行拟先至秣陵谒南帅，少住两三日即当莅皖，然亦不久留，以冬月十三已许为青年会演讲中国时势也。儿如欲寄信，即便寄安庆高等学堂。本日复旦诸生以书恳我为之校长，经诺之矣，不识能兼顾否？吾意所欲必成者，完全女学耳。但顷闻柯医生言，沈某办天足会女学，择其美者置第一，与以金时表，已而取之为第五房妾。此语支离，吾不敢信。果其有是，早晚当被参劾，非重办不足以挽颓风也。吾近看苏诗，喜其词达文妙，儿若通此，文字一日千里可以操券，还期有日，能为吾儿一讲解耳。寒深，惟加衣强饭，肝风勿令再来为要。

光绪三十二年丙午十月十四日　作于上海

（1906 年 11 月 29 日）

六

　　凡学书，须知五成功夫存于笔墨，钝刀利手之说万不足信。小楷用紫毫，或用狼毫水笔亦可，墨最好用新磨者。吾此书未佳，正缘用壶中宿墨也。至于大字，则必用羊毫，开透用之。市中羊毫多不合用，吾所用乃定制者。

　　第二须讲执笔之术，大要不出指实掌虚四字，此法须面授为佳。

　　再进则讲用笔，用笔无他谬巧，只要不与笔毫为难，写字时锋在画中，毫铺纸上，即普贤表弟所谓不露笔屁股也。

　　最后乃讲结体，结体最繁，然看多写多自然契合，不可急急。邓顽伯谓密处可不通风，宽时可以走马，言布画也。

丙午十月望日　因课蕙缥甥女学书作此

（1906 年 11 月 30 日）

七

望晨信即于午间接到。吾儿病向系罗医治疗，乃今医病，而一时又难即愈，殊令我悬悬也。北京回头之信，望眼欲穿，总未接到，姑再延两日，若十七不到，便无法矣。老史事毋庸挂意。字帖，今送去赵松雪《兰亭十三跋》及文待诏《千字文》两种，但勤习之，久后自有进步也。吾每见儿劬学，辄深感叹。盖使他人为此，其目的为择对耳，屈正则所谓两美必合也；独儿自修弥勤，则去对弥远，岂彼苍不仁，果好畸而恶偶如是耶？虽然，无怠，他日诚能自立，为女界吐气，阿舅教汝，岂徒与有荣施？盖所以娱桑榆、慰迟暮者，亦赖汝而已矣。

光绪三十二年丙午十月十六日　作于上海

（1906 年 12 月 1 日）

八

本早得见端午桥，以宾师之礼相推挹，外貌极客气，又下帖请我明午在渠处同饭。此近来督抚待虚名人通法，不足称异。晨间客座，（坐中有藩台继昌及吴剑泉等，藩台极守旧，最怕花钱。）吾提及两事：一是复旦公学须得彼提倡，肯助开头及后此常年经费，吾乃肯为彼中校长；又力劝此老兴办上海女学，有完全国粹教育者。此二事渠皆乐从，且云为费有限，总可出力云云。属吾将详细章程各上禀帖，俾其斟酌。看来女学总有几分可望也。谈间，见其第二子，欲令拜我为师；且云自己年太长了，不然当行北面之礼，其甘言如此。女学一事，此间开者亦多。顷遇沈次裳，正约我明早十点钟到彼女校演说也。沈办之外，本地绅办者尚有数处，大都借此为交接官场之具，醉翁之意殊不在酒，其程度、成效可想而知。风潮尚少，而谣诼则随地而兴，故舅虽发此宏愿，为女界出一臂之力，然而每念人言，未尝不畏，他日事成，吾但愿充一国文教员，每日两小时足矣；至于校政，须得聪明强干又正派女人相助为理，不识儿朋友中有此人否。叔宜表嫂足当一面，但恐伯玉家政渐繁，不能舍此内助耳。此事正经提议，须在明年，又须与关道瑞澄接洽，方有边际。具俟归日会面，乃与吾儿细谭也。汝同学中不乏文明闺秀，不妨与之深商办法。大抵吾辈于此等事，不办则已，既办则虽千辛万苦，总须于社会着实有益，可与后来人取法。若不能如是，则无宁不办也。汝亦以吾言为然乎？今将开校宗旨略疏如下：

一、此校目的，要裁成头等女师数百人。

二、校地设在上海附近，以其为南北中点，且教员易觅。

三、此校重汉文、科学、卫生、美术，而西文则兼习。

四、此校管理员用女，教员用男。西学则用西妇，或用本国女子。管理员权最重。

五、此校两年预备，而三年正斋。

六、学生选未嫁者，其身家必须细查清白。其已嫁者，设立小小专班，别定规则。

七、学生程度须有识字根柢，又学费月约十元，不住宿者减半。

大略吾意如此，汝更细思。吾明晚即赴下关候船，廿三天明向皖，因中丞有电来催也。

光绪三十二丙午十月廿一日　作于金陵

（1906年12月6日）

九

来皖卒卒无一隙之暇，高等学堂大考，退者至卅余人，全城震悚，

430

谓吾手辣。然经此一番淘汰，学生知功课之重，且一切唯在求己，均无所用人情势力，此堂是后可望必成矣。食人之禄，不能不任怨也。本堂此考，有一学生名王恺銮者，年十七，甚美慧，题是"张巡论"，渠做得一篇，专论其杀妾飨军一事，以为野蛮行径，忍心害理，而无益于兵；并明男女并重之道，谓当无食，宜各忍饥，何得使人相食，若豺狼然。其辞甚健，汉文教习阅卷，百分之额只给四十，以为悖谬。吾复阅见之，大喜过望，立取其卷加批，并为改窜数语，遂成佳文；呼其人来，自赏十元，优加勉励。教员见之，亟改其分作九十分焉，真可笑也。可惜吾女尚小，不然，真可妻也。

初十日是吾生日，吾儿何以寿之？能试作五言诗一首否？其日此间有师范生毕业典礼，吾当演说，闻环听者当数百人。前回演说，印稿撒至五百余张，尚有求者。今日海内视吾演说真同仙语，群视吾如天上人，吾德薄，何以堪此？恐日后必露马脚耳。此间十一放假，如无公事，吾当搭江新返沪。

光绪三十二年丙午腊月初八　作于安庆

（1907 年 1 月 21 日）

十

喜苏膏药昨已送去，今日差否？至念。吾于途中感寒，患喘咳，晨起尤剧。复旦校长，南帅照会已到。初五日，沈爱苍亦有电来，恳吾往江西为理学务。老惫岂能胜此！知念，顺布。

光绪三十二年丙午腊月十七日　作于上海

（1907 年 1 月 30 日）

十一

本日汝父有信与我言复旦事。吾堂事如山，猝难脱手，须初七八乃可粗了。又须赴庐，七八日后赴南京。刻欲令周鼎观代去合肥，吾由此径往南京，则三月二十边可到沪也，此姑俟临时发表耳。明日，抚台到师范学堂开学，大众硬求我演说，吾喉略愈，遇此恐又破矣。

光绪卅三年丁未　作于安庆

（1907 年）

十二

吾日来堂事极忙，排日部署。如昨日师范学堂开学，十点往陪抚台，直至四点始散。中间又登坛演说，幸喉音略愈，尚得勉强将事。今日新生三百余人复试，阅卷揭晓，须初三方可入堂。缴纳学费、分班、定课程、分派教员种种事，极早须初八九方能离此。本意要去庐州，今已作罢议，遣周鼎观代去，然南京必须一行，以复旦公事须与端午桥扎实交代，方可办理。

光绪卅三年丁未　作于安庆

（1907 年）

十三

安庆之事一言难尽。本日得甥书，有云风平浪静，众魔悉伏。此因见皖抚来电，语极谦和，故有此想。不知事势与电全不相符，故我决然辞差。现拟廿六即行，搭船往南京，以应端督之电。既行之后，不复来矣。高等学校之有风潮，实因官界与我挟妒反对，而绅界则以学堂为利薮，各思分肥。而学生一因去年沙汰之多；二因求请毕业不遂；三因夏考在即，恐复被沙汰；周鼎观汉文欠通，平日办事过于沾沾自喜，开罪多人。总此数因，于是有十三日之风潮。当日之事原可劝阻即定，而提学司故纵之。现在官界唯一抚台，绅界惟姚叔节一人，余非反对，即系随风，故吾断无更留之理。皖人惟恐吾之不去，于是在《南方》《神州》诸报极力布散谣言，备诸丑诋。来书谓有识之士孰不敬仰，奈有识者甚少，何哉？抚台相留虽切，然吾要以必将滋事二十余人办到，吾乃可留。抚台商之提学，提学方且吃醋，谓周鼎观该逐，而陈寄、谢师衡等，则称为豪杰之士，故学生闹事后，公然自首十二人，而学台略退五人以相敷衍，而学生要挟胁从之风愈炽。刻安徽大绅士则谋监督，小绅士则谋管理杂差，真所谓一骨裁投狗乱争者矣。至学堂，吾所用之管理、教员，大抵多站不住，因提学司曾赴日本，带有得意速成留学生数人，正无处位置故也。提学脑筋有病，素为名士，人极胡涂；至学务尤为外行，加以妒吾名盛，口里恭惟，背后反对，此堂之事，皆此老之助成也。嗟嗟！学堂本教育之地，而小人视为利薮，学生劣者不可沙汰，沙汰即起风潮，此后学界尚可问乎？

吾到南京，当有十日担阁。廿六由此即行，初一二日乃考出洋赴美学生，事毕即当回沪。因复旦叶仲裕亦在彼捣鬼故也，吾到南京，必将种种情节告知端方，若意思不对，便亦辞去不办。此意可告汝父知之。吾来此，体气粗安，毋庸远虑。汝到医院未？病势何若？吾极悬悬也。

光绪卅三年丁未四月廿四　作于安庆

（1907年6月4日）

十四

廿二日一信想已接到。曹小姊是否来宁补考，祈即通知，因渠姊弟

433

若决计不来，吾即无庸在此久候，卷阅清楚，即须回沪，此间无聊，度日若岁也。此番报名应考者，初系二百余人，即雌者亦有三十人左右。乃至临考，则男子仅七十余，而女子不过十零人而已。论其程度，尚不知能否挑到男十女三。人才真难得也。女子程度尤浅，接到题纸，与之对觑，不能下笔；英文勉强写出半板，而文法亦多支离。王季昭甚为拚命，无如本领太低，何也？其余务本女生，更不足论，勤读四五年，不识够得上应考否耳？若曹家姊弟肯来，包管可以入选。吾虽有出题阅卷之劳，所不辞也。

汝入医院后，体中何如？廿五塾中散学，能一往否？甚念甚念！吾儿身体康复后，只须略略用功，杀却此辈有余也。南京天气甚热，日间汗出如洗，此自是表虚之故，老境迫人，不任劳顿。卷子幸有数人分看。伯鋆管数学一门，陈诸藻管理化一门，李登辉管历史、舆地，吾所自阅，只两种卷耳。其实早知人少，便不须李前来，但今既来，姑分一种与渠看，非看不能自了也。李同渠新娘来此，住其连襟家，在新街口，乐可知也。端方见过一面，复旦情节尚未与言，准俟考后提及。吾之旋沪，早则初一二，迟则初五六，看有人请补考否。这上午大雨倾盆，吾顷间刚从提学衙门晚餐回寓也。

光绪卅三年丁未　作于南京

（1907 年 7 月）

十五

昨接汝一缄，系廿三日所写，至廿六日始到。细观信面，因其信系交信局，故尔稽延。此后信可直投信箱，勿交信局为要。舅于本日卷始看毕，程度及格者不过五六人，其余虽送出洋，不能入大学堂肄业也。至于女生十余人中，直无一人可及半格，三名之阙不知如何取补。人才

434

难得如此。江、皖、赣三省讲求学务六七年，年费不下半兆银两，而认真考校时，成效不外如此，何异辇金以投扬子乎？可叹可叹！吾本日有电往中西女塾，问曹小姐到底来否，复我一电，因吾所以居此者，专为渠侬。若渠姊弟决意不来，吾初一二便可揭晓，揭晓后即可回申，无须在此空候也。此电昨日即要打去，因电报不通，故延至今午。刻提学司已定初一二补考续到之人，初三揭晓。吾大抵初五六可以回沪矣。

廿六日，安庆有大变故，闻因考试巡警学生毕业，抚台亲临，被一会办徐姓道台用六响手铳轰击，身被重伤，延至次早即死。同时，学生大乱，死者尚有十余人，城门尽闭。徐姓当时擒住，问供，自称要除满员云云。目下长江上下，革命党布满，大抵起事即在夏秋之间，而地方则择其非通商口岸者，此其大略也。

光绪卅三年丁未　作于南京

（1907年7月7日）

十六

接到廿五日缄，知因舅体气劣弱，儿挂怀无已，仁孝可感。刻定初五买舟回沪。（原定初四，端帅不肯，更留一天。）男生照原议送十人，女生照原议送三人。但程度皆不甚高，而女生尤不及格，只好送往中学堂，不能入大学堂也。曹芳芸小姐事，再四与端督商量，已准另送矣。但渠总须同其令弟云祥一来南京，见过制台、学台，方能成事，不然，不能送也。至渠令弟，则与复旦教习严侣琴同由两江咨往杭州，请浙江抚台筹款资遣，因二君皆浙江人也。此考女生十余人程度皆极低，吾儿身体若好，报名来考，大可望送，则考生程度可知矣。

廿六日，安徽巡抚，因巡警学生毕业莅堂，正行礼时，被会办浙江留学生已捐道台之徐锡麟连打三枪身故。徐自称排满十年，今方达其目的。正写信间，接到曹小姐电，云今夕搭江永偕其弟同来；如此，则初四正渠到宁之日，恐初五未必得归。虽然，至迟初七必回，吾甚以此间为苦也。曹小姐此来甚好，因凡事趁吾在此办妥，可省无数葛藤。复旦事力辞不脱，已电汝父，令赶紧登报招生矣。

光绪卅三年丁未五〔六〕月二日　作于南京

（1907 年 7 月 11 日）

十七

到津后，除见客外，日惟看书闷坐。昨为杨帅做得一篇奏请兴办海军折稿六七千言，大家佩服无地。我现在真如小叫天，随便乱嚷数声，人都喝采，真好笑也。杨帅待我，礼貌自不必言，但因此干求我说人情者亦以日多，又极讨厌。伯玉夫妇等已于昨晚到津，亦住长发栈。伯玉因吕姑太事，夫妻似有反唇。伯玉持论于女界极严，尚是旧派，大骂近时妇女过于出众。我亦不便与之驳口，但云只因旧时社会拘束女子太过野蛮，所以今日决裂往往太过；且风俗之变共有几年，自然不能恰好，然此却是改良进步之机，苟不如此，将永世如旧等语，渠意似尚未以为然也。我因悟：人要晓得旧日礼俗不文明，必其人己身经过不幸之事、受其磨折者，方能知之；若不经此，必以旧法为到极好地位，无可更变。伯玉只因己为好爸好奶所生，其配偶又颇高尚，故于他人苦处全然不知如此。其论吕姑太事，全是责备吕汶，并不责备海帆。且云：女子嫁一丈夫，任是如何，总须安分敷衍，所谓"嫁狗随狗，嫁鸡随鸡"，严气正性，言之侃侃，此少年真丝毫不识他人痒痛者也。吕汶前者已在坊里告李真以革党迫婚，坊官未办此事，只因李在军官学堂，碍着陆军部尚书铁良面上，后来不知此事将如何作了。

又吾来津半月，与碧城见过五六面，谈论多次，见得此女实是高雅

436

率真，明达可爱，外间谣诼，皆因此女过于孤高，不放一人在于眼里之故。英敛之、傅问沅所以毁谤之者，亦是因渠不甚佩服此二人也。据我看来，甚是柔婉服善，说话间，除自己剖析之外，亦不肯言人短处。吾一日与论自由结婚之事，渠云：据他看去，今日此种社会，尚是由父母主婚为佳，何以言之？父母主婚虽有错时，然而毕竟尚少；即使错配女子，到此尚有一命可以推委。至今日自由结婚之人，往往皆少年无学问、无知识之男女。当其相亲相爱、切定婚嫁之时，虽旁人冷眼明明见其不对，然如此之事何人敢相参预，于是苟合，谓之自由结婚。转眼不出三年，情境毕见，此时无可委过，连命字亦不许言。至于此时，其悔恨烦恼，比之父兄主婚者尤深，并且无人为之怜悯，此时除自杀之外，几无路走。渠虽长得不过二十五岁，所见多矣。中国男子不识义字者比比皆是，其于父母所定尚不看重，何况自己所挑？且当挑时，不过彼此皆为色字，过时生厌，自尔不终；若是苟且而成，更是看瞧不起，而自家之害人罪过，又不论也。其言如此。我闻其言，不意此女透澈至此。渠看书甚多，然极不佩服孔子，坦然言之；想他当日出而演说之时，总有一二回说到高兴处，遂为守旧人所深嫉也。可怜可怜！碧城与我谈者甚多，大抵皆阅历见地，吾今亦不暇细说也。汝总无信与我，亦不知近者病体如何。吾今年十、十一月间总想南旋。

光绪卅四年戊申八月十二　作于天津

（1908 年 9 月 7 日）

十八

碧城心高意傲，举所见男女，无一当其意者。极喜学问，尤爱笔墨，若以现时所就而论，自是难得。但以素乏师承、年纪尚少（二十五岁），故所学皆未成熟。然以此平常士夫，虽四五十亦多不及之者。身

437

体亦弱，不任用功。吾常劝其不必用功，早觅佳对，渠意深不谓然，大有立志不嫁以终其身之意，其可叹也。此人年纪虽少，见解却高，一切尘腐之论不屑唾之，又多裂纲毁常之说，因而受谤不少。初出山，阅历甚浅，时露头角，以此为时论所推，然礼法之士疾之如仇。自秋瑾被害之后，亦为惊弓之鸟矣。现在极有怀谗畏讥之心，而英敛之又往往加以评骘，此其交之所以不终也。即于女界，每初为好友，后为仇敌，此缘其得名太盛、占人面子之故。往往起先议论，听者大以为然，后来反目，则云碧城常作如此不经议论以诟病之。其处世之苦如此。

天津今年天气颇暖，汝勿挂心，自家身体要紧，静卧勿着急。余言不尽。

光绪卅四年戊申九月廿三日　作于天津

（1908 年 10 月 17 日）

十九

儿尝恨不能作书信，虽然，此不必恨。若一意但求作书写信，纵成，亦未必即为上乘。惟立意为诗文，诗文成，则书信不待学而自能；抑且投之所向，无不如志，何乐为之？但学此有道，须多看多读古书。如此，则典实自众，供我驱遗〔遣〕；而讽诵既之，笔底自有雅言。而枯笔行文之时，须力求自己满意，不可随笔苟且乱涂，久久自易为力。此时宜多读八家文，因其中神理脉胳〔络〕，较之秦汉之文易于寻解故也。骈体文虽佳，非侈于腹笥者所能骤办，偶一浏览不妨，不当过于着力。吾儿以为然乎？为今之计，只可看两部书：一《史记》，一《古文辞类纂》。至于诗钞，亦不宜专就侧艳纤丽诸诗讨生活；果尔，必成就一肉麻通品，如琴南所讥，切戒切戒！

吾意先看苏诗，兼叩弹集，以此二者皆易寻解。而苏诗典故尤多，语妙亦众，可供议论信札之用。至他日学成，如欲为香奁新声，自无不可，以至彼时不愁落小家数故也。

（约 1908 年）

二十^①

兰儿无恙：

舅于拾壹日写好一封书，延阁未付邮政；因此信颇长，又告吾儿此间家事，及吕三小姐诸事，知儿月内行且回闽，此信不便落于人手，故未即寄；满盼得儿来书，知行踪所在，然后妥寄。谁知直至此时（十六巳刻），尚未得缄，故先作此缄寄儿（如日内有儿书，当再奉复），前信尚未寄也。十四晚接到舅母家信，悉肖鹤已归，亲家念边开吊，催儿急回；又问前后信件曾妥达否，别后五缄实皆一一妥达。但念吾儿婆媳之间本非素睦，又此番甥婿不能如言先到上海，不知回家之后有气受否，老人实深悬挂。细思肖鹤亦有难处，因父死未葬，等渠归家重新开吊；以礼法论，固未便先行绕道至沪，以受其妇之三章约法也。所望吾儿到闽以后，放开眼孔，打开度量，对付家人，眼下虽有拂意，当想来日正长也。儿归之后，车子等作何安顿？甚念甚念！近日体气如何？八九月间，闻妗言有小毛病，今已愈乎？吾在学部公事，责任颇重，幸精力尚可支撑；颇想年假赴申，一看家中儿女，不知做得到否。受人羁绊，总是苦耳。

十六早　舅泐

（1909 年 11 月 28 日）

---

① 此函据《严复与天津》，由严名先生抄录，并考证写信时间。

二十一

　　初十日所寄信，顷收到，环诵喜慰。本月十七，计吾甥当已动身回闽。海晏船老，此间这两日风色极大，不知闽海何如。溯吾甥于丙午秋到沪以来，十病九痛，舅又出门时多，不能时常照应。如今年八月，又患疫痢，何三灾八难至如此耶？吾年日老，姊妹所出只汝一人，故于汝身更加怜爱，较之子女有过无逊。吾甥当善体此意，以慰老人，切切！昨日已写一信，由中西女塾代交，吾甥回闽，当必转寄。信中无他要语，不过问你何日动身也。甥婿学成归里，如谚所谓"衣锦还乡"，年少前程令人健羡，晤时代舅道意，不暇另缄也。吾与北方隔绝数年，今来过冬，颇觉寒燥，幸喘咳稍差，惟犹患脾泄，精力就衰，处处自行调摄。所嘱之语，吾未尝忘。

　　名词馆开办后，尚为得手，分纂调聘亦无滥竽；惟部中诸老颇欲早观成效，不得不日夜催趱耳。何时再见，思之黯然。惟善处夫子，珍重起居；得暇寄我数行，以慰悬念，千万。

宣统元年己酉十月十七日　作于北京

（1909 年 11 月 29 日）

二十二^①

纫兰贤甥女如见：

　　知甥无意出来，因有新车新马，欲令远道试驰，姑令前去。又斗篷一节，店家催问回信甚急，须甥归来与之决断。愚念外决意回闽，这两日正为甥忙写小屏也。如芳驾不回，即寄口信亦可。（病未脱体，愚之小衣

---

　　① 此函据《严复与天津》，由严名先生抄录，并考证写信时间。

440

可置勿做，即做便，亦不能穿耳。）此问

近佳。

愚舅手泐　十二

（1909 年或以后）

二十三

前寄一信，想必接到，何至今无回缄耶？舅在京，身体尚健朗，但部中公事极忙，不仅编订名词一宗而已。吾甥近日气体何如？肝风胃痛有发作否？至念至念！京中冬令固不甚寒，这数日才见雪，不然，人口恐不平安也。萨鼎铭与洵贝勒出洋考查〔察〕海军，有人云萨统极为粤人所挤，萨本无用，故至于此，即郑景溪、陈幼庸亦皆庸劣，恐此后海军闽人，必被淘汰矣。

甥婿明年是否来京部试分科？大学中设有农科，系罗叔韫（名振玉，上虞人）监督，若早来，可于其中想法也。舅封印前后，准拟回沪一行。匆匆不暇多述，唯珍卫玉体、善处家人为嘱。

宣统元年己酉十二月二日　作于北京

（1910 年 1 月 12 日）

二十四

信到。舅原拟本廿二日由京汉铁路回申，乃因事为学部挽留，嗣又病颈风，痛楚异常，夜不合眼，经请英使馆医生诊治，但至今尚未大愈。此番痛法真向来所未有，医言已后尚须时时小心也。京汉快车逢星期二开，即能行，亦须正月初六矣。部事极琐碎，但既来开局，成效未见，故不愿告退。至于升官，吾视若浮云久矣。严范孙侍郎与舅甚要

441

好，近请修墓假，恐未必再来。京中事阴阳怪气，中国人办事，随汝如何，不过如是，似是而非，外方人那里知道？

宣统元年己酉十二月廿四日　作于北京

（1910 年 2 月 3 日）

二十五

雨后春阴，令人闷损。回忆汝在吾旁，论诗说赋，小儿女灯前戏笑，老人时一破颜，此境何可多得？汝病体近如何？何时可以出门探友？城内外有相宜西医否？许金婴似可用也。吾赴津不远，届时当汝知之，兹不赘。唯万万珍重。

宣统二年庚戌　作于北京

（1910 年）

二十六

别后于廿一到汉口，满目是兵燹后气象。廿二过江，晤黎元洪，颇与开谈，然无解决。廿三搭洞庭江船，廿七抵沪，寓静安寺路沧洲旅馆，即从前沧洲别墅也。此行公中花钱甚多，然舅甚苦，老年人真不配远行也。此行原派不过廿余人，京官争钻同来，乃至五十余人之多，随从倍之，不知何故，岂事成尚望保举耶？同乡有王司直、李孟鲁。儿有信，可寄此间，当接到也。余不及多谈，夜深甚倦。

宣统三年辛亥　作于上海

（1911 年 12 月）

二十七

到京四五日，未接一函，极深惦念。牙痛全行治愈。胃气经几番洗治之后，刻下如何？袁世凯昨午受职宣誓，甚为热闹。本日舅往京师大学堂接印，除管理员二三十人外，余者全不在堂。存款只剩万余金，洋教员薪水照常支发，非一番整顿，恐将不支。故隔日须一前往，又每日午前须课普贤英文文法、算学、几何，晚间办公回家，又须点解《左传》《说文》《经义述闻》等书。渠领悟尚易，而舅则太辛苦了，刻吾甥尚否作计来京，共领冷寂三境？如有意来京，不嫌寂寞，望早缄告定期，舅当设法派普贤往津迎接。但年少恐未必了事，然极少须派丁泰赴津一迎。最要火车内须定包房，以免混杂也。

民国元年壬子　作于北京

（1912 年 3 月 11 日）

二十八

日来急欲到津，一视吾儿开刮后体中何苦，不幸因校中借款未定，不能成行。明日英公使约午餐晤谈，成否在此一举。若仍不成，则止能咨呈政府，请其另筹矣。舅决计星期六，即后日早车赴津，作一两日勾留也。昨戈升归，言儿精神尚是疲惫，未能起坐，吾心极悬悬，不知这两日可觉健朗。吾儿此番可谓冒险求医，所愿一乱之后，化病体为康强，使吾稍释悬系。惟是体气之事，不宜仅恃医药，恃医药者，医药将有时而穷。惟此后谨于起居饮食之间，期之以渐，勿谓害小而为之，害不积不足以伤生；勿谓益小而不为，益不集无由以致健；勿嗜爽口之食，必节必精；勿从目前之欲，而贻来日之病。卫生之道，如是而已。

吾儿颇乏纳谏之度，故舅不以口而以书，想吾儿能察其诚而稍回慧听也。嗟乎！女子天资容表若儿者盖稀，理应略存省察，去其瑕疵，勿忽焉而致丛为一身之苦痛，縻财伤躯，当亦聪明人所急须猛省者耳。

民国元年壬子旧历七月三日

（1912 年 8 月 15 日）

二十九

本午得吾儿初八缄，稍慰。井上劝儿运动，若四肢无力，一时不必外出，但风日暄暖，即在后面晒台先行走动，彼处有椅，要坐即坐，似较便也。如此先作一两日，俟体力渐回后，乃行雇车外出，似为较妥。忆云《饮水词》尚有何等佳句？可举似者，甚喜闻之。日来校事大忙，因教员等颇形泛期，须实力督率。

民国元年壬子旧历八月九日　作于北京

（1912 年 9 月 19 日）

三十

本日早起接到吾儿二十二号所作常信，正欸〔拟〕作复，下午续得二十三号所书快信，今且将后寄之快信先行答复，次及前之常信。

大学校事虽麻烦，然舅近者日必到校，实是渐已就绪，可望实力进行。不幸教育部多东学党人，与我本相反对；部薪折半，而大学堂全支，已是气愤不过，近又见舅得总统府之顾问官，以为月入必丰，于是更加媢嫉，百般设法动摇，欲令部中将大学校长更易。其所以未即实行发表者，为故有二：一是恐中枢不表同情，一是畏校中人员学生群起反对。于是思量无法，先向诸不要脸、无价值之报纸，实地造谣，煽惑人心，以为发难张本。惟是所造谣言太无事实，如云舅业已被押被罚等语。不知京城虽大、校长虽微，若使果有此事，岂不哗然？何尚寂寂如是！则略有知识之人必然一笑，知其中有不逞志妒忌之人与我为难，所言谁复信之？吾亦只合置之不理而已。

周庶咸乃舅身边最为得力之人，相从十年，未尝弄过一弊，认真公事，虑患极周。前在安庆、复旦，往往众人废弛，群不到校，庶咸独任其难，任劳任怨。旁人不知，以其多来舅处，遂谓舅之一切举动皆系庶咸主唆，其实那有此事？每逢舅欲办人，庶咸知之，常以和平相劝；公事废弛，彼诚着急，然所责备者则于舅独深。常云：校长如此散漫，教职诸员相率效尤，如何是好？舅当下虽觉难堪，过后思量，辄为庶咸勉加鞭策。然此皆背后之事，旁人那得知情？至渠所职，乃至校中公款，校中诸友多半寅支卯粮，因其靳于通融，于是相起为怨，辄谓庶咸好揽权利，侵占他人面子，如肖鹤、君潜、杰士诸君皆不喜之，而君潜尤甚。大抵认真之人，在旁观者未尝不以为刻，刻者人之所恶。然而我辈用人，当取何等，此吾儿慧眼当自分明矣。校中借款尚未入手，因华比大班卧病一星期之故。刻已痊愈，大约此星期内当可定夺也。

民国元年壬子旧历八月九日以后　作于北京

（1912 年 9 月 19 日后）

三十一

欲赴津视吾儿，而校事待理，兼部中有取易校长之说。华比借款，号中人仿照清华学校前案办理，须将校产保险，始立合同。为此，又须延阁。保险者系天津良济，须明日始有回信也。此事一星期内不知能了结否，真是令人不耐也。伯玉表兄全家于初六动身赴沪，想初八后已在上海矣。伯玉尚无信来，不知寄寓何处。舅近日头晕心跳日甚，往往写信半纸时，几室欲旋，须阁笔伏几，少时乃苏。

民国元年壬子旧历八月十五　作于北京

（1912 年 9 月 25 日）

三十二

接到四号快信，并井上收条、文美帐单，备悉种切。井上昨日同其妻姊名本多鹤子者来为舅诊，舅并无甚病恙，唯甚困倦，饭后尤疲，血瘤已渐次收口，但不敢遽就浴耳。

大学堂学生前两日与马代理大冲突，破口叫其滚蛋，且有欲用武者。今晨十点，吾往见教部范总长，声明学生种种暴动与我无涉。渠极口抱歉，问我如何对付。我说不在其位，但浮屠三宿桑下，不无恋恋之意。此事解铃系铃，仍应由部想法，我则无可无不可，所欲奉助者，为教育顾大局、整学风耳。故虽出力，亦所不辞。大学非易办事，部当知之，但愿出力之余，不至依然招怨而已。范大感激，想不日当有命令也。

前日梁启超临赴津时，特来相访，去后又有书至，称不愿入政界，仍欲开馆出报，谆谆约我入社，担任撰述及第一期文章。渠在津颇有十许日延阁也。

民国元年壬子旧历八月十五日以后　作于北京

（1912 年 9 月 25 日后）

三十三

本夕正想写信，忽得儿初一日快信，慰情之至。舅咳嗽痰饮皆差，但极闷损，幸能看书。本晚正读《李太白集》，极有神会，可惜儿不在此，不能共赏奇文耳。别后，诗确做有四五题，皆五古。报〔文〕为震旦做一篇，余亦无他作也。吾本年必到北戴河避暑，然俟儿归京始行也。

民国二年癸丑旧历六月初三日　作于北京

（1913 年 7 月 6 日）

与夫人朱明丽（63 封）[①]

一

明丽如见：

江新行甚快，且江水极大，吾于廿七夜三点半钟行抵安庆。到堂人已睡尽，天气极热，屋内有八十六七度，所带衣服中少夏衣，颇为不便。下午须往谒抚台，无纱袍子可穿，向朋友中借用，不知能合身否。

金先生闻于廿四行，当已到沪矣。外交一信，请其嗣后遇礼拜、拜六等日不必照例放假，以期儿子多读点书，千万千万！大小姐想已入学，不知气体堪否用功，甚为惦念。渠放学时若到我家，望汝做些牛肉鸡汤之类，稍加将养，想汝看我面上，必能做到也。外一信可转交。草草布达。即问

举家安好。

七月二十八日下午　在安庆泐

吾未来时，闻姚叔节云抚台极为盼望，并极要我移眷前来，累催叔节看房子，如不到京，此事须办矣。

（1906 年 9 月 16 日）

---

① 据《严复集》，原件藏中国国家博物馆。朱明丽，为严复续弦，二人于1900 年结婚。

二

明丽如见：

　　缘何家中十余日并无一信？吾在此间公事应酬极忙，饮食起居诸凡不便，甚以为苦。（喉音尚未全愈，浑身时常骨痛，日间不高兴时多，若满怀怨愤无处告诉，奈何奈何！）本计初八九同周鼎观（渠家眷刻已来皖）到庐州去，在彼周旋一礼拜，然后再由芜湖赴宁。刻因复旦公学事急，已改方针，拟于初六由此直赴南京，其庐州堂事则派周鼎观独去。吾在宁大约有五六日担阁，即当回沪，先此布知。

　　日来此间天气甚热，不知上海如何？大小姐常出来否？小儿女皆平安否？家中门户要紧，不宜听下人招诱闲杂往来。余无多属。

　　此问

闺福。

初三日　几道手泐

　　再者，前寄回支条二百元，并普贤处五十元，信皆挂号，统收到否？念念！

（1906 年 9 月 20 日）

三

　　吾于昨晨到金陵，凉月在天，霜华满地，坐破马车，冲寒走二十余里，始到洪武坊佛照楼。本晨见两江督，礼貌甚好，明午请饭。安庆恩抚台有电来催，明晚须到下关候船，廿三天明赴皖，念四可到。在此见孙香海、沈老七等，老七乃办女学，外间甚有谣言，可发一笑。

念一晚　佛照楼

（1906 年）

四

明丽如见：

在南京曾寄家信一封，想必接到。在宁见过端午桥两次，礼貌极为殷勤，廿二日请我午饭，并命其子继先拜门，送贽百金，亲行到寓佛照楼回拜。此人为近时之贤督抚，名下固无虚也。

吾于廿四早五点钟到安庆，一切平顺。惟到此三四日，未得家信，惟所转吕碧城缄而已。本学堂自经我秋间整顿之后，至今日有起色，学生亦肯用功，毫无风潮，皖人同声倾服，至今唯恐吾之舍彼而去也。明年尚要加额，须添教员四五人，此最难事。又文案出缺，此差每月四五十金，汝爸爸就之极相宜，不知吴小山事可能放手否？吾约略初六七可以回家，亦为卿做生日也。

十月廿七泐

此信到日，想勉生已行矣。

（1906 年 12 月 12 日）

五

明丽贤卿如见：

来函并高肖农处函电均收到，已转达长沙矣。昨夜临卧，服加路默药饼，早起大下七八次，人极疲乏，而喉音仅仅稍瘥，真可厌也。招考学生，头场已毕，明后可以发榜，但尚有复试等事，总须月底初方可清楚。后又当与琛官同去庐州，彼中亦有考事，定初七日也。夏穗卿调署广德州，闻其缺甚好，年间有二万金左右，夫妇自然得意。

家中想一切平安，大小姐于放假想常来往。此间无甚新事可言，本日见报，知张冶秋已死，此亦我之旧上司，不觉为增一番慨叹。天有不测风云，人世无常，皆如此耳！前三日此间天气甚晴朗，今日乃又阴雨，殊为恼人。手此琐布，即问

闰祉，小儿女平善。

几道手泐　二月廿二夕

（1907 年 4 月 4 日）

六

明丽如见：

吾此次来皖最苦，第一是饮食不佳，而关考事未毕，又不能决然回沪。原拟考后于三月初八九前往庐州，在彼作一礼拜担阁，然后再往江宁，刻意思已改，庐州叫周琛官去，我则径赴南京，如此则十五边当可回上海也。

复旦事甚难办，此次到宁，须与端督院破脑决断，若不起校舍，吾亦不能办也。该校需一文案，月薪约五十元，不知汝爸爸肯就否？若就，吾到上海便可定局。兹寄回支条贰百元，系三月份家用，可往照支。

廿六夕泐

（1907 年 4 月 8 日）

七

刻哑已愈八成。今午得家信，甚慰。今晚江裕到埠，当坐赴宁，在彼约有四五日担阁，即当旋沪，先此倚装布达。此颂

闰福。

几道泐　初六二点　安庆

（1907 年 4 月 18 日）

八

明丽如见：

在烟台寄回明片一纸，想已收到。吾于廿二到津，次日进京，本日〔月〕廿四始谒学部，约明午便须移入学部，俟考事毕方能出来拜客。考事甚简，想无甚麻烦，大约九月初三四便可出学部也。此番到津，见过大公报馆英敛之夫妇并吕碧城小姐，与之攀谈颇久。所可异者，汝之契妹廖钟氏亦在彼，见时称我为大哥，意极亲热。问其所为，则云为美国地震旧金山女界捐款而留。其姑尚在上海，其夫则在外洋游学，单身作客，胜于男子矣。

吾体气甚佳，母〔毋〕庸挂虑。少奶屋宇甚窄，其二姑太亦自保定来与同居，其女在此入学堂，本身为女教员，月束有三四十金，所教者系中国粗浅历史，稍足自给，闻月余之后要到保定，更转藩台好馆也。昭宸所代觅之婿，渠尚不中意，闻已作罢议矣。京师天气甚冷，已可穿棉，不知上海何如？小儿女想能照应。卿与莺娘须格外和好，互相保重，忆吾临行尝作无根之谈，与卿戏笑，千万不可认真，致有介意。吾九月内当可南下，有话下信再说。此问

闺福。

莺娘即以此信给看可也。

　　　　　　八月廿四日　几道在北京排字胡同凤阳馆对过泐

　　　　　　　　　　　　　　　　（1907 年 10 月 1 日）

452

九

明丽如见：

昨寄回九月家用一笔，系托柯医生支取转交，想已到了。但中秋前所寄支条一百员，至今未见回缄，颇悬挂也。凡接银信，当日便须回复，此要切记。我于廿八日被学部召来考出洋生，年年如此，无谓之极，而又不好意思不来，来实甚苦。北京天气早寒，晨晚尤甚，再过几天铺盖便太薄了。天津除一两次笔墨外，亦无甚事，所以甚想南旋，但须到十月方好开口。嘉井兄弟自调大站，颇为好过，恐观澜四叔闻之又要气恼了。

廿九日渤

（1907 年 10 月 6 日）

十

明丽如见：

自初三日考事毕后，无日不是应酬，脑满肠肥，极为讨厌。学部必欲留我在京，且云有现成房子可以居住，然其屋甚小而陋，若将全眷移京，必不能住也。少奶所住之屋亦小，然尚可敷衍。近来京中房租亦贵，非五十金不能得好房子好地道也。吾因学部意甚殷勤，只得暂行答应，然吾心实所不欲，不敢直辞，乃恐招怪耳。然已与请假百日回南，尚未邀允，奈何！严范孙之意，乃要我在此过年，明春乃许告假，此如何办得到耶？京事俟回家时细谈，大抵黑暗胡涂，不大异三年前，立宪变法，做面子骗人而已。

家中小儿女暨汝两人都平安否？无一信来，甚悬挂也。何甥女常来

453

家过日否？渠近病体如何？信来详之。勉生已未动身？爸爸已未到皖？吾因感寒，夜间患咳，吸烟更甚，有似去年，此间天气甚暖，风起则穿珠毛。少奶到京来，更觉消瘦，甚为可虑。吾体气尚佳，胃口亦好，但自被学部挽留后，心中颇不高兴耳。吾看今时做官，真是心灰意懒也。伯玉声名极好，渠前程极有望。范孙叫我年内将家眷接来，渠看此事太易，如吃茶一般，不知吾家将近二十口人，北来行李家具至少亦百余件，谈何容易！吾若果驻京，尚是置一小眷在此，最为便当，岁时回沪相见，岂不回回新鲜？但太太必吃杨梅酸酒，奈何奈何！一笑。

九月十五　在铁匠胡同学部督学局泐
（1907 年 10 月 21 日）

十一

明丽吾卿如见：

临行水烟筒、勾脚、眼镜均忘带，路上只得向账房借用，到津花四块钱又买一把。本午吃饭问祥祥，连一瓶酱油无有，（高家所送亦未带来。）令人懊恼。卅晚到津，住长发栈，初一搬入河北学务公所，与提学司卢木斋同在一处。屋宇极宽大，夜间亦凉爽，外有花木，但蚊蝇极多，颇以为苦。依人作客，种种不自由，然只得忍耐下去。杨莲甫意思甚好，但吾系卅年老天津，令日见一班人如蔡述堂、周长龄等市井小儿，皆是方面监司，作大老官面目向人，未免令人感慨耳。现在诸事尚未揭晓，惟在此静候，俟有事再说。

八月初二
（1908 年 8 月 28 日）

十二

明丽如见：

前寄一缄，想已接到。初三日杨莲甫下一札，叫我做新政顾问官，月薪三百，夫马二百，（此地费亦极大，马车半日二元，酒钱八角，夜间亦然。）但无甚事应酬，初到自然极烦。现住河北学务处内，甚孤寂。孙仲英来说，他有两处房子凭我柬一所住，一是大王庙旧宅，现空着；一是新起河北孙家花园内洋房。（现在此地与前大不相同，马路洋房，新者极多，北洋经费甚充裕也。）但我怕担人情，尚未移动也。药膏一日尚是三遍，夜间多筋跳，睡不着。（昨晚直到三点尚不能睡，吃药丸吃睡药都无用。）

兹寄上支条一百员，即将马车费并云小榭、赵斐云两处局钱开发，若有零星帐目，即为清还，开一帐与我看可也。门户须守紧，勿常外出，照管儿女。伯玉夫妇闻明日出京，渠于八月廿边即须到广东也。此问
近好。

几泐　八月初七

（1908 年 9 月 2 日）

十三

明丽如见：

伯玉夫妇与其两姑娘皆于十一晚来津，住长发栈。少奶容颜甚为憔悴，据言系因阿莲得病着急及料理行李忙碌之故，其实个中恐怕尚有隐情也。吾到津以来，别的没有甚么，只是晚间多睡不着，早起筋跳，昨夜十二点上床，今早五点半即起来也。丁泰本是粗材，眼光比前更坏，

伺候不甚得力，一只眼近在陆子言家，我昨日还看见也。药膏吃已过半，（事多一日三瓢，不能减少。）药单不知往那里去，又没带有烟灰，市上买灰恐靠不住，今特作快信到家，叫你再熬四剂（一钱灰者），分作两罐，熬好交新铭关买办（即他船亦可），带津交河北学务处严收，切切。

十三

（1908 年 9 月 8 日）

十四

明丽安好：

初七八间曾寄信一封，并银号支条壹百员，不知曾否接收？未得汝回缄，颇为悬挂。至我处近状，计本日大奶奶与大爷等当已到沪，一切情形问之便知，无庸复述。至渠等去后之事，则是吕二姑太家事。吾于十六日见着杨莲甫，已将种种情节及李真荒唐处说与之知，一求其实力保护桂宝，二求其见朗轩兄弟时，属其不必苦追桂宝回家。又严海帆夫妻既以反目如此，渠一母一女，无钱将何过日？应令朗轩月出三十银交渠过活等语。莲甫却慨然答应：一、代吩咐保定学堂总办约束李真，不准在津胡为；二、代谕劝朗轩月出三十两养膳，如有不遵，即饬支应局于领费时扣下转付，此可谓无微不至者矣。我到此间代人说过两三次人情，渠都是满口应允，但大老官事多，每口惠而实不至，必到实行方可算数也。

吕姑太现与李小鬼夫妇同居在英界海大道余庆里，其去此间颇远，吾昨午特往视之，告以一切，渠自是满意不提。但至今日下午，渠又打电话叫丁泰下去，归而问之，则云昨晚吾去之后，李又投一信与吕，此信却被李小鬼接着拆之，吕向取，则云已拆碎弃去，不便示吕，致多生气。吕对丁太言，李真出门身上必带刀枪，动言拚命，实在可怕，要我

456

作主。并交丁太持一大包信件前来，要我细看。汝看姑太岂非胡涂，此等信件吾那有工夫看他！且李说拚命久矣，竟不知向谁拚去，要同桂宝拚命耶？要同吕氏拚命耶？还是与我拚命耶？若说与我拚命，我是不怕，我命付之于天久矣。（且我知凡是开口拚命之人，皆是小胆无勇之夫，最不足怕。）至同渠母女拚命，即使将其打死，不知李何所图。且下之租界上之卫城，都是巡警如林，刀枪出鞘，不知渠于何处撒野。刻下女在师范学堂，娘在人家寓所，但使安分守己，出门不坐野鸡东洋车，只此以静待动，正不知李有何术可施，何必担怕如此？姑太平日自命女豪杰，至惹事临头，又一无主意，如此真可哂也。所以明日将命丁太下去，即以此语告之，并叫他以后遇有李某信件不得拆看，但信面认是渠侬笔迹者，即便付火，以免污目烦心。余则以逸待劳，看渠作何变相。吾言尽此，除催莲帅践诺外，余事吾亦不更管矣。总之，吕姑太貌似有才，其实是极无用、不达事理人。设稍不然，其身世间断不至如此藤葛也。再莲帅尚保荐一亲事与他，云是前提督叶志超之孙，才貌均好，亦有钱文，吾已代为转告。至于做媒，则自赵小琴坍台之后（且此事是伊托我，所以可怪）决不过问此事，汝可放心。汝此信看毕可交大奶奶、大小姐诸人同阅，大家亦增阅历也。（但不必与大爷看。）至九月份月钱，须俟汝前缄回信到后方寄，因此支票无论何人偷去皆可支也。

秋来诸儿女何如？华严瘰疬更起否？颇念之也。此问
近佳。

八月十八夜渤
（1908 年 9 月 13 日）

十五

明丽如见：

到此后仅接家人两信：一是三哥的，一是汝的，所以颇极悬挂。这番带出行李，颇为不备不全，只因听底下人收拾之故，令人生恼。本日雨后甚凉，乃要帽子戴，见一纱一夹，皆无珠子，心中甚慌，不知是汝拆收起来与否？或是或非，即作一快信与我。药膏本日已尽，而新熬者尚未寄来，不知须受苦几日，只怕新的寄来，我已戒尽，不须再吃，未可知也。但在此日日有事，恐精神不彀支撑耳。

大小姐近来病势如何？伯玉当早赴粤，叔宜新居住在那里？为语。朗轩已答应莲帅月出三十员津贴其姑母女矣。

八月廿三日泐

（1908 年 9 月 18 日）

十六

明丽如见：

前寄二械，想皆收到。惟未得汝信，实深挂怀。兹托麦加利送到洋四百元，系汝家用、房租、巡捐、车费。外交贰拾伍元与吴厝，以为普贤、香严点心并添补等费。现我不在家，用度自可省些，宜属两孩与大家一处吃饭，不必另起伙食，以节糜费。又姨太言，吴嬷及粗做工钱每月八员，汝处仅给年余，以后皆系由江姨自给。此节我亦不知，今后每月八元，仍望照旧章给发。我非与汝计较，实因两头家眷皆居于百物腾贵之地，实当不起。京中新宅初定，每月动用尚难定准，但迁居以来，房租（月五十两）、小租（五十两）、添设家具（四百余元）、修裱房屋、整理马车并购马诸费已用千金左右，尚非十分舒服。又学部系是苦部，薪水恐难从丰，所以与汝商量省费之法，务须体会此意。今寄整数四百，撙节动用，如有实在短少，不妨来信言之，吾亦不肯使汝为难也。适才姨太要求我月寄五十元交吴嬷动用，吾亦未许之也。至吾体力，入京后尚可支撑，家中人毋庸悬挂。

八月廿六日　几道手泐
（1908 年 9 月 21 日）

十七

明丽无恙：

吾于廿八晋京，初九日回津，本晚接到汝初四日快信一封，知前后所寄银信皆已接到无失，甚慰悬挂。药膏两瓶，现已吃完一瓶矣。吾身体如故，惟晚间十二点睡，至多至六点便须起来，其时天或未亮，甚以为苦。一半由肺气不舒，晨间喉中作响如前，须吐痰食药膏后始差，虽有丁泰捶腿，究属无益。其余饮食动作如常，外面人总说我好看也。

吕姑太母子之事，昨得朗轩一信，言我藉势欺他。又云须海帆养赡，与渠无涉，不肯出此三十块钱一月，但此款系伊当面答应莲帅的，我明日见着只说渠口惠而实不至而已，若必不肯出，亦无法也。此节宜告大奶奶知之。桂宝现安静，在师范学堂读书，甚好。吕姑太不知尚在李小鬼家否？吾本日又作一信回答朗轩，嗣后亦不再通信矣。

华严瘰疬固须早治，然亦不必急急乱投医，大抵女孩有病，至十三四时身体或许改换，未可知也。三哥信已收到，渠奶所要大痰盒已买得在此，俟便寄带。大小姐信说要来津就医，路上颇为担心。又井上固是妇科专门，且医过数人好，但不知与渠对证否？须俟诊看方可作准也。据言妇人子宫得症，大半由小产而来，小产不慎，多成此证。李成梅夫

459

人之证，即由小产，刻已治好矣。合家在念。此间十月已寒，大毛及御寒衫袜毡被，有便须送来，省得再花钱也。

九日渤

　　告大奶奶：伯玉到粤后，尚无信来，颇极悬系。大家说伊在彼大有交涉使指望也。在京见过张燕谋，须发都白，目亦一边不明，人甚羸瘦，开平事尚未定局。

（1908 年 10 月 3 日）

十八

明丽如见：

　　本日接到重阳后所发快信一封，读悉一切。下午才由学务公所搬到河北孙家花园，想在津尚须一月之久，至早须到十月初十后方能与杨制台说回南的话。

　　大小姐入西门医院，距今已十日，想如何治法，医生当有定见。吾在此极为担心，所以甚欲得信也。吾在此颇安好，但少睡耳。香严、华严病体疗治愈否？甚惦记之。此后信面写河北孙家花园严收，当不误也。归寓已迟，匆匆不复多谈。

九月十七夕渤

　　药膏再熬两剂来，当勾〔够〕用到回时矣。

（1908 年 10 月 11 日）

十九

明丽安好：

　　十八日所寄快信，想必收到。此处所剩药膏，不过数日便完，望再熬两剂，装罐寄来，愈早愈妙。吾刻拟十月半前南下，相见不远，不复多叙。但纫兰大小姐自入西门医院后治疗如何，到底有无用过闷药开刮？甚为悬念，信来望详告之。若经用闷药开刮，事后人当得住否？据医生言有无妨碍？皆欲闻之。香严、华严病体已见差否？

吾现住孙家花园，主人甚周到。天津天气尚未见寒，想去封河当尚远耳。合家在念。

九月二十三

（1908 年 10 月 17 日）

二十

初一到津，住长发栈，见杨莲甫后，初六晋京，刻寓东城东堂子胡同逸信洋行，在此当有半月盘桓也。津寓尚未定。体气与在家时相若。伯玉于月半后出京。培南于数日间失去一男八岁，一女六岁，系喉疹证，刻往天津矣。

浴佛前一日泐

（1909 年 5 月 25 日）

二十一

明丽如见：

吾离家未及一月，然思归之心已不可任，平日在家受汝等服伺，视若平常，至于客居，方知其乐。吾此次于初七抵京，承孙仲英用情邀在东城东堂子胡同逸信庄房居住，庄主吴引之招呼尚好，房屋饭食均较他所为佳。日来因宪政编查馆派作咨议官，此馆堂官系各位军机大臣，而宝熙、刘若曾为正副提调，故不免有拜谒之劳。如庆王、张、鹿两中堂，他如泽公、肃王，皆经见过，诸阔老意思都好，而泽公、宝熙两人相与尤厚，致足感也。大约做官一事，正恐不免耳。学部又央我审定各科名词，此乃极大工程之事，因来意勤恳，不可推辞，刻已许之。但我近来精力不及从前甚远，若做不好，岂不为笑？学部叫我自寻帮手，而我又想不出谁来，欲调之人，又恐调不动也。体气到京后虽无甚病，却不算佳，夜间多睡不着，早起大解三五遍不等，药膏只须两顿，临睡因腿跳，常不得已而用吗啡针，所打至少，不过数毫之重，然往往仍睡不着，此信即三点钟所写也。

伯玉将于二十外出京，渠现住林朗溪处。吾亦拟二十外赴津，到津大约是住大王庙孙家旧屋也。若京中局定，恐住京之日为多。车已送到，刻正商量买马，好者须三四百员。家中小孩想都好。伯玉不要带普贤、香严回闽歇夏。琐布，余不多谈。

四月十五夜四鼓书

（1909年6月2日）

二十二

明丽如见：

到津住德义楼，曾寄一信与老三，想必收到。吾于初八来京，到部后堂官尚未见齐，现在觅屋，略好者须五六十两，且甚难寻。姨太暂寓家轮处，须部署清楚乃往接也。在津见过碧城，问以吕家《待存集》一节，则云前所借观者，系吕大姑太倡和之诗，当时阅毕便还。至于《秋樵先生诗集》，并未见过，假使此集在彼，秋樵乃其所敬，断不忍私自藏弄，听其泯没云云。碧城所言如此，可于便中告二姑太也。

无锡伊宅请游惠山，不知已未去过？在彼作几日留连？沪寓门户要紧，须早回也。小儿女想都安好。车务如何？不麻烦否？吾意此后不必过于贪得，多行添车，恐他日成本既多，难于结束也。吾到京后，诸事仍极懒怠，但精神尚可支持，亦无病痛，汝可毋庸悬挂。金先生当已到馆，嘱儿女辈千万勤学，不可自误。此间秋气已深，早晚甚冷，午后又转热，出门甚难穿衣恰好也。此报。

八月十一日　几道泐

（1909 年 9 月 24 日）

二十三

明丽如见：

半月余未接汝信，极深悬惦。想汝安稳，谨慎持家，小儿女辈平善向学。吾北洋薪水只剩六成三百两，南洋干脯有否更动，尚未可知，学部薪水亦未定，颇恐经费难支两头家法也。刻寓宅已定顺治门内石驸马大街海军处间壁，房屋并不佳，将就作住。姨太暂住天津嘉井处，本日已派丁泰往接，明午可来京进宅矣。普贤、细宝兄妹望汝平心照应，切切。余男女佣仆认真管束，我不在家，大门似可不必常开，致滋失慎。车事顺手否？柯家夫人已否作古？信来述之。刻京中因张之洞出缺，舆论颇为纷纭。吾身体尚康健，惟局事帮手无人，甚为焦灼耳。

廿二夜泐

（1909 年 10 月 5 日）

二十四

明丽安好：

前由麦加利寄回九月家用四百员，想已收到。（此信上半截系在津写，后半回京写，故前后语气有些不符。）吾自初一出京来津，始住芙蓉馆，后移德义楼，旅居十余日，非凡之费。所以在津多日者，因患感冒风寒，又缘有同乡医生许钟岳力劝将烟丸戒净，身体可期强壮。我服其药三四日，便不思再食烟丸，精神食量亦较前稍佳，据言旬月之后，必然大好。刻虽晨起尚患咳喘，并须通大便三四遍，彼亦云无碍，后即渐好。但目前人甚倦乏，奈何！

学部设立正辞馆，已定九月十六日出奏，该馆即在学部街考棚内，离我们京寓却甚近。我于昨日十三晚回京，本早接到麦加利退回之信，始知该银号不肯代寄，可恶之至。我想此信到沪之时，柯医生当已由山东回申，所以作缄与柯，仍托代支代送，因若作空头之票，随人可支，诚虑途中被人取去冒领也。汝前寄八月十九、廿七两信，我都接到，实是喜欢，看汝小楷，亦写得不俗，比前有进，足见用功有效。但信中尚多别字，须小心耳。我目下精神甚短，不能同汝细谈，但汝接此信时，必须以快信作复，说柯医已未回申，银子有无接到，家中人口何如，大小姐病后精神何若，能多叙固佳，即不能，亦须以数行早复也。千万千万！

九月十四夜　在京寓泐

前信亦附寄，此即系麦加利退回者。

（1909 年 10 月 27 日）

二十五

明丽如见：

自九月来未得家信，心中极为悬念，不知何以一忙如此？月半一缄，想已接读，老柯到底已回海上与否？家用四百元已未收到？皆须速作回缄。已后凡有要信，如收银及家中紧要事，皆须用快信加紧寄来，千万千万！

学部编订名词馆，已于廿开办，月薪馆中及丞参堂两处共京足三百两，略彀京中敷衍耳。吾从药丸除净后，体力反觉不支，大抵不外泄泻、咳嗽及筋跳三件，昨前两宵作扰尤甚，饭后九十点即非常困倦欲睡，睡又筋跳两三点钟，勤捶不差，服睡药亦无效，不得已乃取家制药膏半茶匙，服下乃得安静。但所睡时刻近益短少，不过三四点，往往半夜咳醒，坐待天明。江姨太伏伺异常勤慎，然而亦劳苦矣。吾思这咳喘诸病，恐成送老之物，但若长此不瘥，北方殆难久住，因此一切进取之意都灰懒了。本日所以作此信者，因明日起便须常日到馆督率编辑，每日须有六点钟左右，恐怕没有工夫作信。十月家用，须汝回信来后方行作寄。

近日黄包车生意如何？闻已添至卅辆左右，无乃贪而劳乎？吕姑太是否尚住西门？汝常去否？（吕渤生在五城中学，甚勤敏，可爱敬。此儿甚似其父也。碧城近益多病，闻日本钦差胡惟德断弦，有意与伊结婚，昨晤直隶傅提学谈及，不识能成议否？渠苦托我向端午桥要求前往美国游学，但一字英文不识，奈何！吾尚未向前途开口。）家中照管门户、教束儿女，系做太太人天职，非不得已不要常出门也。普贤、约翰两子及香严、华严两女读书勤惰，普贤之奶总盼儿女作信与他，普贤乃不肯以一字慰问其母，此儿真不孝也。

再者，吾聘商务编译所李文彬前来充当分纂，渠说十月内可来，此时汝可同大小姐到张园陈列所中买温州点铜汤碗全副，装好入箱，并家中次等仙竹灵芝碗碟一副，又客厅中今年新买外国钢板画一匣，又姨太房中脚炉一个，一一装好，（此皆会破之物，须装妥当。）便托李质斋带京。匆匆，余不多谈，出月当更写信。诸儿女可爱。

　　　　　　　　　　　　　九月廿二午刻　儿道潙
药膏既须服，可再熬两罐来，或寄数两好灰，将方抄来亦可。

　　　　　　　　　　　　　　　　　　（1909 年 11 月 4 日）

465

二十六

明丽如见：

得十九日缄，但云车务烦恼，并未提及家用有无接到，此时十四及廿二两信当已接读，可见我并未曾将你抛在脑后也。部务方殷，实无暇细谈，但知我平安，姨太伺候小心足矣。兹寄回汝爸一信，系寄孙菱霭求馆者。菱霭经我奏调，但其来尚需时日耳。勉生三信随后再复。又有汇丰信一封，乃交银之件，须早送去，取收条为凭。又须叫家人持洋三块七角五分，往世和洋行取书一箱。此籍不必打开，但放干燥之处，亦不必送京，吾事忙，恐无暇看此书也。

公馆似不必搬，因住久，各处人皆知吾住该处，信件易达；若迁移，虽省些租钱，恐又费事。但上海近来租价日落，我家并未减租，可以要求房东将门窗、墙壁及天沟等稍为出新，油漆后木头耐久，亦房东产业之利也。余俟下信再写，今不尽言。

九月廿六夕　几道泓

（1909 年 11 月 8 日）

二十七

携洋三元七角五分，饬人到世和洋行取美国寄到书一箱。切切。明丽太太如见。

十月二日　几道字

（1909 年 11 月 14 日）

二十八

接廿五日快信，读悉一切。知九月家用四百元托柯大夫往支者，尚未收到，想这时候必已回申矣。兹特寄回家用四百九十员，令开如左：

一、伙食、用人辛工等二百五十元；

一、房租七十五元，又冬天煤炉诸费一百元；

一、马车费三十五元；

一、普贤、细宝由姨太寄回月用卅元。

此票须由商务印书馆托其往支，别人不能支也。汝信言省节家用甚好，但大家冬寒烘用煤炉已惯，似未便全行不装，但节省可耳。故今更寄百元与汝，可搏节动用。汝甚畏寒，而大小姐及普贤兄弟房中亦须上也。车务麻烦，可想而知。世间求财，皆系如此。所以人要节俭，但万万不可贪私不公，惹人怨谤，则所失更大也。

我在此间责任颇重，且赶数月成书，故甚忙迫，幸精神尚支得住，除却五更咳喘、早起肠滑即无病也。药膏每日尚须半匙，所用即汝夏间寄由嘉井者，计两罐，可敷过年，不知毂否？姨太在此甚佳。我学部编订名词馆，仅二百金，仅敷寓用，所恃者北洋薪水尚存三百耳。前寄一信，想已收到，余俟下信续言。华严姊弟在念。

十月初四日泐

陈弢庵过申，姨太叫丁泰托其家人寄回药材一包，到可叫吴嬷照收。

（1909 年 11 月 16 日）

二十九

明丽如见：

十四得初六日快信，知前月廿二、廿六等信均已收到，其初四寄去一缄，内有支条四百九十元，托夏粹方支者，想此时当亦收到矣。刻我诸恙均见差减，咳嗽比从前差多，筋跳亦差，惟早起大便尚须两三回，想自当渐愈，毋庸挂怀。车子包与车行甚好，利少不烦，亦一妙也。汇丰信无收条，亦不要紧，为数不过三十余两，系还他的，不比存款，须取收据也。甥女已动身未？动身后车子作何办理耶？大奶奶有信来，知其腹中生瘤，云现已愈了。老三前后信并文章两题均到，吾有回谕也。药膏刻一天只服半茶匙，怪得这么灵，吾知烟灰加重，以后当更少服，药丸中有他药，据老许云不宜常服也。

吕碧城亲事已作罢论，渠曾来京一次看我，闻刻病在天津，颇重也。李质斋已电复不来，孙香海云开年可来。胡惟德有信与我，汝何把他先拆，又将原函寄来，是何道理？又来书于我，似不宜加尔汝称，吾大汝且二十余岁，似不宜如此称呼，改了为是。此问近好。儿女在念。

告诉大小姐，前后五函，均已妥收。最后一函，复信写了未寄，因不知渠在申否。

十月十四夜　几道泐
（1909 年 11 月 26 日）

三十

明丽如见：

接十月初八日信，并所托新铭船带的东西——收到。大小姐想已动身，临行曾否言明何时可以到沪？我咳嗽近已见差，夜间睡觉不过五六点钟光景，早起尚须出两三遍滑恭，直至下午方能办事。老年人想难即好，只得挨将下去，若是遇着天气作变，或是节气，两腿筋跳尤甚。

到京已来，除却名词馆公事，亦无甚事体，所有调聘人员李质斋已是不来，孙香海则忽而言来，忽又言不来，只好听之。好是此间已招集得八九人，将就办理下去，看明年再说。沪寓小儿女想都安好？汝车子经车行包办后，当清省多多矣。大小姐之车及镜秋之车，归后系交何人料理？信来告我。约翰近日读书何如？先生来馆一年只八个月零须，不要荒废才好。家中无事，关门早睡，即外家亲属，除女眷暨汝爸爸与两弟外，均不要接见，千万。余无多属。

十月二十日　几道泐
（1909 年 12 月 2 日）

三十一

明丽贤卿无恙：

本日接到廿二日快信一封，读悉一切。新铭所带物件，前数日业已照收。京中于廿四日始见雪，北风甚大，天气渐寒，幸体气尚当得住。咳喘泄泻刻已日瘥，夜间大约十一二点上床，睡到五六点便须醒起，要睡到七八点甚难，又睡时须人捶腿，一如在申，不然难以成睡。但大段尚强健，可无须悬挂。兹寄去支条二纸：其一五十余元，可交老德记清账；其一系家用、房租并马车费，统共三百六十元，到请夏粹方往支，分别应用。老三与香严、华严均有信来，阅之甚喜，难得小孩子肯写信，就此慢慢学去，自然会写。即汝之信，近亦写得比前爽达，无格格不吐之病，只要话说得出，便是好书札也。

胡惟德信事，系我错怪，因其弟仲巽来寓告云：有一缄一电寄交沪

469

寓，我云并未接到，后电又经汝先寄，前来信久未到，而汝信中又言胡欲与碧城结婚之事，所以疑汝先行拆看，信又不寄前来，至于信局延阁种种，吾不知也。此事早作罢论，据胡老二言，乃其兄已与一美国女学生定亲，不知信否？碧城虽经母姊相劝，然亦无意，但闻近在天津害病颇重。其二姊眉生曾来寓告我，并求我为碧城谋出洋。北洋现已换人，不知做得到否？吾之六成薪水如何，须俟见陈小石方知能照旧否。

馆事极繁重，刻须日日到部到馆，既受责任，不能不认真做去耳。绒袜一双，亦于本午接到。大小姐回闽后，想有信到申电。极想年假一回，但不知走得开否，届时再行通知。姨太在此平安，约翰及姊妹所要玩意，我未尝忘，得空当即买寄。此问
合寓安好。

十月廿七日夜　几道涴
（1909 年 12 月 9 日）

三十二

明丽如见：

十月廿七寄回一信并家用三百六十元，想已收到。但寄时忘却琥儿兄妹处用款，嗣据吴嬷信与姨太中言，要与香严做皮袄一件，需价廿元左右，兹特一并寄去，计支条五十元一纸（此条人皆可支，不必转托），到望照给。华严、约翰、眉男想皆可爱。吾于年假甚想回申一行，但不知学部公事走得开否。名词编订，堂官甚盼早日成功也。

十一月初三日涴

京中甚寒，幸身体尚佳，咳喘泄泻尚有些须，但有差耳。

（1909 年 12 月 15 日）

三十三

明丽贤卿如见:

本日是卿生日,又系冬至,故特拨冗作缄相寄。日来上海都无信到,殊深悬挂,想家中人口平安,儿女可爱。月初所寄三百六十元,并续寄五十元,想都安妥收到矣。

本年京中多风少雪,而天气却不甚寒,且所住房间甚小,故未安放洋炉,但用本地煤炉及所带之煤油炉,已够暖了。吾体气尚佳,但部中事忙,日日须行到馆,所好住宅离部不远,中午一点钟可以回寓吃饭,饭后乃再去也。晚饭以后,每即思睡,天未明便醒,颇以为苦。又临睡时两膝尚是发酸,有时作跳,须人捶拍乃能安睡。咳喘泄泻尚有些须,但不碍事,汝可免挂。

孙仲英送我一马（粉青色）,值三百余元,我又自买一马（元色）,值四百余元,但一马车所费如此,一月养车须三十余两也。居家有暇常写信来,吾年假甚欲回申一看汝也。此问

合家安好。余再续言。

冬至夜　几道手泐

姨太甚盼老三写信,可面告之。

（1909 年 12 月 22 日）

三十四

明丽贤卿如见:

得初六及冬至日信,诵悉一是。知所寄十一月用费业已收到,其琥儿兄弟处用款,后又续寄五十元去,想已到矣。（书系两起,须往取之。）

前次带沪之西洋参，非在京买得，乃鼎铭所送，姨太说细宝必食此物，故听其寄归。我不知毛头亦食此物，今果食之，可向其分用，个个都是我儿女，妇人浅度量，必分彼此，此最不道德讨厌之事。汝为太太，切须做出榜样，以公心示人，而后乃可责备别人也。至于姨太心性，我岂不知？意孤心傲，（就劝他亦不受的。）其对我尚然如此，他人可知。然亦汝从前于儿女中不善调处之故，致其有以借口也。世间惟妇女最难对付，人家有大小，有妯娌，有姑嫂，甚至婆媳，但凡相处，皆有难言，惟有打头者系贤淑大度之人，处处将私心争心与为己心除去，然后旁人见而服之，不致互相倾轧。然此甚难事耳。

我这几日部事极忙，总而言之，凡他人不能做之事，皆须我做。刻要赶办清楚封印，好告假回沪也。

十五夜

（1909 年 12 月 27 日）

三十五

明丽贤卿如见：

得十四日快信，读悉一切。刻腹泻腿跳等症都比从前好些，无庸挂念。药膏亦已减少，多吃反不舒服。金先生廿一日放学，江姨要带普贤、香严回去，当下吾已答应了他，但我月底回申，不见两孩，未免心中耿耿耳。

吕二姑太车款已取回来否？甚念。官契局事，汝可先将所领官契三纸，并钱四百二十文，叫人用我片子先行送还该局，余俟我回申时再与理论可也。阿胶两斤，回时总带汝。这两封来信，却无甚别字，不用改正也。

新铭前趟系十六早开行，（这趟由津开行，当在廿六七。）吾拟廿四五赴

472

津候船，不知来得及否。余俟晤谈，兹不多赘。

十九午　几道手复

外老三信请即转付。

（1909 年 12 月 31 日）

三十六

十一月念八日得琥儿及瑸、璆二女信，（十八信亦已接读。）知家中安好，甚慰。兹寄回麦加利支条一纸六百二员，到时代分发，切切。

计开：

公馆家用二百五十元；

先生束脩贺礼程仪二百二十元；

房金七十五元；

普贤兄弟月费四十元；

马车三十五元。

小寒前后，京中天气太暖，又无雪，外多病人，寓中尚好。我学部事极忙。闽中明年要办葬事，须兑二千金为备办之费。又伯玉劝我做盐，须本四五千金，我已答应。（此事不必外扬。）故一时积款几几空尽。此问

丽娘安好。

十一月廿八夕　几道渤

（1910 年 1 月 9 日）

三十七

本拟念二日行，嗣为部所留，改廿九行。但刻下病颈风之证，请西

473

医看，不知日内能愈否。恐廿九未必能行，须过年矣，早晚总回去也。并告间壁伍昭扆说，赏给进士举人一案，原奏无须引见，我亦已托朗溪做呈案。十九人谢恩折明后日由学部转奏，此事即可，无甚花文，但须分出些微润笔费耳。考核官钦派有六人，除学部三堂外，有梁敦彦、于式枚、绍昌，拜门与否，各从其便。我只具帖称文科进士严某一拜也。本要多写，只脖子僵痛不能，亦无另信与昭扆，便以此信示之，即烦分告各熟友可也。

十二月廿二早　几道泐
（1910 年 2 月 1 日）

三十八

初六十二点钟到津，住长发栈，姨太尚在家轸处，拟明日下午与同进京。这两日北方天气大热，竟似初夏天时，皮衣全用不着，夹呢袍带着甚有用处，只恐忽然转冷耳。北洋大臣下午已见过，吾在船上泻肚好些，但到津后又有些不好，本晚应酬归来又下一遍。手此布达，余语下信再写。

汝何时到阳湖？拟住几日？返沪须先有信与我，切切。

初六夜十二点　在长发栈泐
（1910 年 4 月 15 日）

三十九

明丽贤卿如见：

到津寄回一缄，想已收览。汝临行云将往阳湖，不识已成行否？门户重要，子女须人照料，想此信到日，汝当由阳湖回申矣。吾到京后精神尚好，部中公事亦自照常顺迪。但每日早起仍须两三遍走动，只得于饮食加意小心，幸应酬尚简，当不至狼狈也。

姨太当二月初十边夜间，不知因何受过惊恐，当时目神甚直，情思昏迷，此即渠打电报叫我回京之候。嗣经培南夫妇来宅，延请美国女医为之诊视服药略愈，经到天津嘉井处住有二十多天。吾到津后，初七与之一同到京，还住石驸马大街故宅，所有东西幸尚无恙。姨太初来尚无甚么，至近数日，旧病大有复发之意，日惟困卧，夜间则睡不着，饮食亦甚少进，问所以然，自己亦讲不出，但云自上月起心事极为驳杂，耳边常若有人对渠说许多古怪奇离之语，当如此时，则眼睑自闭，状类昏迷。渠清醒时经我细问，亦述一二，则皆全不接头之语。十三日经请女医来诊，给药与服，亦不甚见差。我因渠迷信，顺意而行，曾于当天许愿，病愈回闽建设克神大醮，当日差些。但渠性质终是不言不语，欲领渠出门散心，又无处可以投奔，只得听之而已。吾意如病不甚闹得利害，到五月间吾当偷空十余日送之回申，到申后如渠愿意回闽，则亦听之。此人性质甚似其母，恐久后必发风痰之症，顺其性欲，似是唯一办法。至我身边乏人侍候，即亦无法，俟届时再作计议。所以年来极想更置一人，但亦艰于物色，若性情不对，即亦无益而徒增累耳。此间京寓本极清静，除两人外，余者皆是下人，儿女既不在前，即使老爷在家，亦须能言会笑之人方不寂寞，而江姨向极寡言，既不出门，又不能看书，针黹近亦厌弃，写字亦有倦时，则除却些须家计及伺候老爷卧起、自己梳洗之外，几无一事，只是闷坐卧床而已。度日如此，亦自难堪！

今岁秋天葬事，自所必办，势须有两三月工夫，俟到彼时再行从长打算。若全眷移京，须有一番大用度也。吾此时正忙名词馆事，因开馆半年，须行缴活，经此小结束之后，再做与否，尚未可知。外间朋友皆力劝住京可图进取，但吾意殊淡然。且吾与北京精神总不甚相合，此来不过为些钱文，然用度极大，则亦不合算耳。本日礼拜，在家有暇，故将家事写与汝知。余天气渐热，儿女饮食起居须留神照料。车务虽麻烦，然得此为无事忙，亦佳。吕二姑太官司了未？渠拟何时赴津？昨见朗溪，极说鄂楼才貌双佳也。

十五

（1910 年 4 月 24 日）

四十

接十二日信，知十三赴阳湖。此信到时，当回寓矣。江姨太日来神思仍是不清，肌发微热，服药亦不甚效，问所以然，总问不出，拟设法送渠回南，即回福州，亦无不可。香严天癸此月不至，据医生言无妨。

吾北洋薪水，已于二月尾截止，所以甚不高兴。术士云今年是好运，吾恐是晦气耳。学部事亦想不干也。

十七

（1910 年 4 月 26 日）

四十一

明丽贤卿如见：

昨晚正想汝何以这久没有家缄，忽于十一点接到廿七快信一封，稍为慰藉。前接瑛女缄，已知汝往阳湖，至十九始回，及伯玉到申之事。汝自十九回家，直至廿六始行写信，与我可谓疏矣。汝于我处来信疏略如此，后来便不能怪我去信亦疏，切记。

昨晚汝信来时，吾与江氏正在大相冲突之际。渠自我回京以来，比前更加孤冷，有时闭目不语，有时自笑，问其理由，率不肯说，我只得延医许愿为其诊治。当其高兴，却是好些，面前伺候之事，亦肯稍动手

476

脚；惟不时则说要回福州，或到烟台。昨晚吃饭时节，忽说后日一定要走，铁柱不移。我对渠说："要走可以，但汝是姓严的妻妾，例应凡事受我调度，即十分欲作之事，亦须与我商量，心甘意允，自然可行，而一切经费亦当代汝筹给接济。汝今既欲自由，吾是文明人，亦不肯硬加压制，尽可后日离家。汝从前赔办确花一二百元，即今以此奉赠，作为盘费，一经出门之后，便永远不算我严家之人，一文不能接济，所有衣饰，皆我血汗银钱，所有儿女，系我儿女，上海家是我的，福州住宅是我儿媳的，皆不准住，以后西洋盘经三十二向，任汝爱往何方，吾亦不复过问。要行即便请行。吾年将花甲之人，实在不能受此闲气，汝不走我且要汝走矣"各等语，渠亦哑然无词。我说完之后，时已四更，昨宵彻夜无睡，加以这数十日京师少雨，天气燥热，与上海五月底相似，大家皆穿单衫，我实在气苦，今日晨起头痛发烧，自家暗想，真天下第一可怜人也。馆中公事又急，故不能不勉强到部，此信即在名词馆所写。

吕二姑太车务官司，稍有眉目便好罢休，劝渠不必十分过于认真。寓中小儿女想都安好。但闻老三云，吾行后病过两次，我极为惦念。万望贤卿于这一双儿女一视同仁，认真照应，我他日必有相当酬报。我看渠生母亦不甚以之在怀也。（真是前生冤孽，不知何故。）大小姐多日没有信来，不知渠尚在申否？如若在申，亦望以客礼相待，勿生畛域，切切。伯玉近有一个月才寄一信，所说皆是恒泛之言，亦不告我此番来到江南系为何事。此子之视其父，亦不过天地间一苍生而已，何曾有骨肉之爱耶？大奶奶闻病尚未愈，加以时寒，愈形消瘦，实是可忧！世间好人皆怕不长寿也。余言不尽。乍热，惟千万自爱。诸儿女在念。

四月初三日　儿道泗

（1910 年 5 月 11 日）

477

四十二

明丽贤卿如见：

初九日快信接到。江姨太初二夜经一番冲突之后，转觉好些，但日来渐渐又露不乐居京之意，对我说要去烟台乃弟处。我想讲也无益，乃代写信与江炳星，叫其告假数天，接其乃姐回去，想十六七可到也。吾在此有丁泰、戈升等伏伺，尚无大碍，不必挂怀。我本意八九月回去，奈初一日资政院发表我被钦选硕学通儒议员，该院系八月二十取齐，九月初一开会，如此秋间恐回不成了。但不知学堂放伏时能否告假？如可告假，当抽空回去一遭。余俟年底再作计议。前函所言不必给孩子们知道，切切。

吕姑太事了，甚佳。但尚须半年缴清，不知姑太能否等候，又不知阿二与保人能否遵断依限照缴耳。京城无甚新事可言，天气干躁〔燥〕非凡，令人不快。来信别字甚多，今照改寄去。匆匆草答，余下信续书。

四月十三夜泐

金先生信嘱咐其子老二在京学费七十元，此款可于五月付束脩时扣回，此嘱。

（1910 年 5 月 21 日）

四十三

明丽贤卿如见：

前复一缄，想必收览。江姨太已于本日四点半搭火车前往天津，由津（戈升护送）再往烟台。吾本嘱咐不必再来北京，即由烟台小住数日，前往上海、福州，不知渠听吾言与否耳。吾身体不过如此，幸尚可支持，毋庸挂意。吾早晚尚有丁泰等伺候，虽稍寂寞，而日间到部办公，或出门拜客应酬，可过日子也。

京中四月半边极热，日来得雨，又稍凉，可穿呢袍矣。家中小儿女想都可爱，望认真照应教管。门户小心，余无多嘱。即问

近好。

四月廿三晚　几道泐

（1910 年 5 月 31 日）

四十四

明丽贤卿如见：

前得二女缄，知患眼痛不能作信，不知近日业已好否？甚为惦念。江姨于四月廿三出京，本意即行南去，到津后嘉井多事，将伊劝说一番，乃于廿八日重行到京。但回京之后，人仍是忽明忽昧，或闭目独坐，或无故自笑，或长吁短叹。昨日初二，因渠代我梳辫，时时叹气，我说："汝既不乐在京，何不当时即行回南，了此一番心事。"渠乃骂嘉井，并说："我明日即行。"于是重新捆扎行李，至今日四点行矣。渠说这回不到烟台，系一直到沪，在沪一两日，有船即回福州，吾亦悉从其便，但写信与嘉井，嘱其照应上船，并代付洋一百四十元与他。渠现在看似明白，实是胡涂，至于算数账目，更不清了，钱财多付与彼，颇难放心也。

再者，此人虽有痰病，但其性质本极寡情，又脾气极其傲兀，回思自渠十五岁到我家，于今十有八年，别说现在，即汝未来之先，便是如此。在阳歧〔岐〕，在天津，那一天我不受他一二回冲撞。起先尚与他计较，至后知其性情如是，即亦不说罢了。至汝来后，更是一肚皮牢骚愤懑，一点便着，吾暗中实不知受了多少闲气。此总是前生业债，无可

479

如何，只得眼泪往肚里流罢了。且与此人真是无理可讲，不但向我漠然无情，饥寒痛痒不甚关怀，即对别人，除非与渠路数对者差不多人，亦是如此。如培南夫人，以其夫之命，时常来看；又幼固夫人，与有亲属；琴南姨太，与渠同居妾位，当我正月回申，也曾来宅问好，渠总是板着面孔，与人不交一语，使人不好意思而去。故刻下京中，严姨太性情偏拗，面目孤冷，颇出名也。因其底质本是如此，再加神经有病，愈加不可收拾，既是可气，又复可怜。细思吾命里必然有此偏财七煞，则亦安命而已。刻渠已去，吾耳倒也干净。晚间虽然腿跳，早起虽然脾泄咳嗽，幸有丁太在此，尚能伺候。（伊今日说要丁太不要戈升送，吾不肯。）汝可不要挂心。细思起来，即使我老病不堪，渠亦是半路相抛而去，怎的不叫人心冷！又据我看来，伊于亲生儿女爱情，亦的确有限。袁枚诗云："无情何必生斯世。"我则云："渠既这等无情，亦何必生此一对儿女耶？"可叹可叹！吾今日即算与伊永别，不但今生不必见面，即以后生生世世亦不必狭路相逢罢了。

京城天气，此时已甚躁〔燥〕热，白翎〔蛉〕、蚊子，皆已出来，吾所最怕。惟得雨乃凉，尘土亦差，恐怕伏假又须跋涉回沪。原议八九月回闽葬埋母妻两棺，但近被钦点资政院硕学通儒议员，该院系八月二十取齐，九月初一开院，恐届时又须在此应景。葬亲大事，不识年底做得到否，心中因此很为着急也。伯玉总劝我离开上海，但近来细看各省，很有乱象；果乱，尚是上海或可勉强幸存，所以舍不得去，不然何所恋耶？儿女想都好疼。夏天吃物，千万小心！老柯未回，有病颇费事也。此问

近好。

迩日车务颇顺手否？

五月初三夜　几道泐

（1910 年 6 月 9 日）

四十五

明丽贤卿如见：

　　初四日快班信一封，想已接到。昨接吕二姑太缄，知吴阿二暨保人等所断赔之百五十元，尚是有名无实，阅之令人生气。兹缮就一缄与宝子观，到望交与吕二姑太，看后火漆加封，即行呈递为要。渠此案若不好好办理，吾伏假回家决与之干到底也。匆匆不多言。问姑太好。

五月初六日　几道泐

（1910 年 6 月 12 日）

四十六

　　初到京都，天气极凉爽，昨日白露，今日转热，可怪。刻已饬戈升等四下寻屋，昨看得王公厂一所，系木厂人新盖之屋，工程草率，未经人住过，恐有毛病，故未定准。今限八月内觅妥。俟收拾裱褙清楚，便当派人往沪接眷也。

　　金先生已到馆未？渠处吾须有另信与之，想尚肯来京，束脩即致送五百元，余照旧。现在学部经费极支拙〔绌〕，吾月薪三百银恐难敷衍，另行想法，尚无头路，奈何！

八月初五日　几道泐

（1910 年 9 月 8 日）

四十七

启者：

　　到京以后，气体尚佳，惟枯寂耳。寄来福州两信已接到。大奶奶云

481

中秋后到申。勉生学部考事已毕，大抵秋节可以揭晓，大势可望一等，恭喜恭喜！渠本日来过，我不在家，云明日再来也。现在四处觅屋，昨看得西城四牌楼北泰安侯胡同有一所房子甚好，但戈升云城外铁门又有一幢好房子，要卖价在五六千左右，明早拟去看再作定夺。房子定后，尚须花钱收拾。俟收拾沉妥，届时想派丁、戈二仆前到上海接汝来京也。但此事总在九月耳。

昨闻谢天保言，孙家八爷已与颜惠庆议亲，过红即在这数日云云。此段姻缘颇好，比庆王、盛杏孙远胜，但微嫌隔教耳。家轸为卢祖华无故调开，刻已不在紫竹林车站，告假三个月，在京帮其弟培南之忙。闻培南买办很会拉点生意，今年似可无忧，但开销甚大，一月须用六百余两，至其薪水，则不过五百两而已。我薪水不过在京三百两，江南一百，终久是靠不住的，所以甚见忧烦。处处裁减经费，即会运动亦难，况我不会运动耶！孩子们望小心照管，余不多嘱。

八月初九夕泐

（1910 年 9 月 12 日）

四十八

明丽贤卿如见：

前初十日，寄去快信一缄，想已收阅。刻新屋业已觅妥，在西城太安侯胡同，颇为轩厂，系七开间三进朝南，马号、书斋均有，大似前海大道开平局房子也。月租京足六十五两，业已付定。现时正在收拾，大概九月半边，便可派人赴沪，接你母子来京矣。沪上诸事应行早些结束，黄包车急要拍卖，如一时不得主顾，即折本亦不能不看破也。我之皮蓬车，尚可设法带京，至新旧两马，应行卖出。因京寓已有青黑二马，若再添一马，喂养费似嫌太贵，但新马亦不宜太贱耳。旧之人力包车，自不能不卖。凡此等事，你可即便代我作主。

闻初九十日，肖鹤有电请大小姐来京，不知渠定何日动身？其黄包车作何处置？肖鹤现刻即住石驸马大街本寓，京中差事似可定局，渠所以请大小姐早日来京者，一因凡事要与渠商量，二因我们若迁新屋，他们即接住此屋，可省无数花费也。勉生已见过两面，渠与肖鹤大抵皆可望一等，从此皆成进士矣，可贺可贺！

大奶奶来信云，姨太月费，不能由福建银行支拨，又不肯代我经理，意避嫌疑，叫我月月寄钱，当寄与何人收付？真是苦事。此事虽在疏远戚属，乃至寻常朋友，尚肯帮忙，乃吾嫡亲子息，竟若路人，叫我如何不伤心自叹耶！我平生交友，向无逆诈〈不〉亿不信之心，偏偏亲子、亲息说我疑他不廉不信，因而怪我，我真有冤难诉。大奶奶出来时，你可为我说与他知，说老翁从他过门之后，若有一次疑他于钱财上不分明，他日必不得好死也。吾平生耻于设誓，但对此子此妇，不如此无以自明耳，可叹可哭！

吾到京后，身体尚支撑得住，咳嗽筋跳泄泻诸症好些，药膏尚日服两茶匙，现又须煮，但前带烟灰已罄，大小姐若来，家中烟灰可先带两把应用也。外金先生信一封，叫老三持呈；又此信中支条一纸，计二百元，姑由你交与大奶奶，托其每月付姨太四十元，谅当够用，用完再寄不误。若渠不管，由汝设法寄与吴厝可矣。事既如此，真是无可奈何。京中余事，惟孙八爷、颜惠庆亲事，已于前日过红，想完姻日子亦不远也。余不多说。

八月十二日　几道泐
（1910 年 9 月 15 日）

四十九

旧的包车须要带京，培南要用，祈勿卖出，切切。余语前信已及，兹

483

不复赘。学部榜发，肖鹤中一等第四名，勉生中一等十一名，恭喜恭喜！

老三与大小姐吵嘴，渠甚气恼，汝奈何不弹压他？孩子年纪小，不知轻重，汝做娘的必不可在渠面前说长道短，使他胆大，致难管教。汝尚明白，当不至此，吾不过丁咛嘱咐而已。外与老三手谕，可交与他看。吾此数日，甚忙碌也。

十四夕泐

（1910 年 9 月 17 日）

五十

明丽如见：

得中秋日手书，读悉一切。吾到京后，精神虽惫，心境虽甚恶劣，但外面尚可支撑，毋庸远念。三儿感冒，想此时当已全愈，此时正是紧要关头，不宜使常闹病也。

纫兰甥女与三儿拌嘴事，已知道了。此自是三儿开衅生端，但既知悔，已后改了就是。记得我在申时，大小姐已常对我说，三儿时时侮慢于他，我因徒伤感情，故未交代老三，这是我的疏忽。小孩子知道甚么，全靠明白上人及时拦阻，汝当时不把他拦压拉开，任其大动唇舌，汝亦不能无错也。至于大小姐之善怪易怒，有点脾气，此是我们晓得的。医生常说：渠神经易动难安，故抑郁时多，和平时少，此是实话。对神经有病人说话，更须小心也。留学生发榜，想上海报上必已早登，兹不复赘。

大奶奶想此时已到上海，或赴南京。细宝亦已出来上学，甚好。复渠一信，可交与阅看。惟闻江姨复出，令人毛戴，求汝面恳大奶奶，仍带回闽为祷。若复一同来京，便是促我十年寿数。老实话说，自与春间作别，业已自誓，今生不愿再见其面。因此人过不知足，过于麻木，过无情理，从前已是如此，何况今日！我年将六十之人，虽说前世今生造下种种罪孽，致令闺房之中，有许多难言之痛；且神经瞀乱之人，岂足与伊计较？但现余年无几，实望和平过日，取了残生，不愿再遭反对，终日勃谿。又神经已乱之人，极易反复，当其发作，劝慰威吓，百术俱穷，假使重复来京，我亦不能与之相见。且伊因嫌恶老爷，即老爷所生子女，亦是不爱。他日重行发作，又想回闽，则不独多一番跋涉，亦何苦遭跶〔糟蹋〕我之钱文乎？我看一家之中，渠与大奶奶以后不知何若，此时尚讲得来，即大爷亦看他甚好。烦汝对大奶奶说，老翁别无他语，望渠当个慈善事业，家中让一间房屋，将他收养，譬如老翁弃世。做儿子息妇的，收养一个父妾，亦不算过份事。假使实在难以料理，便把渠送到阳崎，或其外家有亲疏人承领，乃至医院尼庵，均无不可。横竖我总酌量出钱，养渠一生，但断断不愿再见其面而已。非不知难为两个儿女，他日长大之时，必当痛怪其父。但此亦无法，凭着他们的心罢了。

刻太安侯胡同房子，业已付定六十五两，正在收拾，重阳前后计当派丁、戈两仆赴沪搬家。此信到时，望汝即作数行见复。若使江姨必来，则吾家眷宁可不搬，房子宁可退还赔定。我一生凡事随和，然到断决时，则绝对的固执也。此意汝其知之。余俟下信再说。

八月廿五日　几道泐

（1910 年 9 月 28 日）

五十一

初七晚见过袁总统，被派入临时筹备处办事，本日又派大学堂总监督，薪水月三百两。此缺本系三品，实缺京堂官，今不知何物矣。得差之后，便有人来荐管理员、教员等，可知凡事同前一样。刻拟十一日告假出京，到津过元宵也。临时政府有在天津组织之说，须数日方有分晓。十一日晚可派车到站接我。余俟面言。

初九夕　几道泐
（1912 年 2 月 26 日）

五十二

二月初一日家信并绒衫两件、油鸡二只接到。今寄上支条一纸一百二十二元，可向麦加利支回，节省动用。账簿（由培南带还）送还，以便续登。五叔母知已回芦台矣。闻吕二姑太有信与三儿，说汝慢客。当渠住津寓时，有时饥饿，问汝有无点心食物，汝辄摇头对以无有等语，渠颇善怪人也。（何甥小姐在此，亦不甚落躺，戒烟恐不过一句话，体气比前坏得多，极易动气怪人，大约月半后须回津入井上医院治疗。我已代向各西医细查，据言于生育无碍也。）香严住塘沽，到月半总须叫渠回来，虽舍不得桂宝，可请伊一同来津，但他日作别，总须一哭耳。

京中气象尚极不佳，店门多闭，百物腾贵，如之奈何！大学堂无款即不能开学，即我之薪水亦未开支也。公事亦极难办，有学生彭姓兄弟号佛公、侠公，两人在《国风日报》数次造谣，与我反对，教员等极为不平，然只得不与计较。此布。

二月二日泐（即三月廿）

此信写好本托培南带津，今因不知伊何日往津，恐怕汝等钱用，先由快班寄去。

二月初四
（1912 年 3 月 22 日）

五十三

本日接伯玉正月十九日缄，知姨太病尚未大愈。大奶奶已于正月初十边赴申，看其书中口气，似尚未和北方闹到如此田地也。此间政府尚未成立，款项极支绌，大学堂无款，恐不能开学。公事亦极难办，欲辞，则此后当家钱文不知出自何地，奈何奈何！

闻君潜来京在即，来时可托带鸦片二两来京，五元一两便可吃矣。余续叙。

二月初八夕泐

（1912 年 3 月 26 日）

五十四

昨信接到，读悉。一是君潜来宅，收到诸件。现天气渐暖，皮衣是用不着，一二日拟饬许〔戈〕升送钱并皮衣到津，换各种呢夹的衣服，叫丁太送来；许〔戈〕升自来京后即患鱼口毒门，假说胃气，卧床半月，刻虽起来，可以做事，但是否全愈，尚未可知。老三嫌伊腌臜，已不叫伊近前伺候了。此人仍是不安分也。我前在上海，曾寄英国购得电机箱两种，此物今已不知去向，可问丁太一声，知否收藏何处。如在津，即叫伊带来。因左腿愈软，行不及数百步即见酸重难行，医言走走电气可以渐差。

大小姐仍拟回津，到井上处治病，不知何时定行耳。厨子胡三，人极小气，吃心极重，不让陈厨，虽手艺不错，终无好菜上桌。吃鸦片厨司，即使手段高强，只可叫渠办席，家常便饭总是不行也。吾意俟一个月满工叫渠滚蛋，宁可用连生，稍添月资，令渠胡乱烹调几碗过日，不见输他，又免花钱生气。瑸儿由塘沽回津未？甚念。居家无事，可以随时买些小菜，同璆儿等学习家常烹饪，此本是妇女孩们分内的事，他日持家，可省无穷气恼，不知汝能听吾言否耳。

大学堂每月至省须二万金，即不开学亦须万五，刻存款用罄，度支部、学部一文无给，岂能为无米之炊？而外间闻我作总监督，则运动求缺者四面而至。《国风日报》不知有何嫌隙，时时反对，做尽谣言。而堂中各洋教员，又惟恐吾之不干。今日人心，不同如此。但财政问题若无解决，则早晚终当辞职也。海军总长已任刘资颖，学部则蔡元培，他日若留得名词馆不拆，海军参谋犹在，则月六百金，姑且敷衍，与家人节俭过日，胜大学堂总监督数倍也。开正以来，除名词馆十二日薪水已支外，一文无进，而出款则将近千元，所虑钱底用完，无处筹借，则十口浮寄京师，真不得了。今时世事，翻云覆雨，正自难言，我们不要看得太稳也。此问

近好。

新历四月初二日　几道泐
（1912 年 4 月 2 日）

五十五

今遣戈升到津，并送去洋伍拾元，即收应用。日前培南回津，托带洋伍拾元，想收入矣。戈升到后，即令在津寓当差，丁泰叫其回京，来时可将我硬软夹衣自绒呢至绉纱、春纱、熟罗及单衫等件尽行送来，天气渐暖，省得差人回津去取也。又三儿单、夹各衣亦令带来，以凭挑拣。渠今年又长许多，旧时衣服多不称身，近日正为制爱国布夹袍、单衫各一件也。前次带京衣服，如灰鼠、珠毛、棉袍各物，本可送回，但思不久汝们总是回京，故不叫带。但京中只有扁箱两只，无处收藏，丁泰来时须携大皮箱一只，以便收贮冬衣等物，是为至要。

京中眼下虽稍平静，但店铺尚未全开，唐小〔少〕川总理暨新任国务大臣亦未来京，洋债筹借未定，各衙门薪俸，除外务部、邮传部、陆军部外，余人分文未发，致气象总是不佳。南京参议院有带南军来京之

488

说，若果如此，恐尚有一番冲突也。大学堂事甚难办，幸今有法筹款，大约三月半后可以开学。相识至不相识之人，纷纷来我处运动差事，甚于从前，极难对付。（现隔日一去，开学后须日日去。）且责任在身，要想告假或抽空回津看家数日，亦颇不易，奈何奈何！

细宝想已自塘沽回家，身上尚有毛病否？佛烈牛痘，许世芳如在津，可请他来种。已届春节，似不宜更迟矣。何甥小姐说三月初回津，到井上医院治病，届时肖鹤当送渠去也。胡三闻要开除，这数日菜又好些，但终是小气异样耳。前信查电箱两个，丁太可知收藏何处？如在津寓，可叫伊带京，千万。此物若丢，甚可惜也。

元年四月初八晚渤

（1912 年 4 月 8 日）

五十六

昨缄接到，知悉一切。彬亭到京，送膏一盒，我道是渠买送者，今乃知是试验之物，三元每两，自是便宜。但我时思断绝，买不买无甚关系，由汝随意作主可也。天气今日骤暖，甚欲改换夹衣，丁太如未行，可催渠早发为要。三儿近亦多疾，每三五即闹头痛，起居无恒，故易如此。昨见息妇致伊缄，说姨太必欲北来，恐拦阻不得。伊北来无妨，但津寓窄小。京中各种谣言尚是甚重，诸亲贵家眷，如庆、洵、涛等，多离京者，唐绍仪诸人北来，不敢驻京，拟驻南苑，用民军保护，则时局大概可知。故五月以前，要接家眷来京，尚须看准，方好举行。车载及搬运费重，不可冒昧，只合往津暂时挤住而已。

大学堂月薪不过三百二两，然事烦责成亦重，敷衍不可，稍一整顿，必至开罪多人。每月开销在二万以上，度支部无款，昨向道胜银行借来七万，俟此银到手，方能开学也。京城春气已深，人甚疲困，诸事只能勉强支持耳。

壬子二月廿五夜渤

天气渐热，喉痧春温诸症将起，大家要格外小心才好。

（1912 年 4 月 12 日）

五十七

兹寄上支条一纸，到请照前支用，余语具香严信中。到京后想不用厨子胡三，天津刘厨可留用也。大小姐本拟月头赴津，嗣因发烧下痢，一礼拜中止，刻正收拾新居，想十余日内即不赴津，亦必移居新宅矣。大爷信来并未提及大奶奶，不知近状如何？此次孙八爷生长头，大家闻有酬应，我家有否？金先生同姚三先生已于昨夕来京矣。

廿七

再者，生当乱世，进款既难靠得住，此时家用自应从省，以望稍有余赀，以为无馆时之地。况子女五六皆幼，所须教育婚嫁之费，皆非无钱所能了事。居家伙食油煤尚可限制，惟添置必宜斟酌，千万不可爱好就买也。切切此嘱。

同日渤

（1912 年 4 月 14 日）

五十八

廿六日手信接到。大女病全愈否？至念。想已由塘沽回家。老三牛痘已发透，人亦安好，勿念。正月已付过二百两，缘何此时尚云没钱使用耶？俟初一准寄百元与汝。本日于〔戈〕升来津取物，已付二十元，叫伊买烟带京。汝处有信件，可叫渠顺便捎来也。已后每月限二百元使用，不可多费。开正以来，我无一文进门，各处薪水皆停发，大学堂俸银亦未支，公事亦不好办，款又支绌，报纸如《国风日报》天天说我闲话，造此谣言者，即大学堂学生彭姓也。

京中自遭劫后，尚未开市，日日杀人，尸首满街排列，真难看也。此布。即问
近佳。

廿八夜在京寓洢

（1912 年 4 月 15 日）

五十九

大学堂已于昨日开学，事甚麻烦，我不愿干，大约做完这半学期，再行扎实辞职。三儿已入清华，无甚功课。大小姐房屋已看好，在子英旧屋之后，正在收拾，云于初十边先到天津就医，约须月余日光景再行回京。届时政府借款到手，军界不至暴动，儿女等于四月半当可来京矣。现因于〔戈〕升到津，为大小姐拿衣箱之便，带去此信。汝处如有钱文，洋烟可再带二两前来。姨太服伍连德药后，病体何若？在念在念。外边有薄洋汗衫否？有可叫戈升带来。日来天气骤热，已是夏天矣。保险费今年已满，可以收回，然一总只有七千四百四十七两二钱，颇不合算也。

元年五月十六日

（1912 年 5 月 16 日）

六十

昨去一缄，想必收到。家眷原要早移到京，惟大局不定，时刻令人担险。唐小〔少〕川有不干消息，借款闻昨又决裂，即使借得款，到后

来解散军队，亦是绝大问题，不解散又必不了。大学堂现是借款办理，仅仅可以支持到暑假，若过此无款接续，亦须胡乱停办，且多一债务葛藤也。避居租界，须得有钱，一旦财源涸竭，不知何处容身矣。大小姐云阴历十八日赴津就医，渠去这里自更寂寞。（若家眷未来，只好搬入学堂中住。）奈何奈何！

今付上支条三十元一纸，代买大烟六两，有妥人托其带京，千万。

阴历四月十二日

（1912 年 5 月 28 日）

六十一

明丽如晤：

我近日来心烦意恶，不知如何是了。政府库空如洗，昨借得数千万，只勾〔够〕开发兵饷，行政无钱。前数日来一公事，言所有大家薪水，通照六十元开发，亦未言何时作止。此尚不勾〔够〕养我马车，至于家用，不消说了。津屋每月需租百元，实堪不起；至于前租期满，自须迁回北京，以节用费。但北京能勾〔够〕几时平静，甚么人都不敢说。到彼时若遇有事，再行觅寓。搬入租界，则银钱又一大笔，岂能堪之！

大学堂下半年政府能否开办，我们尚在那里与否，皆不可知。要想挈眷回闽，作极俭省打算，卖笔墨过日，但福建眼下亦极危险，讹诈勒捐，结党暗杀，无所不有，岂安居之地？故亦作为罢论。左思右想，要寻一安身立命之地，渺不可得。奈何奈何！为今之计，只好于端节前后，家眷先行回京，以省目前用度。所有寒衣重要皮箱，可寄顿桂伯处，不必带京。切要切要。见信，汝定何日前来，写信通知，届时我叫丁太出去迎汝。一切用度，自须从俭而行。我处虽然有些积蓄，而区区三四千元，禁得几回风浪？细想起来，可虑可怕！余俟汝到京后，再行通盘打算可耳。江姨近来病势何如？吃伍连德药可见差否？离乱之际，又遇如此风〔疯〕病之人，可谓晦气极矣。吕二姑太来过，渠寓鸿升店，云新发一笔三千五百元之财，意甚自得也。胡三厨子，吃心极重，必不可用，刘厨何如？如其可用，家眷到京，胡三便可开发。

阳历六月初九泐

（1912 年 6 月 9 日）

六十二

念五夜信接到。先农公司不许我们将房屋私租授受，情愿找银，另行租人，尚要长价。如此看来，天津租界房屋，尚是拥挤；而北京大局尚未安稳，大家看坏，不问可知，故吾于汝们全家回京一事，心中实是委决不下。此时回京，盘费须花百元左右，一也；再者，万一回京数月以后，京中又见危险，那时再搬回租界，所费又是不赀，且彼时何处再寻相宜房屋？即使有之，恐怕钱不止百元，当此进款短少之时，如何禁当得起耶？

数日前李秀瑜来言，渠现约朋友数人，向日本领事批出地亩一块，每人赁用一亩，地租月费一十二元，用三千块钱，可造上海式五楼五底住屋一座，尚有余地。如此统计，地租钱利，每月约须二十余元，可以得一安居之所。闻林赞如等亦作如是打算，吾意亦极以为然。因现时政府实靠不住，大抵今年秋冬，恐当有乱，且此数年间，北京必非安居之所，眼前虽然安静，然时时可以出险，家乡又不可归，是以决然作此打算。李秀瑜说房子两月内可以造成，我昨已写信问之，请其的确回信。且看伊回信如何，再作道理。信达汝处，以定行止，早晚可也。

阳历六月十一夜泐

（1912 年 6 月 11 日）

493

六十三

　　全眷久居天津，大非成局。我本拟初十外差人接汝等回京，暂图团聚，不幸今晚许世芳来言，前敌消息甚为不佳，官军连败三次，现已退至河南，恐其乘胜来京，一场血战。又闻滦州新军，仍有谋取天津信息。渠以厚意，特来通告，叫我作速早日离京等语。凡其言语是否实在情形，无从考究，但既如此云云，又不便即行接眷，真是苦极，只好再等几天，察看如何，再作道理。果是无望，则决意挈眷往秦皇岛居住也。颇闻袁世凯借债已成，或言五千万，或说二千万，如实，则京中局面尚挨得下去，吾可得些薪水，为避乱之资。

　　金先生定初七日同其子幹臣出京到津，于初十前后南下，此别可谓黯然。刘冰将行开除，月亦省六七元之谱也。天气大寒，老三颇善病，伊御寒衣服如皮袍皮马褂之类，若尚未乱，可取出，并其铺盖，交便人送京。我之狐皮斗蓬〔篷〕，既可出门披穿，夜间又可作被，有便亦可送来，余不必动也。现在诸事不得定局，福建既不可归，上海无从插足，天津过于扰人，北京又危险如此，真不知如何打算，看来日后，只可往秦皇岛忍耐孤单耳。昨熙官七叔有信来，请接汝辈到芦台居住。难得渠一番好意，然恐不便也。此问大家安好。

　　　　　　　　　　　　　　　　　　十月初六夕渤

　　伯玉从九月十二后无信到京，经电问安否，据复全家均安也。外甥小姐信一纸，系托买绒线，样并寄。又及。

　　　　　　　　　　　　　　　　　　（1912 年 11 月 14 日）

与侄严家骓（13封）①

一

本晚得十四寄缄，读之伤神无已。吾不为诸同事悲，亦不止为皖人悲；悲者，痛中国学界之不可救药也。此事十三日酉刻已有人电至上海《神州日报》馆，令其宣布，诋鼎观为卑鄙横恣，被逐矣。而戌刻又一电云，学生借饭蔬为口实，掀翻廿桌，殴逐教员，哄堂罢课。据此，则暗中有人妒嫉吾校之整肃森严，欲令出此，与他校一律被讥；或有人欲解散成局，从中得利。故极力煽动，使皖人为此，而生徒佝瞀无识，堕其术中。又以前者求毕业之不遂、平素教督之认真，遂蠢然起而为此。此其愚可闵，其悍可恨；而其为蚍蜉撼树，露此丑态，又可笑也。嗟乎！此曹尚足教诲矣乎？故本日除电学堂，将为首滋事学生牌示开除外，并电中丞另派监督，准我辞馆。但前一事若办得动，同事诸子尚可暂留，以觇后效，再定行止；若办不动，则诸子亦可以去矣。

本日午后又接两电：一是十六四点，不知何人所发，文云："全校解散，公勿来。皖上公叩。"又一电是十七四点，常伯琦发，文云："请电复官绅，以联交宜。"第一电恐亦是反对者所为。总之，自前年姚叔

① 函一、二、九据《严复集》，系严家骓之子严群先生抄寄。函八据《严复与天津》。其余9函，据嘉德2021年秋季拍卖会公开的严复英文信件，为严群先生旧藏，此前《严复集》《严复全集》等均未收。此次补入本集中，由福州大学学者高建勋翻译，文中部分人名未译，有待后来者考证。严家骓（1884－1934），字伯鋆，严复之侄。曾赴美留学，获哈佛大学硕士。回国后在唐山工业专门学校任教，后回福建省盐务局任职，亦是故乡福州阳岐小学第一任校长。

子拉我监督此堂已来，其时有人隐隐反对，累缄来诅，而叔节不为之动；嗣经去年整理，无懈可击，舆论翕然。至于今年，留学生回国多人，以谓皖之学堂须皖人得其利益，深忌吾曹，固无中生有，出而为此，周鼎观特其借题。外来事势、人情如此，虽以苏格拉底、孔子为之，风潮亦难免耳。好是吾曹去就分明，皖人自负我辈，我辈未尝负皖人也。愚刻专看中丞回电如何，再定行止，三日内必有断决。诸公少待，何如？见皖中绅士时，为我深道歉衷。所未一一回电者，因来电至七八通，且不知洪朗翁、方伦老诸公居址，已托提学致意，万乞海涵而已。同事均此，不另缄。

光绪卅三年四月十七日　作于上海

（1907 年 5 月 28 日）

二

得九月十七檀香山所发缄，读悉一是。吾侄此时想已安抵博司敦。西历已届年终，此时当无入学之事；现寓居何所，作何预备，皆所欲闻，信来祈详告。侄临行时曾言，到美之后发愿欲学铁路工程，此自佳事。但后信又云，学铁路工程者，卒业后须行留美实地练习一两年。吾侄家计事亟，又汝父年纪渐高，体气不至矍铄，颇以为难，所言甚是。故吾意不如仍习医药，盖西医一科，欧美进步奇猛，为国民计，须得多数人勤治此科，一也；又医学所关于教育、法政甚大，刻吾国人亦渐知之，十余年以往，必大看重此学，二也；三则我家累世为医，积德累功由来日久，今日子孙仰席余荫，未必不由此故，吾意颇欲不坠先人之绪，三也。以斯之故，甚愿吾侄学医。至于照应己身与一切亲爱之人，所不论矣。铁路一事，其业颇劳苦，须有身力乃可任之。吾所见如此，实与伯玉意思不同，姑言之，以备侄自择可耳。学问须择所好，不必勉

496

强也。

吾自到京之后，身力尚可支撑。编订名词，业已开馆；分纂有八九人，伯琦、幼固皆在内，周庶咸仍充庶务，事体颇称顺手。现年内欲令对照表先成，不知做得到否。伯玉信来云：已搬住仓前山美领事隔壁；清理财政稍有端绪，但地方官终怀猜忌，凡事不易着手耳。新太太还住上海旧宅。吾年终颇想回沪一行，明年开印仍行来京。所云学业、品行手凭一事，今即写去，不知可用与否。吾侄万里之外，以身为本，起居、饮食，自行珍重。余不多属。

宣统元年十二月　作于北京

（1909 年）

三

北京学部编订名词馆

侄儿如晤：

去年 11 月 15 日和 29 日来信，已抵达并收阅。读此来信，饶有兴趣。此前题写证书一事，我已然为之。而今你已收到书信，或许该证书略显多余。

如你所言，我自去年八月加入学部，九月便设立编订名词馆。如今，我与常伯琦、曾幼固、周庶咸同袍同泽，共同工作，所开展的工作皆顺心如意。我们满腔热忱，众望所归。但如你所知，这一陌生领域有大片待开垦荒地，所以我唯一能确保的就是大家尽力做到最好，至于最终能否成功则顺应天意。

感谢你对我身体的关心。我已习惯了北方的冬天。尽管早晨偶有咳嗽和腹泻，晚上腿部微微发颤，我亦能忍受，并且状况也在日益好转。如你所言，我把江姨娘带来此地，安家于石驸马大街一个紧挨着行政部的小屋之中。由于江姨娘没有孩子，并且我大部分时间都待在办公室或者学部，因此房子显得十分冷清。

两周前，你的妹夫从福州回来了，并未携家眷。薛守丹也再婚了，他们爱情美满，甜甜蜜蜜。

我本望在新年假期时去趟上海，但事与愿违，委员会分派的文书工作量大而繁杂，仍需完成。《国民必读》（所谓的"国民"）本是由张之洞计划牵头，但直至现在仍未得到编纂者重视。前几天，（学部）尚书和侍郎遇到我时便对此书出版进度缓慢感到愤怒，以主持的身份来找我。我向他们保证会在一个月内分门别类做好，他们马上喜笑颜开，但你可以想象我为了实现这个目标，将不得不殚精竭虑。然而，我也打算并确定会在去上海前完成这项工作。当然，那也不全是我的工作，我的工作仅仅是修订勘误、查漏补缺。此外，我有权调动全部员工协助我完成紧急工作。此时北京除了官员晋升与降职，并无甚新闻。我猜想你对这些亦是兴致索然。

我儿女们仍在福州，他们一切安好。我想此时他们已从阳崎搬到了南台，住在美国领事馆隔壁。致以问候，望新学年创造佳绩。

你至亲的叔叔严复

1910 年 1 月 3 日

信封：

严伯銮先生

美国马萨诸塞威尔布拉汉卫斯理学院

四

侄儿如晤：

普贤来信，我已收到。听闻你俩在一起，我甚感欣慰，心中的石头终于落地。在你兄弟般的亲切监督之下，其余的问题都不足为虑，我对他念念在心的只有他的健康问题。普贤德才兼备，必不会为家族蒙羞，只是他有些任性而自负。他即将成年，而学业表现并不出色。作为父亲，我有责任要求他不要无度挥霍时间。前些天，我拜访了美国公使Keisch 博士，与之交谈，希望公使馆近日有人返回美国时，能把我儿带出去。公使许诺一有机会就告知我，同时希望这段时间我儿也不要无所事事。我儿有受教育经历，我也有足够的积蓄能支持他进行各种尝试。待到时机成熟，我儿便能立刻投入到即将从事的职业中。关于他喜欢何种职业，这在目前无需预先计划，只需让我儿做好准备。鉴于其个人情况，他去哪里都不如去你那里好。在你那里，他一定能受益匪浅。因为你不仅能教他数学和其他自然科学知识，更能从自己在 Shales 的求学经验中总结出宝贵的建议。

咱们的姻亲 Pokisn 将到四川赴任新职，前几天来与我道别，令我喜不自胜。这位青年不仅天资聪颖，更是雄心壮志、勇敢大胆，咱们家年轻一代中他最出类拔萃，无人能比。我猜测，他必定能开创出属于自己的价值非凡的事业。我年事已高，但看到晚辈们在如此乱世仍不断努力、追求卓越，真令我倍感欣慰。这种心情想必你能理解。

普贤曾提到在唐山建立外国人聚居区，他说这相对成本较低。在这方面你经验充足，望你能指导他。凡是你们认为合适的事情，我都会同意并给你们寄钱。向所有人问好。

你至亲的叔叔严复

1916 年 11 月 19 日

信封：

严伯鋆教员

唐山，唐山工业专门学校

五

侄儿如晤:

你写给堂弟叔夏的信,我已仔细阅读。从信中得知,你已从流感中康复,对此我很高兴。

尽管天气严寒,但我们依然度过了一段愉快的时光。

欣闻普贤顺利走上他的新岗位。他锐意进取的精神令我佩服。如果我早点知道他一路上困难重重,我就不会允许他离开。你能为叔夏远渡重洋去美国购置装备,我十分感激。随信附上一张 148.00 美元的支票,请你一定要收下。收到后抽空回寄一张明信片即可。

祝你和家人幸福。

你的叔叔严复

1917 年 6 月 9 日

六

侄儿如晤:

今日我从海军部获悉,你的妹夫罗(楚同)已于 10 月 1 日,也就是农历八月十六,在福州逝世!这对所有人来说都是一个噩耗,对他妻子你妹妹而言更是天大的打击。特别是她三周前刚流产,因此没人敢告诉她这个真相。

如今,我们应当如何告知她这一事实呢?在我看来,可以让罗(楚同)的家人,也就是他母亲、弟兄写信给你妹妹,告诉她楚同现在得了重病,要求她立刻返乡照看丈夫。或许她胸中怀有的一丝希望能够支撑她走完旅途。而抵达后一旦获知噩耗,父母亲戚也能照料她,痛失楚同的打击也多少可以得到缓解。

这是我能想到的最佳方式。因为无论如何，她都得回去。如果在这里告诉她这个不幸的消息，我敢肯定她将如行尸走肉，陷入痛苦的深渊。即便如此，她仍需回去，怀着沉重和不安的心情走完全程，即使旅程疲惫不堪、舟车劳顿。

我写这封信时，你妹妹就在我房间。上述事件，我发了一封电报告知你父亲。我也在等候你堂兄伯玉下班回家后商量和解决这个问题，再决定下一步行动。当然，这些事情需要罗（楚同）的兄弟姐妹帮助才能完成，伯玉将会告诉他们该怎么做。

爱你的叔叔严复

1917 年 10 月 4 日

附：这事也可让叔夏知道。

信封：

急递

严伯鋆先生

唐山工业学校

七

侄儿如晤：

昨日急递信，想必你已收到。有关楚同逝世的消息，并未有从福州发往海军部的正式电报，而是由楚同的兄弟仪程于 3 号晚上第一个收到电报。海军部从仪程处获得消息，而我又是从海军部获得的消息。仪程和你堂兄伯玉今晚见过面。仪程告诉伯玉说，可能还有一线希望，因为有关楚同逝世的电报可能完全是某人的恶作剧。他现已拍电报回家，以确认是否属实，目前正在等待回复。如果死讯属实，仪程的安排将与我前一封信所述略有出入。

仪程将会让全家人和你妹妹及侄女一起，在他兄弟勿四的护送下前往福州。因为兄弟俩不仅担心你妹妹，也担心他们的母亲。她老人家年事已高，经不起这样的打击。当然，在你妹妹离京前或在南下途中时，他们也不会告诉她真相，只跟她说楚同母亲病重，而楚同在军队走不开，所以他们缘于亲情应该回去一趟。他们一行将于周日从北京动身，也可能更早一些，即周六动身。

拥抱你。

你至亲的叔叔严复

1917 年 10 月 5 日

八①

伯鋆贤侄如见：

近得信否？大妹到后，情景如何？极为悬系。兹送去排行字十六言"曾元彦圣，奕胤景从，当仁执谊，安延祖宗"，用黄纸写好，以便寄交大收用也。前有信与普贤，何无回禀耶？天津水已抽干矣，知念附布。阖在念。

几道泐　十三号

（1917 年 11 月 27 日）

九

岁月如流，忽然已秋。想唐寓大小均复平安，至用为系。近日叙井及阳崎两处皆有信否？尤念。自李督失驭之后，闻省城极为皇皇，有力

---

① 此函据《严复与天津》，由严名先生抄录，并考证写信时间。

者多迁沪避兵，其次则往马尾新崎一带，以求庇于海军之陆战队；或移住桥南之仓前山，以彼处有少许日本兵保护外人身家之故。西乡遍地皆匪，而南乡稍佳。吾月前有信与汝父，言秋后当同三弟回闽，而至今未得回音，不知何故，侄处信有提及否？甚念甚念！刻下政府已派鼎铭与黄君菊山回办清乡，闻乡里极为欢迎；但因此或招地方官妒忌，亦未可知。渠尚在京，闻一两日即当动身也。吾之初意本拟八月内南行，嗣闻家乡不靖，又山东有兵变之事，故怀观望，尚未动身。然若消息稍佳，则尽九月半前必行也。多年未还乡井，今年有此机会，不觉归心似箭。

又林家招赘吉期，据伯潜言，已定十月初间，渠家现即在仓前山居住也。四弟肄业唐山，到彼后如何？此子天分中资，性格亦尚纯厚，但口齿甚为拙讷；又年纪过稚，于人情世故自然少所涉猎。所幸吾侄在彼，得所因依，又有伯耀、季炽兄弟昕夕可以相见，自可令我放心耳。北京时局极为胶葛。南北和战几于两无可言，而军人拥兵自卫，反复无常；中央财力已成弩末，而索饷、索械，纷至沓来，于殃民则有余，于图治则不足。欧西战事，德虽屡挫，然一时尚未即告终，真不知舟流所届耳。侄妇暨诸孙在念。

民国七年旧历八月　作于北京

（1918 年）

十

上海哈同路 425 号 1B

侄儿如晤：

7 月 4 号所写之信，我觉饶有风趣。此前我向你推荐一些新手，我深知新手入门麻烦之种种。而我们已尽了最大努力，只能密切关注机会，他们所要做的就是耐心等待，直到幸运女神朝他们微笑。

Hu Li 不愿继续接受父亲的帮助，实在可喜可贺！然而如今，对有想法的年轻人而言，出国求学，出人头地，也是一项重大决定，而且青春短暂，韶华易逝，若我们任凭时间、最宝贵的时间从指间流逝，将来定会悔恨不已，但再悔恨也无济于事。

我不明白娶个有钱的妻子对男人到底有何益处。若他无心管理财产，认为钱财可以留给兄弟姐妹——那好，为何其妻子要把他当成唯一的主人和丈夫来服侍？因为丈夫可能成为她未来的荣耀，她的义务和责任就是尽全力辅佐他。

现在我知道，预测未来是一件危险的事。但如果可以重新开始，我想说我还想再活五年。因此，他还可以怀着相当轻松的心情出国旅游，要么去欧洲，要么去美国。当然，前提条件是有人愿意提供 5000 美元的旅行费用。

一直爱你的叔叔严复

1919 年 9 月 11 日

信封：

严伯鋆先生

福州盐务稽核所

十一

北京大阮府胡同 15 号

侄儿如晤：

非常感谢你 26 号的来信。下一代人枝繁叶茂，值得庆贺。正如我过去常言，如今我们家族各方面走向繁荣，只有我行将就木，是个例外。

咳嗽和哮喘从未断根。服用罂粟糖浆实际上会使病情加剧，而停用并不影响治疗。

你的表亲 Pokhan 回家途经北京时拜访了我。他如今已结婚，愿其妻子让他称心如意。他告诉我他有带妻子去四川的想法，这个主意不错，只是不知你父亲怎么看。

陈先生将被调职至天津，有人将接替他的位置。这个接他位置的人会谁呢？是你还是其他人呢？他为了 Kang 的事情不辞辛劳，我发自内心地感激。Kang 的事情我一直很少过问，因此被林表兄催得很紧。

我曾代表 King Juano 一家给 Yuelnne Li 修书一封，他对此铭感于心，我也为之感动。方便告知我他在婚礼上送的礼金数额吗？

代我向你父母、姐妹和孩子们问好。他们一定要幸福。

一直爱你的叔叔严复

1920 年 3 月 16 日

信封：

严伯鋆先生

盐务稽核所

十二

严复

鼓山庙

侄儿如晤：

听闻你痛失三儿 I. Huang，我很是难过，想必令尊令堂现已悲痛无比。诚挚希望你们能镇定应对这场不幸，让时间化解悲伤。

从上周三到此刻，除凉快了一些（78 华氏度），其他诸事都不太如意，我的状况也一如从前。

我必须就此搁笔。你堂妹华严与我向你致以最诚挚的慰问。

你至亲的叔叔严复

1921 年 7 月 20 日

信封：

严伯鋆先生

南台，区盐务稽核所

十三

严复

鼓山庙

侄儿如晤：

你与王家交涉的情况摘要便条现已收到。这份申请写得很好，故无需修改。

给刘 Yinmoo 上尉的信函已经拟就，在此随信附上。

愿你家人都健康顺利。一场暴风雨袭来之后，气温似乎降低了一点，人们顿感心旷神怡。实际上，我对此地早已无比厌倦，巴不得早点逃离。

你堂弟叔夏并未寄信予我。不知他是否回到城里，还是仍在阳崎，对此我一概不知。

他曾向他妻子谈及自己不久就要上山。等他到后我们会安排在此地修习。

愿早日见到你，保重。

你至亲的叔叔严复

1921 年 8 月 9 日周二

与长女严瑸、次女严璆 (8 封)①

一

父谕瑸、璆两儿知悉：

本午接到两儿初七日缄，极是喜欢。儿能勤学写信，是极好的，勿学三哥懒惰，总无书信与父也。北京天气甚晴朗，但是干燥少雨多风，风来尘凝满案，甚可厌也。父近来脾肚略好，但须吃物小心，若与肚子不对的，虽极好吃，亦不敢吃。又两腿总是作跳，夜间临睡须有人捶搓，不然不能睡也。

奶这数日无病，但家中太闷，亦不爱与人谈话。荣弟终日在厢房里，除与奶梳头外，不甚上来，奶又不大呼唤他，有事常叫北京老嬷做去。奶初十日对父说要往烟台，父已写信叫炳星告假数日来接他去，往后即由烟台回南，不来北京矣。父这里尚有丁泰、戈升诸人伏伺，不要紧，儿无须挂念也。学部、海军处如无事，伏假时节父或作南旋，但难预定耳。瑸儿把副监理许君错作表姊夫，心浮意率，也不问人，以后不可如此轻率就是了。

四月十四日　父字寄

（1910 年 5 月 22 日）

---

① 据《严复集》，原件藏中国国家博物馆。严瑸（1899－?），字香严，严复长女，妾江莺娘出。严璆（1901－?），字华严，严复次女，妻朱明丽出。

二

字付瑸、璆两女知悉：

接两儿信，知家中安好，甚喜。奶于廿三赴天津，在家轸处小住几天，于本廿八午又回京寓，不到烟台矣。闻娘目痛，此刻想已好了，给我问问。三哥心浮，不肯用心作文章，读书不好，汝们女孩不要同他一样。京中已下两三次大雨，颇凉，想上海天气亦不大暖也。父夜间常不能睡，须服睡药，脾胃有时好些，刻服桂粉，高子益老伯言甚有效也。

四月廿八日　父泐

眉南〔男〕不要给他瞎食，怕成病了。

(1910 年 6 月 5 日)

三

父谕璆儿知之：

儿写信甚好，父见之眼明，难得小小年纪，便肯学好如此。小弟弟不赖学否？不好哭吵要东西吃否？汝是姐姐，须得疼他，他自然不同你淘气了。娘终日在家做甚么？吕姑妈常来否？汝今现读何书？先生有讲给汝听否？儿今年十岁了，大大现预备着好东西，等儿生日带给也。

初三日　父泐

福州好姐姐有信给娘否？又及。

(1910 年)

508

四

谕璆知悉：

前两日得儿及大姊函，本日续得珑、顼二儿信，阅之令老人眼明也。五弟痢疾至今未占勿〔断〕药，汝母亲甚为牵挂，常说要自行到津看视，我说小子些须时气小病，外有德医治疗，内有好姊照管，自是万安，何消如此过虑，娘始服帖放下，其用意往往太过也。又说津宅不佳，不及京寓吉利，不是建筑失时，就是水土不好，是以初到彼居，必然发病，连他自身素日壮健之人，去年到津尚闹霍乱一次；余人到彼不病者，独大大耳。其言亦似有见。今日又得汝三哥快信一封，知于十四号考事已毕。此次应考，似为辛苦。因动身太迟，路经马厂，正兵事发动之时，拥挤阻滞；过江又逢大雨，衣履尽湿，到沪行李甫卸，即发寒热。自九号考起，连接六日，所考云计十四门，又多难题，末日勉强完卷，考毕归寓，人昏昏然，觉所居房屋皆作旋转。幸即赴医，未成大证。信云刻已就瘥，但未知此言实否耳？令我殊悬悬也。刻拟电托张菊生就近照应矣。

京中局势渐入平静，前昨两夜皆大雷雨，枕簟稍为阴凉，转盼伏尽又成秋矣。儿辈好学，不乐闲散过日，自极可爱。但目下时局尚未大安，又系伏天盛暑，不妨与兄嫂静居，俟出伏后再作计议。吾亦甚厌京居，届时或全家移津，未可定耳。刻我要给倚云金镯一付，係云项锁一件，两项约用金五两左右。京中三阳等店均未开门，要儿与大姊到物华楼或他店一看，无论现成定打，需价若干，信来即当照寄。汝姊妹年已渐长，须学办此等事也。

十九日四钟　父泐

瑸、珑、顼、琎〔玷〕同此。

（1917 年 7 月 19 日）

509

五

瑸、璆儿览悉：

　　昨大哥带你五弟回京，形容瘦减甚多，幸神气清爽，将养数时，当复强壮，娘之欢慰，不说可知。但闻许厝言璆病时骨节酸痛之苦，又深怜惜，想此时下床当渐愈矣。刻天气已将出伏，京中眼下又是平安，病若脱体，汝等自可早回。闻津寓颇不舒服，又有川贝母等三四味药在彼，吾亦不愿儿辈在彼久留也。须知好姊赏识梦华，固无可议，梦华聪明，性格诚亦可嘉。至于其假母，则的确是倡优行业中人性质。今将彼当一门亲戚往来，热熟如此，此乃严门世代所无之事。你曹皆清白女儿，遇此等辈，只可外示优容，内怀冷淡，不可以好姊所为，遂谓无过，致与之不分彼此也。梦华堕落火坑，乃是前生孽债，不知何日清偿，言之令人气噎，此真无可奈何。好姐一向对牛弹琴，决其终归无效而已。天气早晚冷暖不常，病后尤宜谨慎。余不多谈。

八月三夕　父泐
（1917 年 8 月 3 日）

六

　　我病到津后，经德医调理，觉得日有起色。前昨两夕均能安睡，不自梦中咳醒，今晨睡到八点二刻始醒，此为近日所无。痰则渐稠而少，亦佳象也。治喘系服容克之药。前夕又请宝医看眼，渠药亦较同仁医院所给为灵，早起眼脓大减，晚间十钟以后目亦不眵。治疗用药，应手如是，德医生真名不虚传也。法国药房昨寄一帐前来，计洋十九元九角，想皆贝医为娘治腿痛者，可呈娘，嘱其照还，并取前途收据，切切！吾

510

与三哥、五哥大约这礼拜内须动身，缘已立冬，再迟恐路上太冷，病体不宜；第濒行时须多带药物，备在南中常服耳。

立冬后二日书付琕、璆　父洌

（1918 年 11 月 10 日）

七

谕璆儿知之：

吾到上海，不觉十一日矣，始因海晏船太旧不搭，候新济来。乃本早客栈中人言，新济到步后改往天津，不再赴闽。如此则吾等又须候搭海晏，岂非白等？中国交通其不便乃如此。担阁日子愈久，朋友知者愈多，往返酬应，与吾体力诸多不便。又以三哥喜事，人多送礼，联幛之属，乃极讨厌，然又无辞却之。萝卿大姊来此两次，未免相对黯然，谈楚同病状甚悉。壮年强死，亦坐服药胡涂，不然不至死也。吾之喘咳不过如是，因怕楼梯上下，遂亦不敢出门。昨夕勉强到华清池一浴，归来睡觉似较清松，早起亦无甚喘，若都如此，便算稍差矣。此间大气尚未甚寒，房中不亦须生火，京中想见雪了。

戊午十一月朔　在长发栈洌

（1918 年 12 月 3 日）

八

谕琕、璆知悉：

廿八晚得儿等廿一二各信，知汝曹已离刑部街旧宅，迁入东四汪芝麻七号矣。奶神经不清，血气日暴，致常与香严生气，此亦无法，惟当

511

忍耐而已。三哥见信，尚说大妹口拙，若渠对奶说话，必知所以哄之，不至碰钉子如此也。华严眼疾日来何如？若见红丝，尚须劝往谒医，不可大意。最要是晚间不可作画、写字及看书等事，甚至日中亦须少用目力为妙。此疾来源甚远，宜小心也。

陈太保要吾家小蒲桃秧，可嘱杨二送与之。吾三月内总当到京，晤近，不多及。

二月廿九

（1919 年 3 月 30 日）

与三子严琥 (17 封)[①]

一

字谕琥儿知悉：

吾儿此次归来，形体疲减，又患咳嗽，吾心实切担悬，不知儿到校咳嗽好否？如若未愈，急应相法与鋆兄商量，请医服药，以期速愈。吾儿远体亲心，千万不可大意。须知少年咳嗽，其始不过受寒，往往因失治，流成痨病种子，以吾所见甚多。若此，吾儿稍识医理，不可自犯其例也。切切，切切。如唐山不便，宁可告假数日到津，请德医诊治。

再，儿习医一节，吾日内当晤英医 Yray，当为细询办法，不误，不必急也。刻下大哥年已老大，再七八年，便是半百。吾将七十，尚未抱孙。吾儿须念一身乃是全家柱石，千万不可大意。校中饭食不佳，即便添菜。用钱多少，信来便寄，不必刻苦。只要身体强健，其余皆可置为徐图，儿须深察。此言不可当作东风吹马耳也。

二月十日泐

（1916 年 2 月 10 日）

---

① 函一据《严叔夏纪念册》（福建教育出版社，1995 年）插页所刊信札原件图；官桂铨《严复佚文三篇》亦收此信，载《严复与中国近代化学术研讨会论文集》（海峡文艺出版社，1998 年）。函十三据《严复翰墨》刊出手迹，原件藏福建博物院。函一、十三《〈严复集〉补编》亦收。其余函均据《严复集》，系严琥先生和严群先生抄寄。严琥（1897—1962），又名普贤，字叔夏，严复第三子，姜江莺娘出。曾先后入清华大学和唐山工业专门学校学习。1937 年起，在福建协和大学等校任教。中华人民共和国成立后，曾任福州市第一任副市长，省、市人大代表和政协委员。

二

谕琥知悉：

前一轮不得汝缄，今日海晏，又复无一字，何耶？吾已于昨日出院，在院计住六十四天，刻精力颇增进，能行数百步不喘，总算钱不虚花耳。据蓝医言，眼下尚不甚见，秋冬间始益知经渠治疗之受益也。其言之夸如此。吾始意月内即北归，以为可省一月租钱，后看弄人言，须一个月前通知房东，此系租单中载明之语，似此无论早晚均须出钱，我们乐得从容就道矣。汝前云要随侍为父北行，假使天气和平，能于闰七月来此否耶？

今日晤沈鲁青，据言述智已去台湾，嘱其夫人回福州，然则渠侬亦在山耶？鲁青言次，极代其侄妇扼腕，说述智过于贪逛，对不住〔住〕其侄妇也。三妹喉咙奏刀后，皆平安，经期已不杂乱，但两人体皆虚弱，医亦云须过数时，好处乃大显也。吾因思家中小孩如香严、佛烈、倚云等，皆当来此作根本治疗乃佳。惜道远，而所费不訾，不敢径行。甚矣！人生之不可无财也。此布，余不多谈。

中元日　父泐

（1919 年 8 月 10 日）

三

琥知之：

久始得七月十七日书，然亦稍慰，所言并悉。吾出医院已八日矣，但尚时时至院中受洗行电，余无他事也。

上海疫气尚烈，顾其最者，乃在浦东无自来水处，哈同路尚平安

514

也。京屋成议可喜，不用吾处万元尤乐。但吾之能住此屋与否，须看今冬，若喘咳不支，则吾终当南耳。吾原拟七月内北行，嗣以房东要一个月前先行通知，又租约云至少须出半年租，以此故迟迟。俟稍凉，乃俶装也。吾体力比旧为佳，然喘咳尚时作，恐不能全愈矣。两妹在此均平顺，但颇思京，海林尤念眉男也。古体三首有进境，然字句法尚有未入古者，自改窜之。何时下鼓山，书中并未提及，想已久矣。天气今年极不佳，此时城中恐尚蒸溽，当复还山否？余不缕缕。

七月廿二 父泐
（1919 年 8 月 17 日）

四

琥悉：

本午得儿廿八日缄，甚慰。记前阳八月廿一日接儿一信，信中并未云何日由山还省也。京中屋已成契，付半价，其他一半，阳十月杪始到期，届时再作计议可耳。大哥近来惟恐吾稍烦心，故于房款自言独立想法，可谓孝顺。又以汪芝麻房屋不佳，恐怕吾到京后稍受委屈，故劝迟些赴京。顾京中诸人，大抵皆盼我父女三人早日回京团聚，而为父喘咳，现亦甚见轻减，故今年恐不能回闽矣。

息妇已嫡后，身体想都安好，但顺那一月，回信务必告我，以省挂怀。渠既不能离闽，一切自然须仗亲家太太照管，我们无不放心之处。吾前信之临盆时最好叫一西医先行察验，并到医院生产等语，不知能采用否。如可，即不妨与金尼尔先行商量也。

林尔波老表近无信来，渠前信开有三四所来，据云：有相宜者且当与汝接洽也。如要看，可召之来。渠住梅坞春记油行内，前缄寄与汝阅。但此事除非年下有实在廉而相宜者，不然，一时固不急急耳。

515

正写信间，忽接廉官一信，中言吾之兑款已到，惟嘉井之款，则尚未来，（嘉井与我信，乃言已兑。）故庙工尚是不能开手。其半天霹雳，则报告团叔以患搭背，已于闰月初二即阳八月廿六夜八点化去，汝信系廿八所写，想作信时尚未闻凶信也。此人早世〔逝〕，令人悼惜万分，不但吾辈家乡之事，托渠出力者极多，此后不知谁托；而宗族乡党之中，求其笃练勤干如团叔者，殆难再得。吾父子去年蒙渠助力，情谊甚深，思之令人耿耿耳。渠之体力，向极壮健，吃量兼人，方谓可以久视永年，而乃以一外证，遂致不起。语曰：膏粱无厌发痈疽。而近日西医，极力反对过量肉食，以为戕生之媒，至有以也。但渠所用医生，亦是误人不浅耳。吾前轮有信与伊言鳌头山路事，并嘱于尚书庙事，留心照应，谁知其不能见覆耶？

本年真是乱世劫运年，时沿海天气极为不佳，居人稍一不慎，辄罹危疾。即如沪寓，前两日二妹寒热初行脱体，本日许厝忽患红白痢疾，腹痛欲死，服大剂泻药，热乃稍退，不知明日如何。

八月卅一夜　手泐

（1919 年 8 月 31 日）

五

老病侵寻，年将七十，客冬危疾，坏象环生，顾以天之灵，竟得不死。至于团叔，则体力强盛，饮食兼人，乃旬日之间，一蹶不起，如此岂有定程也哉？虽然，使团叔之疾见于吾身，自诡十五可以无死。此吾所以对二妹言，使团叔外证初起之时，但服一二剂泻药，如蓖麻油、叶卜桑盐之属，则毒发之时，必无如是之暴烈，更无论其平时能节饮食、戒肥腻矣。吾儿以为然乎？月没星替，以升代团，固为补救办法，惟人心难测，现所答应，日后能笃实履行，尚在不可知之数。且不知前电去后，京中复电如何？信来千万相告，颇欲由我信恳李督，但恐来不及耳。上海时气今年六七不佳，虽非飓风所躔之地，然在其势力范围中者，业经四次，浦东江面受损亦深，虎疫尚有余烈，延及内地，湘、赣、鄂、皖、江北、山东皆见告矣。仪程幸已全愈，渠此次生死关头，所争亦不过十余分钟而已。病后颂赞上海地段，几于无以复加，大有元遗山金水河头之意，即亦无怪其然。风后房栊，大有秋意，然自昨晚又复盛热，令人不快。

吾与两妹隔日尚往医院电浴一次。华严体干渐丰，益形美皙，海林亦甚清健，二子此行来沪，真不虚也。恨不令京寓病人，如璿、瑸诸人都来此处治疗一番，吾知其必有大益耳。

大哥出差胶莱，云事毕将亲行来沪，说在中秋前接我回京。家事一是尚复如意，但所费不訾，即亦无法。病后齿牙满口摇动，不能咀嚼，甚以为苦。前日往看徐景明，纯用贴膏药之法，弥复苦人。昨乃往视一美国牙医，兰医所荐，名苏高德（V. Scolt）者，渠将徐氏兄弟所有镶补之牙，全行拔去，渠云必如此乃有一劳永逸希望，此亦事后乃可言耳，此数日正在受苦也。喘咳差些，勿念。

闰七月十三日　父泐

（1919 年 9 月 6 日）

六

谕琥知悉：

前得初八缄，已于十八日即覆，想今收览。兹复得十二日快信，即此作覆。吾前书已言，凡儿信来，吾必即复，如此则不必问汝书到否矣。再者，刻下新旧两历并行，凡作家信，用新则纯新，用旧则全旧，不可乍阴乍阳，必致迷乱误事。汝前书皆用旧历，此信乃忽填新历日子，何耶？又如朔、望、弦、浣及初几等字，皆旧历有之，不宜以书新

517

历，如儿此禀乃四日所作，则竟书四日、四号可耳，而乃填为初四。汝方努力为有章程踏实做事人，此虽小节，亦有章程人所不苟者，不可忽也。

利瓦伊至想是外家表亲，仓前山有屋以为暂避之所，甚佳甚佳！需用之款四百元，当属商务馆转兑不误。阳崎尚书庙董事会，已未开会，见翰周可扎实询问，转眼周年，如不动工，一千元须见还也，汝代收之，切切。我荐王钟生、王恒塑与鋆，不知有位置否，询之。自团叔去后，大哥要吃福州豉油，尚不可得，无怪其怨我压制，使成鋆事也。余不多言。

九月廿日渤

（1919 年 9 月 20 日）

七

琥悉：

得七日、九月一日前书，知翰周已开董事会，不识大家决议如何？事已定何日开工？湍家海军部之款，当令嘉井往查，汝大哥已定明早动身赴济南，或随往登、青、莱三府，回京大约恐须一月也。新屋旧历月底可迁入，至迟亦不出十月初旬，现正筹款及赶忙修理耳。屋中极阙木器，须催廉官早日寄送。吾家事往往总须仰人，不能自办，所以多不应手，此亦一大病也。北京天气转寒，吾之痰喘日甚，此两日因感寒气，气管作痒，随服泻监〔盐〕三圆瓢，稍多泻。二日后人甚不支，气亦加紧。江济川云明日当送擦胸药水来，或能见差，未可定耳。因与儿约，有信必复，故勉作此信。吾儿书画日来皆有进境。诸弟妹英英露爽，亦皆可欣，惟是随园有云，家运隆时惜我衰，未免觉欠耳！

九月廿二夜十点作

（1919 年 9 月 22 日）

518

八

谕琥知悉:

　　得九月初四书及诗等,颇快慰。晤翰周后,渠等如何作答?前云八月动工,乃今已重九矣,更有何辞延宕耶?其所以延宕之故,到底隐情云何,儿可查明告我。此事关吾名誉甚重,儿方在闽,乃不能助汝父监督之耶?今若此,明年儿离闽时,又当何若耶?金涅尔回国,殊令人惜。息妇未分娩之前一月,最好先请良医诊看,临时自无手忙脚乱之处,可与亲家太商之。团叔真成枉死,吾闻其病发背时,不但未用西法、西药,即中法如梅花点舌丹之类,亦所未服,其死可谓冤矣。儿所云中国人安于便结等语,真洞见症结之谈,与我同意。四弟诚可爱,不但笃实勤俭,不自满假,如汝所言,且其人天性孝悌。金先生每为其少于所气,则必称吾家老四,其语不差。子弟如璿,于社会中真不数觏也。且他日必以书法名世。此吾于七八岁时,即已云然,今乃益显。他日所造,谁能限之!落笔虽去古法远,不为病也,长大自能改耳。仲永二诗早以见示,强庵来亦见之,以为有笔。儿言其滑。固然,但请问:诗如何然后为滑?夫滑者,徒唱虚腔,而无作意之谓也。诗有真意,便不为滑,使无真意,学东坡固滑,学山谷亦滑,江西派乃更多不可耐恶调也。

　　五律三首,略加评骘寄去,可细观之。看《近思录》甚好,但此书不是胡乱看得,非用过功夫人,不知所言着落也。廿四史定后尚寄在商务馆,因未定居,故未取至。欲将此及英文世界史尽七年看了,先生之志则大矣。苟践此语,殆可独步中西,恐未必见诸事实耳。但细思之,亦无甚难做,俗谚有云:日日行,不怕千万里。得见有恒,则七级浮图,终有合尖之日。且此事必须三十以前为之,四十以后,虽做亦无用，因人事日烦，记忆力渐减。吾五十以还，看书亦复不少，然今日脑中，岂有几微存在？其存在者，依然是少壮所治之书。吾儿果有此志，请今从中国前四史起。其治法，由史而书而志，似不如由陈而范，由班而马，此固虎头所谓倒啖蔗也。吾儿以为何如？

马鞍每年上墓，不得不责之伯銮；彼若不为，更无可说。銮到闽后，吾尝作一长缄，求其为王家表兄恒堃谋一廿元馆地，及林表之友王钟生两人，渠已答应。嗣萝天言，銮哥已于下路盐务中为此两人道地；乃昨得林信，王钟生之馆，尚属无着，则王恒堃之事，可想而知。儿见面时可为我一婉询之，极知谋事为难，虽未位置，吾亦不怪之耳。京中新宅已经警察厅批准，这几日正忙修葺之事，大约十月半当可迁移。大哥于此事并未向我再行筹款，独承其难，可谓难得。文访处有回信与大哥否？甚为悬切也。客至不能多写，下信再谈。

重阳后一日渤

尔波信亦寄与汝看，曷往观乎？

（1919 年 11 月 2 日）

九

琥悉：

兹接儿九月廿六书，知闽中暴动已平，稍释远系。文访方吾为尚书庙募款之际，颇存匿笑，今日复何如？吾到京后大病忽旬日，幸今已愈，但未出门，不耐操劳耳，余无所患也。狄博尔用药甚为应手，此极可喜事。大阮新宅已交割，刻正赶修配，大约月半或可迁入。大哥已为盐署所留，不赴齐矣。奶近来神识愈益瞀乱，即大妹所言，亦不相信。常欲汝回，僦屋别居，夜间时或大骂，吾尚未与相见。想移居之际，又须一番罗唕耳。吾廿七、廿九诸复，想皆接读。五百台伏当亦向颖生收取矣。阳崎庙工进行复何如？甚欲闻之。廉官代送木器，此时在何地？已到沪交一和严湘官否？见时上紧查催为要。少年做事第一义，须有起讫也。

汝去年喜事大宾，系弢老及林诒书两人。林此番见我，尝带笑而问："何以都无谢媒？"吾答："行当自在。"此事原可一席而了，但事隔久，吾意不如俟汝夫妇北行时，带些土仪之类，送与两家，薄礼将意，不必过腆。吾之多兑百元，政为此耳。望儿勿忘为要！

仲永长短诸什均看过，因病置之，不能细与推敲矣。息妇不回外家，极是。文访夫人得淹，至今或有生望，汝言此事至怪，详情可得闻乎？吾如东坡，喜人说鬼也。

小雪后一日泐
（1919 年 11 月 24 日）

十

……者耶①？汝自受室以后，精爽变易，大异童冠，尤于文字见之，但尚不足于 Concentration，故多讹字，如来书"辛苦"则作"幸苦"，"艰辛"则作"艰幸"，不自知也。前一缄写"萼"字作"蕚"字，书亦无此字。闭门索句，甘苦固非朋辈所与知，而非经一番夏夏其难之候，终身没出息矣。吾于文字颇知荼蘼〔蘼〕，往往自轻己作，成辄弃去；又以居今之日，时异往古，有志之士，须以济世立业为务，不宜溺于文字，玩物丧志；又薄身后之名，所以存稿寥寥，他日不足灾梨枣也。

新妇勉身，恐将过月，吾家腊月生人颇不少。大哥昨日已赴济南，为查办盐运使□□□事，约十许日方可回京。四弟昨信来，云发热。唐

---

① 此函上文原缺。

521

山校中闹天花，渠已出天花两面，乃复出耶？但信后加笔云，十八早，身上热度已退至九十九，或无妨耳。北地今冬少雪，时气极不佳，恐明春喉痧等症必多。

十一月廿九日　书于普贤夫妇处

（1919 年 11 月 29 日）

十一

……如何舒服也①。有卢默生者，前系天津水师学堂学生，后在南京毕业，生平喜言修炼导引诸事，其弟曾以肺痨入病院，两月不愈，后从渠用功，竟获全愈。此人乃王云生之婿，云生女对好姊盛称其事之有验，好姊由是劝我试之，刻已试行十余日。其内功则纳气丹田；其外功大抵如八段锦，而加以每日按摩。据言百日以后，当有大验。吾病本不足置在心上也，但渠肯来，吾亦姑妄为之而已。

吾病纵历春夏而差，吾体亦如破屋重修，不禁风雨。北方严寒，不宜再试，故前书有决归之说。但若言福州买宅，则自客岁以来，吾之积蓄，业将告罄，可指之款仅余五千，恐不足为长袖之舞耳。虽然，吾所期者，不过山巅水涯数间可居之屋，与数亩空园可供莳蓺而已。生平此福最为缺短，故愿其未死而专之。余于斯世固无望已，时事日益丛脞，生计日益艰难，仲永诸人，但思做一名士，细思亦未为得也。

夏历十二月十八日　父泐

（1920 年 2 月 7 日）

———————————

① 此函上文原缺。

522

十二

谕吾儿知悉：

日来吾又甚病，喘喉支离，不能出房门半步，特较去岁清明，尚能到山上墓，以今视昔，又是天渊之隔。须知吾身乃有两病，从前医生皆来〔未〕细为看出。盖第一在肺，众人所知；其次在肠，众人所忽。然吾自得疾以来，大便实未尝好过，乍愈乍剧，每日早晨二三度或四五度，至下午始差。客岁在闽在沪均是如北〔此〕，当时药膏未除，病甚；便以药膏止之，亦复有效。至去年到京，累患脾泄，向狄博尔求药，亦无良果。大病，入协和医院，药膏经甘医除去，泄泻颇甚，而溲以为鸦片之反动力，转以为佳，然每日三四行，实亦不甚觉苦。出院到家之后，始尚不甚苦人，至此后月余日，渐渐增剧，又于腹中醇气（Fermentation），早起五点以后，激刺苦人，不能安卧，上午非五七次至圊不已，坐是饮食不养，人亦瘦困，而喘咳加剧。近者英邱格（Qouk）大夫代吾诊治，于十二夜，用 Calomel 两片，以发胆汁，天明用 Magnesium Sulphate 水两匙，意取如此宣泄二次，可将腹中激刺恶物，全行刷下。不料吾自戒烟以后，肠胃极弱，遂乃一泄至十零遍，而人不支矣。于是将第二剂急止，然至十五夜，尚用其半以遂前昼。现在虽尚有零星泄泻，幸已降差，天明稍可安卧，再加数日将养，当可稍安。此近治第二证之实在情形也。其第一证治法，前施大夫到此，已用 Sodium Iodine，为君开一方子，近者老格改作 Potassium Iodine，制成药水服之，痰尚好吐，但须饮水甚多，否则鼻孔发硬作痛，唇皮焦干，可知其性之燥热。格取吾痰细验，见其中有两种微生，一是作肺炎者，名 Pneumonia；一是作痰涕者，名 Ulcerous Catarrh。吾肺中有此二种无数，时作激刺，使人咳嗽不止，且吐痰过多，肺质受伤，致以成喘。渠刻为我制一种药，用新发明有验之 Vaccine，以为此二种之 Antidotal，如能受效，当可望愈等语。吾自只得徐观其效而已，此吾治第一证之情形也。日来风日清美，树木渐青，而吾不能出房半步，病中强起作此数字。盖欲吾儿知其病状之详。

四弟昨亦回寓，遗精证近加剧，经老格验过，据言心肺两佳，本可无病，但坐懒动，以致肠秘压激尾闾以成此证。刻治法无他，只令此儿晨起，每日出户一点钟狂走，夜则大便必通一度方许上床，自可不治而愈云云。

闽中木器虽稍便宜，而持至北方，则擗裂拆暴，无一全者。太太叫我嘱笔，前者叫你福州所定之诸木器，得便可全行卖去。觊祖想益可爱，照片何以至今未来？儿夫妇成行北来，当在何日？书来详之。余均平安。

清明后一日 父泐

（1920 年 4 月 6 日）

十三

上巳后两日得儿廿八日书，殊慰。

四弟已回唐山，其证经英馆德医诊验，据言体质极佳。其得此疾者，纯为闭户时多，惮于动作之故，以惮动作致大肠秘结①，因而激刺尾闾，乃成此疾。今欲治疗无他谬〔妙〕巧，只须责令每日出门奔走至少须一点钟②，必通大便后方许上床安睡，则此疾将不治自愈等语。其言亦殊有理。吾儿以为何如？吾之病状，前去书已详述，此时当入览矣。Vaccine（Autogenous）已打过两针，据言须六七针（每四五日一

---

① 以惮：《〈严复集〉补编》作"惮于"，据《严复翰墨》改。
② 《〈严复集〉补编》无"须"字，据《严复翰墨》补。

524

打），乃得效也。此时喘咳、眠食、羸弱、柴瘠，大抵有过于前而无不及，置之不足深道耳！

三月初五　父泐

（1920 年 4 月 23 日）

十四

谕琥知悉：

吾因病，畏即楮墨，遂致儿处久无书札。吾喘咳尚无大差，即如昨夕之睡，十二点半上床，至一点一刻始能略睡，至四点一刻则喉痒不止，终不能安睡矣。以此故，颇盼儿夫妇等北来。惟时交夏至，又虑途间炎热，不识如何方好。格医时来，因见针不甚效，则归咎于北方之煤与尘土之多。两月以来，因修葺房屋，尘土固是甚多，意欲令我到申，略换天气，而柯医又不以为然，意谓梅暑方盛，与吾体气极不相宜，遂作罢论。

刻房屋装修已好，吾儿若挈妻子北来，有西厢五开间留以待也。余此间无甚新事，惟彬亭叔已于初间身故，从此无起课最灵人矣。身后甚萧条，赖家〔嘉〕并经纪其丧，但来日方长，不知母子如何度日耳。彬亭婶亦病喘颇剧，原谓渠当先去，乃不意其夫竟先之也。

吾儿见信，务须扎实写一回信与我，到底来不来，或息妇母子不来，汝能独来否？觐祖想益可爱，余不多谈。

夏至日泐

（1920 年 6 月 22 日）

十五

京师夏至后以少雨故，天时遂以酷热，不审乡里炎威如何？甚念吾

525

儿夫妇与觐祖也。五月半离闽之言，能践之乎？自二月来，新屋修葺油漆，至今始稍就绪，丹腰烂然，甚可观也。汝所居西厢，已收拾，极华洁矣。

吾缘病而懒，故不时作书，而儿亦不作信，何耶？告廉官、王钟生事京署尚未得报告，故亦无从准驳。王系暂行停职，非解任也。尚书庙要我再作三对，病无能为役，亦不知求谁，庙中如有旧者，可取用也。

夏正五月十九日　父泐

（1920 年 7 月 4 日）

十六

琥悉：

前寄信片，想已接到。日来京师戒严，皖直两系，兵争方烈，昨来闻已交手，报纸传闻不一，事关军机，吾亦不便缄告。欲作封函，又有折〔拆〕验之虑，故不如置之。所欲告者，京中居民虽有戒严之种种不便，秩序尚克保存。闻外交团有不容近京作战之事，吾家在此，或得苟安，无须远挂。

吾病入夏来亦甚差减，德来格之针良有验也。惟绕腰发出如沙疥者无数，奇痒殆不可当，然喘咳得此实是见松，夜间亦得五六时安睡。知念特告。

六月朔日　父泐

一时可不必来。

（1920 年 7 月 16 日）

十七

得吾儿十八晨缄，甚慰。往崎当作几日勾留耶？山中日来东阳西雨，白云乱飞，大类风台天气，不审山下何如？吾拟出月立秋前后下山回寓，儿意云何？在此特凉耳，而床榻几案，以至饮食盥浴，一切兴居，皆不及寓中舒适也。在此得诗两首，今写出寄示。①

避暑鼓山

老病难禁住火城，今朝失喜作山行。

千层石磴经阶级，十里松风管送迎。

潮落沧江沙出没，云开岩岫月分明。

可怜济胜今无具，笠纠鞲轻廿载情。

灵源洞

幽绝灵源洞，清游得未曾。

摩崖纷往记，说法自神僧。

阁接闻思近，斋犹听水称。

何当山雨后，据石看奔腾。

（1921 年 6 月 20 日）

---

① 以下两首诗，《严复集》载"因本书诗文部分已收录，故删"，现编为单集，据《严复全集》诗词部分补录于下。

与三女严珑、四女严琐（14封）^①

一

顼儿收览：

儿前来信一缄，大大已收到。诸姊处信想儿皆已见过。昨大哥信云二姊感冒，不知已好否？刻下寒暖不时，儿不可贪凉，衣服须多穿些，食物更要小心，听姐姐等吩咐便是好孩子了。京中连日大雨，电线都打坏，大大与娘均是在家闷坐，叫打牌也没有人来。汝哥哥遇一、三、五尚到迈先生处讲些算学。天气如此，不知何日晴朗，好接儿等回京照常读书。刻闻京外四处皆已发水，上半年闹旱，下半年闹水，田家庄户皆打饥荒，汝说不可怜么？五弟当全愈了。佩云到津，好姐欢喜么？渠此后定在何处唱戏呢？我前叫大、二姐在天津打些金器，但京中三阳已开，娘说此地工价便宜些，要自己天晴去买，如此，大、二姐可不必忙了。

阳历七月廿七日　父泐

信封：

天津日租界秋山街黎栈

东冶严寓眉南收展

京西单旧刑部街寄

（1917 年 7 月 27 日）

---

① 函三、五据《严复集》，系严群先生抄寄。其余 12 函据《严复家书》，此批信函《严复全集》等均未收，现补入此集。严珑（1905－？），字海林（又作海霖、海琳），妻朱明丽出。严顼（1908－？），字眉男，妻朱明丽出。

二

父谕珑、顼两儿知悉：

　　沪船到步，得儿辈廿一日家书，知租屋已定，余事种种，尚复就绪。早知如此，刑部街之屋必不卖也。大哥做事颇欠决断，然亦因吾家力量不充，故如此耳。刻渠尚住察院胡同，两家相隔无乃远欤！父三月内必当回京，届时如有相宜之屋，庶可买住。天津秋山街房子，既无所用，当嘱大哥及早卖去，以为凑买新屋之资。三哥回京，至早亦须六月，因林家亲母五月生日，要留渠夫妇做闹热也。三哥极为丈母所爱，真是一日不见如隔三秋，吾恐后此别离必有一番大吹大擂也。三嫂妆奁，据三哥所言，总在十万以外，但尚大方，不甚喜穿戴，是以三哥甚看重之。

二月廿九泐

（1919 年 3 月 30 日）

三

　　多日不见儿信，其深悬盼。此番信嘱两姊来南，未及吾儿者，乃因五弟无人伴读之故，想不至为此不乐也。吾入院已十余日，病体稍有进步，唯收效甚缓。房子颇佳，而夜间蚊虻极夥，四野蛙声彻晓阁阁，此境真是北方所无。晨起吟得五绝四首，兹特写寄；吾儿得书，想一笑也。诗曰：

老去怜娇小，真同掌上珍。昨宵羁旅梦，见汝最长身。

已作还乡计，如何更远游？当年杜陵叟，月色重鄜州。

笔底沧洲趣，应夸两女兄。何当学吟咏，冰雪斗聪明。

别后勤相忆，能忘数寄书？无将小年日，辛苦读《虞初》。

此四诗吾颇得意，但不知儿能解说与否？第一言好解。第二言吾本拟还乡，所以复出者，如杜甫之爱儿女故耳；杜原诗可检看也。第三言二、三姊能画，汝可学作诗，与之斗胜。第四言当常寄信与我，不必拚命尽看小说也。正作书间，接到二姊六月十六及四哥同日信，俟有精神再复。

（1919 年 6 月 19 日）

四

字付项知悉：

昨日九号接得儿六号日信，心慰眼明。儿年当幼小而爱重笔墨，如此日积月累，长大不可量也！在家跟着大姊过日，处处须听大姊话为要。娘本拟搭新铭北归，又因吃香瓜腹疾，幸无大恙，而行期则担搁矣。上海正做梅天，连日阴雨不断，令人不快。大大此数日亦不甚佳也。华严、海琳每日皆来院看我，天晚始归。二姊因月事不调，昨亦经院医验过，云其病源发于喉际两肉柱上，致心房亦有微病，须略施手术方可除根，然不至痛苦，不必怕也。我家年来为病魔所扰，花钱极多，然是无法。故汝们姊妹时时须小心身体为要。寄回之琴，乃我表侄林尔波（观音井林太姑母之孙，以经手古董为业）所觅，是否真正古物，大大亦是外行。因其价尚廉，聊复购之以供儿曹学抚。断纹有二种，一曰蛇蚹，一曰牛毛。据林万里言（渠极喜买琴，家中数张，皆古物），琴有蛇蚹断纹总须五百年以上，至牛毛断尤为难得也。吾之病体进步极缓，此自老病应尔。幸今尚无所苦，惟夜间难得整眠。每日晨八九钟肺管作痒，咳喘后痰涕交来，须半点三刻始平。前十余日，此证已差，但须数分钟便过。不知何缘，近复如此。众云天气不好，为之意殆，是耶？到此亦少出门，若出门，路走多时亦生微喘。胃口颇佳，由午至子，都如平人，看书写字，闲谈亦不觉累。朋友书来转云此系寿征，历举所识老人皆以哮喘而致耄耋，亦听之耳。

七月十号

大姊、四哥、五弟同此在念。

信封：

北京东四汪芝麻胡同七号

侯官严宅四小姐收展

沪哈同路民厚北里刘十号寄

（1919 年 7 月 10 日）

五

本早得儿信，言四哥近状，为父甚为挂心。四哥年来用功太过。须知少年用功本甚佳事，但若为此转致体力受伤，便是愚事。古人有言："皮之不存，毛将焉附？"夫学所以饰躬，使身体受伤，学何用耶？此后四哥宜优游暇豫，即堂课亦不必过于认真，俟数个月后身体转机，再行用功，尽来得及也。吾颇悔此次不任其与二、三姊一同来沪也。

（1919 年 8 月 27 日）

六

项儿知悉：

常见儿与两姊缄，甚为忻慰。父前书云无衣御寒，去后乃知棉夹诸衣尚在上海，娘带去者惟棉裤耳。若于中秋前后回京，自然无须添置，因一时失检致多花几十元，甚为讨厌，幸其物尚非无用。今日萝卿大姊

531

来言，三哥为亲母所留，年内恐不能离闽。但三哥来信并无此说，前信尚叫为父寄洋几十元与伊作船载也。昨菊生来寓，吾即托兑付三哥台伏壹百六十元。百元系团叔赙仪，因其身后太苦，故多给些。其余陆拾即为三哥盘川。假使三哥不出，吾自无须久候，俟牙看毕即当作计北行。但闻此牙医价钱极贵，则此又是一笔巨款，奈何奈何！吾本意等阮府新屋便时回京，但大哥又无的信，恐屋便时天气已寒矣（吾每逢天寒辄作回闽之想）。

闰七月廿九夕涵

信封：

北京东四汪芝麻胡同七号

严四小姐收览

上海哈同路 425 寄

（1919 年 9 月 22 日）

七

顼悉：

廿日信接到了。阮府房屋葛藤，不识此时已清了否？汝大哥又无信来，令人殊悬悬也。昨日已交秋分，天气虽未甚寒，而风日高燥，古人云"火见而清风戒寒"，正谓此耳。两姊自然极想回京，与汝欢聚，即我亦不乐久居此地，俟牙镶好，即当俶装，由海或遵陆，届时再决。三哥先说伴我北归，今则恐又变卦，因其丈母有意留之。但未接渠确信，亦不知果不来否？丁泰所说之法，当可硬顶警厅，大哥赞许之否耶？五弟牙痛脸肿，乃至发热，今已愈否？他身中病根甚多，如遇良医，总须趁早一概锄治，说不得受一番苦且须花钱也。大大现在所就之牙医，本事甚好，惟价钱甚贵（黑子说镶一门牙须四十两）。他一看便说从前所镶的无一可用，将其尽数拔掉，叫我好几天不能吃饭，然后漫漫地一个一个做起。若果以后有一副好假牙可用，一劳永逸，虽贵亦就罢了。人之养生，自须饮食，而牙齿关于饮食甚重大也。吾自出医院之后，体力尚复照常，夜间子刻就枕，睡后总有两三番咳醒，至少亦须一度，稍啜茶汤，尚可再睡。至六七点钟始醒，服药膏后，可找足至十点，此时往往肺管发痒，嗽不可止，而气因而喘促。此系吾十二时中最苦之半点钟也。气平之后，乃下床盥洗，自午至子，粗如平人。至于烟引〔瘾〕关系，则每日四剂（每约不……）药膏之外，尚须灯吸上等大土烟一钱左右（分为六七口），此则吾出院后之退步也。其余饮食，则晨间十点食扣扣一钟，中晚二餐，胃口甚好，临睡又啜牛乳一钟。二便照常。此则为父近日起居饮食之日史矣。此可告诉汝娘及大兄等知之，吾亦不必另叙耳。

八月初二日溆

信封：

北京东四汪芝麻胡同七号

侯官严宅眉男四小姐亲展

上海哈同路严缄

（1919 年 9 月 25 日）

八

项儿知悉：

得卅日禀，甚慰！新房子至今尚未便，全是汝大哥一人没干，若是大大在京，我们春夏天已有新宅可住矣。事已如此，即亦无法，我到京只能入汪麻子胡同去了。我明天还得去看牙医一躺〔趟〕，如能清楚，便可打算动身。衣料被裁缝偷当一节，二、三姊自有详缄与你，我不消

533

说了，生气！此人赌鬼，行同盗贼而已。大土烟膏每两须大洋十三块，我想不带，带虽多，终有完时，亦复何益？大哥曾言有甘土几十两等我，难道卖了不成？若都没有，亦只好别住，多服药膏便了。三哥久无信来，不知何故？娘托湍叔所定皮箱、木器，信叫渠查，亦无回信。因三嫂有喜，伊给丈母娘扣住，大约今年是不能来的。不能来罢了，又骗我六十块盘缠，你看可恶不可恶？我想姑作一缄，叫廉璠向加官一查，问皮箱、木器等，死者到底有无向何字号（自是熟店）定做？定钱交否？再作计议。如其未定或未交定钱，则娘前付湍叔之款自成水泡。大哥亦付一百番托觅寿材，此款亦归无着也。我家之走破财字运如此，言之令人皱眉。

己未八月十一夕泐

信封：

北京东四汪芝麻〇〇七号

严四小姐收览

上海哈同路 425 缄

（1919 年 10 月 4 日）

九

父谕珑、顼两儿知悉：

父自南还以来，极念诸儿女。然于诸儿女中，尤念璆与珑也。今病稍愈，乃与汝母更还北京，行与诸儿重复相见，吾心乐之，想汝曹亦甚乐也。吾于廿日到步，而新铭于次午即开，遂趣不及。今乃在此候船（新铭），寓长发栈。汝母日出有酬应，察其意似甚乐，复常出为儿等买罗绮及他衣饰，甚费。然吾亦为儿买手表等，期适用而已。在闽尝为璆购得古琴一张，鬃漆黯然，蛇蚹已具，真数百年物也！儿能无负此琴

534

乎？姑布，余面近，不他。佛烈想更长大。

廿四夕泃

信封：

北京东四汪芝麻胡同

侯官严宅海林三/眉男四小姐收阅

快班　由沪长发特别官房六号严缄

（1919 年）

十

手谕眉男知悉：

得吾儿九月廿八日禀，极慰！吾离京逾一月矣。福州天气诚与北方
迥殊，但吾一时间未见何等好处。喘咳大都同前，惟身上小疥与大肠病
用美医古查药稍觉好些。居此小楼以来，几于足未下地，三餐均甚适
口，无庸汝曹远念也。麻雀打过三次，亦无甚输赢。三哥居闽二年，学
问甚有进境，三嫂亦孝顺。觐祖甚可爱，这数日刚种牛痘，已结痂矣。
二姊目疾仍未大愈，经日本医看，亦不甚效，吾甚忧之。最好嘱赵璧氏
再寄点常用药水来也。大哥回京未？娃娃想可爱，吾极念之！（昨夕为儿
写得对子一副，甚佳，今日已嘱二姊寄京矣。）

十月十三日泃

信封：

北京大阮府胡同十五

严眉男收览

福州郎官巷严

（1920 年 11 月 22 日）

535

十一

谕项知悉：

　　前数日得书，极慰！联对太短，须于裱时将天地加长，便可与前写四幅挂在一处矣。吾体力照常，尚未打针，早起尚四五下，有时差些。福州天气极异，此时吹东南风有半个月了，不甚寒，却是阴雨嚣人耳。今寄支票三百员前去，可交之娘。但须由大哥转支，别人支不来也。余事有二姊信，吾不多说了。

阳十二月十三日　父泐

　　信封：
　　北京大阮府胡同十五
　　严眉男收览
　　挂号　福州郎官巷九
　　背面：十二月十三日发

（1920 年 12 月 13 日）

十二

谕项知悉：

　　吾日来服日本医生药，加以天气转暖，病体渐松，但极念儿等，恨不得即回北京也。阅儿与二姊书，知家人自娘以降，历患风疹，想今全愈矣。前寄花生一箱，系我催他们寄的，好吃否？吾尚不能出门，故无甚新事可说。侨侄日益茁壮，灵动好顽。兹三嫂为照相五张，到可分俵也。余不多谈。

辛酉二月十二日　父泐

　　信封：
　　北京东城大阮府胡同十五号

严眉男收览

福州城内郎官巷九号寄

（1921 年 3 月 21 日）

十三

谕项知悉：

旧历二月廿二日，郎官巷宅中正在施放焰口，接儿十一日缄，览悉一是。京中纷乱，吾早知之，去年用德大夫之言，决计南下，亦想离却京城，求一安身立命之地。奈到闽之后，旧病不能脱体，有时且复加剧，日与疾病为缘，精神极短，尚何能通盘筹画家事乎？福州天气极不佳，风土亦甚讨厌。吾辈在北日久之人，归来必不能惯，要想迁移，只有上海。但该地房租，近来极贵，恐居彼月费，亦非几百元不行。又迁移亦须一笔巨款，令人为难。此事须吾力疾到京时，再作计议可耳。京中虽乱，幸吾家所居地段尚好，当不至十分危险。知汝母亲实意想要离京，可写信到沪，先行打听调查住屋等事。吾亦不相反对，但此事须与汝大哥计议沉妥，看渠意见如何？渠近信来，方因丹国人背约之事，要打官司，假使争得回来，偌大房子，完全无玷，自然极有价值。然此时便卖，乃极可惜。吾意只可出租。因北京无论如何，终为集中地点，此去十年中，地皮房屋起价，有出人意外者，若能守得，只此便可吃着不尽也。迈先生所言，乃是谦词，其实渠之学问，汝几时学得尽？又此时世局，如此纠纷，我亦不知那个女校，可把汝们送入，姑且安常可耳。二姊昨日忽喉咙大痛，经到博爱医院，今天好些。渠侍为父在此，甚辛苦也。此间前数日天气，直是冬天，昨日今日晴，便热，屋里七十几度了。

清明前二涵

信封：
北京东城大阮府胡同十五号
严眉男收览
福州郎官巷九号
背面：清明前二发

（1921 年 4 月 3 日）

十四

谕项等知悉：

　　船由沪来，不得汝等及大哥信，颇为失望。日子如梭，不觉到闽已过半载，然无时不念京寓骨肉也！始计谷雨后便当北首，嗣以京中不佳，娘有南迁之图，故作前缄问个清楚，然后作行。现在极盼此回信也。吾之病体，大致同前，刻虽以天气转热，喘咳稍松，然夜间尚多难睡。服日本医生药水多时，亦未见甚么大效。老病本自难治，勿怪医生也。但尚可以勉强北行。福州吾是不住的了，此间天气极为无定，且来得极骤，如上星期吾尚是棉袍棉裤，而前昨两日，热度忽升至八十几九十，与京中大暑时相等。病躯遇此骤变，自觉不甚舒服耳。聊书数字，余事二姊想有信也。

四月廿六　几翁泐

信封：
北京东城大阮府胡同十五号
严眉男收览
闽寓寄

（1921 年 4 月 26 日）

与侄严培南①

君潜贤侄如见：

多时不面，想都安好。生理当益发达，极佳极佳！闻嘉井尚在日本，不审何时当归。有去书时，烦嘱代愚买日本信纸十卷，但要质洁理细，不须太讲究也。更有切嘱者：吾看嘉井近来于女色上面颇形沉溺，中年人此事于体气根基甚有关系，汝为其兄，似当委婉劝谏，至于所费钱财，抑居其次。闻贤梁孟于烟霞一道，亦有进境，此事我过来人，知之极稔，凡今日所谓快意者，皆他日丧失自由之资。故革固不能，然亦须猛省节制。嗟夫人生祸患，皆伏于得意之时。汝兄弟近日生理颇有得手之势，望深察吾言，自施临崖勒马手段，则后福正无穷耳。吾于汝曹忝居一日之长，是以不惮烦絮，作为此言。吾若不言，更是无人言者。

连日报端皆云福州吃紧，吾八月中原拟与琥弟同返，但事势如此，一时恐又不得成行，奈何！何时到西城，可顺便看我一谈也。手此奉托，即问
近好。

几道手渤　七号

信封：

东城石大人胡同一和行

严君潜先生台启

西单严缄

（1918 年）

---

① 此函由福州严复翰墨馆提供，《严复集》《严复全集》等此前均未收录，现补入此集。严培南，严复之侄，字君潜。

与四子严璿（10 封）[①]

一

谕璿儿知悉：

前得吾儿禀，又三哥于昨夕回京，悉儿在唐安稳，极慰。初次出门就学，远离亲爱，难免离索之苦，吾与汝母亲皆极关怀；但以男儿生世，弧矢四方，早晚总须离家入世，故令儿就学唐山耳。尚幸有鋆哥一家在彼，而伯曜、季炽兄弟又系世交熟人，当不至如何索寞。现开学伊始，功课宜不甚殷，暇时仍当料理旧学，勿任抛荒。闻看《通鉴》，自属甚佳；但《左传》尚未卒业，仍应排日点诵，即不能背，只令遍数读足亦可。文字有不解处，可就近请教伯曜或信问先生，庶无半途废业之叹。校中师友，均应和敬接待，人前以多见闻默识而少发议论为佳；至臧否人物，尤宜谨慎也。改名一节，若校长执意不肯，可暂置之，但告鋆哥于得便时仍须做到也。校长若问理由，则告以因犯亲族尊长先讳之故。名字原以表德，定名改名，各从微尚，无取特别充足理由也。秋风戒寒，早晚起居，格外谨慎，脱有小极，可告鋆哥早些想法，勿俟已成大病，方求治疗也。儿来信书字颇佳，此后可以书帖；日作数纸，可代体操。家中兄弟各平安，二姊尚在津耳。

九月十一日　父洵

（1918 年 9 月 11 日）

[①]　除函五据《严复年谱》，其余均据《严复集》。《严复集》所载 9 函，除函四、九据中国国家博物馆所藏原件外，其余均录自《严几道先生遗著》。据该书严璿的后记，知原件为本人保存。严璿（1903－?），字季将，妻朱明丽出。早年入唐山工业专门学校学习，后入上海交通大学，专攻建筑。

二

谕璿儿知悉：

得儿昨缄极慰。儿年齿甚稚，初次离所亲以入社会，吾与汝母，〈均〉极悬悬，不但起居饮食，知儿必将觉苦而已。惟是男儿志在四方，世故人情，皆为学问，不得不令儿早离膝下，往后阅历一番，盖不徒堂课科学，为今日当务之急也。吾本拟八月间与汝三哥同归，嗣因福州戒严，故尚徘徊观望；然无论如何，重九前后，必将动身，濒行时或当有信与汝。汝在堂中，既有月费，亦不必十分俭啬；如欲用时，可向鋆哥支取。闻近来学生中，多有偷窃之辈，钱财及珍重物件，可不必多放身边，以犯漫藏诲盗之戒。处世固宜爱惜名誉，然亦不可过于重外，致失自由。大抵一切言动，宜准于理，勿随干〔于〕俗，旁人议论，岂能作凭？他要讥笑，听其讥笑可耳。中文教习所出之题，自是时式，无怪吾儿诧为未见。须知时下报馆文章，什九皆此类也。儿不知题目中"研习"二字，在教员不过用为"诵读"二字之替代，以为较觉新鲜文明，合于维新之教育。乃不谓吾儿将此二字认真，以致既吃力又不讨好，见谓肤词，全行勾抹。儿此后看题，当有觉悟，而另具一副手眼矣。总之，今日国中无论何等学校，皆非学习真正国文之地，要学习须在家塾。惜汝从前不知猛省用功，致今有半途而画之叹，今已无可如何。此后应课应考，只能从众，勿作长篇，以烦教习。堂课得佳评，固不足喜；得恶评，亦无须懊丧。至于自己用功，则但肯看书，时至自成通品，无庸虑也。秋风戒寒，起居小心，勿使生病，切切！汝母体痛好些，但未全愈，余家中大小均甚平安，毋庸挂念。作书信结尾宜押日子，不写于外。

阳历十月二日　父渤

541

儿书，学赵文敏及《灵飞经》等，固佳。但结体颇患散漫，如此学去，恐难进步。吾意须临欧、柳或圭峰之类，将字体打得苍劲、遒紧方佳。

（1918 年 10 月 2 日）

三

谕璿儿知悉：

前接卅日书，甚慰。吾于朔日到此，其时喘咳甚剧，下车过天桥，遇打头风，几不能出气。幸三兄与李升两人扶掖到寓，半晌始定也。兹经大哥请德医容克来诊，服其药，略有起色，渠云无碍，儿不必悬系也。动身向南，当在下星期。汝堂课分数极佳，可慰。至于国文，教员所为，乃一时风气所成，与昔贤规矩，及儿在书房者，大不相侔。我们既入学校，而国文分数，又有升班关系，自不得不勉强从俗，播弄些新名词之类，依教员所言，缴卷塞责；至于真讲文字，固又是一宗事，后来从汝所好为之，不关今日之事也。孟子云"鲁人猎较，孔子亦猎较"，正是此意。夫孔子尚有时随俗，况吾辈乎？考试原求及格，但人事专尽之后，即亦不必过于认真，转生病痛。总之，为学须有优游自得之趣，用力既久，自然成熟，一时高低毁誉，不足关怀也。吾离京时，家中人口自汝母以下，大都平安，勿庸远挂。南行后得暇自当有信与儿。年节放学虽短，尚可到家数日，以慰家人悬念之意。若天太冷，无伴同行，则亦不必耳。

立冬夕　父泐
（1918 年 11 月 8 日）

四

谕璿知悉：

吾之病状，三哥信当已详悉，兹不复缕缕。但病已匝月，前数日始下床，尚脚软头涔涔也。饮食已能进，不久冀其复原，但喘咳殊难愈耳。汝母在此尚平安。大哥定于月内回京。福州正月天气多阴雨，殊不宜病人，乡居更不便。此番若非三哥夫妇决断移城，吾之生死殆不可知。何则？医难故也。顷接汝二月十六号缄，甚慰。国文改章，从之亦大佳，不必发议论反对也。

二月廿三号　父泐

（1919 年 2 月 23 日）

五

接到汝二十二日之信中述唐校学生起哄及汝捐钱五元（以此受人扬誉，极不相宜），并结团抵制日货等事，吾心深为不悦。如此等事断断非十五六岁学生如吾几〔儿〕所当问也。随俗迁流，如此直不类严氏家儿，可悲孰逾于此者。今吾与汝母均极伤心。北京章、曹或亦有罪，而学生横厉如此，谁复敢立异，而正理从此不可见矣。嗟夫！多歧亡羊，吾见汝信，恨不即叫儿回家，从此不在各校求学也。

（1919 年 6 月）

六

谕璿知悉：

　　晨得十六夜所缮禀，知儿甚忧吾还闽不复来京居住也。惟大哥所拟购之宅价昂，而我家财力有限，故欲于乡里营一菟裘耳。人老则思归，而吾之肺病苦北方严寒，故有此计。顾所以迟迟未决者，即缘如此定计，此后将与汝曹会少离多耳。世乱则处处不安，福州亦未较京中为险；凡是码头，皆有租界，租界皆有外洋势力，不但京师有交民巷也。

　　吾入此院已四十四日，刻下诸澄〔证〕皆差，早起虽有喘咳，然数分钟即去，痰涎减少，气色精神动观，皆云进步，院中电浴、按摩诸法，可谓不虚设矣。璆姐、珑妹以血分病，亦在此治疗，两咽喉肉柱，数日后皆须受割，幸病尚浅，当不至甚痛也。新铭本下午二点开船，汝母即搭该轮北归，屈计阳历廿三当抵津沽，此信当先到亦未可知。扇已写交娘带去，此吾第一次与汝诗也。极多再半个月，吾当离此间归寓；归寓后稍有应酬，事后当同两女北归，屈计旧历七月半前后可以相见，儿曹不必悬悬。余事母亲可以口述，此不赘言。先生处代我问候。

八年七月廿日午刻渺

　　此次随娘到京，有张表叔名增春者，年仅逾冠，系祖母外婆家（住南台南禅山边，以做米粉干为业，数十年矣）表弟之子，人甚诚笃，中西文虽学过，皆极浅陋，在闽苦求随我出乡，意在谋事，但官话尚须先学耳。到家后，指一房间与往〔住〕，随先生吃饭，看祖母面上，好招乎〔呼〕之。又及。

（1919 年 7 月 20 日）

七

谕璿知之：

　　廿二日来书阅悉。汝欲得入近校，可以时常回家看父，诚属孝思。做父母之人，望其子弟学问有成，常过于团聚膝下，故韩愈说欧阳詹，曰"詹，闽越人也，父母老矣，舍朝夕之养以来京师，其心将以有得于是，而归为父母荣也。虽其父母之心亦皆然。詹在侧，虽无离忧，其志不乐也；詹在京师，虽有离忧，其志乐也。若詹者，所谓以志养忠者欤"等语，汝务知此意也。且吾病虽剧，固未必即死；而汝在吾前，于病亦无济也。入春以来，已稍觉差，行将往西山、牯岭等处养息，儿能常从我乎？是虽归犹无益耳。至于校之佳劣，唐山工校程度，吾所不知，但须知儿所学尚甚浅。无论何校，皆有可学，但教熬得毕业以后再说可耳。此校乃部立者，他日毕业生自然有特别利益，又不可不注意也。

　　昨嘱二姊将三哥来禀寄与汝看，想已接之。春气发越，极易生病，善自节宣为要。余不多谈。

民国九年三月廿四　父泐

（1920 年 3 月 24 日）

八

谕璿知悉：

　　前得儿书，知在唐校用功，勤而有恒，大慰大慰！学问之道，水到渠成，但不间断，时至自见，虽英文未精，不必着急也。所云暑假欲游西湖一节，虽不无小费，然吾意甚以为然。大抵少年能以旅行观览山水名胜为乐，乃极佳事，因此中不但怡神遣日，且能增进许多阅历学问，激发多少志气，更无论太史公文得江山之助者矣。然欲兴趣浓至，须预备多种学识才好：一是历史学识，如古人生长经由、用兵形势得失，以及土地、产物、人情、风俗之类。有此，则身游其地，有慨想凭吊之思，亦有经略济时之意与之俱起，此游之所以有益也。其次则地学知识，此学则西人所谓 Geology。玩览山川之人，苟通此学，则一水一石，遇之皆能彰往察来，并知地下所藏当为何物。此正佛家所云："大道通时，虽墙壁瓦砾，皆无上胜法。"真是妙不可言。如此再益以摄影记载，则旅行雅游，成一绝大事业，多所发明，此在少年人有志否耳。汝在唐山路矿学校，地学自所必讲，第不知所谓深浅而已。

我到闽以后，喘咳实未见大差，打针服药，不过如是，然亦无如何加甚之处，儿可放心无虑。现在满盼春来，吾一切自当轻减也。自民国六年以来，经冬必大病，今岁但得稍可，便为庆幸，不敢奢望矣。二姊伴我在此，一切尚佳，目疾已九成愈，身体稍壮胖，亦可喜也。昨由邮局寄去厦门肉干一匣，想此信前后当收到也。

嘉平初六日　父泐
（1921 年 1 月 14 日）

九

谕璩儿知悉：

得儿与二姊信，知儿由唐山安稳回京，甚深欣慰。吾入夏以来，虽老惫可怜，然病体尚有进步，告娘等毋庸挂念也。五弟无师失学，极堪忧虑。儿能稍为管教自佳，但须知小孩顽劣，长大辄自不同，此中天事殆居什七，管教时勿至伤恩，亦不必过于愁叹也。

唐山水土非佳，前云暑假后将移上海，此议果实行否？甚为念之。

吾与二姊等本日将上鼓山避暑，郎官巷寓中甚苦炎也。有信仍由该宅转寄。得便可将汝与五弟照片或同照一片寄来，以当面也。

阳七月十三日　父泐

（1921 年 7 月 13 日）

十

璿悉：

前信缄寄，忘却将支条写去，兹更封寄，接到可赴支应用。为父拟于月底同三哥、二姊买轮回京，过沪时当得相见也。余不尽言。

阳九月十四日　父泐

（1921 年 9 月 14 日）

与诸儿 (8 封)[①]

一

香严、华严、海霖、眉男知悉：

我到津寓，经容克看过并给方药，现在夜间喘咳见差，胃口亦好，大概彬亭叔起课说十月以后当日见痊，可又要灵了。动身早晚，看容克言如何，大约在初十边，太迟亦怕路上冷也。今日又去请老宝看眼，渠说四五钟当来也。华严想已全愈，甚念！娘腿如何？别近，不多谈，余语大哥当能道也。

立冬日津寓

信封：

京西单旧刑部街北号

严宅收展

津寓缄

（1918 年 11 月 8 日）

[①] 函一、二、六、七据《严复家书》，函五由福州严复翰墨馆提供。以上 5 函此前《严复全集》等均未收。函三、四据《严复集》，原件藏中国国家博物馆。函八录自《严几道先生遗著》。

二

诸儿知悉：

在津担阁，不觉已十七八日，今晚九点一刻，定同三哥与伯勋搭津浦车南下。荣克来过三四回，给药五七种，起先若有效，到后亦不过如此。夜睡好时有六点工夫，有时又复不好。渠说有一种吸药，惜京津无有，用时当有奇效也。余均安好，勿念！

戊午十月十八日　在津寓渤

信封：

北京西单旧刑部街

侯官严宅小姐同览

津寓寄

（1918 年 11 月 21 日）

三

字付诸儿知悉：

吾于旧历十月十八夕九点离津，好姐预备路菜等甚为齐备，途中买得睡车，不甚舒服，兼且颇冷，一夜睡不甚着。十九日午刻过泰安，远看泰山，并无甚高。二十晨拂晓六点半即抵浦口。过江时，丘八爷拦住查验，因我签押箱中带有手枪一把，于是大起麻烦，幸有伯勋五哥与之对付，后来终到南京城里学校找一林向欣者认保，始为通过。然而沪宁八点之车已搭不及矣，乃在下关中西旅馆吃过中饭后，附搭二点之车，于九点抵沪。因洋旅馆太贵，仍寓长发栈房，每日每人扯平约须一元也。闻新济即系明早（十月廿二早）开闽，自不及搭，看来在此尚有七八日担阁也。三哥十一月朔日子，恐万分赶不及矣。此行我在路上十分辛苦，方在家时，万想不到自己体力衰惫如此。在津时，虽经容克治疗，起先颇若有效，后来即亦徒然。最苦者，每次上车下车，无论何站站台上，总有几百步好走，此即要我之命。因行至半途，大喘辄作，此时心慌气塞，甚者二便都要出来，如无歇息处所，巴不得便坐在地上。故不独吾悔此行，即伯勋、叔夏，见吾如此，亦以此次同行为可虑也。但已行至此，自不得不勉强还闽，俟到彼时，再作计议可耳。吾最怕是冷风对面作吹，如昨早过江后，在江边顶着冷风行走，三哥去讨洋车，车站人不准拉入，吾须走出栅栏乘坐，此时几不能行。

又昨晚抵沪，刚遇西人庆贺得胜，举国若狂。大马路全不许横穿而过，跑马厅起个木塔，用纸帛糊成威廉帝全家，聚而焚之。数万人群集呼噪，摩托车千余辆，各装奇服鬼脸，饮酒歌呼，由黄浦滩直往静安寺以西。我之马车直至十一点后，始侥幸穿众而过，然而亦费事矣。昨晚服睡药一剂，得以安睡，今晨又服泻盐，大便通后，喘咳亦稍见差。吾之身体，只能如此对付过去，欲其脱体康健，恐怕难矣。明日拟雇马车一辆，能够出门，即将应办之事料理妥适后，有船便走，在此本不拟多担阁也。余不多叙。

戊午十月廿一日夜十一点沪
（1918 年 11 月 24 日）

四

谕诸儿知悉：

前寄之缄，想都接到。吾自初七夕到阳崎后，一星期矣，尚在老屋居住。普贤则在后进，与伯勋等同居，颇觉安稳。观音井陈家亲母，今年七十五岁，素患痰喘，与我同病。近乃加剧，间极绵惙（连嗽都不能了），行将属圹，故四叔、四婶与幼槃皆已上街未回，家中颇觉寂静。

本日螺州〔洲〕陈几士信来，言三哥吉期，拟定本月三十（明年一月一日），请于十八日送日单过去。但林家因屋宇迫隘，欲我们于卅日成礼后，即行回家庙见。并请我们于城内觅居，如无现成房屋，谓贞贤新购黄巷房子可以借用，但托陈陶庵接洽便可等语云云。我答：卅日子可用，但不必借柯房子，请其成礼后即行双双回崎，我们宁将下崎房子赶行缮葺洒扫，以备欢迎。如此，则三哥吉期并所居新宅，已算定着，故特通知汝等。又渠云：新郎衣帽，拟用乙种礼服，衾帐已制便，请我们置备洋床。我说：礼服用乙种可以，惟合卺新床，则必须旧式木制乃可，因婚姻大事，义取发生，故宜用木，洋床不但嫌其夷式，且铜铁所制，龙凉肃杀，实所非宜。若新人必取文明时派，尽可置用，但作副床可耳，三哥亦以我为然也。但吉期去今只有半个多月，应办之事颇多，幸有本家多人会同帮忙，当来得及。下崎房子，吾本日坐轿前往踩勘。屋已数年无人居住，颇呈灰槁荒芜之象，经一番花钱收拾，又添家俱〔具〕铺陈，当有焕发之观，比诸借宅城中，掷金虚牝，孰为合算，灼然明矣。十八日作送日单，拟以二百番侑束，其纳采奠雁之敬，则折钱捌百员，同一毡条包送去。如此，则我们款项应出者，都不漏落，似不至受人讥议也。此次办喜，惟仓前山所定洋式房子，出半年兑四百八十元，最为冤枉。然为当时事势所迫，乃不得已。又系楼上不成片段房子，恐无可用。幼纯表兄深为抱歉，意欲自吃此亏，以为办理不善之罚，岂有此理！吾与三哥均固执不肯，恐此君还要更想别法也。闻林家因乱，亦吃大亏，在仓前山觅屋半年，兑一千二百元，住一个月后，即复迁回城内杨桥巷故宅。即此可知兵乱之时，民间所受亏损真不少耳。

吾还乡以后，稍觉南中天气与肺疾相宜，但不大差。若大便秘结，或哺啜过多，则喘疾益剧，须时刻留神，疏通节减，不然不得了也。目光亦日昏花，持笔作书，只能潦草，不能如前之处处爱好矣。四叔垂颐便腹，过于发胖，脑后隆起，而尚不知节食，吾忧其有中风之虞。五叔面色黧槁，右耳下瘿疣，累累如涵三枚李子，但不痛耳。

戊午十一月十四夕十一点在灯下泐

丁泰知悉：

可拣提笔两支，新的亦可，可写对子及条幅者，要小的，大则无用，由邮局作寄稽核所陈表爷转交前来应用可也。

（1918 年 12 月 16 日）

五

谕瑸、项等知悉：

今日节交白露矣，然昨日天气乃今夏最热之日。法伦表在荫室之中乃至八十七度，树叶不动，枕席如蒸，不能安睡。直至午后五钟，忽有暴风雷雨冲户排棂，床帷始稍凉爽可睡。今日看表，降至八十。又以退凉太快，虽添衣御凉，而腿臂等处都作酸楚，如何如何？三哥近无信来，前书则云当于白露来沪，不识克言否？大哥想已到东，但不云差竣当在何时，以践来沪迎亲之约。偏方药已寄至。昨日起手照报矣。阮府房东何时可以出屋让我们搬进耶？日子真如掷梭，吾由闽到此，不觉已半年矣。

白露日书

再吾正缮信封发之际，接到红十医院来单。算至阳八月底止，计住院六十五日。并他项医费，共银规元四百四十四两八钱。余华严、海林割治，及九月以后洗熨诸费，尚未开来。大约后来一起开发，总在洋一千元上下也。此节可告娘与大哥等知之。

同日又及

信封：

北京东四汪芝麻〇〇七号

严大/四小姐收启

上海哈同路缄

（1919 年 9 月 9 日）

六

父谕瑸、珑、顼、玷诸儿知悉：

前者曾寄一信，想已接到。兹得海林九月廿四禀，极欣慰。香严咳嗽，须认真医疗也。父自到闽以来，与华严同居楼上，颇觉安妥，每日三餐亦甚适口。初到之时，吾喘咳极剧，近觉渐差，晚间亦能将就安睡。但金医已回国。昨三哥请一美医来，名古查者，为吾诊治。据云肺部尚佳，可望治愈。本早已将痰样及所下肠冻寄去，据銮兄言，福州惟有此医能制针浆也。北京早晚寒已如此，而福州天气，与之大殊。九月廿八夜，热表楼上达八十度，吾盖夹被，尚觉躁〔燥〕热；昨夕夜间稍凉，然亦七十三度，殊不类立冬后天气也。四叔因往王家应酬，昨日来此坐谈半日，精神甚好。详谈阳崎家事及祖墓等，口若悬河，三四点钟不见休歇。闻以群即将定亲，定者乃新崎孙家菱蔼之侄孙女也。此老晚景多娱，体气亦好，惟惜太厚重些，不然当享大年也。三哥写字，近学《张黑女（男人，字黑女）墓志》，甚有进境，日喜作书，所用皆日本兔毫硬笔也。二姊在此无事，则临王石谷一两张，甚有意思。觐祖两目炯炯，咿哑学语，每日皆被渠外婆呼去，不喜食甜，日食粥饭皆调盐也。三嫂肚子日大，形式甚同前胎，故大家说其又是男也。四哥画具业已再托老柯，此与地舆课本不知都已到否？甚念！

阳十一月十一日

553

信封：

北京东城大阮府胡同十五

严小姐收启

福州郎官巷严

（1920 年 11 月 11 日）

七

字谕瑸、珑、琐等知悉：

为父日来稍差。福州天气已是春深，昨夜雷始发声，今日又晴明也。吾长居一小楼，足不出户，故于见闻无甚可述，但使可以支持，拟谷雨后、立夏前回京。（自上海到津，因二姊会晕，故不拟坐船，但坐火车，则一路车站、月台，吾病体实来不及，而以浦口月台为尤甚。不知汝大哥有法想否？前闻昭辰说浦口站有前水师学堂学生吴梦兰者，在彼当差，颇有势力，若先以信托之，嘱备轿或人力车相候，于老人甚有济也。若昭辰尚在京，可叫大哥就近询之，或另行想法，切切，切切。）惟前礼拜二曾到日本博爱医院用 X 字光验肺，见肺中有黑晕两处：一近右肩，一在右边肺底；前约有拇指大，后则甚淡而小。医云吾之喘咳即此为祟，盖黑晕所呈，即缘肺叶发炎，血聚作硬所致耳。此是送老病，但天气对，加以善药，可稍松耳。可告娘等知之。

辛酉二月初三日　父泐

信封：

北京东城大阮府胡同十五

严眉男收阅

福州郎官巷九严

（1921 年 3 月 12 日）

八

谕璿、珑、顼、玷知悉：

近得璿阳七月廿五日禀，藉悉种切。但金老夫子已归道山，想仲永或有信件与汝等也。吾自阳七月十三日到山，至今瞬届一月。在此固比城中为凉，然日间大热时，也有八十六七度。晚间则蚊虫甚多，饮食起居，均不如在寓之便，要看风景，须于晚凉时坐兜，故亦不甚高兴出去，可知老病之夫，固无地可期舒适耳。然尚勉强写得《金刚经》一部，以资汝亡过嫡母冥福。每至佛言"应无所住而生其心"，又如言"法尚应舍，何况非法"等语，辄叹佛氏象教，宗旨超绝恒识，谤者辟者，徒尔为耳。

璿年尚稚，现在科学学校，学些算数形学之类，以为天下事理，除却耳目可按、理数可通之外，余皆迷信无稽。此真大错，到长大读书多见事多时当自知之耳。吾所不解者，你们何必苦苦与同善社静坐法反对？你们不信，自是与之无缘，置之不论不议之列可耳；他人相信，资以修养，有何害事？乃必伸己意，多言强谏，至令父母不欢，岂非太过？大抵青年人思想，最苦总着一边，不知世间无论何种问题，皆有两面，公说婆说，各具理由。常智之夫，往往不肯相下，此争端所以日多。必待年齿到位，又学问阅历成熟，方解作平衡判断（Balanced Judgment）。此孔子说"中庸"不可能也。璿之为人，本是笃实，而钝根亦深，以此入世，吾不知以后当碰多少钉子，方知后悔，可怜！即如本日，吾得大哥一信，中言五月廿二日孀生忌日，其意颇怪四五两弟。今将此信剪下，与汝看之，吾不知大哥所云无谓语言，的系何语，大概又是反对迷信等因。如其所云，汝真该打。吾儿当知，迷信事小，而我诸子中，有以幼弟伤长兄感情，却是极大关系。谚云长兄为父、嫂为母；又云父有长子，称曰家督，况大哥年将知命，可为汝父有余，乃以嫡母忌日，叫汝代劳拜佛，汝缘不信宗教，或他见解，遂露不豫之色，兼有无谓语言，使大哥伤心，岂非该死？惟是大哥本身，亦有不对之处，因他当下见汝曹如此，便应呼到面前，扎实教训一番，劈面大骂，才是做家督正理；而乃容忍不言，骨肉之中过于世故如此，亦是不合也。

至于迷信一事，吾今亦说与汝曹知之：须知世间一切宗教，自释、老以下，乃至耶、回、犹太、火教、婆罗门，一一皆有迷信，其中可疑之点，不一而足。即言孔子，纯用世法，似无迷信可言矣，而及言鬼神丧祭，以伦理学（Logic）言，亦有不通之处。但若一概不信，则立地成 Materialism，最下乘法，此其不可一也。又人生阅历，实有许多不可纯以科学通者，更不敢将幽冥之端一概抹杀。迷信者言其必如是固差，不迷信者言其必不如是，亦无证据。故哲学大师，如赫胥黎、斯宾塞诸公，皆于此事谓之 Unknowable，而自称为 Agnostic。盖人生智识，至此而穷，不得不置其事于不论不议之列，而各行心之所安而已。故汝等此后，于此等事，总以少谈为佳，亦不必自矜高明，动辄斥人迷信也。我今日喘咳甚剧，写尽三纸，亦不能再书，有话下次再说。

阳八月六日　父在鼓山泐
（1921 年 8 月 6 日）

与五子严玷（3 封）①

一

谕玷知悉：

十一月廿二日得汝十一日一禀，字迹清楚，可喜。家中平安，但母亲寂寞，吾儿须知承欢听话，莫作吵也。吾之近状，已详诸姊信中，兹不更赘。闻吕大哥择对，极意要新人物，吾每思作书与好姐或伯远，劝其勿然，因病辄废。伯远以孤露起家，上有廿年守节寡母，使伯远而有开州丝毫之风，则此时娶妻固当以事亲承先、持门户教子孙为第一要义。此之美德，岂是新人物中可求？（吾见新式女子甚多，几于无一不闹故事，可哀也已。）伯远之要新人物者，要排场耳。但伯远中西学均至有限，必不足生新人物之敬畏，则此后仳离，真意中事耳。此信若伯远未行，汝可示之，亦可令好姐细看。吾与开州生死至交，不然不为此言也。

十一月廿二日　父泐

（1918 年 11 月 22 日）

二

谕佛烈知悉：

船来得儿十二月五日书，文字清楚少疵，极用为慰。大哥留情骨

---

① 据《严复集》，原件藏中国国家博物馆。严玷（1910—?），字稚骞，又名佛烈，妻朱明丽出。

董，比之博弈，自是佳事。吾到闽以来，惟大段尚足支持耳，可告娘等无庸远念也。先生年底回南，汝能自温习书本，或学字最佳，不然亦莫作吵，千万千万！前寄四姊信中有三百员支票，系与娘帮贴度年者，收到否？吾在此间月用须二百余元，亦颇巨也。此报。

十二月十六　父泐

（1918 年 12 月 16 日）

三

父谕玷知悉：

儿多时不作信与我，想是与笔墨相骂了耶？长日不读书，闻但一味顽劣；顽劣犹可，千万不要暴戾，残忍暴戾，足以闯祸。残忍尤其不可。何谓残忍？即以他人他物之苦为汝之乐是也。现世之伟人军人，便是如此，此皆绝子害孙千古骂名之人，吾儿岂可学之？大大在山养病，极念吾儿，吾儿切要听话学好，不然大大就不疼吾儿了。

六月十六日　父泐

（1921 年 6 月 16 日）

558

与家人①

谕家人知悉：

　　前接核桃泥偏方药并顼信，想海林已有覆信到家矣。上海日来天气极不佳，昨日起又做风台，满天奔云，忽而暴雨，忽而日出，西北风吹人，使人不快。华严因前夜睡中受凉，昨乃头痛发热至一百度。服泻盐及卢薛昌药茶后，今日热已稍退，下午当给鸡哪霜与服，不准今晚热再回头也。上海里中房子因省惜地皮之故，建造极为不佳，高墙短檐，有同牢狱。遇着此种天气，门窗开敞则室中风雨纵横，关门闭窗又复闷塞苦热。加以里中妇孺悉在弄中乘凉，猫鸣鱼响，儿啼妇詈（却无狗叫，以养狗工部局取缔甚严之故），从朝到夕，扰人不耐，故吾但愿此生不再住此等屋子，斯为福耳。刻已决意四月内北行，普贤信云：初十边当出同行。然风波如此，令人颇为挂心，即不出不〔亦〕无妨也。核桃泥食已过半，晨间喘咳似觉好些，至其终效如何，须俟食完数日乃可验耳。伯玉已赴东否？暑天跋涉，殊可念也。老四何日赴唐？恐吾回京，不得一聚矣。余不祯缕。

闰月二日

　　信封：
　　北京东四汪芝麻胡同七号
　　侯官严宅收启
　　上海哈同路民厚里九十二号

（1919 年 8 月 26 日）

---

　　①　据《严复家书》。此函《严复全集》等未收，现补入此集。